Guttentag'sche Sammlung
Nr. 12. Deutscher Reichsgesetze. Nr. 12.
Text-Ausgaben mit Anmerkungen.

Strafprozeßordnung

und

Gerichtsverfassungsgesetz

nebst dem Gesetz, betreffend

die Entschädigung der im Wiederaufnahme-verfahren freigesprochenen Personen.

Text-Ausgabe mit Einleitung, Anmerkungen und Sachregister.

Von

A. Hellweg,
Reichsgerichtsrath.

Elfte Auflage.

Berlin 1901.
J. Guttentag, Verlagsbuchhandlung,
G. m. b. H.

Inhaltsverzeichniß.

I. Einleitung.

II. Gerichtsverfassungsgesetz*) mit Einführungsgesetz.

Gerichtsverfassungsgesetz.

III. Strafprozeßordnung mit Einführungsgesetz.

Strafprozeßordnung.

Erstes Buch.

Allgemeine Bestimmungen.

Seite

Zweites Buch.

Verfahren in erster Instanz.

Drittes Buch.

Rechtsmittel.

Viertes Buch.

Fünftes Buch.

Betheiligung des Verletzten bei dem Verfahren.

Seite

Sechstes Buch.

Besondere Arten des Verfahrens.

Siebentes Buch.

Strafvollstreckung und Kosten des Verfahrens.

IV. Anhang.

Abkürzungen.

a. A. oder A. A.	bedeutet	anderer Ansicht.
Abs.	=	Absatz.
A.E.	=	Allerhöchster Erlaß.
Anm.	=	Anmerkung.
Ausf.G.	=	Ausführungsgesetz.
B.G.B.	=	Bürgerliches Gesetzbuch.
B.G.Bl.	=	Bundes-Gesetzblatt.
betr.	=	betreffend.
bezw.	=	beziehungsweise.
C.P.O.		Civilprozeßordnung.
d. h. oder d. i.	=	das heißt oder das ist.
E.	=	Entscheidungen des Reichsgerichts in Strafsachen. Herausgegeben von den Mitgliedern des Gerichtshofes und (seit dem 19. Bande) der Reichsanwaltschaft.
E.G.		Einführungsgesetz.
G.	=	Gesetz.
G.K.G.	=	Gerichtskostengesetz.
G.O. f. G.	=	Gebührenordnung für Gerichtsvollzieher.
G.O. f. Z. u. S.	=	Gebührenordnung für Zeugen und Sachverständige.
G.S.	=	preuß. Gesetzsammlung.
G.V.G.	=	Gerichtsverfassungsgesetz.
i. f.	=	in fine.
J.M.B.	=	preuß. Justiz-Ministerial-Blatt.
J.V.	=	Verfügung des Justizministers.
K.O.	=	Kabinets-Ordre.
M. oder Mot.	=	Motive des betr. Gesetzes.
M.V.	=	Ministerial-Verfügung.
M.St.G.O.	=	Militärstrafgerichtsordnung v. 1./12. 98.
Nr.	=	Nummer.

Prot.	bedeutet	Protokolle d. Justizkommission d. Reichstags.
R.	"	Rechtsprechung des Reichsgerichts in Strafsachen. Herausgegeben von den Mitgliedern der Reichsanwaltschaft.
R.A.O.	"	Rechtsanwaltsordnung.
R.C.Bl.	"	Centralblatt f. d. Deutsche Reich.
R.G.Bl.	"	Reichs-Gesetzblatt.
S. oder s.	"	Sieh' oder sieh'.
S. mit Zahl	"	Seite.
St.G.B.	"	Strafgesetzbuch f. d. Deutsche Reich.
St.P.O.	"	Strafprozeßordnung.
u.	"	und.
u. a.	"	und andere.
V.	"	Verordnung.
Vgl.	"	Vergleiche.
z. B.	"	zum Beispiel.

Arabische Zahlen ohne Zusatz bezeichnen die Seite, römische den Band des citirten Werkes.

---

*) **Zu beachten:**

Die in Folge der späteren Gesetzgebung von dem ursprünglichen Text abweichenden oder später eingeschobenen Bestimmungen sind gesperrt gedruckt.

Die innerhalb der einzelnen Abschnitte über den einzelnen Paragraphen befindlichen Ueberschriften gehören nicht zum Gesetzestext, sondern sind zur leichteren Uebersicht von dem Herausgeber eingefügt.

I.

Einleitung.

1. Geschichte der Strafprozeßordnung und des Gerichtsverfassungsgesetzes.

Die einheitliche Prozeßgesetzgebung Deutschlands hat ihre Grundlage und ihren Ausgangspunkt in dem demnächst in die Reichsverfassung übernommenen Art. 4 Nr. 13 der Verfassung des norddeutschen Bundes, welcher das gerichtliche Verfahren der Bundesgesetzgebung überwies. Nachdem in Gemäßheit desselben zunächst und zwar bereits durch Beschluß des Bundesraths vom 2. Oktober 1867 die Ausarbeitung einer gemeinsamen Civilprozeßordnung in Angriff genommen war, wurde am 18. April 1868 durch Beschluß des Reichstags des norddeutschen Bundes der Bundeskanzler aufgefordert, auch die Vorbereitung der Entwürfe einer gemeinsamen Strafprozeßordnung und der dadurch bedingten Vorschriften der Gerichtsorganisation baldthunlichst zu veranlassen. Der Bundesrath trat diesem Beschlusse bei, und unter dem 12. Juli 1869 wurde darauf von dem

Bundeskanzler der damalige preußische Justizminister mit der Aufstellung eines Entwurfs einer Strafprozeßordnung beauftragt, welcher seinerseits diese Aufgabe dem Geh. O.J.R. (späteren Justizminister) Dr. Friedberg übertrug. Der von diesem unter Mitwirkung dreier Hülfsarbeiter, des App.G.R. Löwe, des O.G.R. von Lenthe und des Ass. Erler, bereits Ende 1870 fertig gestellte Entwurf wurde im preußischen Justizministerium wiederholten Berathungen unterzogen, dann in der aus diesen Berathungen hervorgegangenen Gestalt dem Bundesrathe vorgelegt und gleichzeitig, im Anfange des Jahres 1873, mit Motiven und einem Band Anlagen durch den Buchhandel (R. v. Decker) veröffentlicht (I. Entwurf).

Der Bundesrath beschloß in der Sitzung vom 13. März 1873, den Entwurf einer aus elf angesehenen Juristen zu bildenden Kommission zur Vorberathung zu überweisen. Diese Kommission: Präs. Dr. Friedberg, G.O.J.R. Dr. Förster, App.G.Vice-Präs. Mager, Prof. Dr. Zachariae, R.Anw. Wiener, App.G.R. Dr. Staudinger, Gen.St.Anw. Dr. v. Schwarze, O.Trib.R. v. Binder, M.R. Dr. Bingner, O.App.R. Dr. Zentgraf, O.St.Anw. Dr. Mittelstaedt, welcher als Schriftführer der App.G.R. Löwe und der K.R. Polenz zugewiesen waren, trat am 17. April 1873 in Berlin zusammen und erledigte unter dem ständigen Vorsitz des Präs. Dr. Friedberg ihre Aufgabe bis zum 3. Juli 1873. Die Kommission änderte den ihr vorgelegten Entwurf in Einzelheiten vielfach ab, ließ aber die Grundbestimmungen und das System desselben im Wesentlichen unverändert. In der aus diesen Berathungen hervorgegangenen Form wurde der Entwurf alsbald dem Bundesrathe wieder überreicht und auch wieder durch den Buchhandel (R. v. Decker) veröffentlicht (II. Entwurf).

Unterdessen war Ende 1869 der preußische Justizminister vom Bundeskanzler auch ersucht, die Ausarbeitung eines die nöthigen Vorschriften über die Gerichtsverfassung enthaltenden Gesetzentwurfes zu veranlassen. Der preußische Justizminister beauftragte mit den Vorarbeiten zu diesem Entwurfe den Geh. O.J.R. Dr. Falk und nach dessen Ernennung zum Kultusminister den Geh. O.J.R. Dr. Förster. Von diesem wurde im Anschluß an die Falk'schen Vorarbeiten im Jahre 1872 ein umfangreicher, die ganze Gerichtsverfassung umfassender Gesetzentwurf fertiggestellt. In den über diesen Entwurf im Herbste 1872 stattgefundenen Konferenzen der Justizminister der fünf größten deutschen Staaten fand derselbe bei der Mehrheit jedoch keine Billigung. Die Mehrheit ging davon aus, daß eine reichsgesetzliche Gestaltung der Gerichte nur soweit zuzulassen sei, als sie zur Einführung der in Berathung befindlichen Civil- und Strafprozeßordnung erforderlich sei. Demgemäß wurde von dem Geh. O.J.R. Förster ein dieser Auffassung entsprechender neuer Entwurf ausgearbeitet, dieser dann noch wiederholten Berathungen der Kommissarien der Justizminister, ferner dieser selbst, dann noch der oben erwähnten Kommission zur Ausarbeitung des Entwurfs der Strafprozeßordnung und endlich noch einer eingehenden Berathung innerhalb des preußischen Justizministeriums unterzogen, der jedesmaligen Berathung entsprechend umgestaltet und endlich mittels Schreibens vom 6. November 1873 dem Reichskanzler überreicht. Eine Veröffentlichung dieser Entwürfe durch den Buchhandel ist nicht erfolgt.

Beide Entwürfe, der der Strafprozeßordnung und der des Gerichtsverfassungsgesetzes, wurden dann zugleich mit dem inzwischen ebenfalls dem Bundesrathe überreichten Entwurf einer Civilprozeßordnung noch einer eingehenden Prüfung des Bundesraths und zwar zunächst durch den Justizausschuß desselben und dann durch den Bundesrath selbst unterworfen. Auch hierbei wurde die Strafprozeßordnung und ebenso auch der letzte Entwurf des Gerichtsverfassungsgesetzes in ihren Grundzügen nicht alterirt, außer mannigfachen Aenderungen im Einzelnen jedoch die wesentliche Aenderung getroffen, daß als Landesstrafgerichte mittlerer und höchster Ordnung an Stelle der mittleren und großen Schöffengerichte die mit Berufsrichtern besetzten Strafkammern und die Schwurgerichte gesetzt wurden. In dieser Fassung gelangten die Entwürfe (III. Entwurf der Strafprozeßordnung) am 29. Oktober 1874 an den Reichstag. (Drucksachen des Reichtags 1874 II. Session Anlagen 5, 5 A, 5 B.)

Von dem Reichstage wurden die Vorlagen einer besonderen Kommission von 28 Mitgliedern, der sog. Reichstags-Justiz-Kommission, überwiesen, welche, um die Sache rascher zu fördern, zunächst durch Gef. vom 23. Dezember 1874 und darauf wiederholt durch Ges. v.

1. Februar 1876 ermächtigt wurde, auch zwischen den Sessionen des Reichstags ihre Berathungen fortzusetzen.

Die Kommission, bestehend aus den Abgeordneten Dr. Miquel (Vors.), Dr. v. Schwarze (stellv. Vors.), Eysoldt (Schriftf.), Dr. Mayer (Schriftf.), Dr. Struckmann (Schriftf.), Thilo (Schriftf.), Dr. Baehr, Becker, Bernards, v. Forcade de Biaix, Gaupp, Dr. Gneist, Dr. Grimm, Hauck, Herz, v. Jagow, Klotz, Dr. Krätzer, Dr. Lasker, Dr. Lieber, Dr. Marquardsen, Pfafferott, v. Puttkamer, Reichensperger, v. Schöning, Dr. Völk, Dr. Wolffson, Dr. Zinn, denen als Protokollführer die Assessoren Sydow, Dr. Seuffert und Dr. Schreber (zeitweilig Ege und Mettenleiter) beigegeben waren, konstituirte sich am 26. Januar 1875 und tagte mit Unterbrechungen in insgesammt 165 Sitzungen bis zum 28. Oktober 1876. Auch in dieser Kommission wurden die Grundzüge der Entwürfe der Strafprozeßordnung und des Gerichtsverfassungsgesetzes unverändert gelassen, in den Einzelbestimmungen aber sehr viele und erhebliche Aenderungen getroffen, die wesentlichsten nach der Richtung, bei dem Widerstreit der staatlichen Interessen einer energischen Rechtsverfolgung mit der Wahrung der persönlichen Rechte des Einzelnen die letzteren mehr hervorzukehren. Die Protokolle der Kommission sind fortlaufend gedruckt worden.

Inzwischen war bereits der Bundesrath in eine Berathung der Beschlüsse der Reichstags-Kommission eingetreten und hatte dabei eine Reihe derselben als unannehmbar abgelehnt. Der Reichskanzler theilte die

Beschlüsse des Bundesraths durch Schreiben vom 3. November 1876 dem Reichstage mit. Der Reichstag billigte jedoch bei seiner zweiten Lesung im Wesentlichen die Beschlüsse seiner Kommission. Durch die sog. Kompromißanträge gelang eine Ausgleichung dieser Differenzen, und wurden darauf sämmtliche Entwürfe in einer auch dem Bundesrathe genehmen Fassung am 21. Dezember 1876 vom Reichstage in dritter Lesung angenommen. Nach alsbald erfolgter Zustimmung des Bundesraths wurde das Gerichtsverfassungsgesetz unter dem 27. Januar, die Strafprozeßordnung unter dem 1. Februar 1877 vom Kaiser vollzogen und ersteres in Nr 4, letztere in Nr. 8 des Reichs-Gesetzblatts 1877 publizirt.

Mit Rücksicht darauf, daß die praktische Einführung der Gesetze namentlich bei der in's Werk zu setzenden völligen Neuorganisation der Gerichte noch der mannigfachsten Vorbereitungen bedurfte, daß insbesondere auch eine Reihe der zur praktischen Durchführung der Prozeßordnungen noch nöthigen Ergänzungsgesetze, speziell für die Neuordnung des Kostenwesens, noch der Erledigung harrte, wurde in § 1 des E.G. zum Gerichtsverfassungsgesetz und § 1 des E.G. zur Strafprozeßordnung der Geltungsanfang der Gesetze besonderer Kaiserlicher Verordnung vorbehalten, als äußerster Geltungsanfang aber der 1. Oktober 1879 bestimmt, und ist dann auch, da früher die noch nöthigen Vorarbeiten nicht beendet waren, an diesem Tage die Neuordnung des gerichtlichen Verfahrens erst in Kraft getreten.

Eine erste Abänderung erlitt das Gerichtsverfassungsgesetz durch das Ges. v. 17. März 1886 (R.G.Bl. 61), durch welches in Umänderung des § 137 G.V.G. das Verfahren bei abweichender Rechtsauffassung verschiedener Senate des Reichsgerichts neu geregelt ist. Eine zweite Abänderung brachte das Ges. v. 5. April 1888 (R.G.Bl. 133), welches den aus den bisherigen Vorschriften über die Oeffentlichkeit der Verhandlungen hergeleiteten Mißständen zu begegnen suchte und deshalb die §§ 173—176, 195 G.V.G. modifizirte. Eine weitere Aenderung ist sodann durch die Neuregulirung des bürgerlichen Rechts, das Bürgerliche Gesetzbuch, veranlaßt. Durch Art. 35 des E.G. zu demselben v. 18. August 1896 (R.G.Bl. 604) sind zunächst die §§ 11, 149 St.P.O. und durch das Ges., betr. Aenderungen des G.V.G. und der St.P.O., v. 17. Mai 1898 (R.G.Bl. 252) sodann noch die §§ 22, 23, 74, 101, 102, 172, 202 G.V.G., die §§ 5, 9, 10 E.G. zum G.V.G., der § 71 St.P.O. und der § 4 E.G. zur St.P.O. geändert. Das Gerichtsverfassungsgesetz ist darauf vom Reichskanzler in Folge der ihm durch Ges. v. 17. Mai 1898 (R.G.Bl. 342) hierzu ertheilten Ermächtigung in seiner geänderten Fassung im R.G.Bl. 1898 Nr. 25 S. 371 ff. neu publizirt worden. Gewissermaßen eine Ergänzung der St.P.O. hat endlich das Ges., betr. die Entschädigung der im Wiederaufnahmeverfahren freigesprochenen Personen, v. 20. Mai 1898 (R.G.Bl. 345) gebracht. Alle diese Aenderungen betreffen aber nur unwichtigere Einzelheiten, welche die Grundprinzipien und die wesentliche Gestaltung des Verfahrens unberührt gelassen haben.

Außerdem ist bereits wiederholt sowohl von Seiten der Regierungen, als auch der Volksvertretung eine umfassende Revision der Strafprozeßordnung und des Gerichtsverfassungsgesetzes in's Auge gefaßt, und sind auch die beabsichtigten Reformen bereits wiederholt in ausgearbeiteten Entwürfen in Vorschlag gebracht — bis jetzt jedoch ohne Resultat. Und das ist nach Lage der Sache schwerlich zu bedauern. Denn einerseits herrscht, wie gerade die Berathungen des letzten Entwurfs wieder gezeigt haben, über die wünschenswerthen Abänderungen noch so wenig Uebereinstimmung, daß die Reformbestrebungen sich vielfach gerade nach entgegengesetzten Richtungen bewegen, und andererseits hat sich die Strafprozeßordnung, wenn sie auch in ihren Einzelbestimmungen unzweifelhaft verbessert werden kann, im großen Ganzen in nun mehr als zwanzigjähriger Praxis keineswegs so schlecht bewährt, als vielfach glauben zu machen gesucht wird. Wer in dieser Zeit und vorher unbefangen in der Praxis gestanden hat, muß anerkennen, daß die Energie der Strafverfolgung nicht gelitten hat, und daß bei richtiger, dem Gesetz entsprechender Anwendung der Strafprozeßordnung dem Angeklagten größere Garantien gegen eine ungerechte Verurtheilung geboten sind, als je zuvor.

2. Die Quellen des geltenden Strafprozeßrechts.

Schon die dargelegte geschichtliche Entwicklung weist auf den engen Zusammenhang der Strafprozeßordnung und des Gerichtsverfassungsgesetzes hin. Beide bilden für das Strafprozeßrecht ein untrennbares Ganzes.

Jedes gerichtliche Verfahren muß sich naturgemäß an die bestehende Organisation der Gerichte anlehnen: die Gerichtsverfassung ist das vorausgesetzte Korrelat des gerichtlichen Verfahrens. Aus diesem Grunde ist daher auch die im Gerichtsverfassungsgesetz getroffene Einrichtung der Gerichte, der Staatsanwaltschaft und der Hülfsorgane dieser Behörden zugleich von strafprozessualer Bedeutung. Im Gerichtsverfassungsgesetze sind aber ferner auch die direkt den Strafprozeß betreffenden Vorschriften über die sachliche Zuständigkeit der Gerichte getroffen, und endlich haben, was seine Erklärung wesentlich in der oben dargelegten geschichtlichen Entstehung der Strafprozeßordnung und des Gerichtsverfassungsgesetzes zugleich mit der Civilprozeßordnung findet, in dem Gerichtsverfassungsgesetz auch die das Verfahren selbst betreffenden Vorschriften über Oeffentlichkeit, Sitzungspolizei, Gerichtssprache, Berathung und Abstimmung, sowie endlich über zu gewährende Rechtshülfe Aufnahme gefunden. Weil Civilprozeßordnung, Strafprozeßordnung und Gerichtsverfassungsgesetz bei ihrer geschichtlichen Entstehung als ein zusammengehörendes Ganzes gedacht wurden, sind alle diejenigen Bestimmungen, die in gleicher Weise für Civil- und Strafverfahren gelten, soweit eine Verbindung derselben mit der Gerichtseinrichtung möglich schien, zur Vermeidung von Wiederholungen dem Gerichtsverfassungsgesetz überwiesen.

Sind hiernach Strafprozeßordnung und Gerichtsverfassungsgesetz – selbstredend mit ihren Einführungsgesetzen und mit den späteren Abänderungsgesetzen (oben S. 17) — als die wesentlichen Quellen des geltenden Strafprozeßrechts anzusehen, und gehört zu einer Ausgabe der Strafprozeßordnung daher wesentlich auch das Gerichtsverfassungsgesetz, wenigstens soweit seine Bestimmungen nicht lediglich für den Civilprozeß Bedeutung haben, so ist ferner auch die Civilprozeßordnung insoweit als Quelle des geltenden Strafprozeßrechts zu betrachten, als in der Strafprozeßordnung wiederholt (vgl. die §§ 37, 122, 419, 495, 503 St.P.O.) Bestimmungen der Civilprozeßordnung als auch für den Strafprozeß geltend in Bezug genommen sind.

Ferner sind Quellen des Strafprozeßrechts die verschiedenen zu den Prozeßordnungen erlassenen Ergänzungs- und Nebengesetze, die Rechtsanwaltsordnung vom 1. Juli 1878 (R.G.Bl. 177), und die Kostengesetze, das Gerichtskostengesetz v. 18. Juni 1878 (R.G.Bl. 141), die Gebührenordnung für Gerichtsvollzieher v. 24. Juni 1878 (R.G.Bl. 166), beide zunächst abgeändert durch das Ges. v. 29. Juni 1881 (R.G.Bl. 178), die Gebührenordnung für Zeugen und Sachverständige v. 30. Juni 1878 (R.G.Bl. 173), ergänzt durch das Ges. v. 11. Juni 1890 (R.G.Bl. 73), und die Gebührenordnung für Rechtsanwälte v. 7. Juli 1879 (R.G.Bl. 176), welche sämmtlichen Kostengesetze sodann durch das E.G. zu dem Ges., betr. Aenderungen der C.P.O., v. 17. Mai 1898 (R.G.Bl. 332) weitere Aenderungen erfahren haben und sodann in Gemäßheit des Ges., betr. die Ermächtigung des Reichskanzlers zur Bekanntmachung der Texte verschiedener

Reichsgesetze, v. 17. Mai 1898 (R.G.Bl. 342) neu publicirt sind: R.G.Bl. 1898 Nr. 25 S. 659 ff., S. 683 ff., S. 689 ff., S. 692 ff. In gewisser Beziehung kann man endlich auch das Ges. über die Konsulargerichtsbarkeit früher v. 10. Juli 1879 (R.G.Bl. 197), jetzt v. 7. April 1900 (R.G.Bl. 136) und das Ges. betr. die Rechtsverhältnisse der deutschen Schutzgebiete, v. 17. April 1886 (R.G.Bl. 75), abgeändert durch die Ges. v. 15 März 1888 (R.G.Bl. 71), u. 25. Juli 1900 (R.G.Bl. 809) als Quellen des geltenden Strafprozeßrechts bezeichnen.

Weiter ist zu beachten, daß durch § 5 des E.G. zur St.P.O. die strafprozeßrechtlichen Vorschriften der früheren Reichsgesetze, in welcher Beziehung insbesondere auch das Strafgesetzbuch in Betracht kommt, aufrecht erhalten sind, daß die völkerrechtlichen Verträge des norddeutschen Bundes und des deutschen Reichs den Reichsgesetzen gleichstehen, und daß, soweit die Strafprozeßordnung sie ausdrücklich aufrecht erhält, auf sie verweist oder ausdrücklich oder stillschweigend eine Materie landesgesetzlicher Regelung überläßt (vgl. z. B. § 6 E.G. zur St.P.O., §§ 39, 420 St.P.O., vielfache Bestimmungen im G.V.G.), auch die Landesgesetze von strafprozessualer Bedeutung sind.

Endlich ist nicht zu übersehen, daß prinzipiell (vgl. § 3 E.G. zur St.P.O.) die Strafprozeßordnung nur das Verfahren in den Sachen regelt, welche vor die ordentlichen Gerichte gehören, für ein sonstiges Strafverfahren also die reichs- und landesgesetzlichen Vorschriften in vollem Umfange bestehen geblieben sind.

8. Literatur.

An die Emanation der neuen Strafprozeßordnung hat sich rasch eine reiche Literatur angeknüpft.

a. Textausgaben und Kommentare.

Neben der im Reichsgesetzblatt von 1877 S. 253—348 befindlichen offiziellen Ausgabe der St.P.O. und der daselbst S. 41—80, jetzt (neue Fassung) 1898 S. 371 bis 409 befindlichen offiziellen Ausgabe des Gerichtsverfassungsgesetzes ist eine kaum noch zu übersehende Reihe anderweiter Ausgaben theils ohne Erläuterungen, theils mit solchen und zwar theils in der Form knapper Anmerkungen, theils in der Form eines Kommentars erschienen. Unter den letzteren sind neben den Ausgaben von v. Bomhard und Koller, Dalcke, Daude, Dorendorf, Gneist, Hetzer, Hoppe, Isenbart und Samter, Kolisch, Krah, Mamroth, v. Neubronner, Puchelt, v. Schwarze, Siebdrat, Staudinger, Stiegele, Thilo, Traub, Voitus, Weiffenbach, Wernecke, besonders hervorzuheben die Kommentare von John, fortgesetzt von v. Lilienthal, Bd. I, II, III, Heft 1. (Erlangen, Palm & Enke 1884—1889), Keller 2. Aufl. (Lahr, Schauenburg 1882), Stenglein 3. Aufl. (München, Beck 1898) und vor Allem Löwe 10. (3. von Hellweg bearbeitete) Aufl. (Berlin, J. Guttentag 1900).

b. Systematische Darstellungen

des gesammten neuen Strafprozeßrechts enthalten die Grundrisse, Lehr- und Handbücher von

v. Bar, Systematik des deutschen Strafprozeßrechts (Berlin, Weidmann 1878).

Bennecke, Lehrbuch des deutschen Reichs-Strafprozeßrechts (Freiburg, Mohr 1888—95),
Binding, Grundriß des gemeinen deutsch. Strafprozeßrechts, 3. Aufl. (Leipzig, Duncker & Humblot 1893),
Birkmeyer, Deutsches Strafprozeßrecht (Berlin, H. W. Müller 1898),
Geyer, Lehrbuch des gemeinen deutschen Strafprozeßrechts (Leipzig, Fues 1880),
Glaser, Handbuch des Strafprozesses, 2 Bde. (Leipzig, Duncker & Humblot 1883—85) unvollendet,
Hellweg-Dochow, Der Reichsstrafprozeß, 4. v. Hellweg neubearbeitete Aufl. des gleichnamigen früheren Dochow'schen Werkes. (Berlin, J. Guttentag 1890),
v. Holtzendorff, Handbuch des deutschen Strafprozeßrechts. In Einzelbeiträgen von Dochow, Fuchs, Geyer, Glaser, von Holtzendorff, H. Meyer, Meves, von Schwarze, Ullmann. 2 Bde. (Berlin, Habel 1879),
John, Das deutsche Strafprozeßrecht in den Grundzügen systematisch dargestellt. 2. Aufl. (Leipzig, Duncker & Humblot 1883),
Kayser, Die Strafgerichtsverfassung und das Strafverfahren des deutschen Reichs (Paderborn, Schöningh 1879),
v. Kries, Lehrbuch des deutschen Strafprozeßrechts (Freiburg, Mohr 1892),
Lüder, Grundriß des deutschen Strafprozeßrechts (Erlangen, Deichert 1881),
Meves, Das Strafverfahren nach der deutsch. Strafprozeßordnung. 3. Aufl. (Berlin, Heymann 1880).

Derselbe, Die Strafprozeßordnung f. d. deutsche Reich (Breslau, Maruschke & Berendt 1882),

Quaritzsch, Kompendium des deutschen Strafprozesses, 8. Aufl. (Berlin, Weber 1898),

Rintelen, Systemat. Darstellung des gesammten neuen Prozeßrechts. 3 Bde., Strafprozeß hauptsächlich im 3. Bd. (Breslau, Maruschke & Berendt 1881—83),

Derselbe, Der Strafprozeß (Berlin, Liebmann 1891),

Stenglein, Lehrbuch des deutschen Strafprozeßrechts (Stuttgart, Enke 1887),

Ullmann, Lehrbuch des deutschen Strafprozeßrechts (München, Beck 1893).

Außerdem ist eine große Reihe von Monographien erschienen, die einzeln hier aufzuzählen der Raum verbietet; die meisten derselben in nachfolgenden

c) Zeitschriften.

Archiv für Strafrecht (Berlin, v. Decker), 1853 von Goltdammer begründet.

Der Gerichtssaal (Stuttgart, Enke), 1849 von Jagemann begründet.

Zeitschrift für die ges. Strafrechtswissenschaft (Berlin, Guttentag), 1881 von Dochow und v. Liszt begründet.

d) Spruchsammlungen

von strafprozessualen Entscheidungen enthalten, abgesehen von Mittheilungen in obigen Zeitschriften, hauptsächlich Entscheidungen des Reichsgerichts in Strafsachen. Herausgegeben von Mitgliedern des Gerichtshofes und — seit dem 19. Bande — der Reichsanwaltschaft (Leipzig, Veit & Comp.). Bis jetzt 32 Bände seit 1879.

Rechtsprechung des Reichsgerichts in Strafsachen. Herausgegeben von den Mitgliedern der Reichsanwaltschaft (München u. Leipzig, Oldenbourg). 10 Bände, 1879—1888.

Annalen des Reichsgerichts, herausgegeben von Braun und Blum (Leipzig, Duncker & Humblot). 10 Bände. 1879—1884.

Juristische Wochenschrift, herausgegeben von Haenle & Kempner (Berlin, W. Moeser). Bis jetzt 29 Bände.

Jahrbuch für Entscheidungen des Kammergerichts, herausgegeben von Johow und Küntzel (Berlin, Vahlen), seit 1881.

Sammlung der Entsch. des O.L.G. München in Gegenständen des Strafrechts und Strafprozesses (Erlangen, Palm & Enke), seit 1880.

Annalen des sächsischen O.L.G. Dresden, herausgegeben von Klemm und Lamm (Leipzig, Roßberg), seit 1880.

Endlich ist darauf aufmerksam zu machen, daß auf Veranlassung des Reichs-Justizamts die gesammten Materialien zu den Reichsjustizgesetzen von dem G.O.J.R. Hahn herausgegeben sind (Berlin, v. Decker). 2. von Stegemann besorgte Ausgabe 1884. Bd. 1 enthält die Materialien zum Gerichtsverfassungsgesetz und Bd. 3 diejenigen zur Strafprozeßordnung.

4. Grundprinzipien und systematische Uebersicht.

Der Strafprozeß hat sich geschichtlich in zwei Grundformen entwickelt: in dem sog. Inquisitionsprozeß, der Untersuchung von richterlichen Amtswegen, in welchem die gesammte Prozeßthätigkeit sich wesentlich in einer einzigen Person, der des Richters, konzentrirte, und in dem sog. Anklageprozeß, in welchem das Verfahren in der Form eines vor den Richter gebrachten Streites zweier Parteien sich bewegt, dadurch die Parteiinteressen, und die Parteithätigkeit für die Zwecke des Prozesses, insbesondere für die Sammlung des Materials dienstbar gemacht werden und dem Richter eine vorwiegend urtheilende Thätigkeit zufällt. Bei der Charakterisirung eines Strafprozeßrechts ist daher eine Beziehung auf diese historischen Gestaltungen des Strafprozesses naturgemäß. Die letzte gemeinrechtliche Gestaltung des deutschen Strafprozesses war der ausgebildete Inquisitionsprozeß. Aber gerade gegen die Grundgestaltung dieses Prozesses richteten sich seit Anfang dieses Jahrhunderts die täglich sich mehrenden Beschwerden; man verlangte eine Rückkehr zu den Grundlagen des altdeutschen Verfahrens, die im englischen und französischen Recht zur Entwicklung gebracht waren, ein in den schützenden Formen eines Rechtsstreits sich bewegendes Anklageverfahren, Oeffentlichkeit und Mündlichkeit der Verhandlung und eine Mitwirkung der Volksgemeinde, des Laienelements. Die neue deutsche Strafprozeßordnung hat sich diesen Reformbestrebungen, die unterdessen auch in allen neueren Partikulargesetzgebungen mehr oder weniger Anerkennung gefunden hatten, in allen wesentlichen Punkten angeschlossen. Der neue deutsche Prozeß ist ein Anklageprozeß: Richteramt und Anklageamt sind getrennt, eine Parteistellung des Angeklagten ist anerkannt, das Verfahren bewegt sich in strenggeregelten prozessualen Formen. Der neue deutsche Prozeß hat auch die Forderung der Oeffentlichkeit und Mündlichkeit erfüllt: die entscheidende Verhandlung, in welcher der ganze Prozeß sich schließlich konzentrirt, ist öffentlich und mündlich. Eine Mitwirkung des Laienelementes ist — wenn auch in beschränktem Umfange — grundsätzlich adoptirt, und ganz allgemein dem Verlangen nach der sog. Kollegialität, einer Mehrzahl von Richtern bei allen entscheidenden Verhandlungen, Rechnung getragen. Endlich ist in scharfem Gegensatz zu den strengen Beweisregeln des früheren Prozesses der Grundsatz der freien Beweiswürdigung zur unbedingten Geltung erhoben.

Hinsichtlich aller dieser charakteristisch die neue Strafprozeßordnung von dem ehemaligen Inquisitionsprozeß unterscheidenden Merkmale pflegt man vielfach von Prinzipien, Grundprinzipien des neuen Strafprozeßrechts zu reden, und zwar insofern auch mit Recht, als diese Eigenthümlichkeiten des neuen Prozesses nicht bloß ihn charakteristisch vom historischen Inquisitionsprozeß unterscheiden, sondern als sie auch — wenn schon in sehr verschiedenem Maße — auf die Gestaltung des gesammten Verfahrens einwirken und daher über die Bedeutung einer einzelnen Prozeßbestimmung hinausreichen, insofern aber mit Unrecht, als diese Ausdrucksweise zu dem Gedanken verleiten kann, daß sie um ihrer selbst willen eine Bedeutung hätten, oder daß sie das ganze Strafverfahren, den gesammten Prozeß in allen seinen verschiedenen Stadien beherrschten, oder auch nur, daß sie sämmtlich dem Inquisitionsprozeß und dessen Grund=

gedanken fundamental widersprächen. Anklageprozeß und Inquisitionsprozeß sind nur verschiedene Wege des einen ein jedes Strafverfahren nothwendig beherrschenden Zieles, die im Interesse des Gemeinwohls nothwendige Reaktion gegen das Verbrechen herbeizuführen, das materielle Strafrecht zu einer sicheren und gerechten Anwendung zu bringen. Aus diesem Ziele des Strafprozesses lassen sich zwei Fundamentalsätze ableiten, die jeder entwickelte Strafprozeß, mag er als Anklage-, mag er als Inquisitionsprozeß sich darstellen, anerkennen muß: die Verfolgung der Verbrechen ist Recht und Pflicht des Staates, und innig damit verbunden: es handelt sich im Strafprozeß um materielle Wahrheit. Privatwillkür ist ausgeschlossen sowohl hinsichtlich der Strafverfolgung, als hinsichtlich der thatsächlichen Unterlagen des Urtheils. Dieses Grundziel eines jeden Strafprozesses ist auch der die deutsche Strafprozeßordnung überall beherrschende leitende Gedanke, und wo daher in den einzelnen Stadien des Prozesses bei der Gestaltung der einzelnen Prozeßinstitute mit einem dem Inquisitionsprozeß entsprechenden Verfahren, mit einem aus diesem entnommenen Grundsatz dieses Ziel mehr gefördert erschien, da hat man die prozessualen Vorschriften aus den Maximen des Inquisitionsprozesses entnommen. Aus diesem Grunde beherrschen auch, wie bereits oben angedeutet, die hervorgehobenen charakteristischen Merkmale des neuen Verfahrens keineswegs den ganzen Prozeß und nur bei einer Darstellung im Einzelnen können diese sog. Prinzipien des Strafprozeßrechts in ihrer Bedeutung erkannt und zum richtigen Verständniß gebracht werden.

Nach diesen Vorbemerkungen mag eine kurze Uebersicht des geltenden Verfahrens unter Klarlegung seiner leitenden Gedanken hier Platz finden.

Die erste Voraussetzung eines jeden Verfahrens ist Schaffung der Organe, in deren Hände es gelegt ist. Im Einklange mit dem Satze, daß die Strafverfolgung als Recht und Pflicht des Staates sich darstellt, sind die Strafgerichte Staatsgerichte und besteht neben diesen als Anklagebehörde die „Staats"anwaltschaft.

Als Strafgerichte fungiren die Amtsgerichte, die Landgerichte, die Oberlandesgerichte und das Reichsgericht. Es sind dies jedoch nur die staatsrechtlichen Körper, aus welchen, bezw. bei welchen, zum Theil unter Zuziehung des Laienelementes, die mit der Ausübung der Strafgerichtsbarkeit betrauten Organe gebildet werden. Als erkennende Gerichte erster Instanz fungiren nämlich bei den Amtsgerichten die Schöffengerichte (§ 25 G.V.G.), bei den Landgerichten die Strafkammern (§§ 59, 72 ff. G.V.G.) und die Schwurgerichte (§ 79 G.V.G.) und bei dem Reichsgericht der vereinigte zweite und dritte Strafsenat (§§ 132, 136 Nr. 1, 138 Abs. 2 G.V.G.), als Gerichte höherer Instanz die Strafkammern der Landgerichte (§§ 72 Abs. 1, 76 G.V.G.), die Strafsenate der Oberlandesgerichte (§§ 120, 123 Nr. 2, 3, 5 G.V.G.) und die Strafsenate des Reichsgerichts (§§ 132, 136 Abs. 1 Nr. 2, Abs. 2). Das Laienelement hat, wie sich hieraus ergiebt, nur bei den Gerichten erster Instanz

Verwendung gefunden und hier wiederum in zwiefacher, ganz verschiedener Gestalt, indem bei den Schöffengerichten die Laienrichter (die Schöffen) in gleichberechtigter Stellung mit den rechtsgelehrten Richtern das Richteramt in vollem Umfange ausüben (§ 30 G.V.G.), bei den Schwurgerichten aber unter strenger Sonderung der Thätigkeit der Laienrichter (der Geschworenen) und der Berufsrichter erstere auf die Entscheidung der Schuldfrage beschränkt sind (§ 81 G.V.G.).

Für die Abgrenzung der Kompetenz, worüber im Gerichtsverfassungsgesetze sehr komplizirte Bestimmungen getroffen sind (§§ 27—29, 72—76, 80, 123, 136 G.V.G.), ist neben einer Reihe sonstiger Erwägungen im Allgemeinen die Schwere der in Frage stehenden Strafthat bestimmend, wobei jedoch nicht allein die abstrakte, im Gesetze angedrohte Strafe, sondern vielfach auch die Beschaffenheit des konkreten Falles [Unerheblichkeit des Objekts (§ 27 Nr. 4—8 G.V.G.), mangelndes öffentliches Interesse (§ 27 Nr. 3 G.V.G.), Persönlichkeit des Thäters (§ 73 Nr. 3 G.V.G.)] berücksichtigt, namentlich eine Ueberweisung zahlreicher, an sich zur Kompetenz der Strafkammern gehörender Vergehen an die Schöffengerichte zulässig ist, wenn die zu erwartende Strafe eine gewisse Höhe nicht übersteigt (§ 75 G.V.G.). Auch ist die für die Dreitheilung der Strafthaten in Uebertretungen, Vergehen und Verbrechen im Strafgesetzbuch normirte Strafgrenze für die Kompetenzbegrenzung als maßgebend aufgegeben, indem grundsätzlich die Kompetenz der Schöffengerichte bis zu einer Strafe von 3 Monaten

Gefängniß (§ 27 Nr. 2 G.V.G.), die der Strafkammern bis zu 5 Jahren Zuchthaus (§ 73 Nr. 2 G.V.G.) ausgedehnt ist, welche Strafgrenze, abgesehen von den wenigen Ausnahmefällen in § 74 und § 73 Nr. 2 Satz 2 G.V.G., nur nach oben hin vielfach überschritten ist (§§ 27 Nr. 3—8, 73 Nr. 3—7 G.V.G.). Die erstinstanzliche Kompetenz des Reichsgerichts (§ 136 Nr. 1 G.V.G.) beruht auf der besonderen, als gegen das Reich gerichteten Natur der ihm zugewiesenen Verbrechen.

Hinsichtlich der örtlichen Zuständigkeit der Gerichte sind der Gerichtsstand der begangenen That und des Wohnsitzes bezw. Aufenthaltsorts des Beschuldigten als gleichberechtigt anerkannt (§§ 7, 8, 12 St.P.O.), der Gerichtsstand der Ergreifung aber nur für besondere Fälle zugelassen (§ 9 St.P.O.).

Sämmtliche Gerichte urtheilen in kollegialer Besetzung (vgl. die unerhebliche Ausnahme in § 211 Abs. 2 St.P.O., auch § 447 St.P.O.); nur im Vorverfahren sind Einzelrichter thätig, im vorbereitenden Verfahren der Amtsrichter (§ 160 St.P.O.), in der Voruntersuchung der Untersuchungsrichter (§ 182 St.P.O.). Außerdem ist dem Vorsitzenden, soweit bloß vorbereitende oder prozeßleitende Maßnahmen und Beschlüsse in Frage stehen, vielfach eine selbständige Entscheidung gewährt (§§ 199, 212, 218, 220, 227, 230, 237—240, 247, 271, 273 290, 300, 306 St.P.O.).

Neben den unabhängigen, nur dem Gesetze unterworfenen (§ 1 G.V.G.) Gerichten steht als Trägerin des Anklageamtes eine der Justizverwaltung unterstellte

(§ 148 G.V.G.) Behörde, die Staatsanwaltschaft. Ihre Organisation bestimmen die §§ 142—148 G.V.G. Da die Strafverfolgung als Recht und Pflicht des Staates anerkannt wird, so hat die Staatsanwaltschaft einmal die Pflicht, wegen aller zu ihrer Kenntniß gekommenen Strafthaten einzuschreiten, soweit nicht gesetzlich (vgl. insbesondere § 416 St.P.O., ferner § 4 Abs. 2, § 42 St.G.B. § 12 des G. gegen unlauteren Wettbewerb v. 27./5. 96 und vereinzelte Landesgesetze) ein anderes bestimmt ist (§ 152 St.P.O. — Sog. Legalitätsprinzip im Gegensatz zum Opportunitätsprinzip). Andererseits hat sie aber auch prinzipiell allein das Recht zur Anklage (sog. Anklagemonopol). Die Privatklage ist, abgesehen von der im § 464 St.P.O. den Verwaltungsbehörden für den Fall der Entziehung öffentlicher Abgaben und Gefälle eingeräumten Befugniß zur Anklageerhebung (vgl. auch § 459 St.P.O. Strafbescheid, § 453 St.P.O. Strafverfügung), als Korrelat zu den erwähnten Bestimmungen § 416 St.P.O. und § 12 des G. v. 27./5. 96 nur für Beleidigungen und Körperverletzungen, sowie Zuwiderhandlungen gegen das genannte Gesetz, soweit deren Verfolgung nur auf Antrag eintritt, zugelassen (§ 414 St.P.O., § 12 des G. v. 27./5. 96). Außerdem ist zur Wahrung der Rechte des Verletzten diesem in § 170 St.P.O. die Befugniß gegeben, über einen die Rechtsverfolgung ablehnenden Bescheid der Staatsanwaltschaft eine gerichtliche Entscheidung zu extrahiren, welcher die Staatsanwaltschaft nachzukommen verpflichtet ist, und kann der Verletzte alsdann, ebenso wie auch der zur selbständigen Privatklage Berechtigte und derjenige, welcher nach gesetzlichen Bestimmungen eine Buße beanspruchen darf, sich der von der Staatsanwaltschaft erhobenen Klage als Nebenkläger anschließen (§§ 435—446 St.P.O.).

Aus dem Wesen des geltenden Prozesses als eines Anklageprozesses folgt, daß eine gerichtliche Untersuchung durch die Erhebung einer Klage bedingt (§ 151 St.P.O.) und daß die Untersuchung und Entscheidung auf die in der Klage bezeichnete Person und That beschränkt ist (§ 153 Abs. 1 St.P.O.). Weiter aber sind mit Rücksicht auf die Grundziele des Strafprozesses die Konsequenzen der Anklageform des Prozesses nicht gezogen. Aus der Natur der Strafsache als einer Sache des öffentlichen Rechts, aus der Erwägung, daß es sich im Strafverfahren weder auf Seiten des Anklägers, noch auf Seiten des Angeklagten um verzichtbare Parteirechte, vielmehr um Ermittelung materieller Wahrheit handelt, ergiebt sich, daß der Richter berechtigt und verpflichtet sein muß, die Wahrheit nöthigenfalls auch durch andere Mittel, als durch die von dem Ankläger oder dem Angeklagten an die Hand gegebenen zu erforschen, daß er auch bei der rechtlichen Beurtheilung des Falles und der Abmessung der Strafe an die Anträge der Staatsanwaltschaft nicht gebunden sein, und daß, wenn einmal die öffentliche Klage erhoben ist, der Fortgang der Sache nicht mehr von dem einseitigen Ermessen des Anklägers, der Staatsanwaltschaft, abhängig gemacht werden darf. Diese Grundsätze haben in den §§ 153 Abs. 2, 154 St.P.O.

Ausdruck gefunden. Hiernach ist auch bei der gegenwärtigen Gestaltung des Prozesses das inquisitorische Prinzip selbst im Hauptverfahren nicht völlig beseitigt. Insofern es nämlich die Pflicht des Gerichts ist, den Ent- und Belastungsbeweisen ohne und sogar gegen den Antrag der Parteien selbständig nachzugehen, so vereinigt in gewisser Beziehung der Richter auch noch jetzt die Pflichten des Anklägers, des Vertheidigers und des Richters in seiner Thätigkeit. Der Unterschied gegen den früheren Inquisitionsprozeß besteht darin, daß das heutige Verfahren für die Anklage wie für die Vertheidigung eigene Organe mit besonderen Befugnissen geschaffen hat, daß daher in der Regel, weil Anklage und Vertheidigung meist schon mit den erforderlichen Beweisen vollständig ausgerüstet in die Hauptverhandlung eintreten oder im Laufe derselben für die Ergänzung des Beweises durch Stellung geeigneter Anträge selbst thätig werden, für die inquisitorische Thätigkeit des erkennenden Gerichts nur ein geringer Raum bleibt und seine prüfende und urtheilende Thätigkeit mehr in den Vordergrund tritt. In einem vorbereitenden Stadium des Prozesses dagegen, in der gerichtlichen Voruntersuchung (§§ 176—195 St.P.O.), ist das inquisitorische Prinzip in aller Reinheit beibehalten; hier ist der Untersuchungsrichter der Leiter und Träger des ganzen Verfahrens und nur bei Ausdehnung desselben auf eine andere Person oder That ist, von dringenden Fällen abgesehen, der Antrag der Staatsanwaltschaft abzuwarten (§ 189 St.P.O.).

Aber auch innerhalb der eigentlichen Sphäre der Anklage ist die Staatsanwaltschaft nicht völlig freigestellt. Man hat auch hier in entscheidenden Punkten dem Beschuldigten die Gewähr einer unparteiischen richterlichen Prüfung bieten zu müssen geglaubt. So ist zunächst die definitive Versetzung in den Anklagestand, die Ueberantwortung des Beschuldigten an das erkennende Gericht, nicht der Staatsanwaltschaft überlassen: die Eröffnung des Hauptverfahrens kann (von den Ausnahmefällen des § 211 St.P.O. abgesehen) nur durch gerichtlichen Beschluß erfolgen, so daß in jedem Falle eine richterliche Vorprüfung der Anklage stattzufinden hat (§§ 196, 197, 201 St.P.O.). Ferner sind auch innerhalb des der Staatsanwaltschaft überlassenen Vorbereitungsverfahrens Anordnungen, durch welche in die Freiheit und persönlichen Rechte des Beschuldigten, sowie auch dritter Personen in erheblicher Weise eingegriffen wird, wie Beschlagnahmen, Durchsuchungen, Verhaftungen, grundsätzlich (vgl. §§ 98, 105, 114, 124, 125, 128, 132 St.P.O.) gerichtlicher Entscheidung überlassen.

Aus der Anklageform des Prozesses folgt ferner die Parteistellung des Angeklagten. Im Gegensatz zum früheren Inquisitionsprozeß, welcher den Angeklagten lediglich als Beweismittel ansah, ist er der Staatsanwaltschaft als der andern, die Anklage vertretenden Partei mit wesentlich gleichen Rechten gegenübergestellt. Bei Beginn seiner ersten Vernehmung ist ihm zu eröffnen, welche strafbare Handlung ihm zur Last gelegt wird; die Vernehmung soll ihm Gelegenheit bieten, die gegen ihn sprechenden Verdachtsgründe zu beseitigen, die zu seinen Gunsten sprechenden Thatsachen geltend zu machen; er braucht auch, falls er nicht will, sich über die Anklage überhaupt nicht zu erklären (§ 136 St.P.O.). Er ist zur Stellung von Beweisanträgen, zur selbstständigen Ladung von Zeugen und Sachverständigen befugt (§§ 218, 219 St.P.O.); ihm steht in gleicher Weise, wie der Staatsanwaltschaft, im Vorverfahren die Anwesenheit bei einzelnen Beweisaufnahmen zu (vgl. §§ 191, 167, andererseits aber auch §§ 192, 194 St.P.O.), und in der Hauptverhandlung ist er sowohl bei Erhebung der einzelnen Beweise, als am Schlusse der Verhandlung ebenso wie die Staatsanwaltschaft mit seinen Anträgen und Ausführungen zu hören (§§ 239 Abs. 2, 256, 257, 291, 299, 314 St.P.O.). Zur größeren Gleichstellung dem rechtsgelehrten und sachkundigen Staatsanwalt gegenüber ist ihm endlich in jeder Lage des Verfahrens, also auch schon im Vorverfahren, die Zuhülfenahme eines Vertheidigers gestattet (§ 137 St.P.O.).

Wenn hiernach der Strafprozeß sich im großen Ganzen in den Formen eines Rechtsstreits zwischen zwei sich gegenüberstehenden Parteien bewegt, so ist doch eine Analogie des Civilverfahrens von der Hand zu weisen. Im Strafprozeß steht, wie bereits hervorgehoben, das Interesse des Gemeinwesens in Frage, seine Aufgabe besteht in der Ermittelung der materiellen Wahrheit. Daher kann zunächst von einer Dispositionsbefugniß der Parteien keine Rede sein; daher hat ferner die Staatsanwaltschaft nicht nur die zu Ungunsten, sondern auch die zu Gunsten des Beschuldigten sprechenden Umstände zu ermitteln (§ 158, vgl. auch § 338 Abs. 2 St.P.O.), und daher darf auch noch jetzt das Verhalten des Beschuldigten in dem Prozesse zur Ermittelung des wahren Sachverhaltes verwerthet werden (§§ 253, 260 St.P.O.). Hieraus folgt, daß von einer uneingeschränkten Gleichstellung der Staatsanwaltschaft und des Angeklagten keine Rede sein kann, was auch schon aus dem Grunde sich verbietet, weil bei einem Angeklagten nicht ohne Weiteres die Garantien für eine legale Benutzung etwaiger ihm eingeräumten Rechte vorausgesetzt werden können, wie bei einer staatlich eingesetzten Behörde (vgl. daher z. B. §§ 194, 147 St.P.O.).

Die Form der Verhandlung ist für den Schwerpunkt des Verfahrens, die Verhandlung vor dem erkennenden Gericht, die mündliche. Unter der Mündlichkeit der Verhandlung versteht man, daß nicht nur die Parteien, Ankläger und Angeklagter, mündlich in freier Rede und Gegenrede ihre Anträge stellen und begründen, sondern daß auch die Zeugen und Sachverständigen mündlich vor dem erkennenden Gericht in Gegenwart der Parteien gehört, daß das gesammte Beweismaterial nicht durch Vermittelung der Akten, sondern unmittelbar dem zur Entscheidung berufenen Richter vorgeführt wird. Hiernach ist mit der Mündlichkeit die noch wesentlichere Unmittelbarkeit des Verfahrens eng verbunden. Die Mündlichkeit bringt den Vortheil des belebenden Eindrucks der Wechselrede; die Mitwirkung der Parteien schützt vor Mißverständnissen und gewährt ihnen die

Garantie, daß die erheblichen Umstände und Beweismittel auch sämmtlich zur Kenntniß des Gerichtes gebracht werden; die Unmittelbarkeit aber gewährt dadurch, daß sie den Richter von den Auffassungen von Mittelspersonen befreit und ihn in den Stand setzt, die Betheiligten selbst zu sehen und zu hören, nach Möglichkeit eigene unmittelbare Wahrnehmungen zu machen, die denkbar größten Garantien einer sicheren Erforschung der Wahrheit. Dieser Bedeutung der Mündlichkeit haben auch die Einzelvorschriften der Strafprozeßordnung volle Rechnung getragen. Daher die Vorschrift, daß der erkennende Richter nur berücksichtigen darf, was ihm selbst in der entscheidenden Hauptverhandlung vorgeführt ist (§ 260 St.P.O.); was in den Akten oder sonst ermittelt ist, ist für ihn gleichgültig. Daher das Verbot, Zeugenaussagen zu verlesen, wenn die Möglichkeit vorhanden ist, die Zeugen persönlich zu hören (§§ 249—252 St.P.O.); daher die Nothwendigkeit der persönlichen Anwesenheit des Angeklagten (§ 229 St.P.O.), von der nur geringfügige Ausnahmen zugelassen sind (§§ 230—232 St.P.O.), die prinzipielle Unzulässigkeit des Kontumazialverfahrens (§ 319 St.P.O.). Daher endlich auch die Nothwendigkeit der ununterbrochenen Anwesenheit der zur Urtheilsfindung berufenen Personen (§ 225 St.P.O.) und die Konzentrirung des gesammten Verfahrens in einer entscheidenden Hauptverhandlung (vgl. § 228 St.P.O.). Alles, was dieser Hauptverhandlung vorhergeht, ist nur vorbereitender, für die Entscheidung selbst unerheblicher Natur, und die Strafprozeßordnung hat noch besonders durch eine Reihe von Vorschriften dafür Sorge zu tragen gesucht, daß der Hauptverhandlung auch dieser ihr Charakter gewahrt und der Schwerpunkt des Prozesses nicht in das Vorverfahren verlegt werde. Darauf beruht die Vorschrift über die Ausdehnung der Voruntersuchung in § 188 St.P.O., darauf auch, um für die Hauptverhandlung die Unbefangenheit der Zeugen zu wahren, die Vorschrift, daß sie, und ebenso die Sachverständigen (§ 72 St.P.O.), prinzipiell nur in der Hauptverhandlung zu beeidigen sind (§ 65 St.P.O.). Aus ähnlichem Grunde, um durch die Vorermittelungen nicht das Urtheil der erkennenden Richter zu beeinflussen, darf daher auch die die Ergebnisse der Vorverhandlungen zusammenstellende Anklageschrift nicht verlesen werden, sondern wird die Hauptverhandlung durch Verlesung des Eröffnungsbeschlusses, welcher nur die Angabe der dem Angeklagten zur Last gelegten That enthält, eingeleitet (§ 242 Abs. 2 St.P.O.), und endlich beruhen, zum Theil darauf auch die Vorschriften, nach welchen die Personen, welche im Vorverfahren in erheblicher Weise thätig gewesen sind, von der Ausübung des Richteramtes in der Hauptverhandlung ausgeschlossen sind (vgl. §§ 22 Nr. 4, 23 Abs. 2, 3 St.P.O.).

Aus dem dargelegten Wesen der Mündlichkeit ergibt sich ferner, daß sie ihre eigentliche Bedeutung nur für die Hauptverhandlung hat. Allerdings macht auch der im Vorbereitungsverfahren thätige Amtsrichter und der Untersuchungsrichter unmittelbare Wahrnehmungen und verhandelt mündlich mit den in Betracht kommenden Personen. Für die Sache selbst ist aber nicht diese mündliche Verhandlung, sondern nur deren schriftliche Fixirung von Bedeutung, da diese Verhandlungen nicht um ihrer selbst willen, sondern nur als Vorbereitung der Hauptverhandlung Bedeutung haben. Um das ganze vorhandene Beweismaterial den erkennenden Richtern vorführen zu können, ist nämlich regelmäßig eine umfassende Vorbereitung dieser Hauptverhandlung nöthig. Es gilt, die vorhandenen Beweise zu ermitteln und zu sichten; es gilt ferner, Umstände, welche nur im Augenblick festgestellt werden können, durch ihre Fixirung, sei es durch die Schrift, sei es durch graphische oder plastische Künste, auch dem erkennenden Gericht zugänglich zu machen. Hieraus folgt, daß das Vorverfahren nicht in einer konzentrirten Verhandlung bestehen kann, daß es vielmehr aus einer Reihe einzelner Handlungen bestehen muß, und daß, um diese überhaupt verwerthen zu können, die Schriftlichkeit unumgänglich ist.

Nur für den Eröffnungsbeschluß (§§ 196 ff. St.P.O.) könnte an sich das Prinzip der Mündlichkeit, wie es für die Hauptverhandlung verwerthet ist, überhaupt in Frage kommen. Das Gesetz hat jedoch auch hier der Mündlichkeit keinen Raum gegeben und die Entscheidung lediglich auf Grund der Akten treffen lassen in der Erwägung, daß dieser Beschluß doch eine wesentlich andere Bedeutung hat, als das Urtheil in der Hauptverhandlung, daß bei Anwendung der Mündlichkeit auch auf dieses Verfahren eine zweifache Hauptverhandlung das Resultat sein und dadurch die wirkliche Hauptverhandlung in ihrer Bedeutung herabgedrückt werden würde.

Mit der Mündlichkeit steht die Oeffentlichkeit des Verfahrens, die Oeffentlichkeit in dem Sinne, daß zu den gerichtlichen Verhandlungen Jedermann der Zutritt gestattet ist, in enger Beziehung; letztere ohne erstere würde ein leeres Wort bleiben. Ebenso wie die Mündlichkeit ist daher auch die Oeffentlichkeit nur für die Hauptverhandlung vorgeschrieben (§ 170 G.V.G.). Die Oeffentlichkeit schützt gegen Willkür, spannt die Geistesthätigkeit aller Betheiligten unwillkürlich an und ist vor Allem das sicherste Mittel, das Zutrauen des Volkes zur Rechtspflege zu kräftigen. Die Strafprozeßgesetzgebung hat daher auch auf dieselbe hohen Werth gelegt. Die Ausnahmen von dem die Oeffentlichkeit für die Verhandlungen vor dem erkennenden Gericht allgemein gebietenden § 170 G.V.G. sind, abgesehen von § 176 G.V.G., eng dahin begrenzt, daß nur, wenn die Oeffentlichkeit eine Gefährdung der öffentlichen Ordnung, insbesondere (Ges. v. 5. April 1888) der Staatssicherheit, oder der Sittlichkeit besorgen läßt, dieselbe ausgeschlossen werden darf (§ 173 G.V.G.). Diese Ausschließung bedarf dazu besonderer Verhandlung und Beschlußfassung (§ 175 G.V.G.), und jede Verletzung dieser Vorschriften ist unbedingter Revisionsgrund (§ 377 Nr. 6 St.P.O.). Für das Vorverfahren, welches, wie bereits hervorgehoben, seiner Natur nach ein Inquisitionsverfahren sein muß, ist, um die Untersuchungszwecke nicht zu gefährden, namentlich unberechtigte Einflüsse fernzuhalten, die Oeffentlichkeit in diesem Sinne prinzipiell ausgeschlossen. Dagegen ist die sog. Parteien-Oeffentlichkeit, worunter man versteht, daß die Vorgänge des Prozesses zur Kenntniß der Parteien gebracht werden, auch für das Vorverfahren insoweit vorgeschrieben, als die Zwecke der Vertheidigung und andererseits einer sachgemäßen Strafverfolgung es erfordern (§§ 136 Abs. 1, 2, 147, 194, 199, 214 St.P.O.); und für diejenigen Verhandlungen, in welchen es sich um Beweisaufnahmen handelt, welche in der Hauptverhandlung überhaupt nicht oder nicht in vollem Maße reproduzirbar sind, ist auch eine persönliche Anwesenheit des Beschuldigten und der Staatsanwaltschaft zugelassen (§§ 167, 191, 223, 224 St.P.O.).

Mit der Mündlichkeit hängt endlich, insoweit als diese eine feste und meßbare Abgrenzung und Abwägung der einzelnen Beweismomente weniger gestattet, auch der Grundsatz der freien Beweiswürdigung einigermaßen zusammen, d. h. der Grundsatz, daß der Richter, ohne an gesetzliche Beweisregeln gebunden zu sein, nach seiner freien Ueberzeugung zu entscheiden hat, was er für bewiesen erachtet und was nicht. Dieser Grundsatz ist in der Strafprozeßordnung zur unbedingten Geltung erhoben (§ 260 St.P.O.). Es brauchen selbst die Urtheilsgründe nicht zu ergeben, welche einzelnen Umstände für die richterliche Ueberzeugung maßgebend gewesen sind (vgl. § 266 St.P.O.). Als Gegengewicht gegen das hiernach vorwiegende subjektive Moment, zugleich allerdings auch gegen die Gefahr des Uebersehens und Vergessens einzelner Beweismomente, welche Gefahr gerade die Mündlichkeit besonders mit sich führt, ist daher, wie schon oben näher dargelegt, ganz allgemein für die Entscheidung der Schuldfrage eine kollegiale Behörde, eine Mehrzahl von Richtern, und außerdem zum Schutz gegen die schwerwiegendste Gefahr einer ungerechten Verurtheilung für eine jede dem Angeklagten nachtheilige, die Schuldfrage betreffende Entscheidung eine Majorität von zwei Drittheilen der Stimmen erfordert (§ 262 St.P.O.). Die hiernach maßgebende subjektive Ueberzeugung soll aber nicht eine willkürliche, aus beliebigen Quellen geschöpfte sein, sondern sie hat eine Beweisaufnahme zur Voraussetzung und darf nur schöpfen aus dem Inbegriff der Verhandlung (§ 260 cit.), und darum ist trotz des Grundsatzes der freien Beweiswürdigung auch noch jetzt die Aufgabe des Gesetzgebers, sich der Grundlagen, auf welchen diese Ueberzeugung erwachsen soll, zu versichern, sie zum Gegenstande rechtlicher Normirung zu machen, so daß auch in der Strafprozeßordnung über die Art der Beweiserhebung, sowie über die einzelnen Beweismittel noch eine Reihe von Vorschriften gegeben ist (vgl. §§ 237—256, 48—97 St.P.O.).

Auf diesen allgemeinen Grundlagen ist das Verfahren im Einzelnen folgendermaßen gestaltet:

Da im Anklageprozeß jedes Strafverfahren durch das Auftreten eines Anklägers bedingt ist, so gebührt der erste Angriff der Staatsanwaltschaft. Die Anzeigen strafbarer Handlungen sind daher bei ihr anzubringen oder, wenn dieselben, was ebenfalls zulässig ist, bei der Polizei oder den Amtsgerichten gemacht werden, ihr zu übermitteln (§ 156 St.P.O.), und jede Untersuchungshandlung ist, soweit es sich nicht um bloße Vorermittelungen gemäß § 161 St.P.O. handelt oder Gefahr im Verzuge obwaltet (§ 163 St.P.O.), von ihrem Antrage abhängig. Sobald die Staatsanwaltschaft von einer strafbaren Handlung Kenntniß erhält, hat sie den Sachverhalt zu erforschen (§§ 158, 159 St.P.O.). Sie kann dabei, soweit sie eine richterliche Untersuchungshandlung für erforderlich erachtet, die Mitwirkung der Gerichte (der Amtsgerichte) in Anspruch nehmen (§ 160 St.P.O.). Bestätigt dies sog. „vorbereitende Verfahren", bei welchem die Staatsanwaltschaft das ganze Verfahren völlig unabhängig in ihrer Hand behält, den aufgetauchten Verdacht nicht, so stellt sie das weitere Verfahren ein (§ 168 Abs. 2 St.P.O.). Andernfalls erhebt sie bei den Gerichten die öffentliche Klage und zwar entweder dadurch, daß sie die gerichtliche Voruntersuchung beantragt, oder daß sie direkt den Antrag auf Eröffnung des Hauptverfahrens stellt, was durch Einreichung einer Anklageschrift geschieht (§§ 168 Abs. 1, 177, 196, 197 St.P.O.). Auch die gerichtliche Voruntersuchung (§§ 176—195 St.P.O.) bezweckt lediglich die Vorbereitung der Hauptverhandlung, und insoweit steht das „vorbereitende Verfahren" und die „Voruntersuchung" als „Vorverfahren" dem „Hauptverfahren" gegenüber. Beide sind daher auch von denselben Prinzipien beherrscht, und die Zulassung der gerichtlichen Vorbereitung der Anklage in dem auf der Anklageform beruhenden Verfahren beruht im Wesentlichen auf Erwägungen der Zweckmäßigkeit, nämlich daß man da, wo mit Rücksicht auf die Wichtigkeit, Schwierigkeit und Weitläufigkeit der Sache die Staatsanwaltschaft genöthigt sein würde, das Gericht wiederholt mit Beweiserhebungen anzugehen, im Interesse der Einheitlichkeit und Beschleunigung des Verfahrens die Ermittelungen dem Gerichte, d. h. dem Untersuchungsrichter, gänzlich überläßt, zumal auch der Beschuldigte im Zweifel für die Wahrnehmung seiner Vertheidigungsrechte dem Richter ein größeres Vertrauen, als der Staatsanwaltschaft entgegenbringen wird.

Nach Abschluß der Voruntersuchung, während welcher, ebenso wie im vorbereitenden Verfahren die Staatsanwaltschaft, der Untersuchungsrichter der alleinige Träger und Leiter des Verfahrens ist, gehen die Verhandlungen an die Staatsanwaltschaft zur Stellung weiterer Anträge zurück (§ 195 St.P.O.). Während aber bei dem vorbereitenden Verfahren der Staatsanwaltschaft die Entscheidung über die Resultate desselben insoweit verbleibt, als sie, ohne eine gerichtliche Entscheidung erfordern zu müssen, das Verfahren einstellen kann, hat im Falle einer Voruntersuchung, da einmal die öffentliche Klage erhoben und das Gericht mit der Sache befaßt ist, auch das Gericht allein über die Ergebnisse der Voruntersuchung zu entscheiden und kann dasselbe, auch wenn die Staatsanwaltschaft die Einstellung des Verfahrens, die Außerverfolgsetzung des

Angeschuldigten, beantragt, die Eröffnung des Hauptverfahrens beschließen (§ 196 St.P.O.). Der Antrag der Staatsanwaltschaft auf Eröffnung des Hauptverfahrens erfolgt auch bei geführter Voruntersuchung durch Einreichung einer Anklageschrift (§ 196 Abs. 2 St.P.O.); beschließt das Gericht die Eröffnung des Hauptverfahrens entgegen dem Antrage der Staatsanwaltschaft, so hat diese nachträglich eine dem gerichtlichen Beschlusse entsprechende Anklageschrift einzureichen (§ 206 St.P.O.). Vor dem Beschlusse des Gerichts, welcher über den Antrag der Staatsanwaltschaft auf Eröffnung des Hauptverfahrens entscheidet, muß der Angeschuldigte unter Mittheilung der Anklageschrift über den Antrag gehört werden (§ 199 St.P.O.). Eröffnet das Gericht das Hauptverfahren gegen den Antrag der Staatsanwaltschaft, so wird der Angeschuldigte zwar vorher darüber nicht gehört, die später eingehende Anklageschrift ist ihm aber sofort mitzutheilen, hier allerdings nur zum Zwecke seiner Orientirung für die Hauptverhandlung und etwaigen Antragstellung auf Vornahme einzelner Beweiserhebungen vor der Hauptverhandlung (§ 206 Abs. 2 St.P.O.). Ebenso wird der Beschluß über die Eröffnung des Hauptverfahrens dem Angeklagten in allen Fällen mitgetheilt (§ 214 St.P.O.).

Die Hauptverhandlung beginnt nach Aufruf der Zeugen und Sachverständigen und Vernehmung des Angeklagten zur Person mit Verlesung des Beschlusses über die Eröffnung des Hauptverfahrens (§ 242 Abs. 1, 2 St.P.O.); die Anklageschrift wird, wie bereits erwähnt, nicht verlesen. Sodann wird der Angeklagte zur Sache vernommen (§ 242 Abs. 3 St.P.O.), und daran schließt sich die Beweisaufnahme (§ 243 St.P.O.), welche der Regel nach in die Hände des Vorsitzenden gelegt ist (§§ 237—241 St.P.O.). Das sog. Kreuzverhör ist von dem übereinstimmenden Antrage der Staatsanwaltschaft und des Angeklagten abhängig gemacht (§ 238 St.P.O.). Die Beweisaufnahme muß auf die sämmtlichen vorgeladenen Zeugen und Sachverständigen, sowie auf die andern herbeigeschafften Beweismittel erstreckt werden (§ 244 St.P.O.) und ist dadurch in Verbindung mit dem Recht der unmittelbaren Zeugen- und Sachverständigen-Ladung (§§ 219, 213, 221 Abs. 2 St.P.O.) den Parteien die unbedingte Möglichkeit gegeben, alles ihnen erheblich Scheinende zur Kenntniß des erkennenden Gerichts zu bringen. Nach der Beweisaufnahme erhalten die Staatsanwaltschaft und der Angeklagte und sein Vertheidiger zu ihren Anträgen und Ausführungen das Wort, wobei das letzte Wort dem Angeklagten gebührt (§ 257 St.P.O.). Die Verhandlung schließt mit Erlaß des Urtheils (§ 259 St.P.O.), für welches die bereits erwähnte wesentliche Vorschrift gegeben ist, daß eine jede dem Angeklagten nachtheilige Entscheidung, welche die Schuldfrage betrifft, einer Mehrheit von zwei Drittheilen der Stimmen bedarf (§ 262 St.P.O.). —

Grundsätzlich ist das Verfahren vor den sämmtlichen Gerichten verschiedener Ordnung in der dargestellten Weise gleichartig geregelt. Im Vorverfahren ist nur in den zur Zuständigkeit der Schöffengerichte gehörigen

Sachen (§ 27, nicht auch §§ 29, 75 G.V.G.) die Voruntersuchung ausgeschlossen, während sie in den zur Zuständigkeit des Reichsgerichts und der Schwurgerichte gehörigen Sachen nothwendig, in den vor die Strafkammer gehörenden Sachen von dem Antrage der Staatsanwaltschaft und in bedingter Weise auch von dem Antrage des Angeschuldigten und einem besonderen Beschlusse des Gerichts abhängig ist (§§ 176, 200 St.P.O.). In den vor den Schöffengerichten zu verhandelnden Sachen (§ 27 und §§ 29, 75 G.V.G.) bedarf ferner die Anklageschrift nicht der Aufnahme der wesentlichen Ergebnisse der stattgehabten Ermittelungen (§ 198 St.P.O.) und findet das vorgängige Gehör des Angeschuldigten vor dem Beschlusse auf Eröffnung des Hauptverfahrens nicht statt (§ 199 Abs. 4 St.P.O.), und ferner kann in einigen besonderen Fällen (§ 211 St.P.O.) vor den Schöffengerichten ohne Anklage und Eröffnungsbeschluß zur Hauptverhandlung geschritten werden. Endlich ist in Sachen, die vor dem Reichsgericht (in erster Instanz) und vor den Schwurgerichten zu verhandeln sind, die Mitwirkung eines Vertheidigers stets, in den Strafkammersachen nur in besonderen Fällen und vor den Schöffengerichten niemals nothwendig (§ 140 St.P.O.).

In der Hauptverhandlung findet sich hinsichtlich der Schöffengerichte, zusammenhängend mit dem Rechtsmittelsystem des Gesetzes, welches die Berufung nur gegen die Urtheile der Schöffengerichte zuläßt, die Besonderheit, daß der unbedingte Zwang auf Erledigung der sämmtlichen beigebrachten Beweismittel nicht besteht (§ 244 Abs. 2 St.P.O.), und daß das Protokoll über die Hauptverhandlung außer den Formalien auch die wesentlichen Ergebnisse der Vernehmungen enthalten soll (§ 273 Abs. 2 St.P.O.). Auch besteht hier im Fall des § 264 St.P.O. (vgl. Abs. 5 das.) kein Recht auf Aussetzung der Verhandlung. Ferner ergeben sich aus der Natur des schwurgerichtlichen Verfahrens für die Hauptverhandlung vor den Schwurgerichten verschiedene Besonderheiten insbesondere durch die Bildung der Geschworenen-Bank und durch die Fragestellung, welche Besonderheiten in einem besonderen Abschnitt (§§ 276—317 St.P.O.) behandelt sind. Hervorzuheben ist dabei noch, daß an Stelle des früheren Resumé's des Vorsitzenden eine bloße Rechtsbelehrung getreten (§ 300 St.P.O.) und daß bei dem Spruch der Geschworenen jede Unterscheidung zwischen That- und Rechtsfrage aufgegeben ist (vgl. § 293 St.P.O.).

Das Rechtsmittelsystem der Strafprozeßordnung hängt mit dem von ihr adoptirten Grundsatz der Mündlichkeit zusammen. Wird nämlich das Hauptgewicht für eine richtige Ermittelung des wahren Sachverhalts auf die Unmittelbarkeit der Beweisverhandlungen vor dem erkennenden Gericht gelegt, so kann eine nochmalige Prüfung der Thatfrage auch nur bei einer Wiederholung der gesammten Verhandlung vor dem höheren Gericht erfolgen, und da eine solche Wiederholung nicht bloß praktisch kaum durchführbar, sondern auch innerlich kaum rationell erscheint, so hat auch die

Strafprozeßordnung in den wichtigsten Sachen, den vor den Schwurgerichten und Strafkammern verhandelten (in den vor dem Reichsgericht zu verhandelnden Sachen ist bei der Stellung dieses Gerichtes jedes Rechtsmittel ausgeschlossen), nur eine Nachprüfung der Rechtsfrage durch das Rechtsmittel der Revision zugelassen. Hierbei ist nach den Vorschriften des Gesetzes (§§ 374—398 St.P.O.) die Aufgabe des höheren Richters auf die rechtliche Beurtheilung der Sache beschränkt; bei Lösung dieser Aufgabe ist ihm aber im Gegensatz zu der partikularrechtlich vielfach nachgebildeten Kassation des französischen Rechts eine möglichst freie Bewegung gewährt und sind seiner Thätigkeit möglichst wenig formale Grenzen gezogen (vgl. insbesondere §§ 384, 392 Abs. 2 St.P.O.). In schöffengerichtlichen Sachen ist dagegen allerdings auch eine Nachprüfung der Thatfrage, die Berufung (§§ 354—373 St.P.O.), vorgesehen, diese aber auch grundsätzlich als judicium novum construirt und nur in den §§ 364, insbes. 366 St.P.O. die Unmittelbarkeit des Verfahrens einigen Einschränkungen unterworfen. Neben diesen gegen die Endentscheidung gerichteten Rechtsmitteln der Revision und Berufung hat als drittes Rechtsmittel die Strafprozeßordnung die Beschwerde gegen sonstige im Laufe des Verfahrens ergehende Beschlüsse und Verfügungen im weitesten Umfange (die Ausnahmen siehe in den §§ 346, 347 St.P.O.) aufgenommen (§§ 346—353 St.P.O.). Damit sind die „Rechtsmittel" im Sinne der Strafprozeßordnung, welche darunter nur diejenigen prozessualen

Mittel versteht, durch welche eine Abänderung noch nicht rechtskräftiger Entscheidungen herbeigeführt werden soll, geschlossen. Die Wiedereinsetzung in den vorigen Stand (§§ 44 ff. St.P.O.), der Einspruch gegen einen amtsrichterlichen Strafbefehl (§§ 450 ff. St.P.O.), der Antrag auf gerichtliche Entscheidung gegen Strafverfügungen und Strafbescheide (§§ 454, 460 St.P.O.) und der Antrag auf Wiederaufnahme eines durch rechtskräftiges Urtheil geschlossenen Verfahrens (§§ 309 ff. St.P.O.) sind nach dem Sprachgebrauch der Strafprozeßordnung keine Rechtsmittel.

Die Wiederaufnahme eines durch rechtskräftiges Urtheil geschlossenen Verfahrens, welche in der Strafprozeßordnung ein besonderes Buch (§§ 399—413) einnimmt, ist, entsprechend den Grundzielen des Strafprozesses, möglichst dem materiellen Recht zum Siege zu verhelfen, und zusammenhängend mit der Beschränkung der Rechtsmittel, zu Gunsten des Angeklagten im weitesten Umfange (vgl. insbesondere § 399 Nr. 5 St.P.O.) zugelassen, in begrenzterer Weise (§ 402 St.P.O.) aber auch zu Ungunsten des Angeklagten möglich.

Neben diesem regelmäßigen Verfahren ist für einzelne Verhältnisse ein besonderes Verfahren geordnet, indem für geringfügigere Fälle die Festsetzung einer Strafe durch Strafbefehl (§§ 447 ff. St.P.O.), durch Strafverfügung (§§ 453 ff. St.P.O.) und durch Strafbescheid (§§ 459 ff. St.P.O.) vorgesehen und indem ferner das Verfahren gegen Abwesende, welche sich der Wehrpflicht entzogen haben, und das Verfahren bei Einziehungen und Vermögensbeschlagnahmen besonders geregelt ist (§§ 470 ff. und §§ 477 ff. St.P.O.).

Endlich enthält die Strafprozeßordnung noch einige Vorschriften über die Strafvollstreckung und über die Kosten des Verfahrens. In beiden Richtungen sind die Vorschriften nicht erschöpfend. Ergänzende Vorschriften hinsichtlich der Strafvollstreckung enthält das Strafgesetzbuch, und die Einzelheiten sind landesgesetzlicher bzl. reglementärer Anordnung überlassen. Hervorzuheben ist, daß die Strafvollstreckung grundsätzlich, entsprechend der Tendenz, die Gerichte von allen Geschäften zu entlasten, welche außerhalb des Kreises ihrer eigentlichen Aufgabe, der Rechtsprechung, liegen, der Staatsanwaltschaft übertragen ist (§ 483 Abs. 1 St.P.O.), wie in gleicher Weise auch die Herbeischaffung der Beweismittel, die Ladungen, Zustellungen der Staatsanwaltschaft zugewiesen sind (§§ 36, 213 St.P.O.). In den zur Zuständigkeit der Schöffengerichte gehörigen Sachen kann jedoch durch die Landesjustizverwaltung die Strafvollstreckung den Amtsgerichten übertragen werden. Soweit es sich bei der Strafvollstreckung um Auslegungen, Entscheidungen handelt (§§ 490—493 St.P.O.), haben aber allgemein die Gerichte wieder einzutreten. Hinsichtlich der Kosten beschränkt sich die Strafprozeßordnung im Wesentlichen auf Vorschriften über die Pflicht zur Kostentragung. Die ergänzenden Bestimmungen über die Höhe und Berechnung der Kosten enthalten die besonderen Kostengesetze.

Die Systematik des Gesetzes ist möglichst einfach gestaltet. Wie bereits bemerkt, sind die Organisation der Gerichte und Staatsanwaltschaft, die sachliche Zuständigkeit derselben, die Vorschriften über Rechtshülfe, Oeffentlichkeit, Sitzungspolizei, Gerichtssprache, Berathung und Abstimmung dem Gerichtsverfassungsgesetz überwiesen. Die Strafprozeßordnung faßt sodann in ihrem ersten Buche alle diejenigen Bestimmungen als „allgemeine“ zusammen, welche für alle Stadien des Prozesses ihre Bedeutung haben; das zweite Buch regelt, sich anschließend an den fortschreitenden Verlauf des Prozesses, den Gang des Verfahrens in erster Instanz. Das dritte Buch enthält die Vorschriften über die Rechtsmittel, das vierte über die Wiederaufnahme eines durch rechtskräftiges Urtheil geschlossenen Verfahrens. In besonderen Büchern wird sodann zunächst im fünften die Betheiligung des Verletzten, soweit er als Prozeßsubjekt in Betracht kommt, behandelt; im sechsten werden die besonderen Arten des Verfahrens dargestellt und endlich im siebenten die Vorschriften über Strafvollstreckung und die Kosten des Verfahrens gegeben. Im Einzelnen giebt das dieser Einleitung vorgedruckte Inhaltsverzeichniß nähere Auskunft; hier mag nur noch darauf hingewiesen werden, daß die Vorschriften über die einzelnen Untersuchungshandlungen, Vernehmung der Zeugen, Sachverständigen, des Beschuldigten, Augenscheinseinnahme, eben weil sie für alle Stadien des Verfahrens von Bedeutung sind, unter den allgemeinen Bestimmungen ihren Platz gefunden haben.

II.

Gerichtsverfassungsgesetz mit Einführungsgesetz.

Das Gerichtsverfassungsgesetz nebst Einführungsgesetz ist mit Anmerkungen nur soweit versehen, als es strafrechtlich von Bedeutung ist.

Einführungsgesetz zum Gerichtsverfassungsgesetze.

Vom 27. Januar 1877.

(R.G.Bl. von 1877, Nr. 4, S. 77—80.)

1. Das Gerichtsverfassungsgesetz tritt im ganzen Umfange des Reichs[1] an einem durch Kaiserliche Verordnung[2] mit Zustimmung des Bundesraths festzusetzenden Tage, spätestens am 1. Oktober 1879,[3] gleichzeitig mit der im §. 2 des Einführungsgesetzes der Civilprozeßordnung vorgesehenen Gebührenordnung[4] in Kraft.

[1] Ueber die Geltung in den Konsulargerichtsbezirken und Schutzgebieten vgl. Abschn. 2 des G. über die Konsulargerichtsbarkeit v. 7./4. 00 (R.G.Bl. 213) und §§ 2—4 G., betr. die Rechtsverh. der deutschen Schutzgebiete, v. 17./4. 86 (R.G.Bl. 75, neueste Fassung: R.G.Bl. 1900 S. 813) nebst den dazu ergangenen Kaiserl. Verord., zusammengestellt im preuß. J.M.Bl. 1891 S. 129, ferner R.G.Bl. 1898 S. 178, 1899 S. 542, 1900 S. 136.

[2] Nicht erschienen; daher Geltungsanfang 1./10. 79.

[3] In Helgoland am 1. April 1891. Vgl. V. v. 22./3. 91 (R.G.Bl. 21).

[4] Vgl. Einleitung S. 16, 20.

2. Die Vorschriften des Gerichtsverfassungsgesetzes finden nur auf die ordentliche[1] streitige Gerichtsbarkeit und deren Ausübung Anwendung.

[1] d. i. die den ordentlichen Gerichten (§ 12 G.V.G.) zugewiesene (§ 13 G.V.G.).

3. Die Gerichtsbarkeit in bürgerlichen Rechtsstreitigkeiten und Strafsachen, für welche besondere Gerichte zugelassen sind,[1] kann den ordentlichen Landesgerichten durch die Landesgesetzgebung übertragen werden.[2] Die Uebertragung darf nach anderen als den durch das Gerichtsverfassungsgesetz vorgeschriebenen Zuständigkeitsnormen erfolgen.[3]

Auch kann die Gerichtsbarkeit letzter Instanz in den vorerwähnten Sachen auf Antrag des betreffenden Bundesstaates mit Zustimmung des Bundesraths durch Kaiserliche Verordnung dem Reichsgerichte übertragen werden.

Insoweit für bürgerliche Rechtsstreitigkeiten ein von den Vorschriften der Civilprozeßordnung abweichendes Verfahren gestattet ist, kann die Zuständigkeit der ordentlichen Landesgerichte durch die Landesgesetzgebung nach anderen als den durch das Gerichtsverfassungsgesetz vorgeschriebenen Normen bestimmt werden.

[1] § 14 G.V.G. und §§ 5, 7 dieses E.G.

[2] Für Preußen vgl. in Strafsachen § 1 G. v. 8./3. 79 (G.S. 129), § 1 G. v. 9./3. 79 (G.S. 132) (Rheinschifffahrts- und Elbzollgerichte betr.).

[3] Vgl. auch E.G. zur St.P.O. § 3 Abs. 2.

4. Durch die Vorschriften des Gerichtsverfassungsgesetzes über die Zuständigkeit der Behörden wird die Landesgesetzgebung nicht gehindert, den betreffenden Landesbehörden jede andere Art der Gerichtsbarkeit, sowie Geschäfte der Justizverwaltung zu übertragen. Andere Gegenstände der Verwaltung dürfen den ordentlichen Gerichten nicht übertragen werden.

5. In Ansehung der Landesherren und der Mitglieder der landesherrlichen Familien, sowie der Mitglieder der Fürstlichen Familie Hohenzollern finden die Bestimmungen des Gerichtsverfassungsgesetzes nur insoweit Anwendung,[1] als nicht besondere Vorschriften der Hausverfassungen oder der Landesgesetze[2] abweichende Bestimmungen enthalten.[3] Das Gleiche gilt in Ansehung der Mitglieder des vormaligen Hannoverschen Königshauses, des vormaligen Kurhessischen und des vormaligen Herzoglich Nassauischen Fürstenhauses.[4]

[1] d. h. innerhalb des Bundesstaates, in welchem die besondere Vorschriften erlassen sind. M. 211.

[2] Preußen: § 18 Ausf.G. v. 24./4. 78 (G.S. 230) Art. III. G. v. 26./4. 51 (G.S. 181) und § 2 V. v. 26./9. 79 (R.G.Bl. 287).

[3] vgl. auch § 4 E.G. zur St.P.O.

[4] Der Schlußsatz ist zugefügt durch G. v. 17./5. 98 (R.G.Bl. 252) Art. II.

6. Unberührt bleiben die bestehenden landesgesetzlichen[1] Vorschriften über die Zuständigkeit der Schwurgerichte für die durch die Presse[2] begangenen strafbaren Handlungen.[3]

[1] Bayern: Art. 35 G. v. 23./2. 79 (Ges.- u. Verordn.Bl. 278). Württemberg: Art. 12 G. v. 24./1. 79 (Reg.-Bl. 3). — Baden:

§ 6 G. v. 8./3. 79 (Ges.- u. Verordn.-Bl. 91). — Oldenburg: Art. 29 G. v. 10./4. 79 (G.Bl. 330).

[2] vgl. § 2 des Preßg. v. 7./5. 74 (R.G.Bl. 65).

[3] § 136 Nr. 1. G.V.G. gilt jedoch allgemein.

7. Die Militärgerichtsbarkeit,[1] sowie das landesgesetzlich den Standesherren gewährte Recht auf Austräge[2] werden durch das Gerichtsverfassungsgesetz nicht berührt.

[1] Beschränkt auf Strafsachen: § 39 Abs. 1 des Mil.G. v. 2./5. 74 (R.G.Bl. 45). Die Ausübung der Militärgerichtsbarkeit ist nunmehr für das ganze Reich durch die Militärstrafgerichtsordnung v. 1./12. 98 (R.G.Bl. 1189), in Kraft getreten seit 1./10. 1900 (V. v. 28./12. 99 (R.G.Bl. 1900 S. 1), einheitlich geregelt. Vgl. dazu auch G., betr. Errichtung eines bayerischen Senats, v. 9./3. 99 (R.G.Bl. 135). Ueber die Grenzen der Militärgerichtsbarkeit gegenüber den Civilgerichten vgl. §§ 1—11 der M.St.G.O.

[2] Nur dieses; sonstige Privilegien namentlich auch hinsichtlich des Gerichtsstands sind beseitigt. Hinsichtlich der Austräge vgl. für Preußen: Instr. v. 30./5. 20 (G.S. 81) § 17, G. v. 10./6. 54 (G.S. 363) und V. v. 12./11. 55 (G.S. 688).

8. Durch die Gesetzgebung eines Bundesstaates, in welchem mehrere Oberlandesgerichte errichtet werden, kann die Verhandlung und Entscheidung der zur Zuständigkeit des Reichsgerichts gehörenden Revisionen und Beschwerden in bürgerlichen Rechtsstreitigkeiten einem obersten Landesgerichte zugewiesen werden.

Diese Vorschrift findet jedoch auf bürgerliche Rechtsstreitigkeiten, welche zur Zuständigkeit des Reichs-Oberhandelsgerichts gehören oder durch besondere Reichsgesetze dem Reichsgerichte zugewiesen werden, keine Anwendung.

9. Durch die Gesetzgebung eines Bundesstaates, in welchem mehrere Oberlandesgerichte errichtet werden,

kann die Verhandlung und Entscheidung der zur Zuständigkeit der Oberlandesgerichte gehörenden Revisionen und Beschwerden[1] in Strafsachen ausschließlich einem der mehreren Oberlandesgerichte oder an Stelle eines solchen Oberlandesgerichts dem obersten Landesgerichte[2] zugewiesen werden.[3]

[1] Also nicht die Thätigkeit in den Fällen §§ 4, 12, 13, 14, 15, 19, 27, 170 St.P.O., § 160 G.V.G., sondern nur § 123 Nr. 2, 3, 5 G.V.G.

[2] Die gesperrt gedruckten Worte sind eingefügt durch G. v. 17./5. 98 (R.G.Bl. 252) Art. III.

[3] Geschehen in Preußen u. Bayern. Vgl. preuß. Ausf.G. zum G.V.G. v. 24./4. 78 (G.S. 230) § 50 (Kammergericht), bayr. Ausf. G. v. 23./2. 79 (G. u. V.Bl. 273) Art. 41 und jetzt bayr. Ausf.G. zum B.G.B. v. 9./6. 99 (Beil. zu Nr. 28 des G. u. V. Bl. 66) Art. 167 XII (Oberstes Landesgericht).

10.[1] Die allgemeinen, sowie die in den §§. 126, 132, 133, 134, 183 Abs. 1 enthaltenen besonderen Vorschriften des Gerichtsverfassungsgesetzes finden auf die obersten Landesgerichte als Behörden der ordentlichen streitigen Gerichtsbarkeit entsprechende Anwendung. Das Gleiche gilt, sofern ein Civilsenat des obersten Landesgerichts von der Entscheidung eines anderen Civilsenats oder der vereinigten Civilsenate abweichen will, in Ansehung der Vorschriften der §§. 137, 139 des Gerichtsverfassungsgesetzes.

Die Besetzung der Senate bestimmt sich in Strafsachen nach §. 124, in bürgerlichen Rechtsstreitigkeiten nach §. 140 des Gerichtsverfassungsgesetzes.

Auf die Besetzung der Civilsenate des obersten Landesgerichts findet in Grundbuchsachen, sowie in den nach §. 199 des Gesetzes über die Angelegenheiten der freiwilligen Gerichtsbarkeit dem obersten Landesgerichte zugewiesenen Angelegenheiten der §. 124 des Gerichtsverfassungsgesetzes Anwendung.

[1] Fassung des G. v. 17./5. 98 (R.G.Bl. 252) Art. III.

11. Die landesgesetzlichen Bestimmungen, durch welche die strafrechtliche oder civilrechtliche Verfolgung öffentlicher Beamten[1] wegen der in Ausübung oder in Veranlassung der Ausübung ihres Amts vorgenommenen Handlungen an besondere Voraussetzungen gebunden ist, treten außer Kraft.

Unberührt bleiben die landesgesetzlichen Vorschriften,[2] durch welche die Verfolgung der Beamten entweder im Falle des Verlangens einer vorgesetzten Behörde oder unbedingt an die Vorentscheidung einer besonderen Behörde gebunden ist, mit der Maßgabe:

1. daß die Vorentscheidung auf die Feststellung beschränkt ist, ob der Beamte sich einer Ueberschreitung seiner Amtsbefugnisse oder der Unterlassung einer ihm obliegenden Amtshandlung schuldig gemacht habe;
2. daß in den Bundesstaaten, in welchen ein oberster Verwaltungsgerichtshof besteht, die Vorentscheidung

diesem,[3] in den anderen Bundesstaaten dem Reichsgerichte zusteht.

[1] Für die Reichsbeamten vgl. § 13 des Reichsbeamt. G. v. 31./3. 73 (R.G.Bl. 63), wonach für diese alle landesgesetzlich bestehenden Schranken der Verfolgbarkeit aufgehoben sind. E. XXXII. 322.

[2] Die bestehenden; Neueinführung unstatthaft. In Preußen G. v. 13./2. 54 (G.S. 86) u. G. v. 8./4. 47 (G.S. 170), welche jedoch durch die Modification dieses § in beiden Richtungen betroffen sind. Die jetzt geltenden Vorschriften sind im J.M.Bl. 1888 S. 6 ff. zusammengestellt.

[3] In Preußen dem Oberverwaltungsgericht. Das Verfahren ist jetzt durch § 114 G. über d. allg. Landesverwaltung v. 30./7. 83 (G.S. 195) geregelt.

12. Die für Elsaß-Lothringen geltenden Bestimmungen über die Gerichtssprache werden durch die Vorschrift des §. 186 des Gerichtsverfassungsgesetzes nicht berührt.[1]

[1] § 12 ist aufgehoben durch das G. v. 12./6. 89 (R.G.Bl. 95).

13. Die Bestimmungen über das Richteramt im §. 8 des Gerichtsverfassungsgesetzes treten in denjenigen Staaten, in welchen Vorschriften für die richterliche Entscheidung über die Enthebung eines Richters vom Amte oder über die Versetzung eines Richters an eine andere Stelle oder in Ruhestand nicht bestehen, nur gleichzeitig mit der landesgesetzlichen Regelung der Disziplinarverhältnisse der Richter in Wirksamkeit.

Uebergangsbestimmungen.

14. Die am Tage des Inkrafttretens des Gerichtsverfassungsgesetzes bei dem Reichs-Oberhandelsgerichte anhängigen Sachen gehen in der prozessualischen Lage, in welcher sie sich befinden, auf das Reichsgericht über.

15. Durch Kaiserliche Verordnung kann auf Antrag eines Bundesstaates und mit Zustimmung des Bundesraths die Verhandlung und Entscheidung derjenigen Sachen, welche nach den bisherigen Prozeßgesetzen von dem obersten Landesgerichte zu erledigen gewesen wären, dem Reichsgerichte zugewiesen werden.

16. Behufs Erledigung der nach Vorschrift des vorstehenden Paragraphen dem Reichsgerichte zugewiesenen Sachen können mit Zustimmung des Bundesraths durch Kaiserliche Verordnung bei dem Reichsgerichte Hülfssenate eingerichtet werden.

Der Reichskanzler bestimmt die Zusammensetzung der Hülfssenate und die Vertheilung der Geschäfte derselben.

Mit der Wahrnehmung der richterlichen Geschäfte in den Hülfssenaten können nur Mitglieder des Reichsgerichts und Mitglieder der früheren obersten Gerichte oder der Oberlandesgerichte beauftragt werden.

Die Anordnung ist für ein nicht zum Reichsgerichte gehörendes Mitglied bis zu dem Zeitpunkte unwiderruflich, in welchem die Wahrnehmung seiner Thätigkeit in dem Hülfssenate nicht mehr erforderlich ist.

17. Auf Antrag eines Bundesstaates und mit Zustimmung des Bundesraths kann durch Kaiserliche Verordnung die Verhandlung und Entscheidung der im §. 17 des Gerichtsverfassungsgesetzes bezeichneten Streitigkeiten dem Reichsgerichte zugewiesen werden.[1]

Für diejenigen Bundesstaaten, in denen die im §. 17 des Gerichtsverfassungsgesetzes bezeichneten Behörden bestehen und nach Maßgabe der Vorschriften im §. 17 Nr. 1—4 einer Veränderung ihrer Einrichtung und des

Verfahrens bedürfen, kann die Veränderung, sofern sie nicht bis zum Inkrafttreten dieses Gesetzes landesgesetzlich getroffen ist, durch landesherrliche Verordnung eingeführt werden.[2]

[1] Bremen: V. v. 26./9. 79 (R.G.Bl. 298).

[2] Preußen: V. v. 1./8. 79 (G.S. 573).

18. Die am Tage des Inkrafttretens des Gerichtsverfassungsgesetzes bei den Landesgerichten anhängigen Sachen können den ordentlichen Landesgerichten ohne Rücksicht auf die im Gerichtsverfassungsgesetze bestimmten Grenzen der Zuständigkeit durch die Landesgesetzgebung zugewiesen werden.[1]

[1] Für Preußen vgl. Ausf.G. zum G.V.G. v. 24./4. 78 (G.S. 230) § 92, G., betr. die Uebergangsbestimmungen zur deutschen C.P.O. und St.P.O. v. 31./3. 79 (G.S. 332) §§ 85 ff.

19. Die Mitglieder des Reichs-Oberhandelsgerichts werden durch Kaiserliche Verfügung mit Beibehaltung ihrer Besoldung entweder bei dem Reichsgerichte angestellt oder in den Ruhestand versetzt.

20. Bei der ersten Einrichtung der Landgerichte, der Oberlandesgerichte und der bei einem Amtsgerichte gebildeten Strafkammern und während der Dauer des ersten Geschäftsjahres erfolgen die Geschäftsvertheilung und die Bestimmung der Mitglieder der Kammern und Senate sowie der regelmäßigen Vertreter der Mitglieder durch die Landesjustizverwaltung.

Bei der ersten Einrichtung des Reichsgerichts und während der Dauer des ersten Geschäftsjahres erfolgen die Geschäftsvertheilung und die Bestimmung der Mitglieder der Senate sowie der regelmäßigen Vertreter derselben durch den Reichskanzler.

21. Innerhalb zwei Jahren nach dem Inkrafttreten des Gerichtsverfassungsgesetzes kann die Landesjustizverwaltung bei nothwendiger Einziehung von Richterstellen die unfreiwillige Versetzung eines Richters an ein anderes Gericht von gleicher Ordnung unter Belassung des vollen Gehalts und Erstattung der Umzugskosten verfügen.

22. Die Bestimmungen des §. 2 des Gerichtsverfassungsgesetzes über die Fähigkeit zum Richteramte finden auf diejenigen, welche vor dem Inkrafttreten des Gesetzes die erste Prüfung in einem Bundesstaate zurückgelegt haben, nur insoweit Anwendung, als nicht in dem Bundesstaate abweichende Vorschriften bestehen.

Der für den Vorbereitungsdienst vorgeschriebene Zeitraum kann für die ersten vier Jahre nach dem Inkrafttreten des Gesetzes in den einzelnen Bundesstaaten bis auf zwei Jahre abgekürzt werden.

Gerichtsverfassungsgesetz.

Vom 27. Januar 1877.

(R.G.Bl. von 1877, Nr. 4, S. 41—76. Neue Fassung: R.G.Bl. 1898 Nr. 25 S. 371—409.)

Erster Titel.

Richteramt.

1. Die richterliche Gewalt wird durch unabhängige, nur dem Gesetze unterworfene Gerichte ausgeübt.

Befähigung.

2. Die Fähigkeit zum Richteramte wird durch die Ablegung zweier Prüfungen erlangt.

Der ersten Prüfung muß[1] ein dreijähriges Studium der Rechtswissenschaft auf einer Universität vorangehen. Von dem dreijährigen Zeitraume sind mindestens drei Halbjahre dem Studium auf einer deutschen[2] Universität zu widmen.

Zwischen der ersten und zweiten Prüfung muß ein Zeitraum von drei Jahren liegen, welcher im Dienste bei den Gerichten und bei den Rechtsanwälten zu verwenden ist, auch zum Theil bei der Staatsanwaltschaft verwendet werden kann.

In den einzelnen Bundesstaaten kann bestimmt werden, daß der für das Universitätsstudium oder für den Vorbereitungsdienst[3] bezeichnete Zeitraum verlängert wird, oder daß ein Theil des letzteren Zeitraums, jedoch höchstens ein Jahr, im Dienste bei Verwaltungsbehörden zu verwenden ist oder verwendet werden darf.[4]

[1] imperativ, im Gegensatz zum bloß instruktionellen „soll".

[2] d. h. des Deutschen Reichs.

[3] Vgl. z. B. preuß. Ausf.G. zum G.V.G. v. 24./4. 78 (G.S. 230) § 1, J.V. v. 1./5. 83 (J.M.Bl. 131), 3./11. 90 (J.M.Bl. 277).

[4] E.G. zum G.V.G. § 22.

3. Wer in einem Bundesstaate die erste Prüfung bestanden hat, kann in jedem anderen Bundesstaate zur Vorbereitung für den Justizdienst und zur zweiten Prüfung zugelassen werden.

Die in einem Bundesstaate auf die Vorbereitung verwendete Zeit kann in jedem anderen Bundesstaate angerechnet werden.

4. Zum Richteramte befähigt ist ferner jeder ordentliche öffentliche Lehrer des Rechts an einer deutschen[1] Universität.

[1] Vgl. Anm. 2 zu § 2.

5. Wer in einem Bundesstaate die Fähigkeit zum Richteramte erlangt hat, ist, soweit dieses Gesetz keine Ausnahme bestimmt,[1] zu jedem Richteramte innerhalb des Deutschen Reichs befähigt.[2]

[1] Vgl. § 127 Abs. 2.

[2] Landesgesetzliche Beschränkungen damit beseitigt.

Amt.

6. Die Ernennung der Richter erfolgt auf Lebenszeit.

7. Die Richter beziehen in ihrer richterlichen Eigenschaft ein festes Gehalt mit Ausschluß von Gebühren.

8. Richter können wider ihren Willen nur kraft richterlicher Entscheidung und nur aus den Gründen und unter den Formen, welche die Gesetze bestimmen, dauernd oder zeitweise ihres Amts enthoben oder an eine andere Stelle oder in Ruhestand versetzt werden.

Die vorläufige Amtsenthebung, welche kraft Gesetzes eintritt, wird hierdurch nicht berührt.

Bei einer Veränderung in der Organisation der Gerichte oder ihrer Bezirke können unfreiwillige Versetzungen an ein anderes Gericht oder Entfernungen vom Amte unter Belassung des vollen Gehalts durch die Landesjustizverwaltung verfügt werden.

9. Wegen vermögensrechtlicher Ansprüche der Richter aus ihrem Dienstverhältnisse, insbesondere auf Gehalt, Wartegeld oder Ruhegehalt darf der Rechtsweg nicht ausgeschlossen werden.

10. Die landesgesetzlichen Bestimmungen über die Befähigung zur zeitweiligen Wahrnehmung[1] richterlicher Geschäfte[2] bleiben unberührt.[3]

[1] Die §§ 2 ff. leiden hier nicht unbedingte Anwendung. E. III, 231. R. II. 508.

[2] Für Preußen: § 2 G. v. 24./4. 78 (G.S. 230), J.V. v. 9./12. 79 (J.M.Bl. 460).

[3] Vgl. aber die reichsgesetzlichen §§ 69, 122, 134, auch 152 G.V.G.

11. Auf Handelsrichter, Schöffen und Geschworene finden die Bestimmungen der §§. 2—9 keine Anwendung.

Zweiter Titel.

Gerichtsbarkeit.

Gerichte.

12. Die ordentliche streitige Gerichtsbarkeit wird durch Amtsgerichte und Landgerichte, durch Oberlandesgerichte und durch das Reichsgericht ausgeübt.[1]

[1] Die genannten Gerichte bilden den bleibenden Gerichtsorganismus, bei bzw. aus welchem die einzelnen mit der Ausübung der Rechtspflege betrauten Organe gebildet werden. Vgl. Einleitung S. 29.

13. Vor die ordentlichen Gerichte gehören alle bürgerlichen Rechtsstreitigkeiten und Strafsachen,[1] für welche nicht entweder[2] die Zuständigkeit von Verwaltungsbehörden oder Verwaltungsgerichten begründet ist[3] oder reichsgesetzlich besondere Gerichte bestellt[4] oder zugelassen[5] sind.

[1] Vgl. über d. Begriff der Strafsachen Anm. 1 zu § 3 E.G. zur St.P.O.

[2] Reichs- oder landesgesetzlich, soweit reichsgesetzlich zugelassen; Beschränkungen der Landesgesetzgebung: §§ 453 ff., 459 ff. St P.O.; § 11 E.G. zum G.V.G. Vgl. E. XV. 323, R. IX. 85.

[3] Verwaltungsstrafverfahren nach Reichsgesetzen vgl. Postg. v. 28./10. 71 (R.G.Bl. 347) §§ 34 ff.; Seemannsordn. v. 27./12. 72 (R.G.Bl. 409) §§ 101 ff., vgl. § 5 Abs. 2 E.G. zur St.P.O.; G. betr. Mitnahme hülfsbedürftiger Seeleute, v. 27./12. 72 (R.G.Bl. 432) § 8; vgl. auch Vereinszollg. v. 1./7. 69 (B.G.Bl. 317) § 165 in Verbindung (für Preußen) mit G., betr. das Verwaltungsstrafverfahren bei Zuwiderhandlung gegen die Zollgesetze 2c., v. 26. Juli 97 (G.S. 237) nebst Ausführungsvorschriften v. 29./9. 97 (J.M.Bl. 249); G., betr. die Erhebung einer Abgabe von Salz, v. 12./10. 67 (B.G.Bl. 41) § 18; G., betr. die Besteuerung des Branntweins 2c., v. 8./7. 68 (B.G.Bl. 384) § 68; v. 24./6. 87 (R.G.Bl. 265 neue Fassung: R.G.Bl. 1895 S. 276) §§ 36, 42 IV, 43 d; G., betr. die Steuerfreiheit des Branntweins zu gewerblichen Zwecken, v. 19./7. 79 (R.G Bl. 259) § 4; G. wegen Erhebung der Brausteuer v 31./5. 72 (R.G.Bl. 153) § 41; G., betr.

die Besteuerung des Tabaks, v. 16./7. 79 (R.G.Bl. 245) § 46; Zuckersteuerg. v. 27./5. 96 (R.G.Bl. 117) § 62; G., betr. die Wechselstempelsteuer, v. 10./6. 69 (B.G.Bl. 193) § 18; G., betr. den Spielkartenstempel v. 3./7. 78 (R.G.Bl. 133) § 19; G., betr. die Statistik des Waarenverkehrs rc, vom 20./7. 79 (R.G.Bl. 261) § 17; Reichsstempelges. v. 27./4. 94 (R.G.Bl. 381, neue Fassung: R.G.Bl. 1900 S. 275) § 46; G., betr. Zollkartell mit Oesterr.-Ung. v. 9./6. 95 (R.G.Bl. 253) § 7. — Vgl. auch G. über den Beistand bei Einziehung von Abgaben u. Vollstr. von Vermögensstrafen v. 9./6. 95 (R.G.Bl. 256). — Vgl noch § 17.

[4] Reichsgesetzlich bestellte Sondergerichte in Strafsachen sind:

a) Militärgerichte. Siehe § 7 E.G. und Anm. 1 daselbst.

b) Konsulargerichte und die Gerichte in deutschen Schutzgebieten. G. v. 7./4. 00 (R.G.Bl. 213), G. v. 17./4. 86 (R.G.Bl. 75, neueste Fassung: R.G.Bl. 1900 S. 813).

c) Vgl. § 16 und Anm.

[5] § 14, für Strafsachen Nr. 1. — Vgl. außerdem § 5 und § 7 (Austrägalgerichte) E.G. — Alle sonstigen Sondergerichte sind aufgehoben.

14. Als besondere Gerichte werden zugelassen:[1]

1. die auf Staatsverträgen beruhenden Rheinschifffahrts-[2] und Elbzollgerichte;[3]
2. Gerichte, welchen die Entscheidung von bürgerlichen Rechtsstreitigkeiten bei der Ablösung von Gerechtigkeiten oder Reallasten, bei Separationen, Konsolidationen, Verkoppelungen, gutsherrlich-bäuerlichen Auseinandersetzungen und dergleichen obliegt;
3. Gemeindegerichte, insoweit denselben die Entscheidung über vermögensrechtliche Ansprüche obliegt, deren Gegenstand in Geld oder Geldeswerth die Summe von sechzig Mark nicht übersteigt, jedoch mit der Maßgabe, daß gegen die Entscheidung

der Gemeindegerichte innerhalb einer gesetzlich zu bestimmenden Frist sowohl dem Kläger wie dem Beklagten die Berufung auf den ordentlichen Rechtsweg zusteht, und daß der Gerichtsbarkeit des Gemeindegerichts, als Kläger oder Beklagter, nur Personen unterworfen werden dürfen, welche in der Gemeinde den Wohnsitz, eine Niederlassung oder im Sinne der §§. 16, 20 der Civilprozeßordnung den Aufenthalt haben;

4. Gewerbegerichte.[4]

[1] Vgl. E.G. § 3, E.G. zur St.P.O. § 3 Abs. 2.

[2] Revid. Rheinschifffahrtsakte v. 17./10. 68 (Preuß. G.S. 1869 S. 814) Art. 33—40 nebst Zusatzartikel v. 18. Sept. 1895 (Preuß. G.S. 1898 S. 265) u. Abänderung v. 4. Juni 1898 (Preuß. G.S. 1900 S. 9). — Preußen: G. v. 8./3. 79 (G.S. 129), G. v. 9./3. 70 (G.S. 177), V. v. 1./9. 79 (G.S. 609).

[3] Elbschifffahrtsakte v. 23./6. 21 (Preuß. G.S. 1822 S. 20) Art. XXVI.; Additionalsakte v. 13./4. 44 (Preuß. G.S. 468) §§ 46 ff., G. v. 11./6. 70 (B.G.Bl. 416). — Preußen: G. v. 9./3. 79 (G.S. 132).

[4] Nr. 2—4 sind strafrechtlich ohne Bedeutung. Vgl. aber ferner E.G. §§ 5, 7.

15. Die Gerichte sind Staatsgerichte.

Die Privatgerichtsbarkeit ist aufgehoben; an ihre Stelle tritt die Gerichtsbarkeit desjenigen Bundesstaates, in welchem sie ausgeübt wurde. Präsentationen für Anstellungen bei den Gerichten finden nicht statt.

Die Ausübung einer geistlichen Gerichtsbarkeit in weltlichen Angelegenheiten ist ohne bürgerliche Wirkung. Dies gilt insbesondere bei Ehe- und Verlöbnißsachen.

16. Ausnahmegerichte sind unstatthaft. Niemand darf seinem gesetzlichen Richter entzogen werden. Die gesetzlichen Bestimmungen über Kriegsgerichte und Standrechte werden hiervon nicht berührt.[1]

[1] Vgl. Verf. des Deutschen Reichs Art. 68, preuß. G. v. 4./6. 51 (G.S. 451). Für Bayern vgl. B.G.Bl. 1871 S. 9.

17. Die Gerichte entscheiden über die Zulässigkeit des Rechtswegs.

Die Landesgesetzgebung[1] kann jedoch die Entscheidung von Streitigkeiten zwischen den Gerichten und den Verwaltungsbehörden oder Verwaltungsgerichten über die Zulässigkeit des Rechtswegs besonderen Behörden nach Maßgabe der folgenden Bestimmungen übertragen:

1. Die Mitglieder werden für die Dauer des zur Zeit ihrer Ernennung von ihnen bekleideten Amts oder, falls sie zu dieser Zeit ein Amt nicht bekleiden, auf Lebenszeit ernannt. Eine Enthebung vom Amte kann nur unter denselben Voraussetzungen wie bei den Mitgliedern des Reichsgerichts stattfinden.
2. Mindestens die Hälfte der Mitglieder muß dem Reichsgerichte oder dem obersten Landesgerichte oder einem Oberlandesgerichte angehören. Bei Entscheidungen dürfen Mitglieder nur in der gesetzlich bestimmten Anzahl mitwirken. Diese Anzahl muß eine ungerade sein und mindestens fünf betragen.
3. Das Verfahren ist gesetzlich zu regeln. Die Entscheidung erfolgt in öffentlicher Sitzung nach Ladung der Parteien.

4. Sofern die Zulässigkeit des Rechtswegs durch rechtskräftiges Urtheil des Gerichts feststeht, ohne daß zuvor auf die Entscheidung der besonderen Behörde angetragen war, bleibt die Entscheidung des Gerichts maßgebend.

[1] E.G. zum G.V.G. § 17 Abs. 2.

Exterritoriale.

18. Die inländische Gerichtsbarkeit erstreckt sich nicht auf die Chefs[1] und Mitglieder der bei dem Deutschen Reiche beglaubigten Missionen. Sind diese Personen Staatsangehörige eines der Bundesstaaten, so sind sie nur insofern von der inländischen Gerichtsbarkeit befreit, als der Staat, dem sie angehören, sich der Gerichtsbarkeit über sie begeben hat.[2]

Die Chefs und Mitglieder der bei einem Bundesstaate beglaubigten Missionen sind der Gerichtsbarkeit dieses Staates nicht unterworfen. Dasselbe gilt von den Mitgliedern des Bundesraths, welche nicht von demjenigen Staate abgeordnet sind, in dessen Gebiete der Bundesrath seinen Sitz hat.[3]

[1] Ueber die Unzulässigkeit eines unmittelbaren Geschäftsverkehrs mit ihnen Seitens der Gerichte und Staatsanwaltschaften vgl. preuß. J.V. v. 28./12. 80 (J.M.Bl. 369).

[2] Daher auch Zustellungen an sie, wie im Auslande; Befreiung vom Zeugnißzwang. M. 56. Vgl. auch preuß. J.V. v. 20./1. 93 (J.M.Bl. 87) und jetzt § 203 Abs. 3 C.P.O. unten in Anm. 1 zu § 37.

[3] Art. 10 d. Reichsverfassung. — St.P.O. § 11.

19. Auf die Familienglieder, das Geschäftspersonal der im §. 18 erwähnten Personen und auf solche Bedienstete[1] derselben, welche nicht Deutsche sind[2], finden die vorstehenden Bestimmungen Anwendung.

[1] Vgl. dazu preuß. J M Bl. 579

[2] Vgl. Ges. über die Erw. 2c. der Bundes- und Staatsangehörigkeit v. 1./6. 70 (B.G.Bl. 355) §§ 1 ff.

20. Durch die Bestimmungen der §§. 18, 19 werden die Vorschriften über den ausschließlichen dinglichen Gerichtsstand in bürgerlichen Rechtsstreitigkeiten nicht berührt.

21. Die im Deutschen Reiche angestellten Konsuln[1] sind der inländischen Gerichtsbarkeit unterworfen, sofern[2] nicht in Verträgen[3] des Deutschen Reichs mit anderen Mächten Vereinbarungen über die Befreiung der Konsuln von der inländischen Gerichtsbarkeit getroffen sind.

[1] Ohne Unterschied, ob Berufs- oder Wahlkonsuln. E. XVII. 71. R. X. 83.

[2] und soweit. Vgl. E. XVII. 61. R. X. 83.

[3] Es bestehen zur Zeit folgende Konsularverträge: mit Italien v. 21./12. 68. (B.G.Bl. 1869 S. 113) und 7./2. 72 (R.G.Bl. 134); mit Spanien v. 22/2. 70 (B.G.Bl. 99) u. 12./1. 72 (R.G.Bl. 211); mit den Vereinigten Staaten von Nordamerika v. 11./12. 71 (R.G.Bl. 1872 S. 95); mit den Niederlanden v. 16./6. 56 bzw. 11./1. 72 (R.G.Bl. 67); mit Rußland v. 8./12. bzw. 26./11. 74 (R.G.Bl. 1875 S. 145); mit den Hawaiischen Inseln v. 25./8. 79 (R.G.Bl. 1880 S. 121); mit Griechenland v. 26./11. 81 (R.G.Bl. 1882 S. 101); mit Brasilien v. 10./1. 82 (R.G.Bl. 69); mit Serbien v. 6./1. 83 (R.G.Bl. 62); mit Japan v. 4./4. 96 (R.G.Bl. 732); mit Peru v. 28./7. 97 (R.G.Bl. 1899 S. 662). — Entsprechende Bestimmungen enthalten auch die nachfolgenden Freundschafts-, Handels- und Schifffahrtsvertr.; mit San Salvador v. 13./6. 70 (R.G.Bl. 1872 S. 377, 1889 S. 191); mit Portugal v. 2./3. 72 (R.G.Bl. 254); mit Persien v. 11./6. 73 (R.G.Bl. 351); mit Tonga v. 1./11. 76 (R.G.Bl.

1877 S. 517), vgl. aber auch G. v. 15./2. 00 (R.G.Bl. 37); mit China v. 31./3. 80 (R.G.Bl. 1881 S. 261); mit Marokko v. 3./7. 80 (R.G.Bl. 1881 S. 103); mit Oesterreich-Ungarn v. 23./5. 81 (R.G.Bl 123); mit Mexiko v. 5./12. 82 (R.G.Bl. 1883 S. 247); mit Madagaskar v. 15/5. 83 (R.G.Bl. 1885 S. 166); mit Korea v. 26/11. 83 R.G.Bl. 1884 S. 221); mit der Südafrikanischen Republik v. 22./1. 85 (R.G.Bl. 1886 S. 209); mit Zanzibar v. 20./12. 85 (R.G.Bl. 1886 S. 261, vgl. aber auch G. v. 15./2. 00 (R.G.Bl. 37); mit Ecuador v. 28./3. 87 (R.G.Bl. 1888 S. 136); mit Guatemala v. 20./9. 87 (R.G.Bl. 1888 S. 238); mit Honduras v. 12/12. 87 (R.G.Bl. 1888 S. 262); mit Columbien v. 23./7. 92 (R.G Bl. 1894 S. 471); mit Uruguay v. 20./6. 92 (R.G.Bl. 1894 S. 505); mit Nikaragua v. 4./2. 96 (R.G.Bl. 1897 S. 171); mit dem Orange-Freistaat v. 28./4. 97 (R.G.Bl. 1898 S. 93).

Dritter Titel.
Amtsgerichte.

22. Den Amtsgerichten[1] stehen Einzelrichter vor.

Ist ein Amtsgericht mit mehreren Richtern[2] besetzt, so wird einem derselben[3] von der Landesjustizverwaltung[4] die allgemeine Dienstaufsicht übertragen; *ist die Zahl der Richter höher als fünfzehn, so kann die Dienstaufsicht zwischen mehreren von ihnen getheilt werden.*[5] Jeder Amtsrichter erledigt die ihm obliegenden Geschäfte als Einzelrichter.

[1] Ausführungsbestimmungen in Preußen: Ausf.G. v. 24./4. 78 (G.S. 230) §§ 21 ff., Abänd.G. v. 16./5. 87 (G.S. 135). — Sitze und Bezirke; V. v. 26./7. 78 (G.S. 275), V. v. 5./7. 79 (G.S. 393), beide vielfach abgeändert.

[2] Preußen: Geschäftsvertheilung: Ausf.G. § 23, J.V. v. 21./7. 79 (J.M.Bl. 198, 212). — Vertretung: Ausf.G. § 24, J.V. v. 10./9. 79 (J.M.Bl. 340).

[3] Für das Amtsgericht I zu Berlin vgl. preuß. G. v. 10./4. 92 (G.S. 77).

[4] d. i. nicht bloß die Centralstelle, sondern das nach den landesgesetzlichen Bestimmungen zuständige Organ der Justizverwaltung.

[5] Fassung des G. v. 17./5. 98 (R.G.Bl. 252).

23. Die Zuständigkeit der Amtsgerichte umfaßt in bürgerlichen Rechtsstreitigkeiten, soweit dieselben nicht ohne Rücksicht auf den Werth des Streitgegenstandes den Landgerichten zugewiesen sind:

1. Streitigkeiten über vermögensrechtliche Ansprüche, deren Gegenstand an Geld oder Geldeswerth die Summe von dreihundert Mark nicht übersteigt;
2. ohne Rücksicht auf den Werth des Streitgegenstandes:

   Streitigkeiten zwischen dem Vermiether und dem Miether oder Untermiether von Wohnräumen oder anderen Räumen oder zwischen dem Miether und dem Untermiether solcher Räume wegen Ueberlassung, Benutzung oder Räumung, sowie wegen Zurückhaltung der von dem Miether oder dem Untermiether in die Miethsräume eingebrachten Sachen;

   Streitigkeiten zwischen Dienstherrschaft und Gesinde, zwischen Arbeitgebern und Arbeitern hinsichtlich des Dienst- oder Arbeitsverhältnisses, sowie die im §. 3 Abs. 1 des Gesetzes, betreffend die Gewerbegerichte, vom 29. Juli 1890 bezeichneten Streitigkeiten, insofern dieselben während der Dauer des Dienst-, Arbeits- oder Lehrverhältnisses entstehen;

Streitigkeiten zwischen Reisenden und Wirthen, Fuhrleuten, Schiffern, Flößern oder Auswanderungsexpedienten in den Einschiffungshäfen, welche über Wirthszechen, Fuhrlohn, Ueberfahrtsgelder, Beförderung der Reisenden und ihrer Habe und über Verlust und Beschädigung der letzteren, sowie Streitigkeiten zwischen Reisenden und Handwerkern, welche aus Anlaß der Reise entstanden sind;

Streitigkeiten wegen Viehmängel;

Streitigkeiten wegen Wildschadens;

Ansprüche aus einem außerehelichen Beischlafe;

das Aufgebotsverfahren.

24. Im Uebrigen wird die Zuständigkeit und der Geschäftskreis der Amtsgerichte durch die Vorschriften dieses Gesetzes[1] und der Prozeßordnungen[2] bestimmt.

[1] In Strafsachen: §§ 25—57, 78, 85—89, 158.

[2] In Strafsachen: §§ 98 Abs. 2, 100 Abs. 3, 105, 125, 126, 128, 129, 132, 156, 157, 160, 163, 164, 171 Abs. 3, 183, 184, 197, 200, 211 Abs. 2, 447, 448, 455, 463 Abs. 2, 483 Abs. 3, 489 Abs. 3, 494, 501 St.P.O.

Vierter Titel.

Schöffengerichte.

25. Für die Verhandlung und Entscheidung von Strafsachen werden bei den Amtsgerichten Schöffengerichte[1] gebildet.[2 3]

[1] Ausführungsbestimmungen in Preußen: Ausf.G. v. 24./4. 78 (G.S. 230) §§ 33 ff.

[2] Vgl. § 30. — Hauptverhandlung ohne Schöffen: St.P.O. § 211 Abs. 2, E.G. z. St.P.O. § 3 Abs. 3, Preuß. Forstdiebstahlsg. v. 15./4. 78 (G.S. 222) § 19, Preuß. Feld- und Forstpolizeig. v. 1./4. 80 (G.S. 230) § 53.

[3] Für Helgoland vgl. Art. II der V. v. 22./3. 91 (R.G.Bl. 21), Art. I des G. v. 4./6. 93 (R.G.Bl. 193).

1. Besetzung.

26. Die Schöffengerichte bestehen aus dem Amtsrichter als Vorsitzenden und zwei Schöffen.[1]

[1] Für Helgoland vgl. Art. II der V. v. 22./3. 91 (R.G.Bl. 21), Art. I des G. v. 4./6. 93 (R.G.Bl. 193).

2. Zuständigkeit.

27. Die Schöffengerichte sind zuständig:

1. für alle Uebertretungen;[1]
2. für diejenigen Vergehen, welche nur mit Gefängniß von höchstens drei Monaten oder Geldstrafe von höchstens sechshundert Mark, allein oder neben Haft oder in Verbindung mit einander oder in Verbindung mit Einziehung[2] bedroht sind,[3] mit Ausnahme der im §. 320 des Strafgesetzbuchs und der im §. 74 dieses Gesetzes bezeichneten Vergehen;[4]
3. für die nur auf Antrag zu verfolgenden Beleidigungen und Körperverletzungen,[5] wenn die Verfolgung im Wege der Privatklage geschieht;[6]
4. für das Vergehen des Diebstahls im Falle des §. 242 des Strafgesetzbuchs, wenn der Werth des Gestohlenen fünfundzwanzig Mark nicht übersteigt;[7]
5. für das Vergehen der Unterschlagung im Falle des §. 246 des Strafgesetzbuchs, wenn der Werth

des Unterschlagenen fünfundzwanzig Mark nicht übersteigt;[8]

6. für das Vergehen des Betruges im Falle des §. 263 des Strafgesetzbuchs, wenn der Schaden fünfundzwanzig Mark nicht übersteigt;[9]

7. für das Vergehen der Sachbeschädigung im Falle des §. 303 des Strafgesetzbuchs, wenn der Schaden fünfundzwanzig Mark nicht übersteigt;[10]

8. für das Vergehen der Begünstigung[11] und für das Vergehen der Hehlerei in den Fällen des §. 258 Nr. 1 und des §. 259 des Strafgesetzbuchs, wenn die Handlung, auf welche sich die Begünstigung oder die Hehlerei bezieht, zur Zuständigkeit der Schöffengerichte gehört.[12] [13]

[1] St.G.B. §§ 360—370 und § 1 und demgemäß die entsprechenden Vorschriften in allen Reichs- oder Landesgesetzen.

[2] Verfallerklärung und dergl. steht gleich E. XII. 75. R. VII. 150.

[3] St.G.B. §§ 121 Abs. 2, 123 Abs. 1, 148, 276, 292, 299, außerdem andere Reichs- und Landesgesetze. Vgl. aus der Gewerbe-Ordn. §§ 146a, 147, 153.

[4] Vgl. auch § 75 Nr. 14, 15.

[5] St.G.B. §§ 185—187, 189, 194, 223 (nicht 223a), 230 Abs. 1, 232.

[6] St.P.O. §§ 414, 416, Anm. 7 zu § 417; vgl. auch G.V.G. § 75 Nr. 4, 5.

[7] Vgl. § 28 und § 75 Nr. 6.

[8] Vgl. § 28 und § 75 Nr. 7.

[9] Vgl. § 28 und § 75 Nr. 10.

[10] Vgl. § 28 und § 75 Nr. 12.

[11] § 257 St.G.B.

[12] Nr. 1—7 dieses Paragraphen. — Vgl. auch § 75 Nr. 8, 9.

[13] Ferner ist das Schöffengericht zuständig für alle Vergehen gegen das G. zur Bekämpfung des unlauteren Wettbewerbs v. 27/5. 96 (R.G.Bl. 145) § 12, soweit die Verfolgung im Wege der Privatklage geschieht.

28. Ist die Zuständigkeit des Schöffengerichts durch den Werth einer Sache oder den Betrag eines Schadens bedingt[1] und stellt sich in der Hauptverhandlung heraus, daß der Werth oder Schaden mehr als fünfundzwanzig Mark beträgt, so hat das Gericht seine Unzuständigkeit nur dann auszusprechen, wenn aus anderen Gründen[2] die Aussetzung der Verhandlung geboten erscheint.[3]

[1] § 27 Nr. 4—8.

[2] §§ 145, 216, 245, 261, 264 St.P.O.

[3] Vgl. § 270 St.P.O.

29. Vor die Schöffengerichte gehören auch diejenigen Strafsachen, deren Verhandlung und Entscheidung ihnen nach den Bestimmungen des fünften Titels von den Strafkammern der Landgerichte überwiesen wird.[1]

[1] § 75.

3. Amt der Schöffen.

30. Insoweit das Gesetz nicht Ausnahmen[1] bestimmt, üben die Schöffen während der Hauptverhandlung das Richteramt im vollen Umfange und mit gleichem Stimmrechte wie die Amtsrichter aus und nehmen auch an denjenigen, im Laufe einer Hauptverhandlung zu erlassenden Entscheidungen Theil, welche in keiner Beziehung zu der Urtheilsfällung stehen, und welche auch ohne vorgängige mündliche Verhandlung erlassen werden können.

Die außerhalb der Hauptverhandlung erforderlichen Entscheidungen werden von dem Amtsrichter erlassen.

[1] Nur § 31 Abs. 2 St.P.O. — Vgl. jedoch §§ 52—56 G.V.G., auch Anm. 2 zu § 25.

31. Das Amt eines Schöffen ist ein Ehrenamt.[1]

Dasselbe kann nur von einem Deutschen[2] versehen werden.[3]

[1] Vgl. jedoch § 55.

[2] G. über Erwerb u. Verl. d. Staatsangehör. v. 1./6. 70 (B. G.Bl. 355), Reichsverfassung Art. 3.

[3]) Andernfalls Nichtigkeit. Prot. 218, St.P.O. § 377 Nr. 1. Vgl. auch Anm. 1 zu § 32.

Befähigung.

32. Unfähig[1] zu dem Amte eines Schöffen sind:

1. Personen, welche die Befähigung in Folge strafgerichtlicher Verurtheilung verloren haben;[2]
2. Personen, gegen welche das Hauptverfahren wegen eines Verbrechens oder Vergehens eröffnet ist,[3] das die Aberkennung der bürgerlichen Ehrenrechte oder der Fähigkeit zur Bekleidung öffentlicher Aemter zur Folge haben kann;[4]
3. Personen, welche in Folge gerichtlicher Anordnung in der Verfügung über ihr Vermögen beschränkt sind.[5]

[1] Mitwirkung Nichtigkeit — vgl. § 377 St.P.O. — vorausgesetzt, daß die Unfähigkeit zur Zeit der thatsächlichen Ausübung des Richteramts (nicht zur Zeit der Bildung der Listen) besteht. E. II. 241, XXI. 292. R. II. 225. — Vgl. auch § 52 Abs. 1 G.V.G.

[2] §§ 31, 33—35, 358 St.G.B.

[3] § 201, bzw. § 270 St.P.O. [4] §§ 31, 32 St.G.B.

[5] Verschwender und Gemeinschuldner. M. 79.

33. Zu dem Amte eines Schöffen sollen nicht berufen werden:[1]

1. Personen, welche zur Zeit der Aufstellung der Urliste[2] das dreißigste Lebensjahr noch nicht vollendet haben;
2. Personen, welche zur Zeit der Aufstellung der

Urliste[2] den Wohnsitz in der Gemeinde noch nicht zwei volle Jahre haben;

3. Personen, welche für sich oder ihre Familie Armenunterstützung aus öffentlichen Mitteln empfangen oder in den drei letzten Jahren, von Aufstellung der Urliste zurückgerechnet, empfangen haben;
4. Personen, welche wegen geistiger oder körperlicher Gebrechen zu dem Amte nicht geeignet sind;
5. Dienstboten.

[1] Mitwirkung keine Nichtigkeit. — Vgl. auch § 52 Abs. 2.
[2] §§ 36, 57.

34. Zu dem Amte eines Schöffen sollen ferner nicht berufen werden:[1]

1. Minister;
2. Mitglieder der Senate der freien Hansestädte;
3. Reichsbeamte, welche jederzeit einstweilig in den Ruhestand versetzt werden können;[2]
4. Staatsbeamte, welche auf Grund der Landesgesetze jederzeit einstweilig in den Ruhestand versetzt werden können;
5. richterliche Beamte[3] und Beamte der Staatsanwaltschaft;[4]
6. gerichtliche[5] und polizeiliche Vollstreckungsbeamte;
7. Religionsdiener;
8. Volksschullehrer;
9. dem aktiven[6] Heere oder der aktiven Marine angehörende Militärpersonen.[7]

Die Landesgesetze können außer den vorbezeichneten Beamten höhere Verwaltungsbeamte bezeichnen, welche zu dem Amte eines Schöffen nicht berufen werden sollen.[8]

[1] Vgl. Anm. 1 zu § 33.

[2] § 25 G. v. 31/3. 73 (R.G.Bl. 61), § 2 G. v. 27./6. 73 (R.G.Bl. 164).

[3] Auch Handelsrichter, vgl. § 116.

[4] Auch Amtsanwälte, vgl. § 143. [5] § 155.

[6] § 38 Mil.G. v. 2./5. 75 (R.G.Bl. 45), vgl. auch §§ 2, 8, 12, 13, 25 G. v. 9./11. 67 (B.G.Bl. 131).

[7] § 4 des Militär-St.G.B. und das demselben beigefügte Verzeichniß (R.G.Bl. 1872 S. 173, 204). Militärbeamte: B. v. 13./8. 95 (R.G.Bl. 431). Nicht die Civilbeamten der Militärverwaltung § 38 C. Mil.G. v. 2./5. 74 (R.G.Bl. 45).

[8] Preußen: Ausf.G. v. 24./4. 78 (G.S. 230) § 33.

Ablehnungsrecht.

35. Die Berufung zum Amte eines Schöffen dürfen ablehnen:[1]

1. Mitglieder einer deutschen gesetzgebenden Versammlung;
2. Personen, welche im letzten Geschäftsjahre[2] die Verpflichtung eines Geschworenen, oder an wenigstens fünf Sitzungstagen die Verpflichtung eines Schöffen erfüllt haben;
3. Aerzte;[3]
4. Apotheker, welche keine Gehülfen haben;
5. Personen, welche das fünfundsechzigste Lebensjahr zur Zeit der Aufstellung der Urliste[4] vollendet haben oder dasselbe bis zum Ablaufe des Geschäftsjahres vollenden würden;
6. Personen, welche glaubhaft machen, daß sie den

mit der Ausübung des Amts verbundenen Aufwand zu tragen nicht vermögen.

[1] Vgl. § 53.
[2] Preußen: = Kalenderjahre. J.V. v. 28./6. 79 (J.M.Bl. 209) § 1.
[3] Auch Zahn- und Thierärzte; vgl. § 29 Gewerbe-Ordn.
[4] §§ 36, 57.

Urliste.

36. Der Vorsteher einer jeden Gemeinde oder eines landesgesetzlich der Gemeinde gleichstehenden Verbandes hat alljährlich[1] ein Verzeichniß der in der Gemeinde wohnhaften Personen, welche zu dem Schöffenamte berufen werden können, aufzustellen (Urliste).

Die Urliste ist in der Gemeinde eine Woche lang zu Jedermanns Einsicht auszulegen. Der Zeitpunkt der Auslegung ist vorher öffentlich bekannt zu machen.[2]

[1] § 57. [2] Vgl. § 39.

37. Gegen die Richtigkeit oder Vollständigkeit der Urliste kann innerhalb der einwöchigen Frist schriftlich oder zu Protokoll Einsprache erhoben werden.[1]

[1] Von Jedermann. M. 82, Prot. 230.

38. Der Gemeindevorsteher sendet die Urliste nebst den erhobenen Einsprachen und den ihm erforderlich erscheinenden Bemerkungen an den Amtsrichter des Bezirks.

Wird nach Absendung der Urliste die Berichtigung derselben erforderlich, so hat der Gemeindevorsteher hiervon dem Amtsrichter Anzeige zu machen.

39. Der Amtsrichter stellt die Urlisten des Bezirks zusammen und bereitet den Beschluß über die Einsprachen gegen dieselben vor. Er hat die Beachtung der Vorschriften des §. 36 Abs. 2 zu prüfen und die Abstellung etwaiger Mängel zu veranlassen.[1]

[1] Vgl. für Preußen J.V. v. 22./7. 79 (J.M.Bl. 195).

40. Bei dem Amtsgerichte tritt alljährlich ein Ausschuß zusammen.

Der Ausschuß besteht aus dem Amtsrichter als Vorsitzenden und einem von der Landesregierung zu bestimmenden Staatsverwaltungsbeamten,[1] sowie sieben Vertrauensmännern als Beisitzern.

Die Vertrauensmänner werden aus den Einwohnern des Amtsgerichtsbezirks gewählt.

Die Wahl erfolgt nach näherer Bestimmung der Landesgesetze[2] durch die Vertretungen[3] der Kreise, Aemter, Gemeinden oder dergleichen Verbände; wenn solche Vertretungen nicht vorhanden sind, durch den Amtsrichter. Letzterer hat die Vertrauensmänner vornehmlich aus den Vorstehern der vorbezeichneten Verbände zu wählen.

Zur Beschlußfähigkeit des Ausschusses genügt die Anwesenheit des Vorsitzenden, des Staatsverwaltungsbeamten und dreier Vertrauensmänner. Der Ausschuß faßt seine Beschlüsse nach der absoluten Mehrheit der Stimmen. Bei Stimmengleichheit entscheidet die Stimme des Vorsitzenden.[4]

[1] Preußen: Ausf.G. v. 24./4. 78 (G.S. 230) § 34.

[2] Preußen: Ausf.G. § 35 und für die Provinz Hannover auch Kreisordnung v. 6./5. 84 (G.S. 181), für Helgoland V. v. 22./3. 91 (G.S. 39) § 1 II. 5.

[3] gewählte. Prot. 241.

[4] Für Helgoland vgl. Art. II der V. v. 22./3. 91 (R.G.Bl. 21), Art. I des G. v. 4./6. 93 (R.G.Bl. 193).

41. Der Ausschuß entscheidet über die gegen die Urliste erhobenen Einsprachen. Die Entscheidungen sind zu Protokoll zu vermerken. Beschwerde findet nicht statt.

Jahresliste.

42. Aus der berichtigten Urliste wählt[1] der Ausschuß für das nächste Geschäftsjahr:[2]

1. die erforderliche Zahl[3] von Schöffen;
2. die erforderliche Zahl derjenigen Personen, welche in der von dem Ausschusse festzusetzenden Reihenfolge an die Stelle wegfallender Schöffen treten (Hülfsschöffen).[4] Die Wahl ist auf Personen zu richten, welche am Sitze des Amtsgerichts oder in dessen nächster Umgebung wohnen.

[1] Dabei zu beachten § 87, § 97. [2] Anm. 2 zu § 35.
[3] § 43. [4] §§ 48 Abs. 2, 49.

43. Die für jedes Amtsgericht[1] erforderliche Zahl von Hauptschöffen und Hülfsschöffen wird durch die Landesjustizverwaltung bestimmt.[2]

Die Bestimmung der Zahl der Hauptschöffen erfolgt in der Art, daß voraussichtlich Jeder höchstens zu fünf ordentlichen Sitzungstagen im Jahre herangezogen wird.

[1] Für Helgoland vgl. Art. II der V. v. 22./3. 91 (R.G.Bl. 21), Art. I des G. v. 4./6. 93 (R.G.Bl. 193).
[2] Preußen: J.V. v. 22./7. 79 (J.M.Bl. 195) § 3.

44. Die Namen der erwählten Hauptschöffen und Hülfsschöffen werden bei jedem Amtsgerichte[1] in gesonderte Verzeichnisse aufgenommen (Jahreslisten).

[1] Für Helgoland vgl. Art. II der V. v. 22./3. 91 (R.G.Bl. 21), Art. I des G. v. 4./6. 93 (R.G.Bl. 193).

Bestimmung der Reihenfolge der Schöffen.

45. Die Tage der ordentlichen Sitzungen des Schöffengerichts werden für das ganze Jahr im voraus festgestellt[1].

Die Reihenfolge, in welcher die Hauptschöffen an den einzelnen ordentlichen Sitzungen des Jahres Theil nehmen, wird durch Ausloosung in öffentlicher Sitzung des Amtsgerichts bestimmt.[2] Das Loos zieht der Amtsrichter.

Ueber die Ausloosung wird von dem Gerichtsschreiber ein Protokoll aufgenommen.

[1] Preußen: J.V. v. 22./7. 79 (J.M.Bl. 195) § 5.

[2] Theilnahme der Staatsanwaltschaft nicht erforderlich. M. 87.

46. Der Amtsrichter setzt die Schöffen von ihrer Ausloosung und von den Sitzungstagen, an welchen sie in Thätigkeit zu treten haben, unter Hinweis auf die gesetzlichen Folgen des Ausbleibens[1] in Kenntniß.[2]

In gleicher Weise werden die im Laufe des Geschäftsjahres einzuberufenden Schöffen benachrichtigt.

[1] § 56. [2] Vgl. preuß. J.V. v. 30./10. 82 (J.M.Bl. 324).

47. Eine Aenderung in der bestimmten Reihenfolge kann auf übereinstimmenden Antrag der betheiligten Schöffen von dem Amtsrichter bewilligt werden, sofern die in den betreffenden Sitzungen zu verhandelnden Sachen noch nicht bestimmt sind.[1] Der Antrag und die Bewilligung sind aktenkundig zu machen.

[1] Vgl. § 54.

48. Wenn die Geschäfte die Anberaumung außerordentlicher Sitzungen erforderlich machen, so werden die einzuberufenden Schöffen vor dem Sitzungstage in Gemäßheit des §. 45 ausgeloost.

Erscheint dies wegen Dringlichkeit unthunlich, so erfolgt die Ausloosung durch den Amtsrichter lediglich aus der Zahl der am Sitze des Gerichts wohnenden Hülfsschöffen. Die Umstände, welche den Amtsrichter hierzu veranlaßt haben, sind aktenkundig zu machen.

49. Wird zu einzelnen Sitzungen die Zuziehung anderer als der zunächst berufenen Schöffen erforderlich, so erfolgt dieselbe aus der Zahl der Hülfsschöffen nach der Reihenfolge der Jahresliste.

Würde durch die Berufung der letzteren eine Vertagung der Verhandlung oder eine erhebliche Verzögerung ihres Beginnes nothwendig, so sind die nicht am Sitze des Gerichts wohnenden Hülfsschöffen zu übergehen.

50. Erstreckt sich die Dauer einer Sitzung über die Zeit hinaus, für welche der Schöffe zunächst einberufen ist, so hat er bis zur Beendigung der Sitzung seine Amtsthätigkeit fortzusetzen.

Beeidigung.

51. Die Beeidigung der Schöffen erfolgt bei ihrer ersten Dienstleistung in öffentlicher Sitzung.[1] Sie gilt für die Dauer des Geschäftsjahres.

Der Vorsitzende richtet an die zu Beeidigenden die Worte:

„Sie schwören bei Gott dem Allmächtigen und Allwissenden, die Pflichten eines Schöffen getreulich zu erfüllen und Ihre Stimmen nach bestem Wissen und Gewissen abzugeben.“

Die Schöffen leisten den Eid, indem Jeder einzeln die Worte spricht:

„ich schwöre es, so wahr mir Gott helfe.“

Der Schwörende soll bei der Eidesleistung die rechte Hand erheben.

Ist ein Schöffe Mitglied einer Religionsgesellschaft, welcher das Gesetz den Gebrauch gewisser Betheuerungsformeln an Stelle des Eides gestattet,[2] so wird die Abgabe einer Erklärung unter der Betheuerungsformel dieser Religionsgesellschaft der Eidesleistung gleich geachtet.

Ueber die Beeidigung wird von dem Gerichtsschreiber ein Protokoll aufgenommen.

[1] Sie bildet nicht einen Theil der Hauptverhandlung der einzelnen Sachen, § 242 St.P.O.; anders beim Schwurgericht, § 278 St.P.O.

[2] Preußen: Mennoniten V. v. 11./3. 27 (G.S. 28). Philipponen K.O. v. 19./11. 36 (Jahrb. Bd. 49 S. 175).

Enthebung vom Dienste

52. Wenn die Unfähigkeit[1] einer als Schöffe in die Jahresliste aufgenommenen Person eintritt oder bekannt wird, so ist der Name derselben von der Liste zu streichen.

Ein Schöffe, hinsichtlich dessen nach seiner Aufnahme in die Jahresliste andere Umstände eintreten oder bekannt werden,[2] bei deren Vorhandensein eine Berufung zum Schöffenamte nicht erfolgen soll, ist zur Dienstleistung ferner nicht heranzuziehen.[3]

Die Entscheidung erfolgt durch den Amtsrichter nach Anhörung der Staatsanwaltschaft und des betheiligten Schöffen.

Beschwerde findet nicht statt.

[1] §§ 31, 32. [2] §§ 33, 34; vgl. auch § 97.

[3] Auch in diesem Falle gilt Abs. 3.

53. Ablehnungsgründe[1] sind nur zu berücksichtigen, wenn sie innerhalb einer Woche, nachdem der betheiligte Schöffe von seiner Einberufung in Kenntniß gesetzt worden ist, von demselben geltend gemacht werden. Fällt ihre Entstehung oder Bekanntwerdung in eine spätere Zeit, so ist die Frist erst von diesem Zeitpunkte zu berechnen.

Der Amtsrichter entscheidet über das Gesuch nach Anhörung der Staatsanwaltschaft. Beschwerde findet nicht statt.

[1] § 35.

54. Der Amtsrichter kann einen Schöffen auf dessen Antrag wegen eingetretener Hinderungsgründe von der Dienstleistung an bestimmten Sitzungstagen entbinden.[1]

Die Entbindung des Schöffen von der Dienstleistung kann davon abhängig gemacht werden, daß ein anderer für das Dienstjahr bestimmter Schöffe für ihn eintritt.[2]

Der Antrag und die Bewilligung sind aktenkundig zu machen.

[1] Ohne Anhörung der Staatsanwaltschaft. Beschwerde in Konsequenz der §§ 52, 53 auch hier unzulässig. Mot.

[2] Vgl. § 47.

55. Die Schöffen und die Vertrauensmänner des Ausschusses erhalten Vergütung der Reisekosten.[1]

[1] Preußen: Ausf.G. v. 24./4. 78 (G.S. 230) § 36.

Folgen des Ausbleibens.

56. Schöffen und Vertrauensmänner des Ausschusses, welche ohne genügende Entschuldigung[1] zu den Sitzungen nicht rechtzeitig sich einfinden oder ihren Obliegenheiten in anderer Weise sich entziehen, sind zu einer Ordnungsstrafe von fünf bis zu eintausend Mark,[2] sowie in die verursachten Kosten zu verurtheilen.

Die Verurtheilung wird durch den Amtsrichter nach Anhörung der Staatsanwaltschaft ausgesprochen.[3] Erfolgt nachträglich genügende Entschuldigung, so kann die Verurtheilung ganz oder theilweise zurückgenommen werden. Gegen die Entscheidungen findet Beschwerde von Seiten des Verurtheilten nach den Vorschriften der Strafprozeßordnung[4] statt.

[1] Unwahre Entschuldigung: s. St.G.B. § 138 Abs. 1, 3.

[2] Umwandlung in Freiheitsstrafe unzulässig.

[3] durch Beschluß.

[4] §§ 346 ff. St.P.O. — Vgl. auch § 72 G.V.G.

57. Bis zu welchem Tage die Urlisten aufzustellen und dem Amtsrichter einzureichen sind, der Ausschuß zu berufen und die Auslosung der Schöffen zu bewirken ist, wird durch die Landesjustizverwaltung bestimmt.[1]

[1] Preußen: J.V. v. 22./7. 79 (J.M.Bl. 195) § 5, M.V. v. 18./2. 82 (J.M.Bl. 18), J.V. v. 28./12. 84 (J.M.Bl. 280).

Fünfter Titel.

Landgerichte.

58. Die Landgerichte[1] werden mit einem Präsidenten und der erforderlichen Anzahl von Direktoren und Mitgliedern besetzt.

¹ Preußen: Ausf.G. v. 24./4. 78 (G.S. 230) §§ 37—43. Sitze und Bezirke: Preußen: G. v. 4./3. 78 (G.S. 109), G. v. 12./2. 84 (G.S. 63), G. v. 7./4. 86 (G.S. 107), G. v. 3./4. 88 (G.S. 51), G. v. 16./9. 99 (G. S. 391).

Geschäftsvertheilung.

59. Bei den Landgerichten werden Civil- und Strafkammern gebildet.[1]

¹ Preußen: J.B. v. 16./11. 79 (J.M.Bl. 454) § 2, v. 25./9. 80 (J.M.Bl. 221).

60. Bei den Landgerichten[1] sind Untersuchungsrichter nach Bedürfniß zu bestellen.

Die Bestellung erfolgt durch die Landesjustizverwaltung[2] auf die Dauer eines Geschäftsjahres.[3]

¹ Nicht bei der auswärtigen Strafkammer § 78, Prot. 358; vgl. § 184 St.P.O. beim Reichsgericht.

² Preußen: J.B. v. 16./11. 79 (J.M.Bl. 454) § 1, v. 25./9. 80 (J.M.Bl. 221).

³ Vgl. Anm. 2 zu § 35 (in Preußen: = Kalenderjahr).

61. Den Vorsitz im Plenum führt der Präsident, den Vorsitz in den Kammern führen der Präsident und die Direktoren.[1] Vor Beginn des Geschäftsjahres bestimmt der Präsident die Kammer, welcher er sich anschließt. Ueber die Vertheilung des Vorsitzes in den übrigen Kammern entscheiden der Präsident und die Direktoren nach Stimmenmehrheit; im Falle der Stimmengleichheit giebt die Stimme des Präsidenten den Ausschlag.

¹ Ständige Uebertragung des Vorsitzes an einen Anderen, als einen Direktor unzulässig. E. XVIII. 9. XXVII. 125. R. X. 432.

62. Vor Beginn des Geschäftsjahres werden auf die Dauer desselben die Geschäfte unter die Kammern derselben Art vertheilt und die ständigen Mitglieder der einzelnen Kammern sowie für den Fall ihrer Verhinderung die regelmäßigen Vertreter bestimmt.[1] Jeder Richter kann zum Mitgliede mehrerer Kammern bestimmt werden.

Die getroffene Anordnung kann im Laufe des Geschäftsjahres nur geändert werden, wenn dies wegen eingetretener Ueberlastung einer Kammer oder in Folge Wechsels oder dauernder[2] Verhinderung einzelner Mitglieder des Gerichts erforderlich wird.[3]

[1] Es ist nicht ausgeschlossen, daß der Vertreter eintritt, obwohl dadurch in seiner ständigen Kammer für ihn Vertretung erforderlich wird. E. II. 51. R. I. 327.

[2] d. h. längere Zeit dauernder. Feststehender Nichtwiedereintritt nicht erforderlich. E. XX. 385.

[3] Das Reichsgericht hat mehrfach die Bestimmungen der §§ 62 ff. für Dienstvorschriften reglementärer Natur erachtet, deren Nichtbeachtung im einzelnen Falle nicht der Revision unterliege: E. II. 195, III. 8, 231 R. II. 173, 388. Vgl. aber dagegen richtiger E. I. 238, XVIII. 9, XIX. 230, XX. 385. R. I. 414, X. 432.

63. Die im vorstehenden Paragraphen bezeichneten Anordnungen erfolgen durch das Präsidium.[1]

Das Präsidium wird durch den Präsidenten als Vorsitzenden, die Direktoren und das dem Dienstalter nach, bei gleichem Dienstalter das der Geburt nach älteste Mitglied gebildet. Das Präsidium entscheidet nach Stimmenmehrheit; im Falle der Stimmengleichheit giebt die Stimme des Präsidenten den Ausschlag.

[1] für die Zukunft; nachträgliche Genehmigung einer Anordnung des Präsidenten heilt nicht den inzwischen vorgekommenen Mangel. E. XXIII. 166.

64. Der Präsident kann bestimmen, daß einzelne Untersuchungen von dem Untersuchungsrichter, dessen Bestellung mit dem Ablaufe des Geschäftsjahres erlischt, zu Ende geführt werden, sowie daß in einzelnen Sachen, in welchen während des Geschäftsjahres eine Verhandlung bereits stattgefunden hat, die Kammer in ihrer früheren Zusammensetzung auch nach Ablauf des Geschäftsjahres verhandle und entscheide.

65. Im Falle der Verhinderung des ordentlichen Vorsitzenden[1] führt den Vorsitz in der Kammer dasjenige Mitglied der Kammer,[2] welches dem Dienstalter nach und bei gleichem Dienstalter der Geburt nach das älteste ist.[3]

Der Präsident wird in seinen übrigen durch dieses Gesetz bestimmten Geschäften durch denjenigen Direktor vertreten, welcher dem Dienstalter nach und bei gleichem Dienstalter der Geburt nach der älteste ist.[4]

[1] Für jede Kammer ist nur ein ordentlicher Vorsitzender zulässig, es müßte denn die Kammer in mehrere selbstständige Abtheilungen (thatsächlich mehrere Kammern) zerfallen. E. II. 353. R. II. 857.

[2] Auch in dem Falle, wenn das zur Vertretung bestimmte Mitglied älter ist. E. I. 238 R. I. 414. Ein Hülfsrichter darf den Vorsitz niemals führen. E. XVIII. 307. R. X. 736.

[3] Ist auch dieser verhindert, so geht der Vorsitz auf das nächstälteste ständige Mitglied über. E. XXIII. 99.

[4] Der Vorsitzende kann Beisitzer sein, wenn er bloß an der Führung des Vorsitzes verhindert ist. E. X. 318; vgl. auch E. XVIII. 302.

66. Im Falle der Verhinderung des regelmäßigen Vertreters eines Mitgliedes wird ein zeitweiliger Vertreter durch den Präsidenten bestimmt.[1]

[1] Aus den Mitgliedern des Landgerichts. Sonst nur im Fall des § 69 Abs. 3. Vgl. E. XXVI. 94. XXXII. 283.

67. Die Bestimmungen der §§. 61—66 finden auf die Kammern für Handelssachen keine Anwendung.

68. Innerhalb der Kammer vertheilt der Vorsitzende die Geschäfte auf die Mitglieder.

69. Soweit die Vertretung eines Mitgliedes nicht durch ein Mitglied desselben Gerichts möglich ist, erfolgt die Anordnung derselben auf den Antrag des Präsidiums durch die Landesjustizverwaltung.[1]

Die Beiordnung[2] eines nicht ständigen Richters darf, wenn sie auf eine bestimmte Zeit erfolgte, vor Ablauf dieser Zeit, wenn sie auf unbestimmte Zeit erfolgte, solange das Bedürfniß, durch welches sie veranlaßt wurde, fortdauert, nicht widerrufen werden. Ist mit der Vertretung eine Entschädigung verbunden, so ist diese für die ganze Dauer im voraus festzustellen.

Unberührt bleiben diejenigen landesgesetzlichen Bestimmungen, nach welchen richterliche Geschäfte nur von ständig angestellten Richtern wahrgenommen werden können, sowie diejenigen, welche die Vertretung durch ständig angestellte Richter regeln.[3]

[1] Vgl. Abs. 3 und für Preußen: Ausf.G. v. 24./4. 78 (G.S. 230) § 38, ferner §§ 4, 5 das. und zu letzterem § E. XXII. 134. Nach Abs. 3 finden Abs. 1 u. 2 auf ständig angestellte Richter, welche nach Landesgesetz zur Aushülfe herangezogen werden, überhaupt keine Anwendung. E. XXVI. 94, J.M.Bl. 1894 S. 325. Für nicht ständig angestellte Richter ist aber nur, auch im Fall der Vertretung für eine einzelne Sitzung, Abs. 1 u. 2 maßgebend. E. XXXII. 283.

[2] nicht bloß im Fall der Vertretung, sondern auch im Fall allgemeiner Aushülfe. E. XXII. 168. XXIII. 119.

[3] Bedürfniß ist für jeden Fall der Vertretung erforderlich. Vgl. E. III. 231. R. II. 508.

Zuständigkeit der Civilkammern.

70. Vor die Civilkammern, einschließlich der Kammern für Handelssachen, gehören alle bürgerlichen Rechtsstreitigkeiten, welche nicht den Amtsgerichten zugewiesen sind.

Die Landgerichte sind ohne Rücksicht auf den Werth des Streitgegenstandes ausschließlich zuständig:

1. für die Ansprüche, welche auf Grund des Gesetzes vom 1. Juni 1870 über die Abgaben von der Flößerei oder auf Grund des Gesetzes über die Rechtsverhältnisse der Reichsbeamten vom 31. März 1873 gegen den Reichsfiskus erhoben werden;
2. für die Ansprüche gegen Reichsbeamte wegen Ueberschreitung ihrer amtlichen Befugnisse oder wegen pflichtwidriger Unterlassung von Amtshandlungen.

Der Landesgesetzgebung bleibt überlassen, Ansprüche der Staatsbeamten gegen den Staat aus ihrem Dienstverhältnisse, Ansprüche gegen den Staat wegen Verfügungen der Verwaltungsbehörden, wegen Verschuldung von Staatsbeamten und wegen Aufhebung von Privilegien, Ansprüche gegen Beamte wegen Ueberschreitung ihrer amtlichen Befugnisse oder wegen pflichtwidriger Unterlassung von Amtshandlungen, sowie Ansprüche in Betreff öffentlicher Abgaben ohne Rücksicht auf den Werth des Streitgegenstandes den Landgerichten ausschließlich zuzuweisen.

71. Die Civilkammern sind die Berufungs- und Beschwerdegerichte in den vor den Amtsgerichten verhandelten bürgerlichen Rechtsstreitigkeiten.

Zuständigkeit der Strafkammern.

72. Die Strafkammern sind zuständig[1] für diejenigen die Voruntersuchung und deren Ergebnisse betreffenden Entscheidungen, welche nach den Vorschriften der Strafprozeßordnung von dem Gerichte zu erlassen sind; sie entscheiden über Beschwerden gegen Verfügungen des Untersuchungsrichters und des Amtsrichters, sowie gegen Entscheidungen der Schöffengerichte.[2] Die Bestimmungen über die Zuständigkeit des Reichsgerichts[3] werden hierdurch nicht berührt.

Die Strafkammern erledigen außerdem die in der Strafprozeßordnung[4] den Landgerichten zugewiesenen Geschäfte.

[1] Als „beschließende" Gerichte im Gegensatz zu §§ 73, 74, 76.
[2] Ausnahmen: § 160, § 183 G.V.G. [3] § 138 Abs. 1.
[4] Vgl. auch §§ 82, 98 Abs. 1 G.V.G., nicht aber §§ 89, 91 das. — Vgl. ferner § 4 G.K.G. und § 17 G.O. f. Z. u. G.

73. Die Strafkammern sind als **erkennende**[1] Gerichte zuständig:

1. für die Vergehen,[2] welche nicht zur Zuständigkeit der Schöffengerichte[3] gehören;
2. für diejenigen Verbrechen,[2] welche mit Zuchthaus von höchstens fünf Jahren, allein oder in Verbindung mit anderen Strafen bedroht sind.[4] Diese Bestimmung findet nicht Anwendung in den Fällen der §§. 86, 100 und 106 des Strafgesetzbuchs;
3. für die Verbrechen[2] der Personen, welche zur Zeit der That das achtzehnte Lebensjahr noch nicht vollendet hatten;[5]

4. für das Verbrechen[2] der Unzucht im Falle des §. 176 Nr. 3 des Strafgesetzbuchs;
5. für die Verbrechen[2] des Diebstahls in den Fällen der §§. 243 und 244 des Strafgesetzbuchs;[6]
6. für das Verbrechen[2] der Hehlerei in den Fällen der §§. 260 und 261 des Strafgesetzbuchs;[7]
7. für das Verbrechen[2] des Betruges im Falle des §. 264 des Strafgesetzbuchs.[8]

[1] Vgl. Anm. 1 zu § 72.

[2] St.G.B. § 1 Abs. 2 „Vergehen", Abs. 1 „Verbrechen".

[3] § 27 Nr. 2–8.

[4] St.G.B. §§ 159, 171, 173 Abs. 1, 174, 179, 181, 218, 224, 227 Abs. 2, 254, 258 Nr. 2, 268 Nr. 1, 321 Abs. 2 (im ersten Fall), 332, 336 338, 343, 346, 347 Abs. 1, 356 Abs. 2. — Seemannsord. v. 27./12. 72 (R.G.Bl. 409) § 91 Abs. 2, G., betr. Rinderpest, v. 21./5. 78 (R.G.Bl. 95) § 2, G., betr. Verkehr mit Nahrungsmitteln ꝛc., v. 14./5. 79 (R.G.Bl. 145) § 12 Abs. 8, Sprengstoffges. v. 9./6. 84 (R.G.Bl. 61) § 8.

[5] Vgl. St.G.B. §§ 56, 57. — § 186 Nr. 1 G.V.G. gilt jedoch allgemein. Vgl. auch §§ 2, 4 St.P.O.

[6] Vgl. Nr. 1 sowie § 27 Nr. 4, § 75 Nr. 6.

[7] Vgl. Nr. 1 sowie § 27 Nr. 8, § 75 Nr. 9.

[8] Vgl. Nr. 1 sowie § 27 Nr. 6, § 75 Nr. 10.

74.[1] Die Strafkammern sind als erkennende[2] Gerichte ausschließlich[3] zuständig:

1. für die nach §. 145a des Strafgesetzbuchs strafbaren Handlungen;
2. für Zuwiderhandlungen gegen das Gesetz vom 25. Oktober 1867, betreffend die Nationalität der Kauffahrteischiffe ꝛc.;
3. für Zuwiderhandlungen gegen die Bestimmungen der §§. 1, 2 und 3 des Gesetzes vom 8. Juni 1871, betreffend die Inhaberpapiere mit Prämien;

4. für die nach §. 67 und §. 69 des Gesetzes vom 6. Februar 1875, betreffend die Beurkundung des Personenstandes ꝛc., strafbaren Handlungen;
5. für die nach §. 59 des Bankgesetzes vom 14. März 1875 strafbaren Handlungen.

[1] Fassung des G. v. 17./5. 98 (R.G.Bl. 252).
[2] Vgl. Anm. 1 zu § 72.
[3] Gegenüber den Schöffengerichten §§ 2, 4 St.P.O. sind nicht ausgeschlossen. Vgl. Prot. 610.

75. Die Strafkammer[1] kann bei Eröffnung des Hauptverfahrens[2] wegen der Vergehen:
1. des Widerstandes gegen die Staatsgewalt in den Fällen der §§. 113, 114, 117 Abs. 1 und des §. 120 des Strafgesetzbuchs;
2. wider die öffentliche Ordnung in den Fällen des §. 123 Abs. 3 und des §. 137 des Strafgesetzbuchs;
3. wider die Sittlichkeit im Falle des §. 183 des Strafgesetzbuchs;
4. der Beleidigung und der Körperverletzung in den Fällen der nur auf Antrag eintretenden Verfolgung;[3]
5. der Körperverletzung im Falle des §. 223a des Strafgesetzbuchs;
6. des Diebstahls im Falle des §. 242 des Strafgesetzbuchs;[4]
7. der Unterschlagung im Falle des §. 246 des Strafgesetzbuchs;[5]
8. der Begünstigung;[6]
9. der Hehlerei in den Fällen des §. 258 Nr. 1 und des §. 259 des Strafgesetzbuchs;[7]

10. des Betruges im Falle des §. 263 des Strafgesetzbuchs;[8]
11. des strafbaren Eigennutzes in den Fällen der §§. 288 und 298 des Strafgesetzbuchs;
12. der Sachbeschädigung in den Fällen der §§. 303[9] und 304 des Strafgesetzbuchs

und

13. wegen der gemeingefährlichen Vergehen in den Fällen des §. 327 Abs. 1 und des §. 328 Abs. 1 des Strafgesetzbuchs;

ferner

14. wegen derjenigen Vergehen, welche nur mit Gefängnißstrafe von höchstens sechs Monaten oder Geldstrafe von höchstens eintausendfünfhundert Mark, allein oder in Verbindung mit einander oder in Verbindung mit Einziehung[10] bedroht sind,[11] mit Ausnahme der in den §§. 128, 271, 296a, 301, 331 und 347 des Strafgesetzbuchs und der im §. 74 dieses Gesetzes bezeichneten Vergehen;

sowie

15. wegen solcher Zuwiderhandlungen gegen die Vorschriften über die Erhebung öffentlicher Abgaben und Gefälle, deren Strafe in dem mehrfachen Betrage einer hinterzogenen Abgabe oder einer anderen Leistung besteht;[12] [13]

auf Antrag der Staatsanwaltschaft die Verhandlung und Entscheidung dem Schöffengerichte, soweit dieses nicht schon zuständig ist,[14] überweisen, wenn nach den Umständen des Falles anzunehmen ist, daß wegen des

Vergehens auf keine andere und höhere Strafe, als auf die im §. 27 Nr. 2 bezeichnete und auf keine höhere Buße als sechshundert Mark zu erkennen sein werde.[15]

Beschwerde findet nicht statt.

Hat im Falle der Nr. 15 die Verwaltungsbehörde die öffentliche Klage erhoben, so steht ihr der Antrag auf Ueberweisung an das Schöffengericht in gleicher Weise wie der Staatsanwaltschaft zu.[16]

[1] Auch der Strafsenat des O.L.G.; vgl. § 351 Abs. 2 in Verbindung mit § 209 St.P.O.

[2] §§ 201, 205 St.P.O.

[3] Beleidigung §§ 185 ff., ausgenommen nur § 197. §§ 103, 104 St.G.B. fallen nicht nur unter den Gesichtspunkt der Beleidigung, gehören daher nicht hierher. Körperverletzung §§ 223, 230 Abs. 1 in Verbindung mit § 232 St.G.B. In Fällen der Privatklage vgl. § 27 Nr. 3.

[4] Vgl. § 27 Nr. 4. [5] Vgl. § 27 Nr. 5.

[6] § 257 St.G.B., vgl. § 27 Nr. 8. [7] Vgl. § 27 Nr. 8.

[8] Vgl. § 27 Nr. 6. [9] Vgl. § 27 Nr. 7.

[10] Verfallerklärung u. dergl. steht gleich E. XII. 75. R. VII. 150.

[11] Aus dem St.G.B. §§ 116, 134, 136, 145, 160, 172, 184, 241, 285, 293, 296, 300, 320. Außerdem andere Reichs- und Landesgesetze.

[12] Vgl. § 27 Nr. 1, 2, wonach regelmäßig diese Zuwiderhandlungen schon zur ursprünglichen Zuständigkeit der Schöffengerichte gehören.

[13] Hinzugekommen sind 16. die in § 146 und § 154a Abs. 2 der GewO. bedrohten Vergehen. Art. 6 Nr. 2, Art. 7 des G., betr. Abänd. d. GewO., v. 1./6. 91 (R.G.Bl. 261).

[14] § 27. Liegt § 27 vor, so gilt § 207 St.P.O.

[15] Das Schöffengericht ist aber an diese Maximalhöhe nicht gebunden. Prot. 609. — Vgl. auch Anm. 3 zu St.P.O. § 198.

[16] § 464, nicht § 467 St.P.O.

76. Die Strafkammern sind als erkennende Gerichte

ferner zuständig für die Verhandlung und Entscheidung über das Rechtsmittel der Berufung gegen die Urtheile der Schöffengerichte.[1]

[1] § 354 St.P.O.

Besetzung der Kammern.

77. Die Kammern entscheiden in der Besetzung von drei Mitgliedern mit Einschluß des Vorsitzenden. Die Strafkammern sind in der Hauptverhandlung[1] mit fünf Mitgliedern, in der Berufungsinstanz bei Uebertretungen[2] und in den Fällen der Privatklage[3] aber mit drei Mitgliedern einschließlich des Vorsitzenden zu besetzen.

[1] Daher auch nicht in den Fällen §§ 407, 492, 494 St.P.O.
[2] § 1 Abs. 3 St.G.B. [3] § 414 St.P.O.

Auswärtige Strafkammern.

78. Durch Anordnung der Landesjustizverwaltung[1] kann wegen großer Entfernung des Landgerichtssitzes bei einem Amtsgerichte für den Bezirk eines oder mehrerer Amtsgerichte eine Strafkammer gebildet und derselben für diesen Bezirk die gesammte Thätigkeit der Strafkammer des Landgerichts oder ein Theil dieser Thätigkeit zugewiesen werden.[2]

Die Besetzung einer solchen Strafkammer erfolgt aus Mitgliedern des Landgerichts oder Amtsrichtern[3] des Bezirks, für welchen die Kammer gebildet wird. Der Vorsitzende[4] wird ständig, die Amtsrichter werden auf die Dauer des Geschäftsjahres durch die Landesjustizverwaltung[5] berufen, die übrigen Mitglieder werden nach Maßgabe des §. 62 durch das Präsidium des Landgerichts bezeichnet.

[1] Preußen: J.V. v. 25./7. 79 (J.M.Bl. 207), J.V. v. 21./2., 19./8., 21./10. 82 (J.M.Bl. 31, 271, 321), v. 14./1., 2./7. 85 (J.M.Bl. 32, 230), v. 1./2. 89 (J.M.Bl. 46) und die nicht gedruckten J.V. v. 8./5. 80 (I. 2213) und v. 21./5. 81 (I. 1110).

[2] Ausgeschlossen ist die Thätigkeit gemäß §§ 82 ff. Mot. 101. — Die auswärtige Strafkammer bildet im Uebrigen zwar einen Theil des Landgerichts, so daß z. B. die Revision gegen ein Urtheil derselben auch beim Landgericht angemeldet werden kann (R. II. 30. — vgl. E. I. 267. R. I. 444), für den örtlich ihr zugewiesenen Bezirk erscheint sie jedoch als selbstständiges Gericht und müssen daher zwischen ihr und der Strafkammer des Landgerichts hinsichtlich der örtlichen Zuständigkeit die §§ 12, 13 Abs. 2, 14, 15 St.P.O. entsprechende Anwendung finden. Vgl. E. XVII. 230. R. X. 250.

[3] Der Vertreter eines Amtsrichters tritt nicht ohne Weiteres auch in seine Funktion als Mitglied der Strafkammer. E. XXII. 203.

[4] Auch die Ernennung eines ständigen Vertreters durch die Landesjustizverwaltung ist zulässig. E. IX. 387. R. VI. 30.

[5] Preußen: J.V. v. 16./11. 79 (J.M.Bl. 454) § 3, v. 25./9. 80 (J.M.Bl. 221).

Sechster Titel.

Schwurgerichte.

79. Für die Verhandlung und Entscheidung von Strafsachen treten bei den Landgerichten[1] periodisch[2] Schwurgerichte[3] zusammen.

[1] Vgl. § 98, § 99.

[2] Preußen: J.V. v. 22./7. 79 (J.M.Bl. 195) § 2, v. 22./5. 82 (J.M.Bl. 146).

[3] Ausführungsbestimmungen in Preußen: G. v. 24./4. 78 (G.S. 230) §§ 44, 45; J.V. v. 22./7. 79 (J.M.Bl. 195).

1. Zuständigkeit.

80. Die Schwurgerichte sind zuständig für die Verbrechen,[1] welche nicht zur Zuständigkeit der Strafkammern[2] oder des Reichsgerichts[3] gehören.[4]

[1] St.G.B. § 1 Abs. 1. [2] § 73 Nr. 2—7. [3] § 136 Nr. 1 u. Anm. 5 das.
[4] Vgl. auch E.G. z. G.V.G. § 6 (Presse betr.).

2. **Besetzung.**

81. Die Schwurgerichte bestehen aus drei richterlichen Mitgliedern mit Einschluß des Vorsitzenden und aus zwölf zur Entscheidung der Schuldfrage[1] berufenen Geschworenen.

[1] § 262 insbes. Abs. 2, 3 und Anm. 2, 7, 8, §§ 293 ff., vgl. jedoch auch § 297 St.P.O.

82. Die Entscheidungen, welche nach den Vorschriften dieses Gesetzes[1] oder der Strafprozeßordnung[2] von dem erkennenden Gerichte zu erlassen sind, erfolgen in den bei den Schwurgerichten anhängigen[3] Sachen durch die richterlichen Mitglieder des Schwurgerichts. Werden diese Entscheidungen außerhalb der Dauer der Sitzungsperiode[4] erforderlich, so erfolgen sie durch die Strafkammern der Landgerichte.[5]

[1] § 96, §§ 178 ff.
[2] §§ 50, 69, 77, 222, 227 Abs. 1, 230 Abs. 2, 241, 243—246, 250 St.P.O.
[3] „anhängig", sobald der Beschluß gemäß § 205 St.P.O. gefaßt ist.
[4] Vgl. z. B. vorher § 222, nachher §§ 407, 494 St.P.O.
[5] Vgl. Anm. 2 zu § 78.

83. Der Vorsitzende des Schwurgerichts wird für jede Sitzungsperiode von dem Präsidenten des Oberlandesgerichts ernannt. Die Ernennung erfolgt aus der Zahl der Mitglieder des Oberlandesgerichts oder der zu dem Bezirke des Oberlandesgerichts gehörigen Landgerichte.

Der Stellvertreter des Vorsitzenden und die übrigen richterlichen Mitglieder werden von dem Präsidenten des

Landgerichts aus der Zahl der Mitglieder des Landgerichts[1] bestimmt.

So lange die Ernennung des Vorsitzenden nicht erfolgt ist, erledigt der Vorsitzende der Strafkammer des Landgerichts die in der Strafprozeßordnung[2] dem Vorsitzenden des Gerichts zugewiesenen Geschäfte.

[1] Die Direktoren sind nicht ausgeschlossen. E. III. 310. R. II. 776. Auch nicht die Hülfsrichter. R. I. 807. Vgl. auch E. XXVI. 94 (J.M.Bl. 1894 S. 325).

[2] §§ 124 Abs. 3, 144, 199, 212, 216—220 St.P.O.

3. Amt der Geschworenen.

84. Das Amt eines Geschworenen ist ein Ehrenamt. Dasselbe kann nur von einem Deutschen versehen werden.[1]

[1] Vgl. Anm. 2, 3 zu § 31, sowie den § 96.

Urliste. Befähigung.

85. Die Urliste für die Auswahl der Schöffen[1] dient zugleich als Urliste für die Auswahl der Geschworenen.

Die Vorschriften der §§. 32—35 über die Berufung zum Schöffenamte finden auch auf das Geschworenenamt Anwendung.

[1] §§ 36—41.

Vorschlagsliste.

86. Die Zahl der für jedes Schwurgericht erforderlichen[1] Geschworenen und die Vertheilung dieser Zahl auf die einzelnen Amtsgerichtsbezirke[2] wird durch die Landesjustizverwaltung[3] bestimmt.

[1] d. h. der in die Jahresliste (§ 90) aufzunehmenden. § 89 Abs. 2, § 87.

[2] Für Helgoland vgl. Art II. der V. v. 22./3. 91 (R.G.Bl. 21) Art. I des G. v. 4./6. 93 (R.G.Bl. 193).

[3] Preußen: J.V. v. 22./7. 79 (J.M.Bl. 195) § 4, v. 22./5. 82 (J.M.Bl. 146).

87. Der alljährlich bei dem Amtsgerichte für die Wahl der Schöffen zusammentretende Ausschuß (§. 40) hat gleichzeitig[1] diejenigen Personen aus der Urliste auszuwählen, welche er zu Geschworenen für das nächste Geschäftsjahr vorschlägt. Die Vorschläge sind nach dem dreifachen Betrage der auf den Amtsgerichtsbezirk vertheilten Zahl der Geschworenen zu bemessen.[2]

[1] § 42.

[2] Für Helgoland vgl. Art. II der V. v. 22./3. 91 (R.G.Bl. 21), Art. I des G. v. 4./6. (R.G.Bl. 193).

88. Die Namen der zu Geschworenen vorgeschlagenen Personen werden in ein Verzeichniß aufgenommen (Vorschlagsliste).

Jahresliste.

89. Die Vorschlagsliste wird nebst den Einsprachen, welche sich auf die in dieselbe aufgenommenen Personen beziehen, dem Präsidenten des Landgerichts[1] übersendet.

Der Präsident bestimmt eine Sitzung[2] des Landgerichts, an welcher fünf Mitglieder mit Einschluß des Präsidenten und der Direktoren Theil nehmen. Das Landgericht entscheidet endgültig über die Einsprachen und wählt sodann aus der Vorschlagsliste[3] die für das Schwurgericht bestimmte Zahl[4] von Hauptgeschworenen und Hülfsgeschworenen.

Als Hülfsgeschworene[5] sind solche Personen zu wählen, welche an dem Sitzungsorte des Schwurgerichts oder in dessen nächster Umgebung wohnen.[6]

[1] Vgl. § 99 Abs. 2.

[2] Im Gegensatz zu § 91 nicht öffentlich und ohne Zuziehung der Staatsanwaltschaft und eines Gerichtsschreibers.

[3] Ohne Rücksicht auf die gemäß § 86 für den einzelnen Amtsgerichtsbezirk bestimmte Zahl. R. 107.

[4] § 86 u. Anm. 1 daselbst. [5] Siehe § 280 St.P.O.

[6] Vgl. § 93 Abs. 2.

90. Die Namen der Haupt- und Hülfsgeschworenen werden in gesonderte Jahreslisten aufgenommen.

Spruchliste.

91. Spätestens zwei Wochen vor Beginn der Sitzungen des Schwurgerichts werden in öffentlicher Sitzung des Landgerichts, an welcher der Präsident und zwei Mitglieder Theil nehmen, in Gegenwart der Staatsanwaltschaft dreißig Hauptgeschworene ausgeloost. Das Loos wird von dem Präsidenten gezogen.

Auf Geschworene, welche in einer früheren Sitzungsperiode desselben[1] Geschäftsjahres[2] ihre Verpflichtung erfüllt[3] haben, erstreckt die Auslosung sich nur dann, wenn dies von ihnen beantragt wird.

Ueber die Auslosung wird von dem Gerichtsschreiber ein Protokoll aufgenommen.

[1] Vgl. jedoch auch § 85 Abs. 2 und § 35 Nr. 2. Dieselben Vorschriften gelten auch für die Hülfsgeschworenen. E. XII. 378 R. VII. 529.

[2] Anm. 2 zu § 35.

[3] d. h. der Einberufung Folge geleistet, wenn auch nicht in einer bestimmten Sache mitgewirkt haben.

92. Das Landgericht übersendet das Verzeichniß der ausgeloosten Hauptgeschworenen (Spruchliste) dem ernannten Vorsitzenden des Schwurgerichts.

93. Die in der Spruchliste verzeichneten Geschworenen werden auf Anordnung des für das Schwurgericht ernannten Vorsitzenden zur Eröffnungssitzung des Schwurgerichts unter Hinweis auf die gesetzlichen Folgen des Ausbleibens[1] geladen.[2]

Zwischen der Zustellung der Ladung und der Eröffnungssitzung soll thunlichst die Frist von einer Woche, jedoch mindestens von drei Tagen liegen.

[1] § 96 Abs. 1, § 56.

[2] durch die Staatsanwaltschaft § 213 St.P.O.

94. Ueber die von Geschworenen geltend gemachten[1] Ablehnungs- und Hinderungsgründe[2] erfolgt die Entscheidung nach Anhörung der Staatsanwaltschaft durch die richterlichen Mitglieder und, so lange das Schwurgericht nicht zusammengetreten ist, durch den ernannten Vorsitzenden des Schwurgerichts. Beschwerde findet nicht statt.

An Stelle der wegfallenden Geschworenen hat der Vorsitzende, wenn es noch geschehen kann,[3] aus der Jahresliste durch Ausloosung andere Geschworene auf die Spruchliste zu bringen und deren Ladung[4] anzuordnen. Ueber die Ausloosung wird von dem Gerichtsschreiber ein Protokoll aufgenommen.[5]

[1] Sowohl für die ganze Periode, als für eine einzelne Sitzung.

[2] §§ 84, 85, 32–35, 91 Abs. 2, 97, sowie auch thatsächliche Billigkeitsgründe. M. 109.

[3] d. h. vor Zusammentritt des Schwurgerichts; vgl. auch § 93 Abs. 2. Nachher gilt § 280 St.P.O.

[4] durch die Staatsanwaltschaft. § 213 St.P.O.

[5] Theilnahme zweier richterlicher Mitglieder und der Staatsanwaltschaft nicht erforderlich, Sitzung nicht öffentlich, wie der Gegensatz der Fassung zu § 91 Abs. 1 ergiebt. E. II 312. R. II 296.

Allgemeine Bestimmungen.

95. Erstreckt sich eine Sitzungsperiode des Schwurgerichts über den Endtermin des Geschäftsjahres hinaus, so bleiben die Geschworenen, welche zu derselben einberufen sind, bis zum Schlusse der Sitzungen zur Mitwirkung verpflichtet.

96. Die Bestimmungen der §§. 55, 56 finden auch auf Geschworene Anwendung.

Die im §. 56 bezeichneten Entscheidungen werden in Bezug auf Geschworene von den richterlichen Mitgliedern des Schwurgerichts erlassen.

97. Niemand soll für dasselbe Geschäftsjahr als Geschworener und als Schöffe bestimmt werden.

Ist dies dennoch geschehen, oder ist Jemand für dasselbe Geschäftsjahr in mehreren Bezirken zu diesen Aemtern bestimmt worden, so hat der Einberufene dasjenige Amt zu übernehmen, zu welchem er zuerst einberufen wird.

98. Die Strafkammer des Landgerichts kann bestimmen, daß einzelne Sitzungen des Schwurgerichts[1] nicht am Sitze des Landgerichts, sondern an einem anderen Orte innerhalb des Schwurgerichtsbezirks abzuhalten seien.

In diesem Falle wird für diese Sitzungen von dem Landgerichte eine besondere Liste von Hülfsgeschworenen gebildet.[2]

[1] Uebrigens auch eine einzelne Sitzung der Strafkammer. E. XI. 352. XXII 396. R. VI. 749.

[2] § 89.

99. Die Landesjustizverwaltung[1] kann bestimmen, daß die Bezirke mehrerer Landgerichte zu einem Schwurgerichtsbezirke zusammengelegt und die Sitzungen des Schwurgerichts bei einem der Landgerichte abgehalten werden.

In diesem Falle hat das Landgericht, bei welchem die Sitzungen des Schwurgerichts abgehalten werden, und der Präsident desselben die ihnen in den §§. 82—98 zugewiesenen Geschäfte für den Umfang des Schwurgerichtsbezirks wahrzunehmen.

Die Mitglieder des Schwurgerichts mit Einschluß des Stellvertreters des Vorsitzenden können aus der Zahl der Mitglieder der im Bezirke des Schwurgerichts belegenen Landgerichte bestimmt werden.

[1] Preußen: J.B. v. 22./7. 79 (J.M.Bl. 196) § 1. — Preußen und die Thüringischen Staaten: Vertr. v 11./11. 78 (preuß. G.S. 1879 S. 216) nebst Nachtrag v. 30./3. 89 (preuß. G.S. 197) u. v. 25./2. 98 (preuß. G.S. 348) und dazu J.B. v. 7./1. 99 (J.M.Bl. 12).

Siebenter Titel.
Kammern für Handelssachen.

100. Soweit die Landesjustizverwaltung ein Bedürfniß als vorhanden annimmt, können bei den Landgerichten für deren Bezirke oder für örtlich abgegrenzte Theile derselben Kammern für Handelssachen gebildet werden.

Solche Kammern können ihren Sitz innerhalb des Landgerichtsbezirks auch an Orten haben, an welchen das Landgericht seinen Sitz nicht hat.

101. Vor die Kammern für Handelssachen gehören nach Maßgabe der folgenden Vorschriften diejenigen den Landgerichten in erster Instanz zugewiesenen bürgerlichen Rechtsstreitigkeiten, in welchen durch die Klage ein Anspruch geltend gemacht wird:

1. gegen einen Kaufmann im Sinne des Handelsgesetzbuchs aus Geschäften, welche für beide Theile Handelsgeschäfte sind;
2. aus einem Wechsel im Sinne der Wechselordnung oder aus einer der im §. 363 des Handelsgesetzbuchs bezeichneten Urkunden;
3. aus einem der nachstehend bezeichneten Rechtsverhältnisse:

a) aus dem Rechtsverhältnisse zwischen den Mitgliedern einer Handelsgesellschaft oder zwischen dieser und ihren Mitgliedern oder zwischen dem stillen Gesellschafter und dem Inhaber des Handelsgeschäfts, sowohl während des Bestehens als auch nach Auflösung des Gesellschaftsverhältnisses, ingleichen aus dem Rechtsverhältnisse zwischen den Vorstehern oder den Liquidatoren einer Handelsgesellschaft und der Gesellschaft oder deren Mitgliedern;

b) aus dem Rechtsverhältnisse, welches das

Recht zum Gebrauche der Handelsfirma betrifft;

c) aus den Rechtsverhältnissen, welche sich auf den Schutz der Waarenbezeichnungen, Muster und Modelle beziehen;

d) aus dem Rechtsverhältnisse, welches durch den Erwerb eines bestehenden Handelsgeschäfts unter Lebenden zwischen dem bisherigen Inhaber und dem Erwerber entsteht;

e) aus dem Rechtsverhältnisse zwischen dem Prokuristen, Handlungsbevollmächtigten, Handlungsgehülfen oder Handlungslehrling und dem Inhaber des Handelsgeschäfts, sowie aus dem Rechtsverhältnisse zwischen einem Dritten und demjenigen, welcher wegen mangelnden Nachweises der Prokura oder Handlungsvollmacht haftet;

f) aus den Rechtsverhältnissen des Seerechts oder des Rechts der Binnenschifffahrt, insbesondere aus denjenigen, welche sich auf die Rhederei, auf die Rechte und Pflichten des Rheders oder Schiffseigners, des Korrespondentrheders und der Schiffsbesatzung, auf die Bodmerei und die Haverei, auf den Schadensersatz im Falle des Zusammenstoßes von

Schiffen, auf die Bergung und Hülfeleistung und auf die Ansprüche der Schiffsgläubiger beziehen.

102. Die Verhandlung des Rechtsstreits erfolgt vor der Kammer für Handelssachen, wenn der Kläger dies in der Klageschrift beantragt hat.

In den Fällen der §§. 505, 506 der Civilprozeßordnung hat der Kläger den Antrag auf Verhandlung vor der Kammer für Handelssachen in der mündlichen Verhandlung vor dem Amtsgerichte zu stellen.

103. Wird vor der Kammer für Handelssachen eine vor dieselbe nicht gehörige Klage zur Verhandlung gebracht, so ist der Rechtsstreit auf Antrag des Beklagten an die Civilkammer zu verweisen.

Gehört die Klage oder die im Falle des §. 506 der Civilprozeßordnung erhobene Widerklage als Klage nicht vor die Kammer für Handelssachen, so ist diese auch von Amtswegen befugt, den Rechtsstreit an die Civilkammer zu verweisen, solange nicht eine Verhandlung zur Hauptsache erfolgt und auf dieselbe ein Beschluß verkündet ist. Die Verweisung von Amtswegen kann nicht aus dem Grunde erfolgen, daß der Beklagte nicht Kaufmann ist.

104. Wird vor der Civilkammer eine vor die Kammer für Handelssachen gehörige Klage zur Verhandlung gebracht, so ist der Rechtsstreit auf Antrag des Beklagten an die Kammer für Handelssachen zu verweisen. Ein Beklagter, welcher nicht in das Handelsregister eingetragen ist, kann den Antrag nicht darauf stützen, daß er Kaufmann ist.

Der Antrag ist zurückzuweisen, wenn die im Falle des §. 506 der Civilprozeßordnung erhobene Widerklage als Klage vor die Kammer für Handelssachen nicht gehören würde.

Zu einer Verweisung von Amtswegen ist die Civilkammer nicht befugt.

Die Civilkammer ist zur Verwerfung des Antrags auch dann befugt, wenn der Kläger demselben zugestimmt hat.

105. Wird in einem bei der Kammer für Handelssachen anhängigen Rechtsstreite die Klage in Gemäßheit des §. 280 der Civilprozeßordnung durch den Antrag auf Feststellung eines Rechtsverhältnisses erweitert oder eine Widerklage erhoben und gehört die erweiterte Klage oder die Widerklage als Klage nicht vor die Kammer für Handelssachen, so ist der Rechtsstreit auf Antrag des Gegners an die Civilkammer zu verweisen.

Unter der Beschränkung des §. 103 Abs. 2 ist die Kammer zu der Verweisung auch von Amtswegen befugt. Diese Befugniß tritt auch dann ein, wenn durch eine Klagänderung ein Anspruch geltend gemacht wird, welcher nicht vor die Kammer für Handelssachen gehört.

106. Der Antrag auf Verweisung des Rechtsstreits

an eine andere Kammer ist nur vor der Verhandlung des Antragstellers zur Sache zulässig.

Ueber den Antrag ist vorab zu verhandeln und zu entscheiden.

107. Gegen die Entscheidung über Verweisung eines Rechtsstreits an die Civilkammer oder an die Kammer für Handelssachen findet kein Rechtsmittel statt. Erfolgt die Verweisung an eine andere Kammer, so ist diese Entscheidung für die Kammer, an welche der Rechtsstreit verwiesen wird, bindend. Der Termin zur weiteren mündlichen Verhandlung wird von Amtswegen bestimmt und den Parteien bekannt gemacht.

108. Bei der Kammer für Handelssachen kann ein Anspruch in Gemäßheit des §. 64 der Civilprozeßordnung nur dann geltend gemacht werden, wenn der Rechtsstreit nach den Bestimmungen des §. 101 vor die Kammer für Handelssachen gehört.

109. Die Kammern für Handelssachen entscheiden in der Besetzung mit einem Mitgliede des Landgerichts als Vorsitzenden und zwei Handelsrichtern.

Sämmtliche Mitglieder der Kammer für Handelssachen haben gleiches Stimmrecht.

In Streitigkeiten, welche sich auf das Rechtsverhältniß zwischen Rheder oder Schiffer und Schiffsmannschaft beziehen, kann die Entscheidung durch den Vorsitzenden allein erfolgen.

110. Im Falle des §. 100 Abs. 2 kann ein Amtsrichter Vorsitzender der Kammer für Handelssachen sein.

111. Das Amt der Handelsrichter ist ein Ehrenamt.

112. Die Handelsrichter werden auf gutachtlichen Vorschlag des zur Vertretung des Handelsstandes berufenen Organs für die Dauer von drei Jahren ernannt; eine wiederholte Ernennung ist nicht ausgeschlossen.

113. Zum Handelsrichter kann jeder Deutsche ernannt werden, welcher als Kaufmann oder als Vorstand einer Aktiengesellschaft in das Handelsregister eingetragen oder eingetragen gewesen ist, das dreißigste Lebensjahr vollendet hat und in dem Bezirke der Kammer für Handelssachen wohnt.

Personen, welche in Folge gerichtlicher Anordnung in der Verfügung über ihr Vermögen beschränkt sind, können nicht zu Handelsrichtern ernannt werden.

114. An Seeplätzen können Handelsrichter auch aus dem Kreise der Schiffahrtskundigen ernannt werden.

115. Die Handelsrichter sind vor ihrem Amtsantritte auf die Erfüllung der Obliegenheiten des ihnen übertragenen Amts eidlich zu verpflichten.

116. Die Handelsrichter haben während der Dauer ihres Amts in Beziehung auf dasselbe alle Rechte und Pflichten richterlicher Beamten.

117. Ein Handelsrichter ist seines Amts zu entheben, wenn er eine der für die Ernennung erforderlichen Eigenschaften nachträglich verliert.

Die Enthebung erfolgt durch den ersten Civilsenat des Oberlandesgerichts nach Anhörung des Betheiligten.

118. Ueber Gegenstände, zu deren Beurtheilung eine kaufmännische Begutachtung genügt, sowie über das

Bestehen von Handelsgebräuchen kann die Kammer für Handelssachen auf Grund eigener Sachkunde und Wissenschaft entscheiden.

Achter Titel.

Oberlandesgerichte.

119. Die Oberlandesgerichte[1] werden mit einem Präsidenten und der erforderlichen Anzahl von Senatspräsidenten und Räthen besetzt.

[1] Ausführungsbestimmungen in Preußen: Ausf.G. v. 24./4. 78 (G.S. 230) §§ 47—57. Sitze und Bezirke: G. v. 4./3. 78 (G.S. 109).

Geschäftsvertheilung.

120. Bei den Oberlandesgerichten werden Civil- und Strafsenate gebildet.

121. Die Bestimmungen der §§. 61—68 finden mit der Maßgabe Anwendung, daß zu dem Präsidium stets die beiden ältesten Mitglieder des Gerichts zuzuziehen sind.

122. Zu Hülfsrichtern dürfen nur ständig angestellte Richter berufen werden.[1]

[1] Preußen: Ausf.G. v. 24./4. 78 (G.S. 230) § 48.

Zuständigkeit.

123. Die Oberlandesgerichte sind zuständig[1] für die Verhandlung und Entscheidung über die Rechtsmittel:

1. der Berufung gegen die Endurtheile der Landgerichte in bürgerlichen Rechtsstreitigkeiten;
2. der Revision gegen Urtheile der Strafkammern in der Berufungsinstanz;[2]

3. der Revision gegen Urtheile der Strafkammern in erster Instanz, sofern die Revision ausschließlich[3] auf die Verletzung einer in den Landesgesetzen enthaltenen Rechtsnorm gestützt wird;[4]
4. der Beschwerde gegen Entscheidungen der Landgerichte in bürgerlichen Rechtsstreitigkeiten;
5. der Beschwerde gegen strafrichterliche Entscheidungen erster Instanz,[5] soweit nicht die Zuständigkeit der Strafkammer[6] begründet ist, und gegen Entscheidungen der Strafkammern in der Beschwerdeinstanz[7] und Berufungsinstanz.[8]

[1] Ferner: §§ 160, 183 G.V.G., § 170 St.P.O., unter Umständen auch §§ 4, 12—15, 19, 27 St.P.O.

[2] Ausnahme § 136 Abs. 2. — Hat die Strafkammer in verbundenen Strafsachen theils als Gericht erster, theils als zweiter Instanz (vgl. Anm 1 zu St.P.O. § 236) erkannt, und eine Gesammtstrafe ausgesprochen, so ist nur das Reichsgericht zuständig. E. XXXI. 125.

[3] Andernfalls § 136 Abs. 1 Nr. 2.

[4] Welche Strafthat (ob nach Reichs- oder Landesrecht strafbar) in Frage steht, ist gleichgültig.

[5] §§ 346, 347 St.P.O. [6] § 72 G.V.G.

[7] Nur § 352 St.P.O.

[8] d. h. innerhalb eines anhängigen Berufungsverfahrens.

Besetzung der Senate.

124. Die Senate der Oberlandesgerichte entscheiden in der Besetzung von fünf Mitgliedern mit Einschluß des Vorsitzenden.

Neunter Titel.

Reichsgericht.

125. Der Sitz des Reichsgerichts wird durch Gesetz[1] bestimmt.

[1] G. v. 11./4. 77 (R.G.Bl. 415) Leipzig.

126. Das Reichsgericht wird mit einem Präsidenten und der erforderlichen Anzahl von Senatspräsidenten und Räthen besetzt.

Anstellung und Dienstverhältnisse der Richter.

127. Der Präsident, die Senatspräsidenten und Räthe werden auf Vorschlag des Bundesraths von dem Kaiser ernannt.

Zum Mitgliede des Reichsgerichts kann nur ernannt werden, wer die Fähigkeit zum Richteramte in einem Bundesstaate erlangt und das fünfunddreißigste Lebensjahr vollendet hat.

128. Ist ein Mitglied zu einer Strafe wegen einer entehrenden Handlung oder zu einer Freiheitsstrafe von längerer als einjähriger Dauer rechtskräftig verurtheilt, so kann dasselbe durch Plenarbeschluß des Reichsgerichts seines Amts und seines Gehalts für verlustig erklärt werden.

Vor der Beschlußfassung sind das Mitglied und der Ober-Reichsanwalt zu hören.

129. Ist wegen eines Verbrechens oder Vergehens das Hauptverfahren gegen ein Mitglied eröffnet, so kann die vorläufige Enthebung desselben von seinem Amte nach Anhörung des Ober-Reichsanwalts durch Plenarbeschluß des Reichsgerichts ausgesprochen werden.

Wird gegen ein Mitglied die Untersuchungshaft verhängt, so tritt für die Dauer derselben die vorläufige Enthebung von Rechtswegen ein.

Durch die vorläufige Enthebung wird das Recht auf den Genuß des Gehalts nicht berührt.

130. Wenn ein Mitglied durch ein körperliches Gebrechen oder durch Schwäche seiner körperlichen oder geistigen Kräfte zur Erfüllung seiner Amtspflichten dauernd unfähig wird, so tritt seine Versetzung in den Ruhestand gegen Gewährung eines Ruhegehalts ein.

Das jährliche Ruhegehalt beträgt bis zur Vollendung des zehnten Dienstjahres $^{20}/_{60}$ des Gehalts; es erhöht sich mit der Vollendung eines jeden folgenden Dienstjahres und bis zur Vollendung des fünfzigsten Dienstjahres um je $^{1}/_{60}$ des Gehalts.

Bei Berechnung der Dienstzeit wird die Zeit mitgerechnet, während welcher das Mitglied sich im Dienste des Reichs oder im Staats- oder Gemeindedienste eines Bundesstaates befunden oder in einem Bundesstaate als Anwalt, Advokat, Notar, Patrimonialrichter oder als öffentlicher Lehrer des Rechts an einer deutschen Universität fungirt hat.

131. Wird die Versetzung eines Mitgliedes in den Ruhestand nicht beantragt, obgleich die Voraussetzungen derselben vorliegen, so hat der Präsident die Aufforderung zu erlassen, binnen einer bestimmten Frist den Antrag zu stellen. Wird dieser Aufforderung nicht Folge geleistet, so ist die Versetzung in den Ruhestand durch Plenarbeschluß des Reichsgerichts auszusprechen.

Vor der Beschlußfassung sind das Mitglied und der Ober-Reichsanwalt zu hören.

Geschäftsvertheilung.

132. Bei dem Reichsgerichte werden Civil- und Strafsenate[1] gebildet. Die Zahl derselben bestimmt der Reichskanzler.

[1] Hinsichtlich des Untersuchungsrichters (vgl. § 136 Nr. 1) siehe § 184 St.P.O.

133. Die Bestimmungen der §§. 61—68 finden mit der Maßgabe Anwendung, daß zu dem Präsidium die vier ältesten Mitglieder des Gerichts zuzuziehen sind.

134. Die Zuziehung von Hülfsrichtern ist unzulässig.

Zuständigkeit:

a) in bürgerlichen Rechtsstreitigkeiten.

135. In bürgerlichen Rechtsstreitigkeiten ist das Reichsgericht zuständig für die Verhandlung und Entscheidung über die Rechtsmittel:

1. der Revision gegen die Endurtheile der Oberlandesgerichte;
2. der Beschwerde gegen Entscheidungen der Oberlandesgerichte.

b) in Strafsachen.

136. In Strafsachen ist das Reichsgericht zuständig:[1]

1. für die Untersuchung und Entscheidung in erster und letzter Instanz[2] in den Fällen des Hochverraths und des Landesverraths,[3] insofern diese Verbrechen gegen den Kaiser oder das Reich gerichtet sind;[4] [5]
2. für die Verhandlung und Entscheidung über die Rechtsmittel der Revision gegen Urtheile der

Strafkammern in erster Instanz, insoweit nicht die Zuständigkeit der Oberlandesgerichte[6] begründet ist, und gegen Urtheile der Schwurgerichte.

In Strafsachen wegen Zuwiderhandlungen gegen die Vorschriften über die Erhebung öffentlicher in die Reichskasse fließender Abgaben und Gefälle ist das Reichsgericht auch für die Verhandlung und Entscheidung über das Rechtsmittel der Revision gegen Urtheile der Strafkammern in der Berufungsinstanz zuständig, sofern[7] die Entscheidung des Reichsgerichts von der Staatsanwaltschaft[8] bei der Einsendung der Akten an das Revisionsgericht beantragt wird.[9]

[1] Ferner: § 160 G.V.G. §§ 3 Abs. 2, 11, 17 E.G. z. G.V.G. §§ 4, 9, 12—15, 19, 27, 170 St.P.O., §§ 5, 14, 16, 55, 71 G., betr. Konsulargerichtsb., v. 7./4. 00. (R.G.Bl. 213), §§ 2–4 G., betr. Rechtsv. der deutschen Schutzgebiete, v. 17./4. 86 (R.G.Bl. 75, neueste Fassung: R.G.Bl. 1900 S. 813); s. auch Anm. 5.

[2] Besondere Vorschriften für diesen Fall: § 138 G.V.G., §§ 140, 170 Abs. 3, 176, 184 (Untersuchungsrichter), 198 Abs. 2, 207, 346 Abs. 3, 484, 485 (Begnadigung), 494 Abs. 3, 4, 506 (Kosten) St.P.O.

[3] d. s. §§ 80—93 St.G.B. In diesen Fällen ausschließlich; § 6 E.G. und § 73 Nr. 3 finden keine Anwendung; vgl. Art. 75 der Reichsverfassung. Dagegen wohl §§ 2—5 St.P.O.

[4] Andernfalls, d. h. gegen einen Bundesstaat oder Landesherrn, findet § 80, § 73 Nr. 2 Anwendung, wonach hier stets (Ausnahme § 73 Nr. 3) das Schwurgericht zuständig ist.

[5] ferner in den Fällen der Verbrechen §§ 1, 3 des G. gegen den Verrath militärischer Geheimnisse v. 3./7. 93 (R.G.Bl. 205).

[6] § 123 Nr. 3. [7] Andernfalls § 123 Nr. 2.

[8] nicht auch etwa der betheiligten Verwaltungsbehörde (§§ 464 ff. St.P.O.).

[9] Gleichgiltig, von welcher Seite die Revision eingelegt ist E. VII. 326.

137.[1] Will in einer Rechtsfrage ein Civilsenat von der Entscheidung[2] eines anderen Civilsenats oder der vereinigten Civilsenate, oder ein Strafsenat von der Entscheidung eines anderen Strafsenats oder der vereinigten Strafsenate[3] abweichen, so ist über die streitige Rechtsfrage im ersteren Falle eine Entscheidung der vereinigten Civilsenate, im letzteren Falle eine solche der vereinigten Strafsenate einzuholen.

Einer Entscheidung der Rechtsfrage durch das Plenum bedarf es, wenn ein Civilsenat von der Entscheidung eines Strafsenats oder der vereinigten Strafsenate, oder ein Strafsenat von der Entscheidung eines Civilsenats oder der vereinigten Civilsenate, oder ein Senat von der früher eingeholten Entscheidung des Plenums abweichen will.

Die Entscheidung der Rechtsfrage durch die vereinigten Senate oder das Plenum ist in der zu entscheidenden Sache bindend. Sie erfolgt in allen Fällen ohne vorgängige mündliche Verhandlung.

Vor der Entscheidung der vereinigten Strafsenate oder derjenigen des Plenums, sowie in Ehe- und Entmündigungssachen und in Rechtsstreitigkeiten, welche die Feststellung des Rechtsverhältnisses zwischen Eltern und

Kindern oder die Anfechtung einer Todeserklärung zum Gegenstande haben, ist der Ober-Reichsanwalt mit seinen schriftlichen Anträgen zu hören.

Soweit die Entscheidung der Sache eine vorgängige mündliche Verhandlung erfordert, erfolgt dieselbe durch den erkennenden Senat auf Grund einer erneuten mündlichen Verhandlung, zu welcher die Prozeßbetheiligten von Amtswegen unter Mittheilung der ergangenen Entscheidung der Rechtsfrage zu laden sind.

[1] Fassung des G. v. 17./3. 86 (R.G.Bl. 61) und — hinsichtlich des Abs. 4 — des G. v. 17./5. 98 (R.G.Bl. 252).

[2] Nicht auch einer bloß nebenbei geäußerten Rechtsansicht.

[3] Von einer früheren Entscheidung desselben Senats ist ohne Weiteres eine Abweichung zuläsfig. M. 152.

138. Der erste Strafsenat des Reichsgerichts hat bei den im §. 136 Nr. 1 bezeichneten Verbrechen diejenigen Geschäfte zu erledigen, welche im §. 72 Abs. 1 der Strafkammer des Landgerichts zugewiesen sind.

Das Hauptverfahren[1] findet vor dem vereinigten zweiten und dritten Strafsenate statt.

[1] Nicht bloß die Hauptverhandlung, sondern auch alle von dem erkennenden Gericht zu erlassenden Entscheidungen: vgl. z. B. §§ 222, 407 ff., 494 St.P.O.

Besetzung.

139. Zur Fassung von Plenarentscheidungen[1] und von Entscheidungen der vereinigten Civil- oder Strafsenate, sowie der beiden vereinigten Strafsenate ist die

Theilnahme von mindestens zwei Drittheilen aller Mitglieder mit Einschluß des Vorsitzenden erforderlich.

Die Zahl der Mitglieder, welche eine entscheidende Stimme führen, muß eine ungerade sein. Ist die Zahl der anwesenden Mitglieder eine gerade, so hat derjenige Rath, welcher zuletzt ernannt ist, und bei gleichem Dienstalter derjenige, welcher der Geburt nach der jüngere ist, oder, wenn dieser Berichterstatter ist, der nächst ältere kein Stimmrecht.

[1] Das Plenum entscheidet in den Fällen der §§ 128, 129, 131, 137 Abs. 2, 141.

140. Die Senate des Reichsgerichts entscheiden in der Besetzung von sieben Mitgliedern mit Einschluß des Vorsitzenden.

141. Der Geschäftsgang wird durch eine Geschäftsordnung geregelt, welche das Plenum auszuarbeiten und dem Bundesrath zur Bestätigung[1] vorzulegen hat.

[1] Bestätigung von 5./4. 80 (R.C.Bl. 190), einer Abänderung v. 25./7. 86 (R.C.Bl. 300).

Zehnter Titel.

Staatsanwaltschaft.

Ausführungsbestimmungen in Preußen: Ausf.G. v. 24./4. 78 (G.S. 230) §§ 58—67.

142. Bei jedem Gerichte soll eine Staatsanwaltschaft[1] bestehen.[2]

[1] Der Ausdruck „Staatsanwaltschaft" umfaßte alle Organe derselben, der Ausdruck „Staatsanwalt" schließt den Amtsanwalt aus.

[2] Dies schließt jedoch die Bestellung Eines Staatsanwalts für mehrere Gerichte nicht aus. Vgl. f. Preußen Ausf.G. § 63.

Aeußere Organisation.

143.[1] Das Amt der Staatsanwaltschaft wird ausgeübt:

1. bei dem Reichsgerichte durch einen Ober-Reichsanwalt und durch einen oder mehrere Reichsanwälte;
2. bei den Oberlandesgerichten, den Landgerichten[2] und den Schwurgerichten durch einen oder mehrere Staatsanwälte;
3. bei den Amtsgerichten und den Schöffengerichten durch einen oder mehrere Amtsanwälte.[3]

Die Zuständigkeit der Amtsanwälte erstreckt sich nicht auf das amtsrichterliche Verfahren zur Vorbereitung der öffentlichen Klage[4] in denjenigen Strafsachen, welche zur Zuständigkeit anderer Gerichte als der Schöffengerichte gehören.[5]

[1] § 143 regelt zugleich die sachliche Zuständigkeit im Anschluß an die Organisation der Gerichte. Vgl. jedoch Abs. 2 und § 146.

[2] Wozu auch die auswärtigen Strafkammern (§ 78) gehören.

[3] Preußen: Geschäftsanw. f. d. Amtsanw. v. 28./8. 79 (J.M.Bl. 261), Abänd. v. 28./11. 95 (J.M.Bl. 414).

[4] §§ 156 ff. St.P.O.

[5] In den Fällen des § 29, § 75 tritt die Zuständigkeit des Amtsanwalts vom Augenblicke der Ueberweisung an ein. R. 163.

144. Die örtliche Zuständigkeit der Beamten der Staatsanwaltschaft wird durch die örtliche Zuständigkeit des Gerichts bestimmt, für welches sie bestellt sind.[1]

Ein unzuständiger Beamter der Staatsanwaltschaft hat sich denjenigen innerhalb seines Bezirks vorzunehmenden Amtshandlungen zu unterziehen, in Ansehung welcher Gefahr im Verzuge obwaltet.

Können die Beamten der Staatsanwaltschaft verschiedener Bundesstaaten[2] sich nicht darüber einigen, wer von ihnen die Verfolgung zu übernehmen hat, so entscheidet der ihnen gemeinsam vorgesetzte Beamte[3] der Staatsanwaltschaft und in Ermangelung eines solchen der Ober-Reichsanwalt.

[1] Vgl. jedoch § 146.

[2] Für „desselben Bundesstaats" vgl. § 148.

[3] d. i. im Fall gemeinschaftlicher Gerichte.

Innere Organisation.

145. Besteht die Staatsanwaltschaft eines Gerichts aus mehreren Beamten, so handeln die dem ersten Beamten beigeordneten Personen als dessen Vertreter; sie sind, wenn sie für ihn auftreten, zu allen Amtsverrichtungen desselben ohne den Nachweis eines besonderen Auftrags berechtigt.

146. Die ersten Beamten der Staatsanwaltschaft bei den Oberlandesgerichten und den Landgerichten sind befugt, bei allen Gerichten ihres Bezirks die Amtsverrichtungen der Staatsanwaltschaft selbst zu übernehmen oder mit Wahrnehmung derselben einen anderen als den zunächst zuständigen Beamten zu beauftragen.

Amtsanwälte können das Amt der Staatsanwaltschaft nur bei den Amtsgerichten und den Schöffengerichten versehen.

147. Die Beamten der Staatsanwaltschaft haben den dienstlichen Anweisungen[1] ihres Vorgesetzten[2] nachzukommen.

In denjenigen Sachen, für welche das Reichsgericht in erster und letzter Instanz zuständig ist,[3] haben alle

Beamte der Staatsanwaltschaft den Anweisungen des Ober-Reichsanwalts Folge zu leisten.[4]

[1] Auch innerhalb der einzelnen anhängigen Sachen. M. 166.
[2] § 148. [3] § 136 Nr. 1 u. Anm. 5 das.
[4] Im Uebrigen ist der Ober-Reichsanwalt nicht Vorgesetzter. Vgl. jedoch noch § 144 Abs. 3.

148. Das Recht der Aufsicht und Leitung[1] steht zu:
1. dem Reichskanzler hinsichtlich des Ober-Reichsanwalts und der Reichsanwälte;
2. der Landesjustizverwaltung hinsichtlich aller staatsanwaltlichen Beamten des betreffenden Bundesstaates;
3. den ersten Beamten der Staatsanwaltschaft bei den Oberlandesgerichten und den Landgerichten hinsichtlich aller Beamten der Staatsanwaltschaft ihres Bezirks.

[1] Auch in den einzelnen Sachen. Gleichwohl sind die unteren staatsanwaltschaftlichen Behörden kraft eigenen Amtes und nicht als Vertreter ihrer vorgesetzten Behörden (etwa wie § 145) zu ihrer Thätigkeit berufen.

Befähigung und Ernennung.

149. Der Ober-Reichsanwalt und die Reichsanwälte sind nicht richterliche Beamte.[1]

Zu diesen Aemtern sowie den Aemtern der Staatsanwaltschaft bei den Oberlandesgerichten und den Landgerichten können nur zum Richteramte befähigte Beamte ernannt werden.

[1] Preußen: Ausf.G. v. 24./4. 78 (G.S. 230) § 61, § 63, vgl. aber auch § 66, § 67.

150. Der Ober-Reichsanwalt und die Reichsanwälte werden auf Vorschlag des Bundesraths vom Kaiser ernannt.

Dieselben können durch Kaiserliche Verfügung jederzeit mit Gewährung des gesetzlichen Wartegeldes einstweilig in den Ruhestand versetzt werden.

Verhältniß zu den Gerichten.

151. Die Staatsanwaltschaft ist in ihren Amtsverrichtungen von den Gerichten unabhängig.[1]

[1] Vgl. jedoch Anm. 3 zu § 177 G.V.G., §§ 173, 206 St.P.O., vgl. auch § 490 daselbst.

152. Die Staatsanwälte dürfen richterliche Geschäfte nicht wahrnehmen. Auch darf ihnen eine Dienstaufsicht über die Richter nicht übertragen werden.

Verhältniß zu den Beamten des Polizei- und Sicherheitsdienstes.

153. Die Beamten des Polizei- und Sicherheitsdienstes sind Hülfsbeamte der Staatsanwaltschaft und sind in dieser Eigenschaft verpflichtet, den Anordnungen[1] der Staatsanwälte bei dem Landgerichte ihres Bezirks und der diesen vorgesetzten Beamten[2] Folge zu leisten.

Die nähere Bezeichnung derjenigen Beamtenklassen, auf welche diese Bestimmung Anwendung findet, erfolgt durch die Landesregierungen.[3]

[1] Sie sind also direkt der Staatsanwaltschaft unterstellt. Vgl. auch preuß. Ausf.G. v. 24./4. 78 (G.S. 230) § 81.

[2] Nicht aber der Amtsanwälte.

[3] Preußen: M.V. v. 15./9. 79 (J.M.Bl. 349), v. 9./10. 82 (J.M.Bl. 312), v. 2./2. 83 (J.M.Bl. 28), v. 27./2. 86 (J.M.Bl. 78), v. 19./10. 94 (J.M.Bl. 307), v. 30./6. 95 (J.M.Bl. 240), v. 11./7. 95 (J.M.Bl. 247), v. 14./1. 96 (J.M.Bl. 43), v. 17./6. 96 (J.M.Bl. 218), 31./8. 96 (J.M.Bl. 303), v. 23./10. 96 (J.M.Bl. 340), 13./7. 97 (J.M.Bl. 211), 12./7. 97 (J.M.Bl. 217), v. 25./4. 98 (J.M.Bl. 102), 15./6. 98 (J.M.Bl. 129), 20./6. 98 (J.M.Bl. 130), 7./7. 98 (J.M.Bl. 198), 3./1 99 (J.M.Bl. 9), 11./3. 99 (J.M.Bl. 102), 28. u. 29./7. 99 (J.M.Bl.

244), 31./10. 99 (J.M.Bl. 343), 19./12. 99 (J.M.Bl. 1900 S. 9). Die Gendarmen sind nicht mit aufgeführt (vgl. E. XI. 175). Vgl. für diese V. v. 30./12. 20 u. Instr. v. 30./12. 20 (G.S. 1821 S. 1, 10). V. v. 23./5. 67 (G.S. 777).

Elfter Titel.

Gerichtsschreiber.

154. Bei jedem Gerichte wird eine Gerichtsschreiberei eingerichtet. Die Geschäftseinrichtung bei dem Reichsgerichte wird durch den Reichskanzler, bei den Landesgerichten durch die Landesjustizverwaltung bestimmt.[1]

[1] Ausführungsbestimmungen in Preußen; Ausf.G. 24./4. 78 (G.S. 230) §§ 68—72, G., betr. die Dienstverhältnisse d. Gerichtsschreiber, v. 3./3. 79 (G.S. 99). Gerichtsschreiberordnung v. 17./12. 99 (J.M.Bl. 849). — Geschäftsordnung für die Gerichtsschreibereien bezw. Sekretariate der Amtsgerichte v. 26./11. 99, der Landgerichte v. 27./11. 99, der Staatsanwaltschaften bei den Landgerichten v. 28./11. 99, der Oberlandesgerichte v. 29./11. 99, der Staatsanwaltschaften bei den Oberlandesgerichten v. 30./11. 99 (J.M.Bl. 395 ff., 473 ff., 525 ff, 563 ff., 601 ff.).

Zwölfter Titel.

Zustellungs- und Vollstreckungsbeamte.

155. Die Dienst- und Geschäftsverhältnisse der mit den Zustellungen, Ladungen und Vollstreckungen zu betrauenden Beamten (Gerichtsvollzieher) werden bei dem Reichsgerichte durch den Reichskanzler, bei den Landesgerichten durch die Landesjustizverwaltung bestimmt.[1]

[1] Ausführungsbestimmungen in Preußen: Ausf.G. v. 24./4. 78 (G.S. 230) §§ 73—76. — Gerichtsvollzieherordnung v. 31./3. 00 (J.M.Bl. 345). Geschäftsanweisung v. 1./12. 99 (J.M.Bl. 629). — Die Gebühren sind reichsgesetzlich geregelt, vgl. G.O. für G.V. v. 24./6. 78 (R.G.Bl. 166, neue Fassung: R.G.Bl. 1898 S. 683).

156. Der Gerichtsvollzieher ist von der Ausübung seines Amts kraft Gesetzes ausgeschlossen:[1]

I. in bürgerlichen Rechtsstreitigkeiten:

1. wenn er selbst Partei oder gesetzlicher Vertreter einer Partei ist, oder zu einer Partei in dem Verhältnisse eines Mitberechtigten, Mitverpflichteten oder Schadensersatzpflichtigen steht;
2. wenn seine Ehefrau Partei ist, auch wenn die Ehe nicht mehr besteht;
3. wenn eine Person Partei ist, mit welcher er in gerader Linie verwandt, verschwägert oder durch Adoption verbunden, in der Seitenlinie bis zum dritten Grade verwandt oder bis zum zweiten Grade verschwägert ist, auch wenn die Ehe, durch welche die Schwägerschaft begründet ist, nicht mehr besteht;

II. in Strafsachen:[2]

1. wenn er selbst durch die strafbare Handlung verletzt ist;
2. wenn er der Ehemann der Beschuldigten oder Verletzten ist oder gewesen ist;
3. wenn er mit dem Beschuldigten oder Verletzten in dem vorstehend unter Nr. I 3 bezeichneten Verwandtschafts- oder Schwägerschaftsverhältnisse steht.[3]

[1] Seine Amtshandlungen sind daher nichtig. M. 188.

[2] Vgl. § 22 St.P.O.

[3] Hinsichtlich der Verwandtschaft und Schwägerschaft gelten nunmehr die Vorschriften des B.G.B. Vgl. Art. 33 des E.G. zum B.G.B. v. 18./8. 96 (R.G.Bl. 604).

Dreizehnter Titel.

Rechtshülfe.

Vgl. E.G. § 2. Das Rechtshülfe-G. v. 21./6. 69 (B.G.Bl. 305) gilt daher noch, sobald andere, als die ordentlichen Gerichte konkurriren. Für die Konsulargerichtsbarkeit und in den Schutzgebieten gilt dieser Titel. G. v. 7./4. 00 (R.G.Bl. 213) § 18, G. v. 17./4. 86 (R.G.Bl. 75, neueste Fassung: R.G.Bl. 1900 S. 813) § 2—4. — Dagegen nicht in Disciplinarsachen. E. XIX. 438. — Für Gerichtskosten vgl. § 99 des G.K.G. v. 18./6. 78 (R.G.Bl. 141, neue Fassung: R.G.Bl. 1898 S. 659) nebst Anw. v. 23./4. 80. (R.C.Bl. 278, auch abgedruckt im preuß. J.M.Bl. 129) und preuß. B. v. 9./6. 80 (J.M.Bl. 145), v. 4./6. 87 (J.M.Bl. 158). — Für Rechtshülfe gegenüber den Militärgerichtsbehörden vgl. §§ 12, 13 E.G. zur M.St.G.O. v. 1./12. 98 (R.G.Bl. 1289). — Für das Verwaltungsstrafverfahren vgl. G. über den Beistand bei Einziehung von Abgaben u. Vollstreckung von Vermögensstrafen v. 9./6. 95 (R G.Bl. 256), insbesondere auch § 8. — Für Rechtshülfe im Auslande vgl. für Preußen J.B. v. 20./5. 87 (J.M.Bl. 139), v. 1./5. 91 (J.M.Bl. 129) v. 20./2. 93 (J.M.Bl. 59) und dazu das neueste Verzeichniß der zur Vernehmung von Zeugen zc. zuständigen Konsulen, J.M.Bl. 1900 S. 543, ferner für Auslieferungen J.M.Bl. 1889 S. 8 ff. S. 194, 1891 S. 243, 1892 S. 46, 1893 S. 124, 294, 1896 S. 8, 332, 1899 S. 273, R.G.Bl. 1897 S. 731, 747 und gegenüber Ersuchen ausländischer Behörden J.M.Bl. 1844 S. 207 Nr. 8, G.S. 1867 S. 1264, J.M.Bl. 1897 S. 272. — Vgl. auch (die Schweiz betr.) J.M.Bl. 1897 S. 278, (die Niederlande betr.) J.M.Bl. 1899 S. 250, (Oesterreich betr.) J.M.Bl. 1900 S. 447.

157. Die Gerichte[1] haben sich in bürgerlichen Rechtsstreitigkeiten und in Strafsachen Rechtshülfe[2] zu leisten.

[1] Für die Staatsanwaltschaften gilt dieser Titel (abgesehen von §§ 163, 164) im Allgemeinen nicht. Vgl. jedoch § 147 und § 148 und gegenüber anderen Behörden § 153 G.B.G., § 159, § 160 St.P.O.

[2] d. h. im Sinne dieses Titels: stellvertretende Vornahme *richterlicher* Handlungen. Vgl. M. 190 auch E. XX. 101, wonach z. B. im Fall des § 483 Abs. 3 St.P.O. diese Bestimmungen nicht Platz greifen. Vgl. E. XXVI. 338.

158. Das Ersuchen um Rechtshülfe ist an das Amtsgericht zu richten, in dessen Bezirke die Amtshandlung vorgenommen werden soll.

159. Das Ersuchen darf nicht abgelehnt werden.

Das Ersuchen eines nicht im Instanzenzuge vorgesetzten Gerichts[1] ist jedoch abzulehnen, wenn dem ersuchten Gerichte die örtliche Zuständigkeit mangelt, oder die vorzunehmende Handlung[2] nach dem Rechte des ersuchten Gerichts verboten ist.

[1] Das Ersuchen eines im Instanzenzuge vorgesetzten Gerichts (d. h. zu dessen Bezirk das ersuchte Amtsgericht gehört M. 191) darf auch dann nicht abgelehnt werden, wenn das ersuchende Gericht (Landgericht, Reichsgericht § 136 Nr. 1) in erster Instanz thätig ist. Vgl. M. 191. Einschränkung: § 183 St.P.O.

[2] An sich; ob im einzelnen Falle die Voraussetzungen ihrer Zulässigkeit vorliegen, unterliegt der Prüfung des ersuchenden Gerichts.

160. Wird das Ersuchen[1] abgelehnt,[2] oder wird der Vorschrift des §. 159 Abs. 2 zuwider dem Ersuchen stattgegeben, so entscheidet das Oberlandesgericht,[3] zu dessen Bezirke das ersuchte Gericht gehört. Eine Anfechtung dieser Entscheidung findet nur statt, wenn dieselbe die Rechtshülfe für unzulässig erklärt, und das ersuchende und das ersuchte Gericht den Bezirken verschiedener Oberlandesgerichte angehören. Ueber die Beschwerde[4] entscheidet d. Reichsgericht.

Die Entscheidungen erfolgen auf Antrag der Betheiligten oder des ersuchenden Gerichts ohne vorgängige mündliche Verhandlung.

[1] d. h. eines nicht im Instanzenzuge vorgesetzten Gerichts Andernfalls ist das Amtsgericht im Aufsichtswege anzuweisen. M. 192.

[2] Ganz oder theilweise; auch bei Differenzen hinsichtlich der Kosten. E. XXIV. 1.

[3] Abweichung von § 72.

[4] Die Vorschriften §§ 346 ff. St.P.O. finden dabei keine Anwendung. M. 192 i. f.

161. Die Herbeiführung der zum Zwecke von Vollstreckungen,[1] Ladungen und Zustellungen erforderlichen Handlungen erfolgt nach Vorschrift der Prozeßordnungen[2] ohne Rücksicht darauf, ob die Handlungen in dem Bundesstaate, welchem das Prozeßgericht angehört, oder in einem anderen Bundesstaate vorzunehmen sind.[3]

[1] Ausnahme Freiheitsstrafen §§ 163, 164; nicht aber Haft- oder Vorführungsbefehle.

[2] d. h. durch unmittelbares Angehen des Gerichtsvollziehers. §§ 37, 38, 495 St.P.O. Für dessen Gebühren vgl. für Preußen J.V. v. 23./10. 85 (J.M.Bl. 355).

[3] Rechtshülfe (§ 157 Anm. 2) ist daher nicht erforderlich; ein ersuchtes Gericht auch zur Ablehnung des Ersuchens berechtigt. E. XXVI. 338. Es ist dies Ausfluß des in den Reichsjustizgesetzen zur Anerkennung gelangten Grundgedankens, daß die Gerichtsgewalt eines jeden deutschen Gerichts sich auf die Einwohner aller deutschen Staaten erstreckt. M. 189, 193, 194.

162. Gerichte, Staatsanwaltschaften und Gerichtsschreiber können wegen Ertheilung eines Auftrags an einen Gerichtsvollzieher die Mitwirkung des Gerichtsschreibers des Amtsgerichts in Anspruch nehmen, in dessen Bezirke der Auftrag ausgeführt werden soll. Der von dem Gerichtsschreiber beauftragte Gerichtsvollzieher gilt als unmittelbar beauftragt.

163. Eine Freiheitsstrafe,[1] welche die Dauer von sechs Wochen nicht übersteigt, ist in demjenigen Bundesstaate zu vollstrecken,[2] in welchem der Verurtheilte sich befindet.[3] [4]

[1] Hinsichtlich der Geldstrafen vgl. § 161 G.V.G., § 495 St.P.O.

[2] Durch Ersuchen der Staatsanwaltschaft gemäß § 164.

[3] d. h. sich augenblicklich befindet. Staatsangehörigkeit, Wohnsitz, gewöhnlicher Aufenthaltsort nicht erforderlich.

[4] Für Gesammtstrafen (§ 79 St.G.B. § 492 St.P.O.), bei welchen die Einzelstrafen in verschiedenen Bundesstaaten erkannt sind, vgl Beschl. des Bundesraths v. 11./6. 85 (R.C.Bl. 270, preuß. J.M.Bl. 309) und dazu preuß. J.V. v. 22/5. 00 (J.M.Bl. 431).

164. Soll eine Freiheitsstrafe in dem Bezirke eines anderen Gerichts vollstreckt oder ein in dem Bezirke eines anderen Gerichts befindlicher Verurtheilter zum Zwecke der Strafverbüßung ergriffen und abgeliefert werden, so ist die Staatsanwaltschaft[1] bei dem Landgerichte des Bezirks um die Ausführung zu ersuchen.[2]

[1] Auch in den Fällen der §§ 181, 182 G.V.G. und des § 483 Abs. 3 St.P.O. Vgl. jedoch auch preuß. J.V. v. 22/1. 80 (nicht gedruckt), wonach im Fall § 483 Abs. 3 auch direktes Ersuchen des Amtsgerichts zulässig sein soll.

[2] Beschwerde geht an die Aufsichtsbehörde. § 148. M. 195.

165. Im Falle der Rechtshülfe unter den Behörden verschiedener Bundesstaaten sind die baaren Auslagen, welche durch eine Ablieferung oder Strafvollstreckung entstehen, der ersuchten Behörde von der ersuchenden zu erstatten.[1]

Im übrigen werden Kosten der Rechtshülfe von der ersuchenden Behörde nicht erstattet.[2]

Ist eine zahlungspflichtige Partei[3] vorhanden, so sind die Kosten[4] von derselben durch die ersuchende Behörde einzuziehen und der eingezogene Betrag der ersuchten Behörde zu übersenden.

Stempel-, Einregistrirungsgebühren oder andere öffentliche Abgaben, welchen die von der ersuchenden

Behörde übersendeten Schriftstücke (Urkunden, Protokolle) nach dem Rechte der ersuchten Behörde unterliegen, bleiben außer Ansatz.

[1] Vgl. die erläuternde J.V. v. 21./4. 85 (preuß. J.M.Bl. 152), auch v. 28./10. 85 (J.M.Bl. 355).

[2] d. h. aus der Staatskasse. Im Uebrigen gilt Abs. 3.

[3] d. i. im Strafverfahren der Verurtheilte.

[4] nicht bloß die baaren Auslagen. Vgl. Abs. 1.

166. Für die Höhe der den geladenen Zeugen und Sachverständigen gebührenden Beträge sind die Bestimmungen maßgebend, welche bei dem Gerichte gelten, vor welches die Ladung erfolgt.

Sind die Beträge nach dem Rechte des Aufenthaltsorts der geladenen Personen höher, so können die höheren Beträge gefordert werden.[1]

Bei weiterer Entfernung des Aufenthaltsorts der geladenen Personen ist denselben auf Antrag ein Vorschuß zu bewilligen.[2]

[1] Vgl. §§ 13, 14 G. O. f. Z. u. S. v. 30./6. 78 (R.G.Bl. 173, neue Fassung: R.G.Bl. 1898 S. 689).

[2] Gegebenen Falls auch innerhalb desselben Gerichtsbezirks. Prot. 680. Der § 166 ist eine allgemeine Ergänzung des § 70 St.P.O.

167. Ein Gericht darf Amtshandlungen außerhalb seines Bezirks[1] ohne Zustimmung des Amtsgerichts des Orts nur vornehmen, wenn Gefahr im Verzuge obwaltet. In diesem Falle ist dem Amtsgerichte des Orts Anzeige zu machen.

[1] Gleichgültig, ob innerhalb desselben oder eines anderen Bundesstaats.

168. Die Sicherheitsbeamten eines Bundesstaates sind ermächtigt, die Verfolgung eines Flüchtigen auf das Gebiet eines anderen Bundesstaates fortzusetzen[1] und den Flüchtigen daselbst zu ergreifen.[2]

Der Ergriffene ist unverzüglich an das nächste Gericht oder die nächste Polizeibehörde des Bundesstaates, in welchem er ergriffen wurde, abzuführen.[3]

[1] sog. Nacheile — nicht auf ein Folgen behufs Einholens beschränkt, sondern in weiterem Sinne aufzufassen. E. XXX. 386.

[2] Auf Durchsuchung u. Beschlagnahme nicht auszudehnen. E. XXVI. 211.

[3] Alsdann §§ 128 ff. St.P.O., sofern die Voraussetzungen des § 127 das. (nicht z. B. Flucht eines Strafgefangenen) vorliegen.

169. Die in einem Bundesstaate bestehenden Vorschriften über die Mittheilung von Akten einer öffentlichen Behörde an ein Gericht dieses Bundesstaates kommen auch dann zur Anwendung, wenn das ersuchende Gericht einem anderen Bundesstaate angehört.[1]

[1] Vgl. § 96 St.P.O.

Vierzehnter Titel.
Oeffentlichkeit und Sitzungspolizei.

Oeffentlichkeit.

170. Die Verhandlung vor dem erkennenden Gerichte,[1] einschließlich der Verkündung der Urtheile und Beschlüsse desselben, erfolgt öffentlich.[2]

[1] „Hauptverhandlung" Buch 2 Abschn. 6 und 7 d. St.P.O.; auch in den höheren Instanzen. — Zugleich folgt daraus, daß die übrigen gerichtlichen Verhandlungen nicht öffentlich sind, namentlich nicht das Vorverfahren, die Fälle der §§ 222 ff., 407, 494 St.P.O. und ähnliche. Ausdrücklich ist noch die Oeffentlichkeit vorgeschrieben in den Fällen §§ 45, 91 G.V.G., §§ 280 Abs. 2, 281, 288 Abs. 2 St.P.O.

[2] Verletzung ist Revisionsgrund, § 377 Nr. 6 St.P.O., vgl. auch § 369 Abs. 2 das., und hinsichtlich der Beurkundung im Protokoll §§ 272 Nr. 5, 274 das. — Maßregeln gegen Ueberfüllung durch Zurückweisung über eine bestimmte Zahl, Einlaßkarten, falls an sich jedem zugänglich, u. dergl. sind dadurch nicht ausgeschlossen. Vgl. E. II. 301. R. II. 360. IV. 268.

171. In Ehesachen ist die Oeffentlichkeit auszuschließen, wenn eine der Parteien es beantragt.

172. In dem auf die Klage wegen Anfechtung oder Wiederaufhebung der Entmündigung einer Person wegen Geisteskrankheit oder wegen Geistesschwäche eingeleiteten Verfahren (§§. 664, 679 der Civilprozeßordnung) ist die Oeffentlichkeit während der Vernehmung des Entmündigten auszuschließen, auch kann auf Antrag einer der Parteien die Oeffentlichkeit der Verhandlung überhaupt ausgeschlossen werden.

Das Verfahren wegen Entmündigung oder Wiederaufhebung der Entmündigung (§§. 645—663, 675—678 der Civilprozeßordnung) ist nicht öffentlich.

173.[1] In allen Sachen kann durch das Gericht für die Verhandlung oder für einen Theil derselben[2] die Oeffentlichkeit[3] ausgeschlossen werden, wenn sie eine Gefährdung der öffentlichen Ordnung,[4] insbesondere der Staatssicherheit,[5] oder eine Gefährdung der Sittlichkeit[6] besorgen läßt.[7]

[1] Fassung des G. v. 5./4. 88 (R.G.Bl. 133).

[2] Vgl. jedoch §§ 174, 175 Abs. 1 G.V.G. und §§. 281, 288 Abs. 2 St.P.O.

[3] Oeffentliche Verhandlung trotz entgegengesetzten Beschlusses kein Revisionsgrund. R. I. 324. IV. 286.

[4] Darunter kann auch die Erschwerung der Wahrheitsermittlung fallen. E. XXX. 244.

[5] Für diesen Fall vgl. die besonderen Vorschriften § 174 Abs. 2, § 175 Abs. 2, Art. II, III G. v. 5./4. 88 (R.G.Bl. 133) in Anm. 4 zu § 175.

[6] Für diesen Fall vgl. Art. IV d. G. v. 5./4. 88 (R.G.Bl. 133). Art. IV. Zu § 184 des Strafgesetzbuchs für das deutsche Reich wird folgender zweiter Absatz hinzugefügt: §. 184 Abs. 2. Gleiche Strafe trifft denjenigen, welcher aus Gerichtsverhandlungen, für welche wegen Gefährdung der Sittlichkeit die Oeffentlichkeit ausgeschlossen war, oder aus den diesen Verhandlungen zu Grunde liegenden amtlichen Schriftstücken öffentlich Mittheilungen macht, welche geeignet sind, Aergerniß zu erregen.

[7] Diese Begründung muß verkündet werden: § 175 Abs. 1. R. III. 677.

174.[1] Die Verkündung des Urtheils[2] erfolgt in jedem Falle öffentlich.[3]

Durch einen besonderen[4] Beschluß des Gerichts kann für die Verkündung der Urtheilsgründe oder eines Theiles derselben die Oeffentlichkeit ausgeschlossen werden, wenn sie eine Gefährdung der Staatssicherheit oder eine Gefährdung der Sittlichkeit besorgen läßt.

[1] Fassung des G. v. 5./4. 88 (R.G.Bl. 133).

[2] nicht sonstiger Entscheidungen mit Ausnahme § 175 Abs. 1 Satz 2.

[3] Verletzung Revisionsgrund nach § 377 Nr. 6 Str.P.O. E. I. 90. R. I. 297.

[4] Der allgemeine Beschluß nach § 173 genügt also nicht. E. XX. 383.

175.[1] Die Verhandlung[2] über die Ausschließung der Oeffentlichkeit findet in nicht öffentlicher Sitzung statt, wenn ein Betheiligter es beantragt oder das Gericht es für angemessen erachtet. Der Beschluß, welcher die Oeffentlichkeit ausschließt, muß öffentlich verkündet werden.[3] Bei der Verkündung ist anzugeben,[4] ob die Ausschließung wegen Gefährdung der öffentlichen Ordnung, insbesondere wegen Gefährdung der Staatssicherheit, oder ob sie wegen Gefährdung der Sittlichkeit erfolgt.

Ist die Oeffentlichkeit wegen Gefährdung der Staatssicherheit ausgeschlossen, so kann das Gericht den anwesenden Personen die Geheimhaltung von Thatsachen, welche durch die Verhandlung, durch die Anklageschrift oder durch andere amtliche Schriftstücke des Prozesses zu ihrer Kenntniß gelangen, zur Pflicht machen.[5] Der Beschluß ist in das Sitzungsprotokoll aufzunehmen. Gegen denselben findet Beschwerde statt. Die Beschwerde hat keine aufschiebende Wirkung.

[1] Fassung des G. v. 5./4. 88 (R.G.Bl. 133).

[2] Die Betheiligten, Staatsanwalt, Angeklagter, Neben- und Privatkläger, sind also zu hören, selbst wenn ein Antrag auf Verhandlung nicht gestellt ist. Verletzung Revisionsgrund nach § 377 Nr. 6 St.P.O. E. I. 50. X. 92. XX. 21. 52. R. I. 206. VI. 104.

[3] Verletzung Revisionsgrund nach § 377 Nr. 6 St.P.O., vgl. auch § 272 Nr. 5 und § 274 das.

[4] Gleichfalls bei Vermeidung der Richtigkeit. E. XXV. 248.

[5] Art II und III des G. v. 5./4. 88 (R.G.Bl. 133) bestimmen:

Art. II. Wer die nach § 175 Absatz 2 des Gerichtsverfassungsgesetzes ihm auferlegte Pflicht der Geheimhaltung durch unbefugte

Mittheilung verletzt, wird mit Geldstrafe bis zu eintausend Mark oder mit Haft oder mit Gefängniß bis zu sechs Monaten bestraft.

Art. III. Soweit bei einer Gerichtsverhandlung die Oeffentlichkeit wegen Gefährdung der Staatssicherheit ausgeschlossen war, dürfen Berichte über die Verhandlung durch die Presse nicht veröffentlicht werden. Das Gleiche gilt auch nach der Beendigung des Verfahrens in Betreff der Veröffentlichung der Anklageschrift oder anderer amtlicher Schriftstücke des Prozesses.

Zuwiderhandlungen unterliegen der im Artikel II bestimmten Strafe.

176.[1] Der Zutritt zu öffentlichen Verhandlungen kann unerwachsenen und solchen Personen versagt werden, welche sich nicht im Besitze der bürgerlichen Ehrenrechte befinden, oder welche in einer der Würde des Gerichts nicht entsprechenden Weise erscheinen.[2]

Zu nicht öffentlichen Verhandlungen kann der Zutritt einzelnen Personen vom Gerichte gestattet werden. Einer Anhörung der Betheiligten bedarf es nicht.

Die Ausschließung der Oeffentlichkeit steht der Anwesenheit der die Dienstaufsicht führenden Beamten der Justizverwaltung bei den Verhandlungen[3] vor dem erkennenden Gerichte nicht entgegen.

[1] Fassung des G. v. 5./4. 88 (R.G.Bl. 133).

[2] Aus anderen Gründen nicht; vgl. E. XXX. 244.

[3] Für Berathung und Abstimmung vgl. § 195.

Sitzungspolizei.

177. Die Aufrechthaltung der Ordnung[1] in der Sitzung liegt dem Vorsitzenden[2] ob.[3]

[1] Durch Anordnungen, Unterbrechungen, Rügen u. dergl.; Strafbefugnisse (§§ 178—180) stehen nur dem Gericht zu.

[2] Eine Provokation auf Entscheidung des Gerichts ist unzulässig.

[3] Gegenüber allen in der Sitzung anwesenden Personen mit Einschluß der Staatsanwaltschaft. Prot. 29—38.

178. Parteien, Beschuldigte,[1] Zeugen, Sachverständige oder bei der Verhandlung nicht betheiligte Personen, welche den zur Aufrechthaltung der Ordnung erlassenen Befehlen nicht gehorchen, können auf Beschluß des Gerichts aus dem Sitzungszimmer entfernt, auch zur Haft abgeführt und während einer in dem Beschlusse zu bestimmenden Zeit, welche vierundzwanzig Stunden nicht übersteigen darf, festgehalten werden.[2]

[1] Vgl. auch § 246 St.P.O.

[2] Beschwerde ist ausgeschlossen. Vgl. § 183.

179. Das Gericht[1] kann gegen Parteien, Beschuldigte, Zeugen, Sachverständige oder bei der Verhandlung nicht betheiligte Personen, welche sich in der Sitzung einer Ungebühr schuldig machen, vorbehaltlich der strafgerichtlichen Verfolgung, eine Ordnungsstrafe bis zu einhundert Mark[2] oder bis zu drei Tagen Haft festsetzen und sofort vollstrecken lassen.[3]

[1] D. i. auch der einzelne Amtsrichter im Falle des § 211 Abs. 2 St.P.O. und entsprechenden Fällen, vgl. § 3 Abs. 3 E.G. z. St.P.O.

[2] § 29 St.G.B. findet nicht Anwendung.

[3] Beschwerde: § 183 ohne aufschiebende Wirkung.

180. Das Gericht kann gegen einen bei der Verhandlung betheiligten Rechtsanwalt oder Vertheidiger, der sich in der Sitzung einer Ungebühr schuldig macht, vorbehaltlich der strafgerichtlichen oder disziplinaren Verfolgung, eine Ordnungsstrafe bis zu einhundert Mark[1] festsetzen.[2]

[1] §§ 28, 29 St.G.B. finden nicht Anwendung.

[2] Beschwerde: § 183 mit aufschiebender Wirkung.

181. Die Vollstreckung der vorstehend bezeichneten Ordnungsstrafen hat der Vorsitzende unmittelbar[1] zu veranlassen.

[1] ohne Mitwirkung der Staatsanwaltschaft (vgl. § 36, § 483 St.P.O.).

182. Die in den §§. 177—181 bezeichneten Befugnisse stehen auch einem einzelnen Richter bei der Vornahme von Amtshandlungen außerhalb der Sitzung zu.[1]

[1] Beschwerde: § 183 mit aufschiebender Wirkung. Vgl. aber auch Anm. 1 und 3 zu § 179.

183. Ist in den Fällen der §§. 179, 180, 182[1] eine Ordnungsstrafe festgesetzt, so findet binnen der Frist von einer Woche nach der Bekanntmachung der Entscheidung Beschwerde statt, sofern die Entscheidung nicht von dem Reichsgerichte oder einem Oberlandesgerichte getroffen ist.

Die Beschwerde hat in dem Falle des §. 179 keine aufschiebende Wirkung,[2] in den Fällen des §. 180 und des §. 182 aufschiebende Wirkung.

Ueber die Beschwerde entscheidet das Oberlandesgericht.[3]

[1] Nicht aber im Fall des § 178.

[2] Die Vollstreckung beseitigt aber die Beschwerde nicht.

[3] Abweichung von § 72.

184. Ist eine Ordnungsstrafe wegen Ungebühr festgesetzt, oder eine Person zur Haft abgeführt, oder eine bei der Verhandlung betheiligte Person entfernt worden, so ist der Beschluß des Gerichts und dessen Veranlassung in das Protokoll aufzunehmen.

185. Wird eine strafbare Handlung in der Sitzung begangen, so hat das Gericht den Thatbestand festzustellen und der zuständigen Behörde[1] das darüber aufgenommene Protokoll mitzutheilen. In geeigneten Fällen ist die vorläufige Festnahme[2] des Thäters zu verfügen.

[1] D. in der Regel die Staatsanwaltschaft. § 152, §§ 156 ff. St.P.O. Vgl. aber auch § 161 Abs. 2 St.P.O.

[2] § 127 St.P.O.

Fünfzehnter Titel.

Gerichtssprache.

186. Die Gerichtssprache ist die deutsche.[1]

[1] Der § gilt auch für schriftliche Eingaben. Eingaben in fremde Sprache entbehren der Rechtswirkung. E. in Civils. XXXI. 428.

187. Wird unter Betheiligung von Personen verhandelt,[1] welche der deutschen Sprache nicht mächtig sind,[2] so ist ein Dolmetscher[3] zuzuziehen.[4] Die Führung eines Nebenprotokolls in der fremden Sprache findet nicht statt; jedoch sollen Aussagen und Erklärungen in fremder Sprache, wenn und soweit der Richter dies mit Rücksicht auf die Wichtigkeit der Sache für erforderlich erachtet, auch in der fremden Sprache in das Protokoll oder in eine Anlage niedergeschrieben werden. In den dazu geeigneten Fällen soll dem Protokolle eine durch den Dolmetscher zu beglaubigende Uebersetzung beigefügt werden.

Die Zuziehung eines Dolmetschers kann unterbleiben, wenn die betheiligten Personen sämmtlich der fremden Sprache mächtig sind.

[1] oder soll eine in fremder Sprache abgefaßte Urkunde als Beweismittel benutzt werden. E. IX. 51. XXV. 358. XXVII. 161. R. V. 478.

[2] Unterliegt dem freien thatsächlichen Ermessen des Gerichts. E. I. 137. R. I. 208.

[3] Vgl. für Preußen Dolmetscherordnung v. 18/.12. 99 (J.M.Bl. 856).

[4] Alle wesentlichen Verhandlungsakte sind, soweit ein der deutschen Sprache nicht Mächtiger dabei betheiligt ist, zu übertragen; der § 258 St.P.O. ist als Einschränkung aufzufassen. Vgl. Prot. z. St.P.O. 399, 400. Es bedarf jedoch nicht hinsichtlich jedes einzelnen Aktes der Konstatirung im Protokoll. E. I. 137, 397. R. I. 208, 678.

188. Zur Verhandlung mit tauben oder stummen Personen ist, sofern nicht eine schriftliche[1] Verständigung erfolgt, eine Person als Dolmetscher zuzuziehen, mit deren Hülfe die Verständigung in anderer Weise erfolgen kann.[2]

[1] Auch einseitig schriftliche. E. XXXI. 315.

[2] Hinsichtlich der Eidesleistung vgl. § 63 St.P.O.

189. Ob einer Partei, welche taub ist, bei der mündlichen Verhandlung der Vortrag zu gestatten sei, bleibt dem Ermessen des Gerichts überlassen.

Dasselbe gilt in Anwaltsprozessen von einer Partei, die der deutschen Sprache nicht mächtig ist.

190. Personen, welche der deutschen Sprache nicht mächtig sind, leisten Eide in der ihnen geläufigen Sprache.[1]

[1] Vgl. Anm. 1 zu § 188 für Taube und Stumme.

191. Der Dolmetscher[1] hat einen Eid dahin zu leisten:

daß er treu und gewissenhaft übertragen werde.[2]

Ist der Dolmetscher für Uebertragungen der betreffenden Art im Allgemeinen beeidigt, so genügt die Berufung auf den geleisteten Eid.

[1] Der Dolmetscher wird in den Motiven allgemein einem Sachverständigen gleichgestellt. M. 201. Vgl. dagegen R. VIII. 203. § 244 St.P.O. gilt für ihn nicht. R. VIII. 97.

[2] Hinsichtlich der Förmlichkeiten des Eides vgl. §§ 62, 63, 72 St.P.O. — Auch § 66 das. ist analog für anwendbar zu erachten.

192. Der Dienst des Dolmetschers kann von dem Gerichtsschreiber[1] wahrgenommen werden. Einer besonderen[2] Beeidigung bedarf es nicht.

[1] d. h. dem in der Sache fungirenden. Hinsichtlich eines anderen Gerichtsschreibers gelten die allgemeinen Bestimmungen, namentlich § 191. E. II. 372. R. II. 372.

[2] d. h. als Dolmetscher. Auch die Beeidigung gemäß § 191 Abs. 2 ist nicht erforderlich. E. I. 397. R. I. 678.

193. Auf den Dolmetscher finden die Bestimmungen über Ausschließung und Ablehnung der Sachverständigen[1] entsprechende Anwendung.[2] Die Entscheidung erfolgt durch das Gericht oder den Richter, von welchem der Dolmetscher zugezogen ist.

[1] § 74. §§ 22, 24 St.P.O. [2] Vgl. auch Anm. 1 zu § 191.

Sechzehnter Titel.
Berathung und Abstimmung.

194. Bei Entscheidungen dürfen Richter nur in der gesetzlich[1] bestimmten Anzahl mitwirken.

Bei Verhandlungen von längerer Dauer kann der Vorsitzende die Zuziehung von Ergänzungsrichtern anordnen, welche der Verhandlung[2] beizuwohnen[3] und im Falle der Verhinderung[4] eines Richters für denselben einzutreten haben.[5]

Die vorstehenden Bestimmungen finden auch auf Schöffen[6] und Geschworene[7] Anwendung.

[1] §§ 22, 26, 77, 81, 89, 91, 124, 139, 140.

[2] Nicht auch der Berathung und Abstimmung.

[3] als Richter; daher auch Fragerecht gemäß § 239 Abs. 1 St.P.O. E. XXVII. 172.

[4] Ob Behinderung vorliegt, entscheidet das Gericht — E. XIII. 191. R. VII. 755 — nach freiem Ermessen; Ausbleiben bei Wiederbeginn der Sitzung genügt. E. XXX. 226.

[5] Die Zuziehung eines nur als Zuhörer Anwesendgewesenen ist unstatthaft.

[6] Vgl. dazu § 49. [7] Vgl. § 285 St.P.O.

195.[1] Bei der Berathung und Abstimmung dürfen außer den zur Entscheidung berufenen Richtern nur[2] die bei demselben Gerichte zu ihrer juristischen Ausbildung beschäftigten Personen[3] zugegen sein, soweit der Vorsitzende deren Anwesenheit gestattet.[4]

[1] Fassung des G. v. 5./4. 88 (R.G.Bl. 133).

[2] Die Anwesenheit eines Aufsichtsbeamten ist damit jetzt ausgeschlossen; ebenso des Protokollführers, soweit er nicht zu den sonst zugelassenen Personen gehört. E. XVIII. 161. R. X. 549.

[3] Dazu gehören die zur unentgeltlichen Beschäftigung überwiesenen preuß. Gerichtsassessoren nicht. E. XXV. 237. Vgl. aber auch XXVI. 42 hinsichtlich der hessischen Gerichtsassessoren.

[4] Leise Berathung im Sitzungssaale damit nicht ausgeschlossen. E. XXII. 396.

196. Der Vorsitzende leitet die Berathung, stellt die Fragen und sammelt die Stimmen.[1]

Meinungsverschiedenheiten über den Gegenstand, die Fassung und die Reihenfolge der Fragen oder über das Ergebniß der Abstimmung entscheidet das Gericht.

[1] Hinsichtlich der Geschworenen vgl. §§ 304 ff. St.P.O.

197. Kein Richter, Schöffe oder Geschworener darf die Abstimmung über eine Frage verweigern, weil er bei der Abstimmung über eine vorhergegangene Frage in der Minderheit geblieben ist.

198. Die Entscheidungen erfolgen, soweit das Gesetz nicht ein Anderes[1] bestimmt, nach der absoluten Mehrheit der Stimmen.

Bilden sich in Beziehung auf Summen, über welche zu entscheiden ist, mehr als zwei Meinungen, deren keine die Mehrheit für sich hat, so werden die für die größte Summe abgegebenen Stimmen den für die zunächst geringere abgegebenen so lange hinzugerechnet, bis sich eine Mehrheit ergiebt.[2]

Bilden sich in einer Strafsache, von der Schuldfrage[3] abgesehen, mehr als zwei Meinungen, deren keine die Mehrheit für sich hat, so werden die dem Beschuldigten nachtheiligsten Stimmen den zunächst minder nachtheiligen so lange hinzugerechnet, bis sich eine Mehrheit ergiebt.

[1] §§ 262, 307, 317 St.P.O.

[2] Abs. 2 gilt nur für Civilprozeßsachen. Prot. 58.

[3] § 262 St.P.O. Hinsichtlich der Berathung über die Schuldfrage vgl. E. VIII. 218. R. IV. 198, auch E. II. 379. V. 404. R. III. 797. IV. 83.

199. Die Reihenfolge bei der Abstimmung richtet sich nach dem Dienstalter, bei den Schöffengerichten und den Kammern für Handelssachen nach dem Lebensalter; der Jüngste stimmt zuerst, der Vorsitzende zuletzt. Wenn ein Berichterstatter ernannt ist, so giebt dieser seine Stimme zuerst ab.

Bei der Abstimmung der Geschworenen richtet sich die Reihenfolge nach der Auslosung. Der Obmann stimmt zuletzt.

200. Schöffen und Geschworene sind verpflichtet, über den Hergang bei der Berathung und Abstimmung Stillschweigen zu beobachten.[1]

[1] Bei den Richtern ist dies Amtspflicht. M. 207. — Daher insoweit auch keine Zeugnißpflicht. E. XXVI. 202.

Siebenzehnter Titel.

Gerichtsferien.

201. Die Gerichtsferien beginnen am 15. Juli und endigen am 15. September.

202. Während der Ferien werden nur in Feriensachen Termine abgehalten und Entscheidungen erlassen.

Feriensachen sind:

1. Strafsachen;[1]
2. Arrestsachen und die eine einstweilige Verfügung betreffenden Sachen;
3. Meß- und Marktsachen;

4[2]. Streitigkeiten zwischen dem Vermiether und dem Miether oder Untermiether von Wohnräumen oder anderen Räumen oder zwischen dem Miether und dem Untermiether solcher Räume wegen Ueberlassung, Benutzung oder Räumung, sowie wegen Zurückhaltung der von dem Miether oder dem Untermiether in die Miethsräume eingebrachten Sachen;

4a. Streitigkeiten zwischen Dienstherrschaft und Gesinde, zwischen Arbeitgebern und Arbeitern hinsichtlich des Dienst- oder

Arbeitsverhältnisses, sowie die im §. 3 Abs. 1 Nr. 1, 2 des Gesetzes, betreffend die Gewerbegerichte, vom 29. Juli 1890 bezeichneten Streitigkeiten;

5. Wechselsachen;

6. Bausachen, wenn über Fortsetzung eines angefangenen Baues gestritten wird.

Das Gericht kann auf Antrag auch andere Sachen, soweit sie besonderer Beschleunigung bedürfen, als Feriensachen bezeichnen. Die gleiche Befugniß hat vorbehaltlich der Entscheidung des Gerichts der Vorsitzende.

[1] Auch hinsichtlich der Fristen sind die Ferien in Strafsachen einflußlos. Vgl. §§ 42 ff. St.P.O. Die Ferien sind daher für Strafsachen überhaupt ohne Bedeutung. Vgl. nur § 203.

[2] Nr. 4 u. 4a Fassung des G. v. 17./5. 98 (R.G.Bl. 252).

203. Zur Erledigung der Feriensachen können bei den Landgerichten, Ferienkammern, bei den Oberlandesgerichten und dem Reichsgerichte Feriensenate gebildet werden.[1]

[1] §§ 59, 120, 132 und andererseits §§ 62, 63, 121, 133 sind analog anzuwenden. Vgl. § 26 der Geschäftsord. des Reichsgerichts v. 8./4. 80 (R.C.Bl. 190).

204. Auf das Mahnverfahren, das Zwangsvollstreckungsverfahren und das Konkursverfahren sind die Ferien ohne Einfluß.

III.

Strafprozeßordnung mit Einführungsgesetz.

Einführungsgesetz zur Strafprozeßordnung.

Vom 1. Februar 1877.

(R.G.Bl. von 1877, Nr. 8, S. 346—348.)

1. Die Strafprozeßordnung tritt im ganzen Umfange des Reichs [1] gleichzeitig mit dem Gerichtsverfassungsgesetze in Kraft.[2]

[1] Seit 1.4. 91 einschließlich Helgolands. Vgl. V. v. 22./3. 91 (R.G.Bl. 21). — Außerhalb des Reiches: vgl. G. über die Konsularg. v. 7./4. 00 (R.G.Bl. 213) § 19, §§ 52 ff., G., betr. d. Rechtsv. der deutschen Schutzgebiete, v. 17./4. 86 (R.G.Bl. 75, neueste Fassung: R.G.Bl. 1900 S. 813) §§ 2–4.

[2] Vgl. § 2 E.G. z. G.V.G.

2. Die erforderlichen Anordnungen, um die Jahreslisten der Schöffen und der Geschworenen bis zum Tage des Inkrafttretens der Strafprozeßordnung nach den Vorschriften des Gerichtsverfassungsgesetzes herzustellen, insbesondere die Bezeichnung der Behörden, welche hierbei die den Amtsrichtern und den Landgerichten zugewiesenen Geschäfte wahrzunehmen haben, erfolgen durch die Landesjustizverwaltung.[1] Dieselbe kann den Zeitraum, für welchen die in dieser Weise hergestellten Listen Geltung haben sollen, abweichend von dem Gerichtsverfassungsgesetze, jedoch nicht über das zweite Geschäftsjahr, bestimmen.

[1] Für Preußen: J.V. v. 22. 7. 79 (J.M.Bl. 195) §§ 6 ff.

Geltungsgebiet.

3. Die Strafprozeßordnung findet auf alle Strafsachen[1] Anwendung, welche vor die ordentlichen Gerichte[2] gehören.[3]

Insoweit die Gerichtsbarkeit in Strafsachen, für welche besondere Gerichte zugelassen sind,[4] durch die Landesgesetzgebung den ordentlichen Gerichten übertragen wird, kann diese ein abweichendes Verfahren gestatten.[5]

Die Landesgesetze können anordnen, daß Forst- und Feldrügesachen durch die Amtsgerichte in einem besonderen Verfahren, sowie ohne Zuziehung von Schöffen verhandelt und entschieden werden.[6]

[1] d. h. Sachen, bei denen es sich um Verhängung krimineller Strafen (also nicht Ordnungs-, Exekutiv-, Disziplinarstrafen) handelt. Polizei-, Steuer- und dergl. Kontraventionen gehören zu den Strafsachen im Sinne des Gesetzes. Vgl. Buch 6 Abschn. 1—3 und St.G.B. §§ 360—370. M. 254, 255.

[2] § 12 G.V.G.

[3] § 13 G.V.G. und namentlich Anm. 4 u. 5 das.

[4] § 14 G.V.G. [5] Vgl. E.G. z. G.V.G. § 3 Abs. 1.

[6] Vgl. preuß. Forstdiebstahlsg. v. 15./4. 78 (G.S. 222) §§ 19 ff. und Feld- und Forstpolizeig. v. 1./4. 80 (G.S. 230) §§ 53 ff. Die Amtsgerichte gehören auch bei diesen Funktionen zu den ordentlichen Gerichten. E. III. 157. R. II. 693.

4. In Ansehung der Landesherren und der Mitglieder der landesherrlichen Familien sowie der Mitglieder der Fürstlichen Familie Hohenzollern[1] finden die Bestimmungen der Strafprozeßordnung nur insoweit Anwendung,[2] als nicht besondere Vorschriften der Hausverfassungen oder der Landesgesetze abweichende Bestimmungen enthalten.[3] Das Gleiche gilt in Ansehung der Mitglieder des vormaligen Hannoverschen Königshauses, des vormaligen Kurhessischen und des vormaligen Herzoglich Nassauischen Fürstenhauses.[4]

[1] mögen sie als Beschuldigte oder sonst, z. B. als Zeugen, in Betracht kommen.

[2] d. h. innerhalb des Gebiets, in welchem die besonderen Vorschriften erlassen sind. Mot. z. G.V.G. 211.

[3] Vgl. noch § 5 E.G. z. G.V.G. und § 71 St.P.O.

[4] Der Schlußsatz ist zugefügt durch G. v. 17./5. 98 (R.G.Bl. 252).

5. Die prozeßrechtlichen Vorschriften der Reichsgesetze[1] werden durch die Strafprozeßordnung nicht berührt.[2]

Wird in den Fällen des §. 101 der Seemannsordnung gegen den Bescheid des Seemannsamtes auf gerichtliche Entscheidung angetragen, so finden auf das weitere Verfahren die §§. 455—458 der Strafprozeßordnung entsprechende Anwendung.

[1] Dahin gehören auch die G. des Zollvereins und des Norddeutschen Bundes. Vgl. N. 256 Anm.*)

[2] Auch nicht der Staatsverträge des Reichs. § 7. Dahin gehören:

a) die Konsular- und Handels- und Schiffahrtsverträge (siehe dieselben Anm. 3 zu § 21 G.V.G.),

b) die Auslieferungsverträge (siehe dieselben Anm. 3 zu § 318 St.P.O.).

6. Die prozeßrechtlichen Vorschriften der Landesgesetze treten für alle Strafsachen, deren Entscheidung in Gemäßheit des §. 3 nach den Vorschriften der Strafprozeßordnung zu erfolgen hat,[1] außer Kraft,[2] insoweit nicht in der Strafprozeßordnung auf sie verwiesen ist.

Unberührt bleiben die landesgesetzlichen Bestimmungen:

1. über die Voraussetzungen, unter welchen gegen Mitglieder einer gesetzgebenden Versammlung während der Dauer einer Sitzungsperiode[3] eine Strafverfolgung eingeleitet oder fortgesetzt werden kann;[4]
2. über das Verfahren bei Zuwiderhandlungen gegen die Gesetze über das Vereins- und Versammlungsrecht;[5]
3. über das Verfahren im Verwaltungswege bei Uebertretungen, wegen deren die Polizeibehörden zum Erlaß einer Strafverfügung befugt sind,[6] und bei Zuwiderhandlungen gegen die Vorschriften über die Erhebung öffentlicher Abgaben und Gefälle,[7] insoweit nicht die §§. 453, 454, 455 und 459—463 der Strafprozeßordnung abändernde Bestimmungen treffen.

[1] Nicht also für andere Sachen.

[2] Selbst über solche Gegenstände, über welche in der St.P.O. Bestimmungen nicht gegeben sind.

[3] „Sitzungsperiode“: E. XXII. 379.

[4] Preuß. Verf.Urk. Art. 84 Abs. 2, 4. — Art. 31 der Reichs-Verf. ist durch § 5 aufrecht erhalten. Nach Art. 31 ist jede Untersuchungshandlung, auch das vorbereitende Verfahren an die Genehmigung des Reichstags gebunden. E. XXIV. 205.

[5] Preuß. V. v. 11./3. 50 (G.S. 277).

[6] Für Preußen G. v. 23./4. 83 (G. S. 65) und dazu J.V. v. 2./7. 83 (J.M.Bl. 223).

[7] Für Preußen G. v. 26./7. 97 (G.S. 237) nebst Ausf.Vorsch. v. 29./9. 97 (J.M.Bl. 249).

7. Gesetz im Sinne der Strafprozeßordnung und dieses Gesetzes ist jede Rechtsnorm.[1]

[1] Umfaßt also auch Gewohnheitsrecht und die aus dem Sinn und Zusammenhang der Gesetze sich ergebenden Grundsätze — M. 202, 203 —, nicht aber z. B. Beamten-Instruktionen. Vgl. E. I. 125. R. I. 160.

Uebergangsbestimmungen.

8. In den am Tage des Inkrafttretens der Strafprozeßordnung anhängigen Strafsachen sind für das weitere Verfahren die Vorschriften der Strafprozeßordnung maßgebend. Die Landesgesetzgebung kann die zur Ueberleitung des Verfahrens erforderlichen Bestimmungen treffen.[1]

War jedoch vor dem Tage des Inkrafttretens der Strafprozeßordnung ein Endurtheil erster Instanz ergangen, so finden auf die Erledigung der Sache bis zur rechtskräftigen Entscheidung die bisherigen Prozeßgesetze Anwendung.

[1] Preußen: G. v. 31./3. 79 (G.S. 332) §§ 35 ff.

9. Wird ein vor dem Tage des Inkrafttretens der Strafprozeßordnung ergangenes Endurtheil erster Instanz in der höheren Instanz aufgehoben und die Sache zur nochmaligen Verhandlung in die erste Instanz zurückgewiesen, so regelt sich das weitere Verfahren nach den Vorschriften der Strafprozeßordnung.

10. Für die Wiederaufnahme eines durch rechtskräftiges Urtheil geschlossenen Verfahrens sind die Vorschriften der Strafprozeßordnung[1] auch dann maß gebend, wenn das Urtheil vor dem Tage des Inkraft tretens der Strafprozeßordnung erlassen oder rechts= kräftig geworden war.[2]

[1] §§ 399—413 St.P.O.

[2] Hinsichtlich der Zuständigkeit vgl. preuß. G. v. 31. 3. 79 (G.S. 332) § 38.

11. Die Verfolgung von Beleidigungen und Körper= verletzungen findet nur nach den Vorschriften der Straf= prozeßordnung statt."

Insoweit diese Verfolgung nach der Gesetzgebung eines Bundesstaates im Wege des Civilprozesses statt= fand, richtet sich die Erledigung eines anhängigen Ver= fahrens nach den Vorschriften des Einführungsgesetzes zur Civilprozeßordnung.[2]

[1] Nach den allgemeinen Vorschriften und, wenn sie im Wege der Privatklage erfolgt, nach den §§ 414—434, 446 St.P.O.

[2] § 18 das.

12. Auf die Strafvollstreckung[1] finden die Vor= schriften der Strafprozeßordnung[2] Anwendung, auch wenn die Strafe nach den bisherigen Vorschriften über das Strafverfahren erkannt ist.[3]

[1] Auch die bereits begonnene; aber nur auf den ferner zu vollstreckenden Theil namentlich hinsichtlich der §§ 482, 493. Preuß. J.V. v. 6. 12. 79 (an die Oberstaatsanwälte, nicht publizirt).

[2] §§ 481—495 St.P.O.

[3] Hinsichtlich der Zuständigkeit der Gerichte vgl. preuß. G. v. 31. 3. 79 (G.S. 332) § 40.

Strafprozeßordnung.

Vom 1. Februar 1877.

(R.G.Bl. von 1877, Nr. 8, S. 253—346.)

Erstes Buch.

Allgemeine Bestimmungen.

Erster Abschnitt.

Sachliche Zuständigkeit der Gerichte.

1. Die sachliche[1] Zuständigkeit der Gerichte wird durch das Gesetz über die Gerichtsverfassung[2] bestimmt.

[1] Hinsichtlich der örtlichen (Gerichtsstand) vgl. §§ 7 ff.

[2] §§ 27—29, 75, 158 Schöffen- bzw. Amtsgerichte — §§ 72—74, 76, 78, 82 Strafkammern — §§ 80, 82 (auch § 6 E.G.) Schwurgerichte — §§ 123, 160, 183 Abs. 3 Oberlandesgerichte — §§ 136, 138 Reichsgericht.

2. Zusammenhängende[1] Strafsachen, welche einzeln zur Zuständigkeit von Gerichten verschiedener Ordnung gehören würden, können[2] verbunden bei demjenigen Gericht anhängig gemacht werden, welchem die höhere Zuständigkeit beiwohnt.[3] [4]

Aus Gründen der Zweckmäßigkeit kann durch Beschluß dieses Gerichts die Trennung der verbundenen Strafsachen angeordnet werden.[5]

[1] § 3. [2] Ausnahme: § 424 Abs. 2.

[3] Auch bei Konkurrenz der Fälle des § 3 Abs. 3 E.G. — E. III. 157. R. II. 693.

[4] Vgl. § 13 hinsichtlich der örtlichen Zuständigkeit.

[5] Beschwerde: § 346.

3. Ein Zusammenhang ist vorhanden, wenn eine Person mehrerer strafbarer Handlungen beschuldigt wird, oder wenn bei einer strafbaren Handlung mehrere Personen als Thäter,[1] Theilnehmer, Begünstiger oder Hehler[2] beschuldigt werden.[3]

[1] Auch außer dem Fall des § 47 St.G.B. E. XXV. 15.

[2] §§ 47—49a, 257—259 St.G.B.

[3] Vgl. noch §§ 236, 428, 471. — Vgl. auch § 7 E.G. z. G.V.G.; Die §§ 52, 53 Mil.Strafg.Ord. v. 3./4. 45 (preuß. G.S. 329, B.G.Bl. 1867 S. 229) sind in die neue M.St.G.O. nicht übernommen.

4. Eine Verbindung zusammenhängender oder eine Trennung verbundener Strafsachen kann auch nach Eröffnung der Untersuchung[1] auf Antrag der Staatsanwaltschaft oder des Angeschuldigten oder von Amtswegen durch gerichtlichen Beschluß[2] angeordnet werden.[3]

Zuständig für den Beschluß ist dasjenige Gericht, zu dessen Bezirk die übrigen Gerichte gehören.[4] In Ermangelung eines hiernach zuständigen Gerichts erfolgt die Beschlußfassung durch das gemeinschaftliche obere Gericht.[5]

[1] d. i. Eröffnung der Voruntersuchung oder, wenn diese nicht stattgefunden, des Hauptverfahrens, vgl. §§ 182, 201 in Verbindung mit §§ 151, 168.

[2] Eine Vereinbarung, wie sie § 13 gestattet, ist unzulässig.

[3] Vorausgesetzt ist, daß die Strafsachen einzeln zur Zuständigkeit von Gerichten verschiedener Ordnung gehören; andernfalls Beschluß im Sinne dieses § 4 (vgl. Abs. 2) nicht erforderlich. E. X. 10. — Vgl. § 13, § 236.

[4] Beschwerde zulässig, falls nicht das Reichsgericht den Beschluß erlassen hat. § 346.

[5] d. i. hier entweder Oberlandesgericht oder Reichsgericht. Beschwerde daher unzulässig. § 346 Abs. 3.

5. Für die Dauer der Verbindung ist der Straffall, welcher zur Zuständigkeit des Gerichts höherer Ordnung gehört, für das Verfahren maßgebend.[1]

[1] Auch z. B. hinsichtlich der Nothwendigkeit der Vertheidigung, der Voruntersuchung, hinsichtlich der Rechtsmittel.

6. Das Gericht hat seine sachliche[1] Zuständigkeit[2] in jeder Lage des Verfahrens von Amtswegen zu prüfen.[3]

[1] Nicht auch örtliche, vgl. § 18. [2] unter Beachtung des § 269.
[3] §§ 270, 369 Abs. 3, 377 Nr. 4 in Verbindung mit § 392.

Zweiter Abschnitt.

Gerichtsstand.

Abweichende reichsgesetzl. Bestimmungen bleiben bestehen E.G. § 5. Vgl. Seemannsord. v. 27.12. 72 (R.G.Bl. 409) § 101 Abs. 1. Siehe auch § 471 St.P.O., ferner E.G. § 3 Abs. 2, 3 und preuß. Forstdiebstahlsg. v. 15. 4. 78 (G.S. 222) § 21.

1. der begangenen That.

7. Der Gerichtsstand ist bei demjenigen Gerichte begründet, in dessen Bezirk die strafbare Handlung begangen ist.[1]

[1] Kommen die Thatbestandsakte an verschiedenen Orten zur Existenz, so ist die strafbare Handlung an jedem dieser Orte begangen. E. XV. 232. XX. 146. R. IX. 93. Vgl. E. I. 274. R. I. 460: beim verbotswidrigen schriftlichen Angebot von Loosen ist der Ort, wo der Brief den Adressaten erreicht, der Thatort.

2. des Wohnsitzes oder Aufenthaltsortes.

8. Der Gerichtsstand ist auch[1] bei demjenigen

Gerichte begründet, in dessen Bezirk der Angeschuldigte zur Zeit der Erhebung der Klage[2] seinen Wohnsitz[3] hat.

Hat der Angeschuldigte einen Wohnsitz im Deutschen Reiche nicht, so wird der Gerichtsstand auch durch den gewöhnlichen Aufenthaltsort und, wenn ein solcher nicht bekannt ist, durch den letzten Wohnsitz bestimmt.

[1] Die Gerichtsstände §§ 7 und 8 sind also gleichberechtigt. Vgl. § 12.

[2] § 168 Abs. 1, § 421, § 447. Frühere oder spätere Aenderung des Wohnsitzes ist gleichgültig.

[3] §§ 7—11 B.G.B.

3. **der Ergreifung.**

9. Wenn die strafbare Handlung im Auslande[1] begangen[2] und ein Gerichtsstand in Gemäßheit des §. 8 nicht begründet ist, so ist dasjenige Gericht zuständig, in dessen Bezirk die Ergreifung erfolgt. Hat eine Ergreifung nicht stattgefunden, so wird das zuständige Gericht vom Reichsgerichte bestimmt.

Gleiches gilt, wenn eine strafbare Handlung im Inlande begangen ist, jedoch weder der Gerichtsstand der begangenen That noch der Gerichtsstand des Wohnsitzes[3] ermittelt ist.

[1] Vgl. § 8 St.G.B. Derselbe gilt auch für Strafverfahren. R. I. 322.

[2] Die Fälle der Strafbarkeit im Auslande begangener Strafthaten siehe St.G.B. §§ 4—6, 37, 102, 298, G., betr. Urheberrecht, v. 11./6. 70 (B.G.Bl. 339) §§ 22, 25, G., betr. Urheberrecht, v. 9./1. 76 (R.G.Bl. 4) § 16, G., betr. Schutz d. Photogr., v. 10./1. 76 (R.G.Bl. 8) § 9, G., betr. Urheberr., v. 11./1. 76 (R.G.Bl. 11) § 14, Seemannsord. v. 27./12. 72 (R.G.Bl. 409) §§ 81—100, Sprengstoffg. v. 9./6. 84 (R.G.Bl. 61) § 12, G. gegen Verrath mil. Geheimnisse v. 3./7. 93 (R.G.Bl. 205) § 10, G., betr. Sklavenraub, v.

28./7. 95. (R.G.Bl. 425) §. 5, Vertr. mit Belgien v. 29./4. 85 (R.G.Bl. 251), Militär=St.G.B. §§ 7, 160, 161, siehe auch G. über die Konsularg. v. 7./4. 00 (R.G.Bl. 213) §§ 1, 2, 19, G., betr. die Rechtsv. der deutsch. Schutzgebiete, v. 17./4. 86 (R.G.Bl. 75, neueste Fassung: R.G.Bl. 1900 S. 813).

[3] Schließt auch Abs. 2 des § 8 in sich.

4. Ergänzungsbestimmungen.

10. Ist die strafbare Handlung auf einem deutschen Schiffe im Ausland oder in offener See begangen, so ist dasjenige Gericht zuständig,[1] in dessen Bezirk der Heimathshafen[2] oder derjenige deutsche Hafen liegt, welchen das Schiff nach der That zuerst erreicht.

[1] Neben dem Gerichtsstande des § 8.

[2] Hafen, von welchem aus die Seefahrt mit dem Schiff betrieben werden soll. (§ 480 Abs. 1 Handelsgesetzbuch. § 5 G. v. 25./10. 67 (B.G.Bl. 35).

11.[1] Deutsche, welche das Recht der Exterritorialität[2] genießen, sowie die im Ausland angestellten Beamten des Reichs oder eines Bundesstaates behalten in Ansehung des Gerichtsstandes den Wohnsitz, welchen sie in dem Heimathsstaate hatten. In Ermangelung eines solchen Wohnsitzes gilt die Hauptstadt des Heimathsstaats als ihr Wohnsitz; ist die Hauptstadt in mehrere Gerichtsbezirke getheilt, so wird der als Wohnsitz geltende Bezirk von der Landesjustizverwaltung durch allgemeine Anordnung bestimmt. Gehört ein Deutscher einem Bundesstaate nicht an,[3] so gilt als sein Wohnsitz die Stadt Berlin; ist die Stadt Berlin in mehrere Gerichtsbezirke getheilt, so wird der als Wohnsitz geltende Bezirk von dem

Reichskanzler durch allgemeine Anordnung bestimmt.

Auf Wahlkonsuln[4] finden diese Bestimmungen keine Anwendung.

[1] Fassung des E.G. zum B.G.B. v. 18. 8. 96 (R.G.Bl. 604).

[2] §§ 18, 19, 21 G.V.G.

[3] Vgl. § 6 G., betr. die Rechtsv. der deutsch. Schutzgebiete. v. 15./3. 88 (R.G.Bl. 75).

[4] Wohl aber auf Berufskonsuln. G. v. 8./11. 67 (B.G.Bl. 137) §§ 7, 9.

5. **Zusammentreffen mehrerer Gerichtsstände.**

12. Unter mehreren nach den Vorschriften der §§. 7—11 zuständigen Gerichten gebührt demjenigen der Vorzug, welches die Untersuchung[1] zuerst eröffnet hat.

Jedoch kann die Untersuchung und Entscheidung einem anderen der zuständigen Gerichte durch das gemeinschaftliche obere Gericht übertragen werden.[2]

[1] Voruntersuchung oder Hauptverfahren. Vgl. Anm. 1 zu § 4.

[2] Durch Beschluß nach Anhörung der Staatsanwaltschaft (§ 33). Beschwerde erscheint nach § 346 Abs. 1, 3 ausgeschlossen. Nach Erlaß des Urtheils erster Instanz ist eine Uebertragung nicht mehr zulässig. E. XIII 365.

6. **Gerichtsstand des Zusammenhangs.**

13. Für zusammenhängende[1] Strafsachen, welche einzeln nach den Vorschriften der §§. 7—11 zur Zuständigkeit verschiedener Gerichte gehören würden, ist ein Gerichtsstand bei jedem Gerichte begründet, welches für eine derselben zuständig ist.[2]

Sind mehrere zusammenhängende Strafsachen bei verschiedenen Gerichten anhängig gemacht worden, so können dieselben sämmtlich oder zum Theil durch eine den Anträgen[3] der Staatsanwaltschaft entsprechende Vereinbarung dieser Gerichte bei einem unter ihnen verbunden werden. Kommt eine solche Vereinbarung nicht zu Stande, so entscheidet, wenn die Staatsanwaltschaft oder ein Angeschuldigter hierauf anträgt,[4] das gemeinschaftliche obere Gericht darüber, ob und bei welchem der Gerichte die Verbindung einzutreten habe.[5]

In gleicher Weise kann die Verbindung wieder aufgehoben werden.[6]

[1] § 3.

[2] Die sachliche Zuständigkeit desselben für alle vorausgesetzt. Andernfalls sind §§ 2, 4 maßgebend, nicht § 13 Abs. 2, 3.

[3] der sämmtlichen betheiligten Staatsanwaltschaften. Sind die Sachen aber noch nicht anhängig, so kann die einzelne Staatsanwaltschaft die Sachen in eine Klage zusammenfassen und dieselbe nach ihrer Wahl bei einem der Gerichte erheben. Die in § 2 Abs. 2 dem Gerichte gegebene Befugniß steht ihm hier nicht zu.

[4] Nicht auf Antrag eines der betheiligten Gerichte.

[5] Vgl. Anm. 2 zu § 12.

[6] Nicht beschränkt auf den Fall des Abs. 2. E. XXXI. 171.

7. Gerichtsstand durch Auftrag.

14. Besteht zwischen mehreren Gerichten Streit über die Zuständigkeit, so bestimmt das gemeinschaftliche obere Gericht[1] dasjenige Gericht, welches sich der Untersuchung und Entscheidung zu unterziehen hat.[2]

[1] Vgl. Anm. 2 zu § 12. [2] Vgl. § 19.

15. Ist das an sich zuständige Gericht in einem einzelnen Falle an der Ausübung des Richteramts rechtlich oder thatsächlich verhindert, oder ist von der Verhandlung vor diesem Gerichte eine Gefährdung der öffentlichen Sicherheit zu besorgen, so hat das zunächst obere Gericht[1] die Untersuchung und Entscheidung dem gleichstehenden Gericht eines anderen Bezirks zu übertragen.[2]

[1] Vgl. Anm. 2 zu § 12.

[2] Eine Nachprüfung der Voraussetzungen dieser Uebertragung ist unzulässig. E. X. 381.

8. Unzuständigkeit.

16. Der Angeschuldigte muß den Einwand der Unzuständigkeit[1] bei Verlust desselben bis zum Schlusse der Voruntersuchung,[2] falls aber eine solche nicht stattgefunden hat, in[3] der Hauptverhandlung bis zur Verlesung des Beschlusses über die Eröffnung des Hauptverfahrens[4] geltend machen.[5]

[1] der örtlichen. Selbstredend gehört aber eine Verletzung der §§ 4 ff. St.G.B. nicht hierher.

[2] § 195, vorausgesetzt, daß auch die Eröffnung der V.U. gemäß § 190 bekannt gemacht ist. E. XXV. 15. — § 179 Abs. 2 schließt die Erhebung des Einwandes bis zum Schlusse der V.U. nicht aus.

[3] Auch schriftlich vor derselben, solange nicht das Hauptverfahren eröffnet ist; vgl. § 199 Abs. 3 u. E. XVII. 412.

[4] § 242 Abs. 2.

[5] Die Entscheidung erfolgt, auch im letzteren Fall (vgl. § 269 und den analog anzuwendenden § 270), durch Beschluß. Anders natürlich bei Aufhebung eines Urtheils wegen Unzuständigkeit. § 369 Abs. 3, § 395.

17. Durch eine Entscheidung,[1] welche die Zuständigkeit für die Voruntersuchung feststellt, wird die Zuständigkeit auch für das Hauptverfahren[2] festgestellt.[3]

[1] d. h. eine solche, welche auf eine eine ausdrückliche Entscheidung verlangende Behauptung erlassen ist. Hinsichtlich der Anfechtbarkeit einer solchen Entscheidung vgl. § 346 und die Spezialbestimmungen §§ 180, 181, 199, 209 Abs. 2, 347. Soweit § 346 anwendbar, ist auch § 348 Abs. 2 für anwendbar zu erachten.

[2] und damit definitiv. Vgl. A. 204 zu § 377 Nr. 4, welcher danach im Fall des § 17 nicht anwendbar ist.

[2] §§ 12, 13, 15 sind dadurch nicht ausgeschlossen. Auch nicht § 16 in soweit, als eine Entscheidung, bei welcher der Angeklagte nicht betheiligt gewesen ist, seinem Recht nicht präjudiziren kann.

18. Nach Eröffnung des Hauptverfahrens[1] darf das Gericht seine Unzuständigkeit nur auf Einwand[2] des[3] Angeklagten aussprechen.[4]

[1] § 201. — Vorher Prüfung von Amtswegen.

[2] d. h. rechtzeitig (§ 16) erhobenen. Im Uebrigen darf die Zuständigkeit des Gerichts namentlich auch von der Staatsanwaltschaft im Laufe des Verfahrens nicht mehr in Frage gestellt werden. E. III. 136. R. II. 538.

[3] Der Einwand eines genügt auch hinsichtlich der Mitangeklagten. E. XXIII. 155.

[4] Geschieht dies, so ist damit auch der Eröffnungsbeschluß beseitigt. Im Uebrigen vgl. § 20, auch M. 15.

19. Haben mehrere Gerichte, von denen eines das zuständige ist, durch Entscheidungen, welche nicht mehr anfechtbar sind, ihre Unzuständigkeit ausgesprochen, so bezeichnet das gemeinschaftliche obere Gericht[1] das zuständige Gericht.[2]

[1] Vgl. Anm. 2 zu § 12. [2] Vgl. § 14.

20. Die einzelnen Untersuchungshandlungen[1] eines unzuständigen Gerichts sind nicht schon dieser Unzuständigkeit wegen[2] ungültig.

[1] Z. B. Zeugen-, Sachverständigenvernehmung, Augenscheinseinnahme, Haftbefehle, Beschlagnahmen u. dergl.

[2] Es kann aber aus anderen Gründen (vgl. besonders §§ 225, 249) die Wiederholung nothwendig sein.

21. Ein unzuständiges Gericht hat sich denjenigen innerhalb seines Bezirks vorzunehmenden Untersuchungshandlungen zu unterziehen, in Ansehung deren Gefahr im Verzuge obwaltet.

Dritter Abschnitt.

Ausschließung und Ablehnung der Gerichtspersonen.

Ausschließung.

22. Ein Richter ist von der Ausübung des Richteramts[1] kraft Gesetzes ausgeschlossen:[2]

1. wenn er selbst[3] durch die strafbare Handlung verletzt[4] ist;
2. wenn er Ehemann oder Vormund[5] der beschuldigten oder der verletzten Person ist oder gewesen ist;
3. wenn er mit dem Beschuldigten oder mit dem Verletzten in gerader Linie verwandt,[6] verschwägert[6] oder durch Adoption verbunden, in der Seitenlinie bis zum dritten Grade verwandt oder bis zum zweiten Grade verschwägert ist, auch wenn die Ehe, durch welche die Schwägerschaft begründet ist, nicht mehr besteht;
4. wenn er in der Sache[7] als Beamter der Staatsanwaltschaft,[8] als Polizeibeamter,[9] als Anwalt des Verletzten oder als Vertheidiger thätig gewesen ist;
5. wenn er in der Sache[7] als Zeuge oder Sachverständiger vernommen ist.[10]

[1] Jeder Art richterlicher Thätigkeit, nicht bloß Mitwirkung bei der Entscheidung. E. XXX. 70.

[2] Seine Amtshandlungen sind nichtig. § 29 findet daher keine Anwendung. Mitwirkung beim Urtheil: § 377 Nr. 2.

[3] Vgl. E. XXIII. 361. XXIV. 342. XXV. 179.

[4] nachträgliche Befriedigung macht die einmal erfolgte Verletzung nicht ungeschehen. E. XXI. 291.

[5] Auch Gegenvormund. § 1792 B.G.B. Vgl. (für das frühere preuß. Recht) E. XI. 223.

[6] Für Verwandtschaft und Schwägerschaft sind jetzt maßgebend die Vorschriften des B.G.B., also namentlich §§ 1589, 1590 desselben. Art. 33 des E.G. zum B.G.B.

[7] d. i. in der anhängigen Untersuchung, nicht in einer andern denselben Gegenstand behandelnden Rechtssache. M. 25, auch nicht in einer verbunden gewesenen Sache, wenn diese wieder getrennt ist. E. XVII. 173. R. X. 196.

[8] Auch bei einer Thätigkeit bloß formaler Natur. E. XXVIII. 53.

[9] Vgl. darüber E. XVII. 415. R. X. 353.

[10] Der Antrag auf Vernehmung, auch die erfolgte Ladung genügt nicht. M. 24, auch nicht schriftliche amtliche Aeußerung. E. XII. 180. R. VII. 266.

23. Ein Richter, welcher bei einer durch ein Rechtsmittel angefochtenen[1] Entscheidung mitgewirkt hat, ist von der Mitwirkung bei der Entscheidung in höherer Instanz kraft Gesetzes ausgeschlossen.

Der Untersuchungsrichter[2] darf[3] in denjenigen Sachen, in welchen er die Voruntersuchung geführt hat,[4] nicht Mitglied des erkennenden Gerichts sein, auch nicht bei einer außerhalb der Hauptverhandlung erfolgenden Entscheidung der Strafkammer mitwirken.

An dem Hauptverfahren vor der Strafkammer[5] dürfen[3] mehr als zwei von denjenigen Richtern, welche bei der Entscheidung über die Eröffnung des Hauptverfahrens[6] mitgewirkt haben, und namentlich der Richter, welcher Bericht über den Antrag der Staatsanwaltschaft erstattet hatte, nicht theilnehmen.

[1] Vgl. E. XXXI. 225.

[2] Auch § 183 Satz 1. Wird die Sache später dem Schöffengerichte überwiesen, so ist er ausgeschlossen. Nicht aber § 183 Satz 2 §§ 160, 163, 164.

[3] kraft Gesetzes bei Vermeidung der Nichtigkeit. E. I. 209. R. I. 753.

[4] oder — hinsichtlich der Beschlüsse außerhalb der Hauptverhandlung — noch führt, und zwar ganz oder theilweise. Vgl. M. 25 und § 72 G.V.G. E. XVIII. 269. — Untersuchungshandlungen, welche lediglich nicht mehr in Frage stehende Mitangeklagte betroffen haben, hindern nicht. E. II. 314. Ebensowenig bloße Eröffnung oder der bloße Schluß der V.U. sowie einzelne Untersuchungshandlungen des Stellvertreters lediglich formeller Natur ohne materielle Bedeutung. E. II. 314. IX. 285. XXI. 285. XXVIII. 358. R. II. 51 III. 155. V. 752. — Von einer Vernehmung gemäß § 222 ist der Untersuchungsrichter nicht ausgeschlossen. E. IV. 91. R. III. 159.

[5] Auch in der Berufungsinstanz. Nicht aber vor dem Schwurgericht und Schöffengericht, vor dem Oberlandesgericht und Reichsgericht. R. V. 423. VI. 64.

[6] Auch im Fall der §§ 202, 203, wenn demnächst durch das O.L.Gericht eröffnet ist. E. II. 209. R. I. 753, nicht aber im Fall des § 200. E. III. 81. R. II. 592.

Ablehnung.

24. Ein Richter[1] kann sowohl in den Fällen, in denen er von der Ausübung des Richteramts kraft Gesetzes ausgeschlossen ist, als auch wegen Besorgniß der Befangenheit abgelehnt werden.

Wegen Besorgniß der Befangenheit findet die Ablehnung statt, wenn ein Grund vorliegt, welcher geeignet ist, Mißtrauen gegen die Unparteilichkeit eines Richters zu rechtfertigen.

Das Ablehnungsrecht steht der Staatsanwaltschaft, dem Privatkläger[2] und dem Beschuldigten zu.[3] Den zur Ablehnung Berechtigten sind auf Verlangen die zur Mitwirkung bei der Entscheidung berufenen Gerichtspersonen namhaft zu machen.

[1] Die Ablehnung eines „Gerichts“ als solchen ist unzulässig. E. XXVII. 175.

[2] Auch dem Nebenkläger (§ 437) und der Verwaltungsbehörde in den Fällen § 464 (vgl. § 466) und § 467 (vgl. Abs. 2 das.).

[3] Vgl. auch § 30.

Verfahren.

25. Die Ablehnung eines Richters wegen Besorgniß der Befangenheit ist in der Hauptverhandlung erster Instanz nur bis zur Verlesung des Beschlusses über die Eröffnung des Hauptverfahrens,[1] in der Hauptverhandlung über die Berufung und die Revision nur bis zum Beginne der Berichterstattung[2] zulässig.[3]

[1] § 242 Abs. 2. Wohl aber wieder in einer neuen Hauptverhandlung. E. XIX. 333. [2] § 365, § 391.

[3] Auch wenn der Ablehnungsgrund erst später bekannt geworden. R. VIII. 356.

26. Das Ablehnungsgesuch ist bei dem Gerichte, welchem der Richter angehört,[1] anzubringen; es kann vor dem Gerichtsschreiber zu Protokoll erklärt werden.[2]

Der Ablehnungsgrund ist glaubhaft zu machen;[3] der Eid ist als Mittel der Glaubhaftmachung ausgeschlossen. Zur Glaubhaftmachung kann auf das Zeugniß[4] des abgelehnten Richters Bezug genommen werden.

Der abgelehnte Richter hat sich über den Ablehnungsgrund dienstlich zu äußern.[5]

[1] d. h. für den vorliegenden Fall, also bei der betreffenden Kammer, dem Schwurgericht rc., auch wenn der abgelehnte Richter (z. B. der Vorsitzende) sonst einem andern Gerichte angehört. E. XIX. 333.

[2] neben schriftlicher Anbringung und mündlicher Anbringung in der Hauptverhandlung. In letzterem Fall jedoch nicht Theil der Hauptverhandlung; §§ 225, 23. Abs. 3 finden daher keine Anwendung — E. XIII. 302. XXI. 250. R. VIII. 89 — und es kann die Strafkammer in der Besetzung von 3 Mitgliedern entscheiden. E. XXI. 250.

[3] Die „Glaubhaftmachung" unterscheidet sich von der früheren „Bescheinigung" durch das Vorwiegen des subjektiven Elementes

und die damit gegebene freiere Stellung des Richters. Vgl. auch E. XXVIII. 8.

[4] d. h. dienstliche Aeußerung. Vgl. Abs. 3 und Prot. 164. Sitzung.

[5] Vgl. auch Anm. 7 zu § 27.

27. Ueber das Ablehnungsgesuch entscheidet das Gericht, welchem der Abgelehnte angehört;[1] wenn dasselbe durch Ausscheiden des abgelehnten Mitglieds beschlußunfähig wird,[2] das zunächst obere Gericht.[3]

Wird ein Untersuchungsrichter oder ein Amtsrichter[4] abgelehnt, so entscheidet das Landgericht.[5] Einer Entscheidung bedarf es nicht,[6] wenn der Abgelehnte das Ablehnungsgesuch für begründet hält.[7]

[1] Vgl. Anm. 1 zu § 26.

[2] § 194 G.V.G. gilt nämlich auch hier. M. 27.

[3] Vgl. § 16.

[4] auch im Schöffengericht; es tritt nicht etwa gemäß Abs. 1 sein Stellvertreter zur Entscheidung in das Gericht ein.

[5] d. h. die Strafkammer. § 72 Abs. 2 G.V.G.

[6] d. h. nur hinsichtlich des Untersuchungs- und Amtsrichters, wie aus dem Mangel eines Absatzes vor diesem Satze folgt. E. V. 437.

[7] Offenbar nicht ernstlich gemeinte, sondern lediglich zur Verschleppung der Sache angebrachte Ablehnungsgesuche können ohne weiteres Verfahren zurückgewiesen werden. E. XXX. 273.

28. Gegen den Beschluß, durch welchen das Ablehnungsgesuch für begründet erklärt wird, findet kein Rechtsmittel, gegen den Beschluß, durch welchen das Gesuch für unbegründet erklärt wird, findet sofortige Beschwerde[1] statt.

Der Beschluß, durch welchen ein gegen einen erkennenden Richter angebrachtes Ablehnungsgesuch für unbegründet erklärt wird, kann nicht für sich allein, sondern nur mit dem Urtheil[2] angefochten werden.[3]

[1] § 353. — § 346 Abs. 3 gilt aber auch hier. Prot. z. G.B.G. 719, 720.

[2] also nur durch Berufung oder Revision — entsprechend dem allgemeinen § 347.

[3] Gleichgültig, ob der Beschluß in oder vor der Hauptverhandlung erlassen ist. E. VII. 175. XXII. 135.

29. Ein abgelehnter Richter hat vor Erledigung des Ablehnungsgesuchs nur solche Handlungen vorzunehmen, welche keinen Aufschub gestatten.[1]

[1] Nicht aber ein kraft Gesetzes ausgeschlossener. Vgl. Anm. 1 zu § 22. — Ihm steht, sobald das Ablehnungsgesuch für begründet erklärt ist, der abgelehnte für fernere Handlungen gleich. Vgl. auch § 377 Nr. 3.

30. Das für die Erledigung eines Ablehnungsgesuchs zuständige Gericht[1] hat auch dann zu entscheiden, wenn ein solches Gesuch nicht angebracht ist, ein Richter aber von einem Verhältnisse Anzeige macht, welches seine Ablehnung rechtfertigen könnte, oder wenn aus anderer Veranlassung Zweifel darüber entstehen, ob ein Richter kraft Gesetzes[2] ausgeschlossen sei.

[1] § 27. [2] §§ 22, 23.

[3] § 28 analog anwendbar; vgl. E. XXX. 123.

31. Die Bestimmungen dieses Abschnitts finden auf Schöffen und Gerichtsschreiber entsprechende Anwendung.[1]

Die Entscheidung über eine Ausschließung oder Ablehnung von Schöffen erfolgt durch den Amtsrichter. Ueber die Ausschließung oder Ablehnung eines Gerichtsschreibers entscheidet das Gericht oder der Richter, welchem derselbe beigegeben ist.

[1] Protokolle, die von einem nach § 22 ausgeschlossenen Gerichtsschreiber aufgenommen sind, gelten daher nicht als gerichtliche.

32. Die Bestimmungen des §. 22 finden auf Geschworene[1] Anwendung.[2]

[1] Vgl. für diese im Uebrigen §§ 279, 282—285. — § 24 ist auf diese nie anwendbar. E. XVIII. 238. R. X. 608.

[2] Ausschließung der Gerichtsvollzieher: § 156 G.V.G., der Dolmetscher: § 193 G.V.G., der Sachverständigen: § 74 St.P.O. Für die Staatsanwaltschaft sind entsprechende Vorschriften überhaupt nicht gegeben.

Vierter Abschnitt.

Gerichtliche Entscheidungen und deren Bekanntmachung.

Erlassung.

33. Die Entscheidungen[1] des Gerichts[2] werden, wenn sie im Laufe einer Hauptverhandlung ergehen, nach Anhörung der Betheiligten, wenn sie außerhalb einer Hauptverhandlung ergehen, nach erfolgter schriftlicher oder mündlicher Erklärung der Staatsanwaltschaft[3] erlassen.[4]

[1] d. s. Urtheile, Beschlüsse, Verfügungen, einschließlich der bloß prozeßleitenden. M. 29.

[2] hier im Gegensatz zum einzelnen Richter, insbesondere dem Untersuchungsrichter und Amtsrichter im Vorverfahren. Vgl. Prot. 25, 27, 802, 803, 1121.

[3] Vgl. §§ 425, 437 hinsichtlich des Privat- und Nebenklägers.

[4] Hinsichtlich der Beurkundung und Unterschrift vgl. §§ 271, 273, 275 und Anm. 2, 3 zu § 275.

34. Die durch ein Rechtsmittel[1] anfechtbaren Entscheidungen sowie diejenigen, durch welche ein Antrag abgelehnt wird, sind mit Gründen[2] zu versehen.[3]

[1] Beschwerde, Berufung, Revision.

[2] Besondere Vorschriften: §§ 124 Abs. 2 (Haftbefehl), 202, 205 (Eröffnungsbeschlüsse), 266, 316 (Urtheile).

[3] Verletzung begründet Revision nicht nur hinsichtlich des Urtheils (§ 377 Nr. 7), sondern auch hinsichtlich anderer Beschlüsse, wenn das Urtheil auf ihnen beruht. E. I. 32, 170, 366, 417. R. I. 256, 603, 612 u. a.

2. Bekanntmachung.

35. Entscheidungen,[1] welche in Anwesenheit der davon betroffenen Person ergehen, werden derselben durch Verkündung[2] bekannt gemacht. Auf Verlangen ist ihr eine Abschrift zu ertheilen.

Die Bekanntmachung anderer Entscheidungen erfolgt durch Zustellung.[3]

Dem nicht auf freiem Fuße Befindlichen ist das zugestellte[4] Schriftstück auf Verlangen vorzulesen.[5]

[1] Anm. 1 zu § 33. E. I 345. R. I. 543.

[2] Seitens des Richters. M. 30 i. f.

[3] Vgl. § 170 C.P.O. in Anm. 1 zu § 37.

[4] Durch die Vorlesung wird also die Zustellung nicht ersetzt. E. I. 345. R. I. 543.

[5] Vgl. für Preußen: § 15 der J.V. über die von Amtswegen zu bewirkenden Zustellungen v. 10./12. 99 (J.M.Bl. 728).

3. Zustellung (Vollstreckung).

36. Entscheidungen, die einer Zustellung oder Vollstreckung bedürfen, sind der Staatsanwaltschaft zu übergeben, welche das Erforderliche zu veranlassen hat.[1] Auf Entscheidungen, die lediglich den inneren Dienst der Gerichte oder die Ordnung in den Sitzungen betreffen, findet diese Bestimmung keine Anwendung.

Der Untersuchungsrichter und der Amtsrichter können Zustellungen aller Art sowie die Vollstreckung von Beschlüssen und Verfügungen unmittelbar veranlassen.[2]

[1] Siehe auch §§ 213, 221 Abs. 2. — Ausnahmen außer Satz 2 (§ 181 G.V.G.) und 3 dieses §: §§ 425 Abs. 2, 483 Abs. 3. — Der Satz ist übrigens nur instruktionell. E. VI. 179. R. VI. 323.

[2] Hinsichtlich des Amtsanwalts vgl. noch § 483 Abs. 2 und für Preußen: Geschäftsanw. v. 28./8. 79 (J.M.Bl. 261) Art. 24, jedoch auch J.V. v. 11./2. 80 (J.M.Bl. 33).

37. Auf das Verfahren bei Zustellungen finden die Vorschriften der Civilprozeßordnung über Zustellungen entsprechende Anwendung.[1]

[1] C.P.O. §§ 166—213. Dieselben sind nachstehend abgedruckt. Soweit sie für das Strafverfahren (einschließlich der Privatklage) gänzlich unanwendbar erscheinen, sind die betreffenden Vorschriften mit Klammern versehen.

I. Zustellungen auf Betreiben der Parteien.

166. Die von den Parteien zu betreibenden Zustellungen erfolgen durch Gerichtsvollzieher.

(In dem Verfahren vor den Amtsgerichten kann die Partei den Gerichtsvollzieher unter Vermittelung des Gerichtsschreibers des Prozeßgerichts mit der Zustellung beauftragen. Das Gleiche gilt für Anwaltsprozesse in Ansehung der Zustellungen, durch welche eine Nothfrist gewahrt werden soll.)

167. Die mündliche Erklärung einer Partei genügt, um den Gerichtsvollzieher zur Vornahme der Zustellung, den Gerichtsschreiber zur Beauftragung eines Gerichtsvollziehers mit der Zustellung zu ermächtigen.

Ist eine Zustellung durch einen Gerichtsvollzieher bewirkt, so wird bis zum Beweise des Gegentheils angenommen, daß dieselbe im Auftrage der Partei erfolgt sei.

168. (Insoweit eine Zustellung unter Vermittelung des Gerichtsschreibers zulässig ist, hat dieser einen Gerichtsvollzieher mit der erforderlichen Zustellung zu beauftragen, sofern nicht die Partei erklärt hat, daß sie selbst einen Gerichtsvollzieher beauftragen wolle; in Anwaltsprozessen ist die Erklärung nur zu berücksichtigen, wenn sie in dem zuzustellenden Schriftsatz enthalten ist.)

169. Die Partei hat dem Gerichtsvollzieher und, wenn unter Be mittelung des Gerichtsschreibers zuzustellen ist, diesem neben der Urschrift des zuzustellenden Schriftstücks eine der Zahl der Personen, welchen zuzustellen ist, entsprechende Zahl von Abschriften zu übergeben.

(Die Zeit der Uebergabe ist auf der Urschrift und den Abschriften zu vermerken und der Partei auf Verlangen zu bescheinigen.)

170. Die Zustellung besteht, wenn eine Ausfertigung zugestellt werden soll, in deren Uebergabe, in den übrigen Fällen in der Uebergabe einer beglaubigten Abschrift des zuzustellenden Schriftstücks.

Die Beglaubigung geschieht durch den Gerichtsvollzieher, bei den auf Betreiben von Rechtsanwälten (oder in Anwaltsprozessen) zuzustellenden Schriftstücken durch den Anwalt.

171. Die Zustellungen, welche an eine Partei bewirkt werden sollen, erfolgen für die nicht prozeßfähigen Personen an die gesetzlichen Vertreter derselben.[1]

Bei Behörden, Gemeinden und Korporationen, sowie bei Vereinen, welche als solche klagen und verklagt werden können, genügt die Zustellung an die Vorsteher.

Bei mehreren gesetzlichen Vertretern, sowie bei mehreren Vorstehern genügt die Zustellung an einen derselben.

[1] Gilt nicht für den Beschuldigten, hinsichtlich dessen der Begriff der Prozeßfähigkeit überhaupt keine Anwendung leidet (Prot. 803), wohl aber für den Privat- und Nebenkläger. § 414 Abs. 3, § 436.

172. Die Zustellung für einen Unteroffizier[1] oder einen Gemeinen des aktiven[2] Heeres oder der aktiven Marine erfolgt an den Chef der zunächst vorgesetzten Kommandobehörde (Chef der Kompagnie, Eskadron, Batterie u. s. w.).

[1] Für Offiziere gelten die allgemeinen Vorschriften. S. jedoch § 48 Abs. 2, § 72.

[2] Vgl. Anm. 6 zu § 34 G.V.G.

173. (Die Zustellung erfolgt an den Generalbevollmächtigten, sowie in den durch den Betrieb eines Handelsgewerbes hervorgerufenen Rechtsstreitigkeiten an den Prokuristen mit gleicher Wirkung, wie an die Partei selbst.)

17 (Wohnt eine Partei weder am Orte des Prozeßgerichts

noch innerhalb des Amtsgerichtsbezirks, in welchem das Prozeßgericht seinen Sitz hat, so kann das Gericht, falls sie nicht einen in diesem Orte oder Bezirke wohnhaften Prozeßbevollmächtigten bestellt hat, auf Antrag anordnen, daß sie eine daselbst wohnhafte Person zum Empfange der für sie bestimmten Schriftstücke bevollmächtige. Diese Anordnung kann ohne vorgängige mündliche Verhandlung erfolgen. Eine Anfechtung des Beschlusses findet nicht statt.

Wohnt die Partei nicht im Deutschen Reiche, so ist sie auch ohne vorgängige Anordnung des Gerichts zur Benennung eines Zustellungsbevollmächtigten verpflichtet, falls sie nicht einen in dem durch den ersten Absatz bezeichneten Orte oder Bezirke wohnhaften Prozeßbevollmächtigten bestellt hat.)

175. (Der Zustellungsbevollmächtigte ist bei der nächsten gerichtlichen Verhandlung oder, wenn die Partei vorher dem Gegner einen Schriftsatz zustellen läßt, in diesem zu benennen. Geschieht dies nicht, so können alle späteren Zustellungen bis zur nachträglichen Benennung in der Art bewirkt werden, daß der Gerichtsvollzieher das zu übergebende Schriftstück unter der Adresse der Partei nach ihrem Wohnorte zur Post giebt. Die Zustellung wird mit der Aufgabe zur Post als bewirkt angesehen, selbst wenn die Sendung als unbestellbar zurückkommt.

Die Postsendungen sind mit der Bezeichnung „Einschreiben" zu versehen, wenn die Partei es verlangt und zur Zahlung der Mehrkosten sich bereit erklärt.)

176. (Zustellungen, welche in einem anhängigen Rechtsstreite geschehen sollen, müssen an den für die Instanz bestellten Prozeßbevollmächtigten erfolgen.[1])

[1] Vgl. für den Anwalt des Privatklägers eine entsprechende (jedoch „können") Bestimmung in § 418, des Nebenklägers in § 437.

177. (Ist der Aufenthalt eines Prozeßbevollmächtigten unbekannt, so hat das Prozeßgericht auf Antrag die Zustellung an den Zustellungsbevollmächtigten, in Ermangelung eines solchen an den Gegner selbst zu bewilligen.

Die Entscheidung über den Antrag kann ohne vorgängige mündliche Verhandlung erlassen werden. Eine Anfechtung der die Zustellung bewilligenden Entscheidung findet nicht statt.)

178. (Als zu der Instanz gehörig sind im Sinne des §. 176 auch diejenigen Prozeßhandlungen anzusehen, welche das Verfahren vor dem Instanzgerichte in Folge eines Einspruchs, einer Aufhebung des Urtheils des Instanzgerichts einer Wiederaufnahme des Verfahrens oder eines neuen Vorbringens in der Zwangsvollstreckungsinstanz zum Gegenstande haben. Das Verfahren vor dem Vollstreckungsgerichte ist als zur ersten Instanz gehörig anzusehen.)

179. (Die Zustellung eines Schriftsatzes, durch welche ein Rechtsmittel eingelegt wird, erfolgt an den Prozeßbevollmächtigten derjenigen Instanz, deren Entscheidung angefochten wird, in Ermangelung eines solchen an den Prozeßbevollmächtigten der ersten Instanz. Ist von dem Gegner bereits ein Prozeßbevollmächtigter für die höhere, zur Verhandlung und Entscheidung über das Rechtsmittel zuständige Instanz bestellt, so kann die Zustellung auch an diesen Prozeßbevollmächtigten erfolgen.

Ist ein Prozeßbevollmächtigter, welchem nach Maßgabe des Abs. 1 zugestellt werden kann, nicht vorhanden, so erfolgt die Zustellung an den von dem Gegner, wenngleich nur für die erste Instanz, bestellten Zustellungsbevollmächtigten, in Ermangelung eines solchen an den Gegner selbst, und zwar an diesen durch Aufgabe zur Post, wenn er einen Zustellungsbevollmächtigten zu bestellen hatte, die Bestellung aber unterlassen hat.

Ist der Aufenthalt des Prozeßbevollmächtigten, welchem zuzustellen ist, unbekannt, so finden die Vorschriften des § 177 entsprechende Anwendung.)

180. Die Zustellungen können an jedem Orte erfolgen, wo die Person, welcher zugestellt werden soll, angetroffen wird.

Hat die Person an diesem Orte eine Wohnung oder ein Geschäftslokal, so ist die außerhalb der Wohnung oder des Geschäftslokals an sie erfolgte Zustellung nur gültig, wenn die Annahme nicht verweigert ist.

181. Wird die Person, welcher zugestellt werden soll, in ihrer Wohnung nicht angetroffen, so kann die Zustellung in der Wohnung an einen zu der Familie gehörenden erwachsenen Hausgenossen oder an eine in der Familie dienende erwachsene Person erfolgen.

Wird eine solche Person nicht angetroffen, so kann die Zustellung an den in demselben Hause wohnenden Hauswirth oder

Vermiether erfolgen, wenn diese zur Annahme des Schriftstücks bereit sind.[1]

[1] S. hier und zu §§ 182, 183 C.P.O. den § 44 Satz 2.

182. Ist die Zustellung nach diesen Bestimmungen nicht ausführbar, so kann sie dadurch erfolgen, daß das zu übergebende Schriftstück auf der Gerichtsschreiberei des Amtsgerichts, in dessen Bezirke der Ort der Zustellung gelegen ist, oder an diesem Orte bei der Postanstalt oder dem Gemeindevorsteher oder dem Polizeivorsteher niedergelegt und die Niederlegung sowohl durch eine an der Thür der Wohnung zu befestigende schriftliche Anzeige, als auch, soweit thunlich, durch mündliche Mittheilung an zwei in der Nachbarschaft wohnende Personen bekannt gemacht wird.

183. Für Gewerbetreibende, welche ein besonderes Geschäftslokal haben, kann, wenn sie in dem Geschäftslokale nicht angetroffen werden, die Zustellung an einen darin anwesenden Gewerbegehülfen erfolgen.

Wird ein Rechtsanwalt, ein Notar oder ein Gerichtsvollzieher in seinem Geschäftslokale nicht angetroffen, so kann die Zustellung an einen darin anwesenden Gehülfen oder Schreiber erfolgen.

184. Wird der gesetzliche Vertreter oder der Vorsteher einer Behörde, einer Gemeinde, einer Korporation oder eines Vereins, welchem zugestellt werden soll, in dem Geschäftslokale während der gewöhnlichen Geschäftsstunden nicht angetroffen, oder ist er an der Annahme verhindert, so kann die Zustellung an einen anderen in dem Geschäftslokale anwesenden Beamten oder Bedienfteten bewirkt werden.

Wird der gesetzliche Vertreter oder der Vorsteher in seiner Wohnung nicht angetroffen, so finden die Bestimmungen der §§ 181, 182 nur Anwendung, wenn ein besonderes Geschäftslokal nicht vorhanden ist.

185. Die Zustellung an eine der in den §§ 181, 183 und im § 184 Abs. 1 bezeichneten Personen hat zu unterbleiben, wenn die Person an dem Rechtsstreit als Gegner der Partei, an welche die Zustellung erfolgen soll, betheiligt ist.

186. Wird die Annahme der Zustellung ohne gesetzlichen Grund verweigert, so ist das zu übergebende Schriftstück am Orte der Zustellung zurückzulassen.

187. Ergiebt sich aus den Erklärungen einer Partei, daß eine ihr unter Verletzung der Vorschriften der §§ 181—186 zugestellte Ladung in ihre Hände gelangt ist, so ist die Zustellung als mit dem Zeitpunkte bewirkt anzusehen, in welchem die Partei nach ihren Erklärungen die Ladung erhalten hat.

188. Zur Nachtzeit, sowie an Sonntagen und allgemeinen Feiertagen darf eine Zustellung, (sofern sie nicht durch Aufgabe zur Post bewirkt wird,) nur mit richterlicher[1] Erlaubniß erfolgen. Die Nachtzeit umfaßt in dem Zeitraume vom 1. April bis 30. September die Stunden von neun Uhr Abends bis vier Uhr Morgens und in dem Zeitraume vom 1. Oktober bis 31. März die Stunden von neun Uhr Abends bis sechs Uhr Morgens.

Die Erlaubniß wird von dem Vorsitzenden des Prozeßgerichts ertheilt; sie kann auch von dem Amtsrichter, in dessen Bezirke die Zustellung erfolgen soll, und in Angelegenheiten, welche durch einen beauftragten oder ersuchten Richter zu erledigen sind, von diesem ertheiligte werden.

Die Verfügung, durch welche die Erlaubniß ertheilt wird, ist bei der Zustellung abschriftlich mitzutheilen.

Eine Zustellung, bei welcher die Bestimmungen dieses Paragraphen nicht beobachtet sind, ist gültig, wenn die Annahme nicht verweigert ist.

[1] Bei von der Staatsanwaltschaft veranlaßten Zustellungen tritt an die Stelle des Richters der Staatsanwalt neben dem Amtsrichter des Bezirks.

189. (Ist bei einer Zustellung an den Vertreter mehrerer Betheiligter oder an einen von mehreren Vertretern die Uebergabe der Ausfertigung oder Abschrift eines Schriftstücks erforderlich, so genügt die Uebergabe nur einer Ausfertigung oder Abschrift.

Einem Zustellungsbevollmächtigten mehrerer Betheiligter sind so viele Ausfertigungen oder Abschriften zu übergeben, als Betheiligte vorhanden sind.)

190. Ueber die Zustellung ist eine Urkunde aufzunehmen.

Dieselbe ist auf die Urschrift des zuzustellenden Schriftstücks oder auf einen mit derselben zu verbindenden Bogen zu setzen.

Eine durch den Gerichtsvollzieher beglaubigte Abschrift der Zustellungsurkunde ist auf das bei der Zustellung zu übergebende Schriftstück oder auf einen mit demselben zu verbindenden Bogen zu setzen.

Die Zustellungsurkunde ist der Partei, für welche die Zustellung erfolgt, zu übermitteln.

191. Die Zustellungsurkunde muß enthalten:

1. Ort und Zeit der Zustellung;
2. die Bezeichnung der Person, für welche zugestellt werden soll;
3. die Bezeichnung der Person, an welche zugestellt werden soll;
4. die Bezeichnung der Person, welcher zugestellt ist; in den Fällen der §§ 181, 183, 184 die Angabe des Grundes, durch welchen die Zustellung an die bezeichnete Person gerechtfertigt wird; wenn nach § 182 verfahren ist, die Bemerkung, wie die darin enthaltenen Vorschriften befolgt sind;
5. im Falle der Verweigerung der Annahme die Erwähnung, daß die Annahme verweigert und das zu übergebende Schriftstück am Orte der Zustellung zurückgelassen ist;
6. die Bemerkung, daß eine Ausfertigung oder eine beglaubigte Abschrift des zuzustellenden Schriftstücks und daß eine beglaubigte Abschrift der Zustellungsurkunde übergeben ist;
7. die Unterschrift des die Zustellung vollziehenden Beamten.

[1] bezw. die Staatsanwaltschaft.

192. (Ist die Zustellung durch Aufgabe zur Post (§ 175) erfolgt, so muß die Zustellungsurkunde den Bestimmungen des vorstehenden[1] Paragraphen unter Nr. 2, 3, 7 entsprechen und außerdem ergeben, zu welcher Zeit, unter welcher Adresse und bei welcher Postanstalt die Aufgabe geschehen ist.)

193. Zustellungen können auch durch die Post erfolgen.

194. Wird durch die Post zugestellt, so hat der Gerichtsvollzieher einen durch sein Dienstsiegel verschlossenen, mit der Adresse der Person, an welche zugestellt werden soll, versehenen und mit einer Geschäftsnummer bezeichneten Briefumschlag, in welchem die zuzustellende Ausfertigung [1]oder die beglaubigte Abschrift des zuzustellenden Schriftstücks enthalten ist, der Post mit dem Ersuchen zu übergeben, die Zustellung einem Postboten des Bestimmungsorts aufzutragen.

Der Gerichtsvollzieher hat auf dem bei der Zustellung zu übergebenden Schriftstücke zu vermerken, für welche Person er dasselbe der Post übergiebt, und auf der Urschrift des zuzustellenden Schriftstücks oder auf einem mit derselben zu verbindenden Bogen zu bezeugen, daß die Uebergabe in der im Abs. 1 bezeichneten Art und für wen sie geschehen ist.

195. Die Zustellung durch den Postboten erfolgt in Gemäßheit der Bestimmungen der §§ 180—186.

Ueber die Zustellung ist von dem Postboten eine Urkunde aufzunehmen, welche den Bestimmungen des § 191 Nr. 1, 3—5, 7 entsprechen und außerdem die Uebergabe des seinem Verschlusse, seiner Adresse und seiner Geschäftsnummer nach bezeichneten Briefumschlags, sowie der Abschrift der Zustellungsurkunde bezeugen muß.

Die Urkunde ist von dem Postboten der Postanstalt und von dieser dem Gerichtsvollzieher zu überliefern, welcher mit derselben in Gemäßheit der Bestimmung des § 190 Abs. 4 zu verfahren hat.

196. Insoweit eine Zustellung unter Vermittelung des Gerichtsschreibers zulässig ist, kann derselbe unmittelbar die Post um Bewirkung der Zustellung ersuchen. In diesem Falle finden die Vorschriften der §§ 194, 195 auf den Gerichtsschreiber entsprechende Anwendung; die erforderliche Beglaubigung erfolgt durch den Gerichtsschreiber.

197. Ist eine Zustellung durch einen Gerichtsvollzieher bewirkt, obgleich sie durch die Post hätte erfolgen können, so hat die zur Erstattung der Prozeßkosten verurtheilte Partei die Mehrkosten nicht zu tragen.

198. (Sind die Parteien durch Anwälte vertreten, so kann die Zustellung von Anwalt zu Anwalt erfolgen.

Zum Nachweise der Zustellung genügt das mit Datum und Unterschrift versehene schriftliche Empfangsbekenntniß des Anwalts, welchem zugestellt worden ist. Der Anwalt, welcher zustellt, hat dem anderen Anwalt auf Verlangen eine Bescheinigung über die Zustellung zu ertheilen.)

199. Eine im Auslande[1] zu bewirkende Zustellung erfolgt mittels Ersuchens der zuständigen Behörde des fremden Staates oder des in diesem Staate residirenden Konsuls oder Gesandten des Reichs.[2]

[1] Vgl. Anm. 1 zu § 9.

[2] Für Preußen vgl. J.V. v. 20./5. 87 (J.M.Bl. 139) und dazu die nicht gedruckte J.V. v. 15./11. 89 I. 3728, ferner J.V. v. 1./5. 91 (J.M.Bl. 129), v. 20./2. 93 (J.M.Bl. 59), v. 22./4. 93 (J.M.Bl. 124).

200. Zustellungen an Deutsche, welche das Recht der Exterritorialität[1] genießen, erfolgen, wenn dieselben zur Mission des Reichs gehören, mittels Ersuchens des Reichskanzlers; wenn dieselben zur Mission eines Bundesstaates gehören, mittels Ersuchens des Ministers der auswärtigen Angelegenheiten dieses Bundesstaates.

Zustellungen an die Vorsteher der Reichskonsulate erfolgen mittels Ersuchens des Reichskanzlers.

[1] Vgl. Anm. zu § 11.

201. Zustellungen an Personen, welche zu einem im Auslande befindlichen oder zu einem mobilen Truppentheile oder zur Besatzung eines in Dienst gestellten Kriegsfahrzeuges gehören, können mittels Ersuchens der vorgesetzten Kommandobehörde erfolgen.

202. Die erforderlichen Ersuchungsschreiben werden von dem Vorsitzenden[1] des Prozeßgerichts erlassen.

Die Zustellung wird durch das schriftliche Zeugniß der ersuchten Behörden oder Beamten, daß die Zustellung erfolgt sei, nachgewiesen.

[1] bzw. dem Staatsanwalt.

203. Ist der Aufenthalt einer Partei unbekannt, so kann die Zustellung durch öffentliche Bekanntmachung erfolgen.[1]

Die öffentliche Zustellung ist auch dann zulässig, wenn bei einer im Auslande zu bewirkenden Zustellung die Befolgung der für diese bestehenden Vorschriften unausführbar ist oder keinen Erfolg verspricht.

Das Gleiche gilt, wenn die Zustellung aus dem Grunde nicht bewirkt werden kann, weil die Wohnung einer nach den §§ 18, 19 des Gerichtsverfassungsgesetzes der Gerichtsbarkeit nicht unterworfenen Person der Ort der Zustellung ist.

[1] Die §§ 203—206 gelten nicht für den Beschuldigten, für welchen § 40 St.P.O. besondere Vorschriften enthält, sondern nur für andere Betheiligte, z. B. Privatkläger, Bürgen des Beschuldigten u. s. w.

204. Die öffentliche Zustellung wird, nachdem sie auf ein Gesuch der Partei vom Prozeßgerichte bewilligt ist, durch den Gerichtsschreiber von Amtswegen besorgt. Die Entscheidung über das Gesuch kann ohne vorgängige mündliche Verhandlung erlassen werden.

Die öffentliche Zustellung erfolgt durch Anheftung der zuzustellenden Ausfertigung oder einer beglaubigten Abschrift des zuzustellenden Schriftstücks an die Gerichtstafel. Enthält das Schriftstück eine Ladung, so ist außerdem die zweimalige Einrückung eines Auszugs des Schriftstücks in dasjenige Blatt, welches für den Sitz des Prozeßgerichts zur Veröffentlichung der amtlichen Bekanntmachungen bestimmt ist, sowie die einmalige Einrückung des Auszugs in den Deutschen Reichsanzeiger erforderlich.

Das Prozeßgericht kann anordnen, daß der Auszug noch in andere Blätter und zu mehreren Malen eingerückt werde.

205. In dem Auszuge des Schriftstücks müssen das Prozeßgericht, die Parteien, der Gegenstand des Prozesses, der Antrag, der Zweck der Ladung und die Zeit, zu welcher der Geladene erscheinen soll, bezeichnet werden.

206. Das eine Ladung enthaltende Schriftstück gilt als an dem Tage zugestellt, an welchem seit der letzten Einrückung des Auszugs in die öffentlichen Blätter ein Monat verstrichen ist. Das Prozeßgericht kann bei Bewilligung der öffentlichen Zustellung den Ablauf einer längeren Frist für erforderlich erklären.

Enthält das Schriftstück keine Ladung, so ist dasselbe als zugestellt anzusehen, wenn seit der Anheftung des Schriftstücks an die Gerichtstafel zwei Wochen verstrichen sind.

Auf die Gültigkeit der Zustellung hat es keinen Einfluß, wenn das anzuheftende Schriftstück von dem Orte der Anheftung zu früh entfernt wird.

207. Wird auf ein Gesuch, welches die Zustellung eines demselben beigefügten Schriftstücks mittels Ersuchens anderer Behörden oder Beamten oder mittels öffentlicher Bekanntmachung betrifft, die Zustellung demnächst bewirkt, so treten, insoweit durch die Zustellung eine Frist gewahrt und der Lauf der Verjährung oder einer Frist unterbrochen wird, die Wirkungen der Zustellung bereits mit der Ueberreichung des Gesuchs ein.

(Wird ein Schriftsatz, dessen Zustellung unter Vermittelung des Gerichtsschreibers erfolgen soll, innerhalb einer Frist von zwei Wochen nach der Einreichung bei dem Gerichtsschreiber zugestellt, so tritt, sofern durch die Zustellung eine Nothfrist gewahrt wird, die Wirkung der Zustellung bereits mit der Einreichung ein.)

II. Zustellungen von Amtswegen.

208. Auf die von Amtswegen zu bewirkenden Zustellungen[1] finden die Vorschriften über die Zustellungen auf Betreiben der Parteien entsprechende Anwendung, soweit nicht aus den nachfolgenden Bestimmungen sich Abweichungen ergeben.

[1] Für Preußen vgl. J.V. v. 10./12. 99 (J.M.Bl. 728) v. 12./9. 00 (J.M.Bl. 564) u. v. 28./9. 00 (J.M.Bl. 585).

209. Für die Bewirkung der Zustellung hat der Gerichtsschreiber Sorge zu tragen.

210. Die Beglaubigung der bei der Zustellung zu übergebenden Abschrift geschieht durch den Gerichtsschreiber.

211. Der Gerichtsschreiber hat das zu übergebende Schriftstück in einem durch das Gerichtssiegel verschlossenen, mit der Adresse der Person, an welche zugestellt werden soll, versehenen und mit einer Geschäftsnummer bezeichneten Briefumschlag einem Gerichtsdiener oder der Post zur Zustellung auszuhändigen. Auf den Briefumschlag ist der Vermerk zu setzen: Vereinfachte Zustellung.

Die auf dem Briefumschlag angegebene Geschäftsnummer ist in den Akten zu vermerken.

Die Vorschrift des § 194 Abs. 2 findet keine Anwendung.

212. Die Beurkundung der Zustellung durch den Gerichtsdiener oder den Postboten erfolgt nach den Vorschriften des § 195 Abs. 2 mit der Maßgabe, daß eine Abschrift der Zustellungsurkunde nicht zu übergeben, der Tag der Zustellung jedoch auf dem Briefumschlage zu vermerken ist.

Die Zustellungsurkunde ist dem Gerichtsschreiber zu überliefern.

218. Ist die Zustellung durch Aufgabe zur Post (§ 175) erfolgt, so hat der Gerichtsschreiber in den Akten zu vermerken, zu welcher Zeit und unter welcher Adresse die Aufgabe geschehen ist. Der Aufnahme einer Zustellungsurkunde bedarf es nicht.

38. Die bei dem Strafverfahren betheiligten Personen, denen die Befugniß beigelegt ist, Zeugen und Sachverständige unmittelbar[1] zu laden, haben mit der Zustellung der Ladung den Gerichtsvollzieher zu beauftragen.

[1] §§ 193, 219, 364, 426, 437, 466, 467.

39. Für das die öffentliche Klage vorbereitende Verfahren, für die Voruntersuchung und für das Verfahren bei der Strafvollstreckung können durch Anordnung der Landesjustizverwaltung einfachere Formen für den Nachweis der Zustellung zugelassen werden.[1]

[1] Preußen: J.V. v. 16./7. 79 (J.M.Bl. 194), welche in Folge der neuen Bestimmungen der C.P.O. §§ 208—212 (Anm. zu § 37) nunmehr bezüglich der Vorschriften sub I. durch J.V. v. 10./12. 99 (J.M.Bl. 728) § 17 wieder aufgehoben ist.

40. Kann eine Zustellung an einen Beschuldigten,[1] welchem eine Ladung zur Hauptverhandlung[2] noch nicht zugestellt war, nicht in der vorgeschriebenen Weise im Deutschen Reich bewirkt werden, und erscheint die Befolgung der für Zustellungen im Auslande bestehenden Vorschriften[3] unausführbar oder voraussichtlich erfolglos, so gilt die Zustellung als erfolgt,[4] wenn der Inhalt des zuzustellenden Schriftstücks durch ein deutsches oder ausländisches Blatt bekannt gemacht worden ist und seit dem Erscheinen dieses Blattes zwei Wochen[5] verflossen sind. Die Auswahl des Blattes steht dem die Zustellung veranlassenden Beamten[6] zu.

War die Ladung zur Hauptverhandlung dem Angeklagten schon vorher zugestellt, so gilt eine weitere Zustellung[7] an denselben, wenn sie nicht in der vorgeschriebenen Weise im Deutschen Reich bewirkt werden kann, als erfolgt, sobald das zuzustellende Schriftstück zwei Wochen an der Gerichtstafel des Gerichts erster Instanz[8] angeheftet gewesen ist. Von Urtheilen und Beschlüssen wird nur der entscheidende Theil angeheftet.

[1] Vgl. Anm. 1 zu § 203 C.P.O. (Anm. zu § 37).

[2] § 215, nicht etwa auch § 199, § 214. [3] §§ 199 ff. C.P.O.

[4] Besondere Vorschriften s. in den §§ 320, 321, 473. — Abs. 2 dieses § gilt jedoch auch in diesen Fällen. Vgl. § 323, § 476.

[5] Vgl. § 43. [6] Staatsanwalt oder Richter (§ 36).

[7] Ohne Ausnahme. Daher auch eine Ladung zu einer etwaigen zweiten Hauptverhandlung.

[8] Sollte auch die Sache in höherer Instanz anhängig sein.

41. Zustellungen an die Staatsanwaltschaft erfolgen durch Vorlegung der Urschrift des zuzustellenden Schriftstücks. Wenn mit der Zustellung der Lauf einer Frist beginnt, so ist der Tag der Vorlegung von der Staatsanwaltschaft auf der Urschrift zu vermerken.

Fünfter Abschnitt.

Fristen und Wiedereinsetzung in den vorigen Stand.

Berechnung der Fristen.

42. Bei der Berechnung einer Frist, welche nach Tagen bestimmt ist, wird der Tag nicht mitgerechnet, auf welchen der Zeitpunkt oder das Ereigniß fällt, nach welchem der Anfang der Frist sich richten soll.[1]

[1] Vgl. den auch hier anwendbaren Abs. 2 des § 43. — Die Ferien sind einflußlos. §§ 201 ff. G.V.G.

43. Eine Frist, welche nach Wochen oder Monaten bestimmt ist, endigt mit Ablauf desjenigen Tages der letzten Woche oder des letzten Monats, welcher durch seine Benennung oder Zahl dem Tage entspricht, an welchem die Frist begonnen hat; fehlt dieser Tag in dem letzten Monate, so endigt die Frist mit Ablauf des letzten Tages dieses Monats.

Fällt das Ende einer Frist auf einen Sonntag oder allgemeinen Feiertag,[1] so endigt die Frist mit Ablauf des nächstfolgenden Werktages.

[1] Nach Landesrecht zu bestimmen. Vgl. E. IV. 240. XVII. 56. R. III. 366. Ueber den Begriff des allgemeinen Feiertags vgl. E. XXXI. 221. Hinsichtlich des Charfreitags vgl. preuß. G. v. 2./9. 99 (G.S. 161).

Wiedereinsetzung in den vorigen Stand.

1. Zulässigkeit.

44. Gegen die Versäumung[1] einer Frist[2] kann die Wiedereinsetzung in den vorigen Stand[3] beansprucht werden,[4] wenn der Antragsteller durch Naturereignisse oder andere unabwendbare Zufälle[5] an der Einhaltung der Frist verhindert worden ist. Als unabwendbarer Zufall ist es anzusehen, wenn der Antragsteller von einer Zustellung ohne sein Verschulden keine Kenntniß erlangt hat.[6]

[1] Maßgebend ist der Zeitpunkt des Eingangs in die Hände eines zur Empfangnahme zuständigen Beamten, nicht etwa in einen im Gerichtsgebäude befindlichen Briefkasten. E. X. 74. XXII. 124. R. VI. 85. Vgl. auch R. VI. 63. Auf die Einhaltung der Dienststunden und ob die Empfangnahme im Gerichtsgebäude geschieht, kommt es nicht an, wenn nicht durch besondere Dienstvorschriften die Befugniß zum Empfang insoweit eingeschränkt ist. E. XXXI. 4.

[2] W. i. d. v. St. gegen Versäumung von Terminen siehe in den §§ 234, 370, 431, 452.

[3] Spezialbestimmungen siehe noch in den §§ 356, 382, 431, 452, 455, 461.

[4] Von jedem Betheiligten, daher auch z. B. der Staatsanwaltschaft, dem Bürgen im Fall des § 122 Abs. 2. — § 338 Abs. 2 findet aber keine Anwendung. E. XXII. 31.

[5] Dahin gehören namentlich auch Unregelmäßigkeiten im Geschäftsbetriebe, überhaupt Verschulden einer Behörde, vgl. E. II. 271. R. I. 179, E. XXXI. 19; dagegen in der Regel nicht des Vertheidigers. E. X. 74. R. I. 689. VI. 85. VIII. 508.

[6] Mit Rücksicht auf §§ 181—184 C.P.O. (Anm. zu § 37), aber auch § 203 das. und § 40 St.P.O.

2. Verfahren.

45. Das Gesuche um Wiedereinsetzung in den vorigen Stand muß binnen einer Woche[1] nach Beseitigung des Hindernisses bei demjenigen Gerichte, bei welchem die Frist wahrzunehmen gewesen wäre, unter Angabe und Glaubhaftmachung[2] der Versäumungsgründe angebracht werden.[3]

Mit dem Gesuche ist zugleich die versäumte Handlung selbst nachzuholen.

[1] § 43. [2] Vgl. Anm. 3 zu § 26.

[3] Eine besondere Form ist an sich nicht vorgeschrieben, sie kann jedoch nach Abs. 2 erforderlich sein und ist dann insoweit auch für Zulassung der Wiedereinsetzung nothwendig.

46. Ueber das Gesuch entscheidet[1] dasjenige Gericht, welches bei rechtzeitig erfolgter Handlung zur Entscheidung in der Sache selbst berufen gewesen wäre.

Die dem Gesuche stattgebende Entscheidung unterliegt keiner Anfechtung.

Gegen die das Gesuch verwerfende Entscheidung findet sofortige Beschwerde[2] statt.[3]

[1] Durch Beschluß. Vgl. auch § 33.

[2] § 35³. — § 346 Abs. 3 gilt aber auch hier. Vgl. Anm. 1 zu § 28.

[3] Hinsichtlich der Kosten s. § 505 Abs. 3 und G.K.G. § 66 Nr. 1.

47. Durch das Gesuch um Wiedereinsetzung in den vorigen Stand wird die Vollstreckung einer gerichtlichen Entscheidung nicht gehemmt.

Das Gericht[1] kann jedoch einen Aufschub der Vollstreckung anordnen.

[1] des § 46. Für eine einstweilige Aussetzung in dringenden Fällen wird jedoch auch das Gericht des § 45 und die Staatsanwaltschaft für befugt zu erachten sein. Vgl. auch § 349 Abs. 2 im Falle des § 46 Abs. 3.

Sechster Abschnitt.

Zeugen.

1. Ladung.

48. Die Ladung[1] der Zeugen[2] geschieht[3] unter Hinweis auf die gesetzlichen Folgen des Ausbleibens.[4]

Die Ladung[5] einer dem aktiven[6] Heere oder der aktiven[6] Marine angehörenden Person des Soldatenstandes[7] als Zeugen erfolgt durch Ersuchen der Militärbehörde.[8]

[1] Regelmäßig schriftliche; mündliche und telegraphische ist jedoch nicht ausgeschlossen.

[2] Sind sie unmittelbare Staatsbeamte, so vgl. für Preußen auch J.V. v. 17./5. 83 (J.M.Bl. 155), v. 13./3. 84 (J.M.Bl. 54) u. 19./2. 95 (J.M.Bl. 56).

[3] § 36 und Anm. 1 das., direkte Ladung Seitens des Gerichts jedoch nicht unzulässig. — S. auch § 38.

[4] § 50. — Im Uebrigen ist der Inhalt der Ladung nicht vorgeschrieben.

[5] Die Vernehmung erfolgt durch das Civil- und nicht durch das Militärgericht auch im Fall auswärtiger Vernehmung.

[6] Anm. 6 zu § 34 G.V.G.

[7] G. v. 9./11. 67 (B.G.Bl. 131) §§ 6, 7, 15. — Militär-St.G.B. §§ 4—6 und Verzeichniß A. in der Beilage desselben. Militär-Beamte gehören nicht zum Soldatenstande.

[8] Die betreffenden Militär-Behörden sind bezeichnet R.C.Bl. 1880 Nr. 26, auch preuß. J.M.Bl. 1880 S. 157.

49. Der Reichskanzler, die Minister eines Bundesstaates, die Mitglieder der Senate der freien Hansestädte, die Vorstände der obersten Reichsbehörden[1] und die Vorstände der Ministerien sind an ihrem Amtssitze[2] oder, wenn sie sich außerhalb desselben aufhalten, an ihrem Aufenthaltsorte[2] zu vernehmen.

Die Mitglieder des Bundesraths sind während ihres Aufenthalts am Sitze des Bundesraths an diesem Sitze, und die Mitglieder einer deutschen gesetzgebenden Versammlung während der Sitzungsperiode[3] und ihres Aufenthalts am Orte der Versammlung an diesem Orte zu vernehmen.

Zu einer Abweichung von den vorstehenden Bestimmungen bedarf es:

in Betreff des Reichskanzlers der Genehmigung des Kaisers,

in Betreff der Minister und der Mitglieder des Bundesraths der Genehmigung des Landesherrn,

in Betreff der Mitglieder der Senate der freien Hansestädte der Genehmigung des Senats,

in Betreff der übrigen vorbezeichneten Beamten der Genehmigung ihres unmittelbaren Vorgesetzten, in Betreff der Mitglieder einer gesetzgebenden Versammlung der Genehmigung der letzteren.[4]

[1] Verzeichniß I. zur B. v. 23./11. 74 (R.G.Bl. 136), ferner: Reichsbank-Direktorium B. v. 19./12. 75 (R.G.Bl. 378), Reichspostamt B. v. 22./12. 75 (R.G.Bl. 379), A.E. v. 23./2. 80 (R.G.Bl. 25), Reichsjustizamt-Etat pro 1877/78 (R.G.Bl. 446), Reichsamt f. d. Verw. d. Reichseisenbahnen A.E. v. 27./5. 78 (R.G.Bl. 1879 S. 193), Reichsschatzamt A.E. v. 14./7. 79 (R.G.Bl. 196), Reichsgericht (G.V.G. §§ 125 ff.), Reichsamt des Innern A.E. v. 24./12. 79 (R.G.Bl. 321). Reichs-Marine-Amt A.E. v. 30./3. 89 (R.G.Bl. 47).

[2] d. i. Ort (Ortschaft) des Amtssitzes oder Aufenthaltsortes, nicht am Orte des betreffenden Gerichtssitzes, andererseits aber auch nicht in der Wohnung.

[3] Hier (anders in § 6 E.G.) nicht die Zeit der Vertagung umfassend. E. XXVI. 254.

[4] Nicht bloß im Fall der Versagung der Genehmigung ist Verlesung in der Hauptverhandlung statthaft. E. XXVI. 254. — Die Nachsuchung der Genehmigung liegt dem die Ladung Veranlassenden ob.

2. Folgen des Ausbleibens.

50. Ein ordnungsmäßig[1] geladener Zeuge, welcher nicht erscheint, ist in die durch das Ausbleiben verursachten Kosten, sowie zu einer Geldstrafe bis zu dreihundert Mark, und für den Fall, daß diese nicht beigetrieben werden kann, zur Strafe der Haft bis zu sechs Wochen[2] zu verurtheilen.[3] Auch ist die zwangsweise Vorführung des Zeugen zulässig.[4] Im Falle wiederholten Ausbleibens kann die Strafe noch einmal[5] erkannt werden.[6]

Die Verurtheilung in Strafe und Kosten unterbleibt, wenn das Ausbleiben des Zeugen genügend entschuldigt ist.[7] Erfolgt nachträglich genügende Entschuldigung, so werden die gegen den Zeugen getroffenen Anordnungen wieder aufgehoben.

Die Befugniß zu diesen Maßregeln steht auch dem

Untersuchungsrichter, dem Amtsrichter im Vorverfahren,[8] sowie dem beauftragten und ersuchten Richter[9] zu.

Die Festsetzung und die Vollstreckung der Strafe gegen eine dem aktiven Heere oder der aktiven Marine angehörende Militärperson[10] erfolgt auf Ersuchen durch das Militärgericht,[11] die Vorführung einer solchen Person durch Ersuchen der Militärbehörde.[12] [13]

[1] unter Beobachtung der §§ 48, 49, 71. — Die Berechtigung zur Verweigerung des Zeugnisses (§§ 51—54) schließt die Pflicht zum Erscheinen nicht aus. — Uebrigens gilt der § auch für unmittelbar geladene Zeugen. § 219.

[2] § 29 St.G.B. also nicht anwendbar.

[3] Durch Beschluß. Anhörung der Staatsanwaltschaft: § 33 Anfechtung: § 346. Vollstreckbarkeit: § 349.

[4] Fakultativ neben der Zwangsvorschrift Satz 1.

[5] Nur noch einmal, auch wenn die Maximalhöhe der Strafe nicht erreicht ist.

[6] Gebührenfrei. Vgl. G.K.G. § 47 Nr. 8, aber auch Abs. 3 das. für die Beschwerdeinstanz.

[7] Unwahre Entschuldigungsgründe: § 138 St.G.B.

[8] §§ 160, 163, 164, 183. — § 211 Abs. 2 fällt schon unter Abs. 1. Im Schöffengerichte nehmen die Schöffen Theil. § 30 G.V.G.

9. Der „beauftragte" Richter gehört dem mit der Sache befaßten, der „ersuchte" einem andern Gericht an.

[10] Nicht bloß Person des Soldatenstandes. Vgl. Anm. 7 zu § 34 G.V.G. und Anm. 7 zu § 48.

[11] Vgl. jetzt § 19 E.G. zur M.St.G.O.

[12] Anm. 8 zu § 48.

[13] S. auch § 69.

3. Verweigerung des Zeugnisses.

51. Zur Verweigerung des Zeugnisses[1] sind berechtigt:

1. der Verlobte[2] des Beschuldigten;[3]
2. der Ehegatte des Beschuldigten,[3] auch wenn die Ehe nicht mehr besteht;

3. diejenigen, welche mit dem Beschuldigten[3] in gerader Linie verwandt,[4] verschwägert[4] oder durch Adoption verbunden, oder in der Seitenlinie bis zum dritten Grade verwandt oder bis zum zweiten Grade verschwägert sind, auch wenn die Ehe, durch welche die Schwägerschaft begründet ist, nicht mehr besteht.

Die bezeichneten Personen[5] sind vor jeder Vernehmung über ihr Recht zur Verweigerung des Zeugnisses zu belehren.[7] Sie können den Verzicht auf dieses Recht auch während der Vernehmung widerrufen.[8][9]

[1] Beeidigung: § 57.

[2] Nur thatsächliches Verlöbniß, nicht auch gesetzliche Form desselben ist erforderlich. E. X. 117. R. VI. 54. Vgl. auch § 55. Die Befreiung hört mit Auflösung des Verlöbnisses auf. E. XXXI. 142.

[3] Auch des Mitbeschuldigten, selbst wenn dieser bereits rechtskräftig verurtheilt ist, E. I. 207. III. 161. XXVII. 270. R. I. 347. V. 239, vorausgesetzt, daß er derselben, nicht einer selbstständigen andern That beschuldigt ist. E. XVI. 154. Ueber den Begriff des „Beschuldigten" im Sinne dieses § vgl. E. XXVII. 270; XXXII. 72; a. A. XXVII 312.

[4] Für Verwandtschaft und Schwägerschaft sind nunmehr die Vorschriften des B.G.B., insbesondere §§ 1589, 1590 maßgebend. Art. 33 des E.G. zum B.G.B. — Schwägerschaft ist nicht das Verhältniß des einen Ehegatten zu den Adoptivkindern des andern. E. XXX. 75.

[5] Auch wenn sie nach § 56 nur unbeeidigt vernommen werden können. E. II. 228. R. II. 208.

[6] Fortsetzung einer unterbrochenen Vernehmung ist dieselbe Vernehmung. E. XII. 403. R. VII. 512.

[7] Durch das Protokoll zu beurkunden. § 273. Verletzung Revisionsgrund, selbst wenn im Vorverfahren Belehrung erfolgt ist. E. II. 192. R. II. 161, und auch gleichgültig, ob die Verwandtschaft ꝛc.

bekannt war. R. VII. 346. IX. 127. A.A. E. XVI. 214. XXXII. 157. — Vgl. auch § 157 Nr. 2 St.G.B.

[8] Auch die Verweigerung des Zeugnisses ist widerruflich. E. II. 53. — Ausdrücklicher Verzicht übrigens nicht erforderlich. E. III. 32.

[9] Vgl. auch § 251.

52. Zur Verweigerung des Zeugnisses sind ferner[1] berechtigt:

1. Geistliche in Ansehung desjenigen, was ihnen bei Ausübung der Seelsorge anvertraut[2] ist;
2. Vertheidiger[3] des Beschuldigten in Ansehung desjenigen, was ihnen in dieser ihrer Eigenschaft anvertraut[2] ist;
3. Rechtsanwälte[4] und Aerzte[5] in Ansehung desjenigen, was ihnen bei Ausübung ihres Berufs anvertraut[2] ist.[6]

Die unter Nr. 2, 3 bezeichneten Personen dürfen das Zeugniß nicht verweigern, wenn sie von der Verpflichtung zur Verschwiegenheit entbunden sind.[7]

[1] Belehrung hier nicht vorgeschrieben. R. III. 360. Auch sind hinsichtlich der Beeidigung besonderer Vorschriften, wie in § 57 für § 51, hier nicht gegeben.

[2] = mittheilen. Von wem, ist gleichgültig, nicht bloß vom Beschuldigten. S. auch Anm. 7.

[3] §§ 138, 144. [4] Nicht Notare. Prot. 807.

[5] Einschließlich der Wund- und Zahnärzte, nicht aber der Apotheker oder Hebeammen. Prot. 807.

[6] Vgl. § 300 St.G.B.

[7] Nur von dem, welcher die Mittheilung gemacht hat. S. Anm. 2.

53. Oeffentliche Beamte, auch wenn sie nicht mehr im Dienste sind, dürfen[1] über Umstände, auf welche sich ihre Pflicht zur Amtsverschwiegenheit bezieht,[2] als Zeugen nur mit Genehmigung ihrer vorgesetzten Dienstbehörde oder der ihnen zuletzt vorgesetzt gewesenen Dienstbehörde vernommen werden.[3] Für den Reichskanzler bedarf es der Genehmigung des Kaisers, für die Minister der Genehmigung des Landesherrn, für die Mitglieder der Senate der freien Hansestädte der Genehmigung des Senats.

Die Genehmigung darf nur versagt werden, wenn die Ablegung des Zeugnisses dem Wohle des Reichs oder eines Bundesstaates Nachtheil bereiten würde.[4]

[1] Vgl. für Preußen J.V. v. 24./5. 86 (J.M.Bl. 137). — Vgl. auch Anm. 2 zu § 48.

[2] Die Entscheidung hierüber steht der vorgesetzten Dienstbehörde zu. E. VII. 74. R. IX. 123.

[3] Im Uebrigen sind, z. B. hinsichtlich der Pflicht zum Erscheinen, der Beeidigung, besondere Bestimmungen nicht gegeben. Damit ist auch die Versicherung auf den Diensteid fortgefallen. Prot. 59 f., 819. S. jedoch E.G. § 3 Abs. 2, 3 und preuß. Forstdiebstahlsg. v. 15./4. 78 (G.S. 222) §§ 23 ff. Vgl. auch preuß. Feld- und Forstpolizeig. v. 1./4. 80 (G.S. 230) § 66.

[4] Ueber Berathung u. Abstimmung der richterlichen Personen ist Vernehmung überhaupt unstatthaft, daher auch Abs. 2 nicht anwendbar. E. XXVI. 202.

54. Jeder Zeuge kann die Auskunft auf solche Fragen verweigern, deren Beantwortung ihm selbst oder einem der im §. 51 Nr. 1—3 bezeichneten Angehörigen die Gefahr strafgerichtlicher Verfolgung[1] zuziehen würde.[2] [3]

[1] disziplinargerichtliche genügt nicht. Prot. 1130. Ebensowenig die Gefahr der Unehre oder eines Vermögensnachtheils, unbeschadet natürlich der richterlichen Verpflichtung, auf solche Umstände Rücksicht zu nehmen. Auch muß die „Verfolgung" noch möglich sein; verjährte Strafthaten genügen daher nicht. Vgl. auch § 56 Nr. 3.

[2] Vgl. § 157 Nr. 1 St.G.B.

[3] Anm. 1 zu § 52 gilt auch hier. E. X. 154. R. III. 350.

55. Die Thatsache, auf welche der Zeuge die Verweigerung des Zeugnisses in den Fällen der §§. 51, 52, 54 stützt, ist auf Verlangen glaubhaft zu machen.[1] Es genügt die eidliche[2] Versicherung des Zeugen.

[1] Anm. 3 zu § 26.

[2] nicht eidesstattliche. Die §§ 64, 66 gelten auch hier, nicht aber § 65.

4. Vernehmung und Beeidigung.

56.[1] Unbeeidigt sind zu vernehmen:

1. Personen, welche zur Zeit der Vernehmung das sechzehnte Lebensjahr noch nicht vollendet[2] oder wegen mangelnder Verstandesreife oder wegen Verstandesschwäche von dem Wesen und der Bedeutung des Eides keine genügende Vorstellung[3] haben;
2. Personen, welche nach den Bestimmungen der Strafgesetze unfähig sind, als Zeugen eidlich vernommen zu werden;[4]
3. Personen, welche hinsichtlich der den Gegenstand der Untersuchung bildenden That[5] als Theilnehmer,[6] Begünstiger oder Hehler[7] verdächtig oder bereits verurtheilt sind.[8][9]

[1] In den §§ 56, 57 sind die Gründe der Nichtbeeidigung erschöpfend aufgeführt. Aus ihnen in Verbindung mit § 60 folgt, daß jedes andere Zeugniß beeidigt werden muß, mag es auch ohne Beeidigung völlig glaubhaft (R. I. 350) oder mit Beeidigung unglaubwürdig sein, oder mögen die Prozeßbetheiligten auf die Beeidigung verzichten (R. I. 400). Vgl. jedoch § 65. Verletzung des § 56 Revisionsgrund, auch wenn sie auf entschuldigtem Irrthum beruht. E. XX. 163. Stellt sich erst nach erfolgter Beeidigung die Unzulässigkeit derselben bei der Vernehmung heraus, so kann der Verstoß dadurch gehoben werden, daß die Aussage ausdrücklich als uneidliche gewürdigt wird. E. XXVIII. 111. — Die Nichtbeeidigung ist ebenso

wie die Beeidigung durch das Protokoll festzustellen. §§ 273, 274. R. I. 681. Ein Gerichtsbeschluß ist nur erforderlich, wenn die Anordnung des Vorsitzenden beanstandet wird. E. XIX. 354; vgl. auch E. XXXII. 339. Begründung: vgl. E. IV. 324. XX. 60. R. III. 422.

[2] Mit Beginn des betr. Geburtstages tritt die Eidesfähigkeit ein. B.G.B. § 187 Abs. 2.

[3] Sonstige Geistesschwäche, insbesondere Gedächtnißschwäche, rechtfertigt die Nichtbeeidigung nicht. E. XX. 60.

[4] § 161 St.G.B. und für Verurtheilungen aus früherer Zeit (vor Einführung des St.G.B.) die damals geltenden Landesgesetze. Vgl. für Preußen A.E. vom 28./2. 72 (G.S. 259), auch E. IV. 335.

[5] Umfassend den ganzen Vorfall, entsprechend § 263, wenn auch nicht das gleiche Delikt in Frage steht; nicht aber etwa die bloß gleichzeitige nicht zur Aburtheilung stehende Strafthat des Verletzten. E. VII. 331. XI. 300. XII. 190. XVII. 101. XXXII. 31. R. I. 523. IV. 871. VI. 774. VII. 281. — Bei mehreren strafbaren Handlungen ist eine theils eidliche, theils uneidliche Vernehmung nicht ausgeschlossen. E. XI. 1. R. VI. 466. VII. 98.

[6] nicht bloß in dem engeren Sinn der §§ 47 ff. St.G.B.; es kommt auch eventuelle Alleinthäterschaft in Betracht — E. VIII. 299 R. V. 341. IV. 237 — und auch wenn die Betheiligung wegen eines Strafausschließungsgrundes straflos sein sollte. E. XXII. 99. Bei von beiden Seiten behaupteter Körperverletzung vgl. E. VII. 331. XVII. 116. R. IV. 871. IX. 234. 312.

[7] §§ 257 ff. St.G.B. Vgl. auch E. II. 217. R. II. 177. Begünstigung durch die Aussage selbst kommt nicht in Betracht. E. XI. 29. R. VI. 510.

[8] Sollte selbst schon Freisprechung erfolgt sein, E. VIII. 382; andererseits hindert selbst ein noch anhängiges Verfahren nicht, die Personen für unverdächtig zu erklären. E. XVI. 209.

[9] Vgl. noch § 51 Abs. 2 nebst Anm. 5 das. — Ein Mitangeklagter in demselben Verfahren ist überhaupt nicht — auch nicht uneidlicher — Zeuge. E. VI. 279. R. IV. 455.

57. Stehen Personen zu dem Beschuldigten[1] in einem Verhältnisse, welches sie nach §. 51 zur Verweigerung des Zeugnisses berechtigt, so hängt es von dem richterlichen Ermessen[2] ab, ob sie unbeeidigt zu vernehmen[3] oder zu beeidigen sind.

Dieselben können auch nach der Vernehmung die Beeidigung des Zeugnisses verweigern und sind über dieses Recht zu belehren.[4]

[1] Anm. 3 zu § 51.

[2] Zunächst des Vorsitzenden. Vgl. § 237. E. III. 46. R. II. 520. Begründung nicht erforderlich. R. I. 358, 631.

[3] Selbst wenn sie im Vorverfahren bereits eidlich vernommen sein sollten. R. I 358.

[4] Nichtbeachtung Revisionsgrund. E. IX. 384. R. VII. 357. Promissorischer Eid jedoch nicht durchaus unstatthaft. E. XV. 358. Vgl. auch § 251.

58. Jeder Zeuge ist einzeln und in Abwesenheit der später abzuhörenden Zeugen zu vernehmen.[1] [2]

Eine Gegenüberstellung mit anderen Zeugen oder mit dem Beschuldigten findet im Vorverfahren[3] nur dann statt, wenn sie ohne Nachtheil für die Sache nicht bis zur Hauptverhandlung ausgesetzt bleiben kann.

[1] Seine Anwesenheit läßt jedoch seine spätere Vernehmung nicht unstatthaft erscheinen. E. I. 366. II. 53. R. I. 603.

[2] Hinsichtlich der Anwesenheit anderer Prozeßbetheiligter vgl. §§ 167, 191, 192, 223, 409 und für die Hauptverhandlung §§ 225, 230—232, 246, 319 ff.

[3] d. i. vorbereitendes Verfahren und Voruntersuchung.

59. Vor der Leistung des Eides hat der Richter den Zeugen in angemessener Weise auf die Bedeutung des Eides hinzuweisen.[1]

[1] Nur instruktionell. E. VI. 267.

60. Jeder Zeuge ist[1] einzeln und vor seiner Vernehmung[2] zu beeidigen. Die Beeidigung kann jedoch aus besonderen Gründen,[3] namentlich wenn Bedenken gegen ihre Zulässigkeit obwalten, bis nach Abschluß der Vernehmung[4] ausgesetzt werden.

[1] Vgl. Anm. 1 zu § 56.

[2] Zur Vernehmung gehören auch die Fragen § 67, soweit sie nicht zunächst bloß informatorisch behufs Prüfung der Zulässigkeit der Vernehmung gestellt sind. E. III. 79. XXII. 54. R. II. 585. Ebenso stehen sonstige etwaige Erklärungen, in Folge deren auf die Vernehmung verzichtet wird, nicht unter dem Eideszwang. E. II. 267. R. II. 253.

[3] Ihre Verkündigung und Protokollirung ist nicht erforderlich. Ebensowenig besonderer Gerichtsbeschluß. Vgl. § 237. E. III. 370 XIX. 354.

[4] Schluß der Beweisaufnahme. E. II. 219.

61. Der vor der Vernehmung zu leistende Eid lautet:

daß Zeuge nach bestem Wissen die reine Wahrheit sagen, nichts verschweigen und nichts hinzusetzen werde;

der nach der Vernehmung zu leistende Eid lautet:

daß Zeuge nach bestem Wissen die reine Wahrheit gesagt, nichts verschwiegen und nichts hinzugesetzt habe.[1]

[1] Vgl. § 85.

62. Der Eid beginnt mit den Worten:

„Ich schwöre bei Gott dem Allmächtigen und Allwissenden"

und schließt mit den Worten:

„So wahr mir Gott helfe."[1]

[1] Confessionelle Zusätze heben die Gültigkeit des Eides nicht auf. E. X. 181. R. VI. 44.

63. Der Eid wird mittels Nachsprechens oder Ablesens[1] der die Eidesnorm enthaltenden Eidesformel geleistet.[2] Der Schwörende[3] soll[4] bei der Eidesleistung die rechte Hand erheben.

Stumme, welche schreiben können, leisten den Eid mittels Abschreibens und Unterschreibens der die Eidesnorm enthaltenden Eidesformel.

Stumme, welche nicht schreiben können,[5] leisten den Eid mit Hülfe eines Dolmetschers durch Zeichen.[6]

[1] Freies Hersagen steht gleich. E. XXII. 106.
[2] S. § 190 G.V.G. [3] Mann oder Frau.
[4] Nur instruktionell. Bericht d. Reichstags-Kommission 20.
[5] Vgl. hier auch § 56 Nr. 1. [6] S. auch § 71 Abs. 2.

64. Der Eidesleistung wird gleichgeachtet, wenn ein Mitglied einer Religionsgesellschaft, welcher das Gesetz[1] den Gebrauch gewisser Betheuerungsformeln an Stelle des Eides, gestattet, eine Erklärung unter der Betheuerungsformel dieser Religionsgesellschaft abgiebt.[2]

[1] Preußen: V. v. 11./3. 27 (G.S. 28) Mennoniten, K.O. v. 19./11. 36 (Jahrb. Bd. 49 S. 175) Philipponen.
[2] Vgl. auch § 155 Nr. 1 St.G.B.

65. Die Beeidigung der Zeugen erfolgt, vorbehaltlich der Bestimmungen des §. 222, in der Hauptverhandlung.[1]

Sie kann schon in der Voruntersuchung[2] erfolgen, wenn[3] voraussichtlich der Zeuge am Erscheinen in der Hauptverhandlung verhindert oder sein Erscheinen wegen großer Entfernung besonders erschwert sein wird, oder wenn die Beeidigung als Mittel zur Herbeiführung einer wahrheitsgemäßen Aussage erforderlich erscheint.

In dem vorbereitenden Verfahren[4] ist die Beeidigung nur zulässig, wenn[5] Gefahr im Verzuge obwaltet, oder wenn die Beeidigung als Mittel zur Herbeiführung einer wahrheitsgemäßen Aussage über eine Thatsache, von der die Erhebung der öffentlichen Klage abhängig ist, erforderlich erscheint.

Erfolgt die Beeidigung im Vorverfahren,[5] so ist der Grund in dem Protokoll anzugeben.

[1] S. jedoch § 328 Abs. 2. [2] §§ 176 ff.

[3] Die Entscheidung über die Voraussetzungen ist Sache des Richters, nicht der Staatsanwaltschaft. [4] §§ 156 ff.

[5] d. h. vorbereitendes Verfahren und Voruntersuchung.

66. Wird der Zeuge, nachdem er eidlich vernommen worden ist, in demselben Vorverfahren[1] oder in demselben Hauptverfahren[2] nochmals vernommen, so kann[3] der Richter statt der nochmaligen Beeidigung den Zeugen die Richtigkeit seiner Aussage unter Berufung auf den früher geleisteten Eid versichern[4] lassen.[5] [6]

[1] Anm. 5 zu § 65. — § 222 ist nicht mehr Vorverfahren. E. XII. 373. R. VII. 529.

[2] Nicht bloß Hauptverhandlung. R. I. 398. Also auch, wenn § 222 angewandt oder ein zweiter Hauptverhandlungstermin anberaumt ist. E. IV. 437. R. III. 490. „Dasselbe" Hauptverfahren umfaßt auch die in der Berufungsinstanz und die nach Aufhebung des ersten Urtheils nothwendig gewordene neue Hauptverhandlung. E. II. 284. R. VI. 29, nicht aber das Wiederaufnahmeverfahren, §§ 399 ff. E. XVIII. 417. [3] fakultativ.

[4] promissorisch oder assertorisch, gleichgültig, ob früher promissorisch oder assertorisch geschworen ist. E. VI. 145. — Vgl. auch die analog anwendbare Anm. 5 zu § 79.

[5] Bei einer wiederholten Vernehmung in demselben Termin und selbst bei einer Unterbrechung gemäß § 228 ist beim promissorischen Eide, falls die Vernehmung nicht bereits ausdrücklich für beendet erklärt war, auch diese Versicherung nicht nöthig. E. XIX. 27. R. I. 756. Anders beim assertorischen Eide. E. XIX. 84. R. I. 398. [6] S. auch § 155 Nr. 2 St.G.B.

67. Die Vernehmung beginnt damit, daß der Zeuge über Vornamen und Zunamen, Alter, Religionsbekenntniß, Stand oder Gewerbe und Wohnort befragt wird. Erforderlichenfalls sind dem Zeugen Fragen über solche Umstände, welche seine Glaubwürdigkeit in der vorliegenden Sache betreffen, insbesondere über seine Beziehungen zu dem Beschuldigten oder dem Verletzten, vorzulegen.[1]

[1] Die Frage nach Vorbestrafungen ist dem Ermessen des Richters überlassen. M. 51. Vgl. jedoch § 56 Nr. 2. Eine Nothwendigkeit der Frage liegt aber auch dort nicht vor. E. III. 100.

68. Der Zeuge ist zu veranlassen, dasjenige, was ihm von dem Gegenstande seiner Vernehmung bekannt ist, im Zusammenhange anzugeben.[1] Vor seiner Vernehmung ist dem Zeugen der Gegenstand der Untersuchung und die Person des Beschuldigten, sofern ein solcher vorhanden ist, zu bezeichnen.[2]

Zur Aufklärung und zur Vervollständigung der Aussage sowie zur Erforschung des Grundes,[3] auf welchem die Wissenschaft des Zeugen beruht, sind nöthigenfalls weitere Fragen zu stellen.[4]

[1] Benutzung von Notizen nicht unzulässig. E. XX. 105.

[2] Nur instruktionell. E. VI. 267.

[3] sog. Zeugen über Hörensagen nicht prinzipiell ausgeschlossen. E. II. 160. R. VIII. 502.

[4] Verhandlung mit der deutschen Sprache nicht Mächtigen, Tauben, Stummen: §§ 187 ff. G.V.G. — Protokollirung: §§ 186, 166, 273. — Vernehmungsweise: §§ 237—241.

5. Folgen der Zeugnißverweigerung.

69.[1] Wird das Zeugniß[2] oder die Eidesleistung ohne gesetzlichen Grund verweigert,[3] so ist der Zeuge in die durch die Weigerung verursachten Kosten sowie zu einer Geldstrafe bis zu dreihundert Mark und für den Fall, daß diese nicht beigetrieben werden kann, zur Strafe der Haft bis zu sechs Wochen[4] zu verurtheilen.[5]

Auch kann[6] zur Erzwingung des Zeugnisses[7] die Haft angeordnet werden,[5] jedoch nicht über die Zeit der Beendigung des Verfahrens in der Instanz, auch nicht über die Zeit von sechs Monaten, und bei Uebertretungen nicht über die Zeit von sechs Wochen hinaus.

Die Befugniß zu diesen Maßregeln steht auch dem Untersuchungsrichter, dem Amtsrichter im Vorverfahren, sowie dem beauftragten und ersuchten Richter[8] zu.[9]

Sind die Maßregeln erschöpft, so können sie in demselben oder in einem anderen Verfahren, welches dieselbe That[10] zum Gegenstande hat, nicht wiederholt werden.

Die Festsetzung und die Vollstreckung der Strafe gegen eine dem aktiven Heere oder der aktiven Marine angehörende Militärperson[11] erfolgt auf Ersuchen durch das Militärgericht.[12]

[1] Vgl. § 50.

[2] Die Duldung einer ärztlichen oder sonstigen Untersuchung des Körpers fällt nicht in das Gebiet des Zeugnisses. Vgl. aber § 103. E. XIV. 189. R. VIII. 454.

[3] Im Fall der Eidesweigerung kann auch die unbeeidigte Aussage verwerthet werden. E. XXV. 134. [4] Anm. 2 zu § 50.

[5] Anm. 3 zu § 50. — Die Verurtheilung zur Strafe des Abs. 1 darf nur einmal stattfinden, auch wenn die Maximalhöhe nicht erreicht ist. Anders bei dem Zwangsmittel des Abs. 2, welches von Neuem angewandt werden darf, bis die höchste Zeitdauer erschöpft ist.

[6] Anm. 4 zu § 50.

[7] hier zugleich die Beeidigung umfassend, wie sich aus Entw. § 61, Prot. 77, 828 ergiebt.

[9] Anm. 9 zu § 50. [9] Anm. 6 zu § 50.

[10] d. i. denselben Vorfall, wenn auch ein anderes Delikt oder eine andere Person in Frage steht. [11] Anm. 10 zu § 50.

[12] Vgl. jetzt § 19 E.G. zur M.St.G.O. — Die Vollstreckung erfolgt auch bei der Zwangshaft (Abs. 2) durch Ersuchen der Militärbehörde.

6. Gebühren.

70. Jeder von dem Richter oder der Staatsanwaltschaft geladene[1] Zeuge hat nach Maßgabe der Gebührenordnung[2] Anspruch auf Entschädigung aus der Staatskasse für Zeitversäumniß und, wenn sein Erscheinen eine Reise erforderlich macht, auf Erstattung der Kosten, welche durch die Reise und den Aufenthalt am Orte der Vernehmung verursacht werden.[3]

[1] Hinsichtlich der unmittelbar geladenen s. § 219.

[2] G.O. f. Z. u. S. v. 30./6. 78 (R.G.Bl. 173, neue Fassung R.G.Bl. 1898 S. 689).

[3] Vgl. auch § 166 G.V.G.

71. Die Landesherren und die Mitglieder der landesherrlichen Familien sowie die Mitglieder der Fürstlichen Familie Hohenzollern sind in ihrer Wohnung zu vernehmen. Das Gleiche gilt in Ansehung der Mitglieder des vormaligen Hannoverschen Königshauses, des vormaligen Kurhessischen und des vormaligen Herzoglich Nassauischen Fürstenhauses.[1]

Den Eid leisten dieselben mittels Unterschreibens der die Eidesnorm enthaltenden Eidesformel.

Zur Hauptverhandlung werden sie nicht geladen. Das Protokoll über ihre gerichtliche Vernehmung ist in der Hauptverhandlung zu verlesen.[2]

[1] Satz 2 des Abs. 1 ist zugefügt durch G. v. 17./5. 98 (R.G.Bl. 252).
[2] S. § 4 E.G. — Die Bestimmungen des § 71 sind daher für das jeweilige Geltungsgebiet der Hausverfassungen und Landesgesetze nur subsidiär.

Siebenter Abschnitt.

Sachverständige und Augenschein.

I. Sachverständige.

72. Auf Sachverständige finden die Vorschriften des sechsten Abschnitts über Zeugen entsprechende Anwendung,[1] insoweit nicht in den nachfolgenden Paragraphen abweichende Bestimmungen getroffen sind.

[1] § 58 findet keine Anwendung. E. II. 153.

1. Auswahl.

73. Die Auswahl der zuzuziehenden Sachverständigen und die Bestimmung ihrer Anzahl[1] erfolgt durch den Richter.[2]

Sind für gewisse Arten von Gutachten Sachverständige öffentlich bestellt, so sollen[3] andere Personen nur dann gewählt werden, wenn besondere Umstände es erfordern.[4]

[1] Vgl. jedoch § 87 — auch (abgesehen von §§ 87, 91) die Bestimmung ihrer Nothwendigkeit. E. III. 176.
[2] Vgl. jedoch §§ 193, 219 (426, 437, 466), 244.
[3] Instruktionell. E. V. 79. R. III. 658. Vgl. aber § 87. Vgl. auch preuß. J.V. v. 5./7. 82 (J.M.Bl. 199).
[4] Vgl. G., betr. Urheberrecht, v. 11./6. 70 (B.G.Bl. 339) § 31, G. v. 9./1. 76 (R.G.Bl. 4) § 16, G. v. 10./1. 76 (R.G.Bl. 8) § 9, G. v. 11./1. 76 (R.G.Bl. 11) § 14. — Instruktion der daselbst vorgesehenen Sachverständigenvereine: B.G.Bl. 1870 S. 621, R.C.Bl. 1876 S. 117, 1879 S. 490, preuß. J.M.Bl. 1879 S. 240.

2. Ablehnung.

74. Ein Sachverständiger kann aus denselben Gründen, welche zur Ablehnung eines Richters berechtigen,[1] ab=

gelehnt werden.[2] Ein Ablehnungsgrund kann jedoch nicht daraus entnommen werden, daß der Sachverständige als Zeuge vernommen worden ist.

Das Ablehnungsrecht steht der Staatsanwaltschaft, dem Privatkläger[3] und dem Beschuldigten zu. Die ernannten Sachverständigen sind den zur Ablehnung Berechtigten namhaft zu machen,[4] wenn nicht besondere Umstände entgegenstehen.

Der Ablehnungsgrund ist glaubhaft zu machen;[5] der Eid ist als Mittel der Glaubhaftmachung ausgeschlossen.

[1] §§ 22, 24.

[2] Eine Ausschließung kraft Gesetzes findet nicht statt; daher ohne Ablehnung keine Nichtigkeit. R. VII. 501; vgl. jedoch § 87.

[3] S. auch §§ 437, 466.

[4] Von Amtswegen. Prot. 84.

[5] Anm. 3 zu § 26.

3. Pflicht zur Erstattung von Gutachten.

75. Der zum Sachverständigen Ernannte hat der Ernennung Folge zu leisten, wenn er zur Erstattung von Gutachten der erforderten Art öffentlich bestellt ist, oder wenn er die Wissenschaft, die Kunst oder das Gewerbe, deren Kenntniß Voraussetzung der Begutachtung ist, öffentlich zum Erwerbe ausübt, oder wenn er zur Ausübung derselben öffentlich bestellt oder ermächtigt ist.[1]

Zur Erstattung des Gutachtens ist auch derjenige verpflichtet, welcher sich zu derselben vor Gericht bereit erklärt hat.

[1] Vgl. § 255 Abs. 2.

76. Dieselben Gründe, welche einen Zeugen berechtigen, das Zeugniß zu verweigern,[1] berechtigen einen Sachverständigen zur Verweigerung des Gutachtens.

Auch aus anderen Gründen kann ein Sachverständiger von der Verpflichtung zur Erstattung des Gutachtens entbunden werden.[2]

Die Vernehmung eines öffentlichen Beamten als Sachverständigen findet nicht statt, wenn die vorgesetzte Behörde des Beamten erklärt, daß die Vernehmung den dienstlichen Interessen Nachtheil bereiten würde.[3]

[1] §§ 51—54.

[2] Vgl. § 138 Abs. 2 St.G.B. hinsichtlich unwahrer Entschuldigungsgründe.

[3] Für Preußen vgl. J.B. v. 17./5. 83 (J.M.Bl. 155), v. 13./3. 84 (J.M.Bl. 64). — Im Falle des § 53 bedarf es der besonderen Genehmigung.

4. Folgen des Nichterscheinens oder der Weigerung.

77. Im Falle des Nichterscheinens oder der Weigerung eines zur Erstattung des Gutachtens verpflichteten Sachverständigen wird dieser zum Ersatze der Kosten und zu einer Geldstrafe bis zu dreihundert Mark[1] verurtheilt. Im Falle wiederholten Ungehorsams kann noch einmal eine Geldstrafe bis zu sechshundert Mark[1] erkannt werden.[2] [3]

Die Festsetzung und die Vollstreckung der Strafe gegen eine dem aktiven Heere oder der aktiven Marine angehörende Militärperson[4] erfolgt auf Ersuchen durch das Militärgericht.[5]

[1] Umwandlung in Freiheitsstrafe sowie Zwangshaft sind nicht gestattet. § 28 St.G.B. findet, weil eine Ordnungsstrafe in Frage steht, nicht Anwendung.

[2] Gebührenfrei: vgl. G.K.G. § 47 Nr. 8, aber auch Abs. 3 daselbst für die Beschwerdeinstanz.

[3] S. auch § 50 Abs. 2, 3, § 69 Abs. 3, 4 in Verbindung mit § 72.

[4] Anm. 10 zu § 50.

[5] Vgl. jetzt § 19 E.G. zur M.St.G.O.

5. Abgabe des Gutachtens und Beeidigung.

78. Der Richter hat, soweit ihm dies erforderlich erscheint, die Thätigkeit der Sachverständigen zu leiten.

79. Der Sachverständige hat[1] vor[2] Erstattung des Gutachtens[3] einen Eid dahin zu leisten:[4]

daß er das von ihm erforderte Gutachten unparteiisch und nach bestem Wissen und Gewissen erstatten werde.[5]

Ist der Sachverständige für die Erstattung von Gutachten der betreffenden Art im Allgemeinen beeidigt,[6] so genügt die Berufung[7] auf den geleisteten Eid.[8] [9] [10]

[1] §§ 56, 57 gelten aber auch hier. E. XXVII. 398.

[2] instruktionell. E. VIII. 359. R. V. 401.

[3] Nicht nothwendig vor seiner Erklärung über seine Personalien, auf welche der Eid sich überhaupt nicht bezieht. E. XII. 128. XX. 235. R. VII. 212.

[4] In der Hauptverhandlung § 65, § 72, s. auch § 328 Abs. 2.

[5] §§ 60, 62, 63, 64, 66 in Verbindung mit § 72.

[6] Für Preußen vgl. J.V. v. 5./2. 00 (J.M.Bl. 48).

[7] die eigene des Sachverständigen. Ein Hinweis des Richters genügt nicht. E. III. 100, 326. R. II. 624, V. 250.

[8] promissorisch oder assertorisch. E. I. 349.

[9] S. auch § 155 Nr. 2 St.G.B.

[10] Sagt er zugleich über Thatsachen aus, so hat er auch den Zeugeneid zu leisten — E. I. 402. R. I. 698 — soweit er seine thatsächlichen Wahrnehmungen nicht eben in seiner Eigenschaft als Sachverständiger gemacht hat. E. II. 153, 389. IV. 231. R. II. 293. Umgekehrt umfaßt zur Noth der Zeugeneid auch den Sachverständigeneid. E. III. 101. R. II. 624. VI. 154; a. A. E. in Civils. VI. 1. Unter Umständen, d. h. wenn zu den Amtspflichten auch die Erstattung von Gutachten gehört, wie bei dem früheren preuß. Kreisphysikus und Kreiswundarzt, jetzt seit dem G. v. 16./9

99 (GS. 172) dem Kreisarzt, genügt auch der Dienstleid. E. III. 321, VIII. 357, XXVIII. 41. Wird das Amt als öffentlich bestellter Sachverständiger niedergelegt, so verliert damit auch der allgemein geleistete Eid seine Bedeutung. E. XXIX. 300.

80. Dem Sachverständigen kann auf sein Verlangen zur Vorbereitung des Gutachtens durch Vernehmung von Zeugen oder des Beschuldigten weitere Aufklärung verschafft werden.

Zu demselben Zwecke kann ihm gestattet werden, die Akten einzusehen, der Vernehmung von Zeugen oder des Beschuldigten beizuwohnen und an dieselben unmittelbar Fragen zu stellen.

6. Gutachten über den Geisteszustand des Angeschuldigten.

81. Zur Vorbereitung eines Gutachtens über den Geisteszustand des Angeschuldigten[1] kann das Gericht[2] auf Antrag eines Sachverständigen[3] nach Anhörung des Vertheidigers anordnen, daß der Angeschuldigte in eine öffentliche Irrenanstalt gebracht und dort beobachtet werde.

Dem Angeschuldigten, welcher einen Vertheidiger nicht hat, ist ein solcher zu bestellen.

Gegen den Beschluß findet[4] sofortige Beschwerde[5] statt. Dieselbe hat aufschiebende Wirkung.

Die Verwahrung in der Anstalt darf die Dauer von sechs Wochen nicht übersteigen.[6]

[1] § 155, also nicht während des vorbereitenden Verfahrens.

[2] Daher in der Voruntersuchung die Strafkammer, nicht der Untersuchungsrichter. Vgl. auch § 33.

[3] Also nicht der Staatsanwaltschaft oder des Vertheidigers. Die Vorschriften über Beweisanträge finden keine Anwendung. E. XX. 378.

[4] Seitens der Staatsanwaltschaft, des Angeschuldigten und des Vertheidigers. § 339 findet keine Anwendung; wohl aber § 347. E. XX. 378. [5] § 353.

[6] in keinem Falle; ist die Dauer erreicht, so ist auch Wiederholung im Fall des § 83 ausgeschlossen. E. XXIII. 209.

82. Im Vorverfahren[1] hängt es von der Anordnung des Richters ab, ob die Sachverständigen ihr Gutachten schriftlich oder mündlich zu erstatten haben.

[1] vorbereitenden Verfahren und Voruntersuchung. Hinsichtlich des Hauptverfahrens vgl. §§ 222, 249, 250, 252, 255.

83. Der Richter kann eine neue Begutachtung durch dieselben oder durch andere Sachverständige anordnen, wenn er das Gutachten für ungenügend erachtet.

Der Richter kann die Begutachtung durch einen anderen Sachverständigen anordnen, wenn ein Sachverständiger nach Erstattung des Gutachtens mit Erfolg abgelehnt ist.

In wichtigeren Fällen kann das Gutachten einer Fachbehörde eingeholt werden.[1]

[1] Vgl. § 255. — Für Preußen vgl. hinsichtlich der Wissenschaftlichen Deputation f. d. Medizinalwesen J.V. v. 6./7. 87 (J.M.Bl. 187), v. 17./2. 91 (J.M.Bl. 51).

7. Gebühren.

84. Der Sachverständige[1] hat nach Maßgabe der Gebührenordnung[2] Anspruch auf Entschädigung für Zeitversäumniß, auf Erstattung der ihm verursachten Kosten und außerdem auf angemessene Vergütung für seine Mühewaltung.[3]

[1] Hinsichtlich des unmittelbar Geladenen s. § 219 Abs. 2. 3.

[2] G.O. f. Z. u. S. v. 30./6. 78 (R.G.Bl. 173, neue Fassung: R.G.Bl. 1898 S. 689).

[3] Vgl. auch § 166 G.V.G. in Verbindung mit § 13 G.O. f. Z. u. S.

85. Insoweit zum Beweise vergangener Thatsachen oder Zustände, zu deren Wahrnehmung eine besondere Sachkunde erforderlich war, sachkundige Personen zu vernehmen sind, kommen die Vorschriften über den Zeugenbeweis[1] zur Anwendung.

[1] Und zwar lediglich diese. Zu unterscheiden ist aber der Fall, wenn ein Sachverständiger außer seinem Gutachten zugleich eigene Wahrnehmungen bekundet. Für diesen Fall vgl. Anm. 9 zu § 79.

II. Richterlicher Augenschein.

86. Findet die Einnahme eines richterlichen[1] Augenscheins statt,[2] so ist im Protokolle[3] der vorgefundene Sachbestand festzustellen und darüber Auskunft zu geben, welche Spuren oder Merkmale, deren Vorhandensein nach der besonderen Beschaffenheit des Falles vermuthet werden konnte, gefehlt haben.[4]

[1] § 248, die Wahrnehmungen müssen aber vom Richter und Protokollführer gemacht sein, E. XVI. 147; nicht richterlichen: § 249

[2] Ob Augenschein einzunehmen, unterliegt, abgesehen von § 244, dem freien Ermessen des Gerichts in Gemäßheit des § 260. E. XIV. 276, modifizirt durch E. XXI. 225; vgl. auch E. XXXI. 137.

[3] §§ 186, 185, 166, nicht §§ 272 ff., welche letzteren jedoch für eine in der Hauptverhandlung stattfindende Augenscheinseinnahme gelten, und zwar auch dann, wenn das erkennende Gericht zu diesem Zweck das Gerichtslokal verläßt; in diesem Falle finden also die Vorschriften des § 86 nicht Anwendung. E. XXVI. 277.

[4] Anwesenheit der Parteien: §§ 167, 191, 193, 224, 223, 409, 425, 437, 466.

Leichenschau und Leichenöffnung.

87.[1] Die richterliche Leichenschau wird unter Zuziehung eines Arztes, die Leichenöffnung im Beisein des Richters von zwei Aerzten, unter welchen sich ein

Gerichtsarzt[2] befinden muß, vorgenommen.[3] Demjenigen Arzte, welcher den Verstorbenen in der dem Tode unmittelbar vorausgegangenen Krankheit behandelt hat, ist die Leichenöffnung nicht zu übertragen. Derselbe kann jedoch aufgefordert werden, der Leichenöffnung anzuwohnen, um aus der Krankheitsgeschichte Aufschlüsse zu geben.

Die Zuziehung eines Arztes kann bei der Leichenschau unterbleiben, wenn sie nach dem Ermessen des Richters entbehrlich ist.

Behufs der Besichtigung oder Oeffnung einer schon beerdigten Leiche ist ihre Ausgrabung statthaft.[4]

[1] Vgl. § 157.

[2] Für Preußen vgl. § 9 des G. v 16./9. 99 (G.S. 172).

[3] Für Preußen: Regulativ v. 13./2. 75 (J.M.Bl. 75).

[4] Zuständigkeit der Militärbehörden und Nothwendigkeit ihrer Zuziehung: §§ 154, 155 M.St.G.O. Auf Schiffen: § 102 der Seemannsordn. v. 27./12 72 (R.G.Bl. 409).

88. Vor der Leichenöffnung ist, wenn nicht besondere Hindernisse entgegenstehen, die Persönlichkeit des Verstorbenen, insbesondere durch Befragung von Personen, welche den Verstorbenen gekannt haben, festzustellen. Ist ein Beschuldigter[1] vorhanden, so ist ihm die Leiche zur Anerkennung vorzuzeigen.[2]

[1] Vgl. § 155 Anm. 1.

[2] wenn nicht besondere Hindernisse entgegenstehen. S. auch §§ 191, 167.

89. Die Leichenöffnung muß sich, soweit der Zustand der Leiche dies gestattet, stets auf die Oeffnung der Kopf-, Brust- und Bauchhöhle erstrecken.[1]

[1] Anm. [3] zu § 87.

90. Bei Oeffnung der Leiche eines neugeborenen Kindes ist die Untersuchung insbesondere auch darauf zu richten, ob dasselbe nach oder während der Geburt gelebt habe, und ob es reif oder wenigstens fähig gewesen sei, das Leben außerhalb des Mutterleibes fortzusetzen.

91. Liegt der Verdacht einer Vergiftung[1] vor, so ist die Untersuchung der in der Leiche oder sonst gefundenen verdächtigen Stoffe durch einen Chemiker oder durch eine für solche Untersuchungen bestehende Fachbehörde vorzunehmen.

Der Richter kann anordnen, daß diese Untersuchung unter Mitwirkung oder Leitung eines Arztes stattzufinden habe.

[1] Auch in den Fällen §§ 229, 230, 324 St.G.B. S. auch § 367 Nr. 3, 5 daselbst und § 73 St.P.O.

Gutachten bei Münzverbrechen.

92. Bei Münzverbrechen und Münzvergehen[1] sind die Münzen oder Papiere erforderlichenfalls derjenigen Behörde vorzulegen, von welcher echte Münzen oder Papiere dieser Art in Umlauf gesetzt werden.[2] Das Gutachten dieser Behörde ist über die Unechtheit oder Verfälschung sowie darüber einzuholen, in welcher Art die Fälschung muthmaßlich begangen worden sei.

Handelt es sich um ausländische Münzen oder Papiere, so kann an Stelle des Gutachtens der ausländischen Behörde dasjenige einer deutschen erfordert werden.

[1] §§ 146—152 St.G.B.

[2] Behandlung gefälschter Reichsmünzen: Bek. v. 9./5. 76 (R.C.Bl. 260, preuß. J.M.Bl. 114), Reichskassenscheine: B. v. 6./6. 76 (R.Anzeiger Nr. 234, preuß. J.M.Bl. 119), Reichsbanknoten: B. v. 20./8. 77 (preuß. J.M.Bl. 54). — Für Preußen vgl. ferner die J.B. v. 21./2. 44 (J.M.Bl. 51), v. 25./11. 46 (J.M.Bl. 208), v. 22./9. 55 (J.M.Bl. 310) v. 13./10. 55 (J.M.Bl. 338), v. 1./5. 61 (J.M.Bl. 92), v. 8./11. 65. (J.M.Bl. 262), v. 15./9. 68 (J.M.Bl. 305), v. 25./8. 79 (J.M.Bl. 251) Nr. 18, v. 11./4. 81 (J.M.Bl. 69), v. 29./4. 86 (J.M.Bl. 105).

Schriftvergleichung.

93. Zur Ermittelung der Echtheit oder Unechtheit eines Schriftstücks, sowie zur Ermittelung des Urhebers desselben kann eine Schriftvergleichung unter Zuziehung von Sachverständigen[1] vorgenommen werden.

[1] oder auch ohne. Vgl. M. 59.

Achter Abschnitt.

Beschlagnahme und Durchsuchung.

I. Beschlagnahme.

1. Gegenstände.

94. Gegenstände, welche als Beweismittel für die Untersuchung von Bedeutung sein können oder der Einziehung[1] unterliegen, sind in Verwahrung zu nehmen oder in anderer Weise sicher zu stellen.

Befinden sich die Gegenstände in dem Gewahrsam einer Person und werden dieselben nicht freiwillig herausgegeben, so bedarf es der Beschlagnahme.[2]

[1] Vgl. z. B. St.G.B. §§ 40—42, 152, 295, 360, 367, 369, G. v. 25./10. 67 (B.G.Bl. 35) § 18, G. v. 11./6. 70 (B.G.Bl. 339) §§ 21, 22, 25, 43, 45, G. v. 9./1. 76 (R.G.Bl. 4) § 16, G. v. 10./1. 76 (R.G.Bl. 8) § 9, G. v. 11./1. 76 (R.G.Bl. 11) § 14, G. v. 30./11. 74 (R.G.Bl. 143) § 17, G. v. 14./5. 79 (R.G.Bl. 145) § 15, G. v. 22./5. 81

(R.G.Bl. 97) § 3, G. v. 30./4. 84 (R.G.Bl. 48) § 2, G. v. 13./5. 84 (R.G.Bl. 49) § 3, G. v. 9./6. 84 (R.G.Bl. 61) § 11, G. v. 26./5. 85 (R.G.Bl. 165) § 3, G. v. 25./6. 87 (R.G.Bl. 273) § 6, G. v. 5./7. 87 (R.G.Bl. 277) § 13, G. v. 12./7. 87 (R.G.Bl. 375) § 5, G. v. 22./3. 88 (R.G.Bl. 111) § 7, G. v. 19./5. 91 (R.G.Bl. 109) § 9, G. v. 20./4. 92 (R.G.Bl. 597) § 9, G. v. 12./5. 94 (R.G.Bl. 448) § 17, G. v. 28./7. 95 (R.G.Bl. 425) § 3, G. v. 15./6. 97 (R.G.Bl. 475) § 19, G. v. 6./7. 98 (RGBl. 919) § 4, Ges. v. 13./7. 99 (R.G.Bl. 463) § 187, G. v. 3./6. 00 (R.G.Bl. 547) § 28. Vgl. ferner die Spezialbestimmungen in Anm. 2, endlich auch § 5 des E.G. zum St.G.B.

[2] d. i. die ausdrückliche in der Regel (§ 98) dem Richter zustehende Anordnung der amtlichen Verwahrung oder Sicherstellung obiger Gegenstände. Auch der Ausführungsakt wird in der St.P.O. als Beschlagnahme bezeichnet. Formvorschriften sind für diesen nicht gegeben. Unter Umständen genügt ein amtliches Verbot der Verfügung oder Veränderung. E. XVIII. 71. R. X. 443. — Beschlagnahme eines ganzen Vermögens oder Theile desselben: §§ 325, 326 333—335, 480. — Spezialvorschriften: Preßg. v. 7./5. 74 (R.G.Bl. 65) §§ 23 ff., Seemannsordn. v. 27./12. 72 (R.G.Bl. 409) § 103, V.Zollg. v. 1./7. 69 (B.G.Bl. 317) §§ 14, 157, 165 in Verb. mit preuß. G., betr. das Verwaltungsstrafverfahren &c., v. 26./7. 97 (G.S. 237) §§ 13 ff. nebst Ausführungsvorschriften v. 15./9. 97 (J.M.Bl. 249), sowie die im Anschluß hieran in Anm. 3 zu § 13 G.V.G. aufgeführten Gesetze. Die Rechte der Präventivpolizei sind durch die Bestimmungen dieses Abschnitts überhaupt nicht berührt. E. XIII. 44. XXI. 47. R. VII. 668.

2. Pflicht zur Herausgabe (Ausnahmen).

95. Wer einen Gegenstand der vorbezeichneten Art in seinem Gewahrsam hat, ist verpflichtet, denselben auf Erfordern vorzulegen und auszuliefern.

Er kann im Falle der Weigerung durch die im §. 69 bestimmten Zwangsmittel hierzu angehalten werden. Gegen Personen, welche zur Verweigerung des Zeugnisses berechtigt sind,[1] finden diese Zwangsmittel keine Anwendung.[2]

[1] §§ 51—54. Ebenso selbstverständlich nicht gegen den Beschuldigten.

[2] Der § spricht nur von dem positiven Thun der Herausgabe. Hinsichtlich der Duldung der Durchsuchung (§§ 102 ff.) und zwangsweisen Wegnahme sind die §§ 51—54 bezeichneten Personen nicht privilegirt.

96. Die Vorlegung oder Auslieferung von Akten oder anderen in amtlicher Verwahrung befindlichen Schriftstücken durch Behörden und öffentliche Beamte darf nicht gefordert werden, wenn[1] deren oberste Dienstbehörde erklärt, daß das Bekanntwerden des Inhalts dieser Akten oder Schriftstücke dem Wohle des Reichs oder eines Bundesstaates Nachtheil bereiten würde.[2]

[1] Also keine Berücksichtigung von Amtswegen, wie im § 53.

[2] S. auch § 169 G.V.G.

97. Schriftliche Mittheilungen zwischen dem Beschuldigten[1] und denjenigen Personen, die wegen ihres Verhältnisses zu ihm nach §§. 51, 52 zur Verweigerung des Zeugnisses berechtigt sind, unterliegen der Beschlagnahme nicht,[2] falls sie sich in den Händen der letzteren[3] Personen befinden und diese nicht einer Theilnahme, Begünstigung oder Hehlerei verdächtig sind.[4]

[1] hier im weitesten Sinne zu verstehen, auch wenn er noch nicht als solcher vernommen ist. Prot. 838. E. XX. 91.

[2] Benutzung gesetzwidrig beschlagnahmter Gegenstände — in irgend welcher Weise — begründet die Revision. E. XX. 91.

[3] d. h. zeugnißweigerungsberechtigten und zugleich an der Korrespondenz betheiligten. E. XXVIII. 285.

[4] Hinsichtlich der Korrespondenz mit dem Vertheidiger vgl. § 148.

3. Berechtigung zur Beschlagnahme.

98. Die Anordnung[1] von Beschlagnahmen steht dem Richter, bei Gefahr im Verzug[2] auch der Staatsanwaltschaft und denjenigen Polizei- und Sicherheitsbeamten zu, welche als Hülfsbeamte der Staatsanwaltschaft den Anordnungen derselben Folge zu leisten haben.[3]

Ist die Beschlagnahme ohne richterliche Anordnung erfolgt, so soll[4] der Beamte, welcher die Beschlagnahme angeordnet hat, binnen drei Tagen[5] die richterliche Bestätigung nachsuchen, wenn bei der Beschlagnahme weder der davon Betroffene noch ein erwachsener Angehöriger[6] anwesend war, oder wenn der Betroffene und im Falle seiner Abwesenheit ein erwachsener Angehöriger desselben gegen die Beschlagnahme ausdrücklichen Widerspruch erhoben hat. Der Betroffene kann jederzeit die richterliche Entscheidung nachsuchen. So lange die öffentliche Klage noch nicht erhoben ist,[7] erfolgt die Entscheidung durch den Amtsrichter, in dessen Bezirk die Beschlagnahme stattgefunden hat.

Ist nach erhobener öffentlicher Klage die Beschlagnahme durch die Staatsanwaltschaft oder einen Polizei- oder Sicherheitsbeamten erfolgt, so ist binnen drei Tagen[4] dem Richter von der Beschlagnahme Anzeige zu machen und sind demselben die in Beschlag genommenen Gegenstände zur Verfügung zu stellen.

Beschlagnahmen in militärischen Dienstgebäuden, zu welchen auch Kriegsfahrzeuge gehören, erfolgen durch Ersuchen der Militärbehörde,[8] und auf Verlangen der Civilbehörde (Richter, Staatsanwaltschaft) unter deren

Mitwirkung. Des Ersuchens der Militärbehörde bedarf es jedoch nicht, wenn die Beschlagnahme in Räumen vorzunehmen ist, welche in militärischen Dienstgebäuden ausschließlich von Civilpersonen[9] bewohnt werden.[10]

[1] Nicht auch die Ausführung.

[2] Ob dies der Fall, unterliegt lediglich der Prüfung der für diese Eilfälle berufenen Beamten. E. XXIII. 334.

[3] Anm. 3 zu § 153 G.V.G. In Preußen daher nicht den Gendarmen, soweit eine Beschlagnahme gemäß §§ 94 ff. in Frage steht. Vgl. aber Anm. 2 i. f. zu § 94, auch E. VIII. 288. XXI. 47. R. V. 194.

[4] Instruktionell. Im Fall der Nichtbefolgung hört die Beschlagnahme nicht auf.

[5] Vgl. § 42. Als Anfangspunkt ist die thatsächliche Ausführung der Beschlagnahme anzusehen.

[6] Im weitesten Sinne; § 52 Abs. 2 St.G.B. nicht anwendbar.

[7] § 168. [8] Anm. 8 zu § 48.

[9] Dazu gehören auch die Civilbeamten der Militärverwaltung. Mil.G. v. 2./5. 74 (R.G.Bl. 56) § 38 C.

[10] Spezialvorschriften: vgl. Anm. 2 zu § 94.

4. Beschlagnahme von Postsendungen und Telegrammen.

99. Zulässig ist die Beschlagnahme der an den Beschuldigten[1] gerichteten Briefe und Sendungen auf der Post sowie der an ihn gerichteten Telegramme auf den Telegraphenanstalten;[2] desgleichen ist zulässig an den bezeichneten Orten die Beschlagnahme solcher Briefe, Sendungen und Telegramme, in Betreff derer Thatsachen vorliegen, aus welchen zu schließen ist, daß sie von dem Beschuldigten herrühren oder für ihn bestimmt sind und daß ihr Inhalt für die Untersuchung Bedeutung habe.[3] [4]

[1] Anm. 1 zu § 97.

[2] die der in § 97 bezeichneten Personen nicht ausgeschlossen. Hinsichtlich des Vertheidigers s. § 148.

[3] Die Prüfung der Zulässigkeit ist Sache der ersuchenden (§ 100), nicht der Post- und Telegraphen-Behörde.

[4] Vgl. Postg. v. 28./10. 71 (R.G.Bl. 347) § 5, Telegrapheng. v. 6./4. 92. (R.G.Bl. 467) § 8. — St.G.B. §§ 354, 355.

100. Zu der Beschlagnahme (§. 99) ist nur der Richter bei Gefahr im Verzug und, wenn die Untersuchung nicht blos eine Uebertretung betrifft, auch die Staatsanwaltschaft[1] befugt. Die letztere muß jedoch den ihr ausgelieferten Gegenstand sofort, und zwar Briefe und andere Postsendungen uneröffnet, dem Richter vorlegen.

Die von der Staatsanwaltschaft verfügte Beschlagnahme tritt, auch wenn sie eine Auslieferung noch nicht zur Folge gehabt hat, außer Kraft, wenn sie nicht binnen drei Tagen[2] von dem Richter bestätigt wird.

Die Entscheidung über eine von der Staatsanwaltschaft verfügte Beschlagnahme sowie über die Eröffnung eines ausgelieferten Briefes oder einer anderen Postsendung erfolgt durch den zuständigen Richter (§. 98).

[1] Einschließlich des Amtsanwalts (§ 143 G.V.G.), nicht aber der im § 153 G.V.G. bezeichneten Personen.

[2] vom Eingange des Ersuchens. S. auch § 42.

101. Von den getroffenen Maßregeln (§§. 99, 100) sind die Betheiligten zu benachrichtigen, sobald dies ohne Gefährdung des Untersuchungszweckes geschehen kann.

Sendungen, deren Eröffnung nicht angeordnet worden, sind den Betheiligten sofort auszuantworten. Dasselbe gilt, soweit nach der Eröffnung die Zurückbehaltung nicht erforderlich ist.

Derjenige Theil eines zurückbehaltenen Briefes, dessen Vorenthaltung nicht durch die Rücksicht auf die Untersuchung geboten erscheint, ist dem Empfangsberechtigten abschriftlich mitzutheilen.[1]

[1] Die Entscheidung hierüber (Abs. 1—3) steht als zur Beschlagnahme selbst gehörig dem Richter zu.

II. **Durchsuchung.**

1. **Zulässigkeit.**

102. Bei demjenigen, welcher als Thäter oder Theilnehmer einer strafbaren Handlung oder als Begünstiger oder Hehler verdächtig ist, kann eine Durchsuchung der Wohnung[1] und anderer Räume, sowie seiner Person und der ihm gehörigen Sachen, sowohl zum Zwecke seiner Ergreifung, als auch dann vorgenommen werden, wenn zu vermuthen ist, daß die Durchsuchung zur Auffindung von Beweismitteln führen werde.

[1] Hinsichtlich dieser sog. Haussuchung vgl. die bes. Bestimmungen §§ 104, 105 Abs. 2.

103. Bei anderen Personen sind Durchsuchungen[1] nur behufs der Ergreifung des Beschuldigten oder behufs der Verfolgung[2] von Spuren einer strafbaren Handlung oder behufs der Beschlagnahme bestimmter Gegenstände und nur dann zulässig, wenn Thatsachen vorliegen, aus denen zu schließen ist, daß die gesuchte Person, Spur oder Sache sich in den zu durchsuchenden Räumen befinde.[3]

Diese Beschränkung findet keine Anwendung auf die Räume, in welchen der Beschuldigte ergriffen worden ist, oder welche er während der Verfolgung betreten hat, oder in welchen eine unter Polizeiaufsicht stehende[4] Person wohnt oder sich aufhält.

[1] Auch der Personen selbst. E. XIV. 189. R. VIII. 454, auch der zur Zeugnißweigerung Berechtigten. E. XIX. 364.

[2] auch zum Zweck der Vertheidigung. E. XIV. 189. R. VIII. 454.

[3] § 97 gilt auch hier, nicht die Beschränkung § 95 Abs. 2.

[4] §§ 38, 39 St.G.B.

2. Beschränkung hinsichtlich der Zeit.

104. Zur Nachtzeit dürfen die Wohnung, die Geschäftsräume und das befriedete Besitzthum[1] nur bei Verfolgung auf frischer That oder bei Gefahr im Verzug oder dann durchsucht werden, wenn es sich um die Wiederergreifung eines entwichenen Gefangenen handelt.

Diese Beschränkung findet keine Anwendung auf Wohnungen von Personen, welche unter Polizeiaufsicht stehen, sowie auf Räume, welche zur Nachtzeit Jedermann zugänglich oder welche der Polizei als Herbergen oder Versammlungsorte bestrafter Personen, als Niederlagen von Sachen, welche mittels strafbarer Handlungen erlangt sind, oder als Schlupfwinkel des Glückspiels oder gewerbsmäßiger Unzucht bekannt sind.

Die Nachtzeit umfaßt in dem Zeitraume vom ersten April bis dreißigsten September die Stunden von neun Uhr Abends bis vier Uhr Morgens und in dem Zeitraume vom ersten Oktober bis einunddreißigsten März die Stunden von neun Uhr Abends bis sechs Uhr Morgens.[2]

[1] Vgl. § 123 St.G.B. E. XIII. 312. R. VIII. 82.

[2] Der § betrifft nur die sog. Haussuchung. Anm. 1 zu § 102. Die landesrechtlichen Vorschriften (z. B. preuß. G. v. 12./2. 50) sind

für die Strafverfolgung — jedoch auch nur für diese — außer Anwendung gesetzt. Vgl. E. I. 331. II. 262. R. I. 502. II. 248.

3. Verfahren.

105. Die Anordnung[1] von Durchsuchungen steht dem Richter, bei Gefahr im Verzug auch der Staatsanwaltschaft und denjenigen Polizei- und Sicherheitsbeamten zu, welche als Hülfsbeamte der Staatsanwaltschaft den Anordnungen derselben Folge zu leisten haben.[2]

Wenn eine Durchsuchung der Wohnung, der Geschäftsräume oder des befriedeten Besitzthums ohne Beisein des Richters oder des Staatsanwalts[3] stattfindet, so sind, wenn dies möglich,[4] ein Gemeindebeamter oder zwei Mitglieder der Gemeinde, in deren Bezirk die Durchsuchung erfolgt, zuzuziehen. Die als Gemeindemitglieder zugezogenen Personen dürfen nicht Polizei- oder Sicherheitsbeamte sein.[5]

Die in den vorstehenden Absätzen angeordneten Beschränkungen der Durchsuchung finden keine Anwendung auf die im §. 104 Abs. 2 bezeichneten Wohnungen und Räume.[6]

Durchsuchungen in militärischen Dienstgebäuden erfolgen durch Ersuchen der Militärbehörde,[7] und auf Verlangen der Civilbehörde (Richter, Staatsanwaltschaft) unter deren Mitwirkung. Des Ersuchens der Militärbehörde bedarf es jedoch nicht, wenn die Durchsuchung von Räumen vorzunehmen ist, welche in militärischen Dienstgebäuden ausschließlich von Civilpersonen[8] bewohnt werden.

[1] Nicht Ausführung. Hinsichtlich dieser s. auch § 187.
[2] Anm. 3 zu § 98.
[3] Der Amtsanwalt steht nicht gleich. Prot. 171. Sitzung S. 17. Anders in Abs. 1.
[4] absolute Unmöglichkeit damit nicht erfordert. R. IV. 366.
[5] Abs. 2 betrifft nur die Haussuchung. Anm. 1 zu § 102.
[6] Vgl. E. III. 185. [7] Anm. 8 zu § 48.
[8] Anm. 9 zu § 98.

106. Der Inhaber der zu durchsuchenden Räume oder Gegenstände darf der Durchsuchung beiwohnen. Ist er abwesend, so ist, wenn dies möglich, sein Vertreter oder ein erwachsener Angehöriger, Hausgenosse oder Nachbar zuzuziehen.[1]

Dem Inhaber oder der in dessen Abwesenheit zugezogenen Person ist in den Fällen des §. 103 Abs. 1 der Zweck der Durchsuchung vor deren Beginn bekannt zu machen. Diese Vorschrift findet keine Anwendung auf die Inhaber der im §. 104 Abs. 2 bezeichneten Räume.

[1] Abs. 1 gilt im Gegensatz zu Abs. 2 auch für den Fall des § 102. Der Beschuldigte „als solcher" hat (ebenso wie Vertheidiger, Privatkläger, Nebenkläger) auf Anwesenheit keinen Anspruch.

107. Dem von der Durchsuchung Betroffenen ist nach deren Beendigung auf Verlangen eine schriftliche Mittheilung zu machen, welche den Grund der Durchsuchung (§§. 102, 103) sowie im Falle des §. 102 die strafbare Handlung bezeichnen muß. Auch ist demselben auf Verlangen ein Verzeichniß der in Verwahrung oder in Beschlag genommenen Gegenstände, falls aber nichts Verdächtiges gefunden wird, eine Bescheinigung hierüber zu geben.

108. Werden bei Gelegenheit einer Durchsuchung Gegenstände gefunden, welche zwar in keiner Beziehung zu der Untersuchung stehen, aber auf die erfolgte Verübung einer anderen strafbaren Handlung hindeuten, so sind dieselben einstweilen in Beschlag zu nehmen.[1] Der Staatsanwaltschaft ist hiervon Kenntniß zu geben.

[1] Modifikation von § 98 Abs. 1; Abs. 2 gilt jedoch auch hier.

109. Die in Verwahrung oder in Beschlag genommenen Gegenstände sind genau zu verzeichnen und zur Verhütung von Verwechselungen durch amtliche Siegel oder in sonst geeigneter Weise kenntlich zu machen.

4. Durchsicht der Papiere.

110. Eine Durchsicht der Papiere des von der Durchsuchung Betroffenen[1] steht nur dem Richter zu.[2]

Andere Beamte sind zur Durchsicht der aufgefundenen Papiere nur dann befugt, wenn der Inhaber derselben die Durchsicht genehmigt. Anderenfalls haben sie die Papiere, deren Durchsicht sie für geboten erachten, in einem Umschlage, welcher in Gegenwart des Inhabers mit dem Amtssiegel zu verschließen ist, an den Richter abzuliefern.

Dem Inhaber der Papiere oder dessen Vertreter ist die Beidrückung seines Siegels gestattet; auch ist er, falls demnächst die Entsiegelung und Durchsicht der Papiere angeordnet wird, wenn dies möglich, aufzufordern, derselben beizuwohnen.

Der Richter hat die zu einer strafbaren Handlung

in Beziehung stehenden Papiere der Staatsanwaltschaft mitzutheilen.

[1] Gleichgültig, ob dieser der Beschuldigte oder ein Dritter ist.

[2] Die Zuziehung eines Sachverständigen, z. B. eines Dolmetschers, ist selbstverständlich nicht ausgeschlossen.

5. Zurückgabe der Gegenstände.

111. Gegenstände, welche durch die strafbare Handlung dem Verletzten entzogen wurden,[1] sind, falls nicht Ansprüche Dritter entgegenstehen, nach Beendigung der Untersuchung und geeignetenfalls schon vorher von Amtswegen dem Verletzten zurückzugeben, ohne daß es eines Urtheils hierüber bedarf.[2]

Dem Betheiligten bleibt die Geltendmachung seiner Rechte im Civilverfahren vorbehalten.

[1] Wenn auch nur fortgesetzt durch Hehlerei des Beschuldigten E. XIX. 98. — Nicht aber auch diejenigen, welche mit diesen Gegenständen angeschafft sind. E. I. 144. R. I. 217.

[2] Vorausgesetzt, daß sie sich bei dem Beschuldigten befanden. Gegenüber Dritten hat der Strafrichter keine Bestimmung zu treffen. Ersteren Falls aber auch beim Widerspruch Dritter, die eventl. auf den Weg der einstweiligen Verfügung zu verweisen sind.

Neunter Abschnitt.

Verhaftung und vorläufige Festnahme.

Verhaftung ist Freiheitsentziehung auf Grund richterlicher Anordnung, vorläufige Festnahme Freiheitsentziehung ohne solche, beide zum Zwecke der Strafverfolgung. Von beiden ist zu scheiden, die polizeiliche Sistirung und Festnahme auf Grund der den Polizeibehörden beigelegten Exekutivgewalt. Vgl. E. I. 331. II. 263. III. 185. IV. 101. R. I. 162. II. 248. Soweit es sich um Zwecke der Strafverfolgung handelt, sind allein die Vorschriften dieses Abschnitts maßgebend. E. XXXII. 269.

I. Verhaftung.

1. Zulässigkeit.

112. Der Angeschuldigte[1] darf nur dann in Untersuchungshaft[2] genommen werden,[3] wenn dringende Verdachtsgründe gegen ihn vorhanden sind und entweder er der Flucht verdächtig ist oder Thatsachen vorliegen, aus denen zu schließen ist, daß er Spuren der That vernichten oder daß er Zeugen oder Mitschuldige zu einer falschen Aussage oder Zeugen dazu verleiten werde, sich der Zeugnißpflicht zu entziehen. Diese Thatsachen sind aktenkundig zu machen.[4]

Der Verdacht der Flucht bedarf keiner weiteren Begründung:[5]

1. wenn ein Verbrechen[6] den Gegenstand der Untersuchung bildet;
2. wenn der Angeschuldigte ein Heimathloser oder Landstreicher[7] oder nicht im Stande ist, sich über seine Person auszuweisen;
3. wenn der Angeschuldigte ein Ausländer[8] ist und gegründeter Zweifel besteht, daß er sich auf Ladung vor Gericht stellen und dem Urtheile Folge leisten werde.[9]

[1] § 156. Siehe aber auch § 125.

[2] ohne Zeitgrenze der Dauer. Vgl. auch § 205 u. § 126.

[3] Auf Antrag oder von Amtswegen. Vgl. auch § 33.

[4] Fernerer Verhaftungsgrund: § 229 Abs. 2, § 235.

[5] Jedoch ist auch in diesen Fällen die Verhaftung nicht geboten, vielmehr Sache der Prüfung nach den konkreten Umständen.

[6] § 1 Abs. 1 St.G.B.

[7] § 361 Nr. 3 St.G.B.

[8] Anm. 1 zu § 9.

[9] Vgl. noch E.G. § 4, § 6 Nr. 1.

118. Ist die That nur mit Haft oder mit Geldstrafe bedroht,[1] so darf die Untersuchungshaft nur[2] wegen Verdachts der Flucht und nur dann verhängt werden, wenn der Angeschuldigte zu den im §. 112

Nr. 2 oder 3 bezeichneten Personen gehört, oder wenn derselbe unter Polizeiaufsicht[3] steht, oder wenn es sich um eine Uebertretung handelt, wegen deren die Ueberweisung an die Landespolizeibehörde[4] erkannt werden kann.

[1] Eventuelle und Nebenstrafen bleiben dabei unbeachtet. Vgl. Schluß des §.

[2] Abgesehen von den hier nicht in Betracht gezogenen Fällen der §§ 229 Abs. 2, 235.

[3] § 38 St.G.B.

[4] § 362, § 361 Nr. 3–8 St.G.B.

2. Haftbefehl.

114. Die Verhaftung erfolgt auf Grund eines schriftlichen[1] Haftbefehls des Richters.[2]

In dem Haftbefehl ist der Angeschuldigte genau zu bezeichnen und die ihm zur Last gelegte strafbare Handlung sowie der Grund[3] der Verhaftung anzugeben.

Dem Angeschuldigten ist der Haftbefehl bei der Verhaftung und, wenn dies nicht thunlich ist, spätestens am Tage nach seiner Einlieferung in das Gefängniß, nach Vorschrift des §. 35 bekannt zu machen und zu eröffnen, daß ihm das Rechtsmittel der Beschwerde[4] zustehe.[5] [6]

[1] Bei Verhandlungen genügt die Registrirung zu Protokoll.

[2] Zuständigkeit: § 124. Siehe aber auch § 125.

[3] §§ 112, 113. Die Angabe der Verdachtsgründe ist nicht erforderlich.

[4] §§ 346, 347, 352.

[5] Auch bei Verhaftungen in der Hauptverhandlung zu beachten.

[6] Vollstreckung: § 36 und G.V.G. § 161.

3. Verhör des Verhafteten.

115. Der Verhaftete muß spätestens am Tage nach seiner Einlieferung[1] in das Gefängniß durch einen Richter über den Gegenstand der Beschuldigung gehört[2] werden.

[1] Ohne Rücksicht auf Sonn- oder Festtage.

[2] nicht förmlich vernommen.

4. Vollstreckung der Untersuchungshaft.

116. Der Verhaftete soll, soweit möglich, von Anderen gesondert und nicht in demselben Raume mit Strafgefangenen verwahrt werden. Mit seiner Zustimmung kann von dieser Vorschrift abgesehen werden.

Dem Verhafteten dürfen nur solche Beschränkungen auferlegt werden, welche zur Sicherung des Zweckes der Haft oder zur Aufrechthaltung der Ordnung im Gefängnisse nothwendig sind.[1]

Bequemlichkeiten und Beschäftigungen, die dem Stande und den Vermögensverhältnissen des Verhafteten entsprechen, darf er sich auf seine Kosten verschaffen, soweit sie mit dem Zwecke der Haft vereinbar sind und weder die Ordnung im Gefängnisse stören, noch die Sicherheit gefährden.

Fesseln dürfen im Gefängnisse dem Verhafteten nur dann angelegt werden, wenn es wegen besonderer Gefährlichkeit seiner Person, namentlich zur Sicherung Anderer erforderlich erscheint, oder wenn er einen Selbstentleibungs- oder Entweichungsversuch gemacht oder vorbereitet hat. Bei der Hauptverhandlung soll er ungefesselt sein.

Die nach Maßgabe vorstehender Bestimmungen erforderlichen Verfügungen hat der Richter[2] zu treffen. Die in dringenden Fällen von anderen Beamten getroffenen Anordnungen unterliegen der Genehmigung des Richters.[3]

[1] Verkehr mit dem Vertheidiger: § 148.

[2] derjenige, welcher über die Haft selbst zu entscheiden hat. §§ 124, 125.

[3] Für Preußen vgl. Gefängnißordnung für die Justizverwaltung v. 21./12. 98 (Anl. zum J.M.Bl. Nr. 47), insbes. §§ 36, 91—95.

5. Freilassung gegen Sicherheitsleistung.

117. Ein Angeschuldigter, dessen Verhaftung lediglich wegen des Verdachts der Flucht angeordnet ist, kann gegen Sicherheitsleistung mit der Untersuchungshaft verschont werden.[1]

[1] Der Haftbefehl bleibt an sich bestehen. Vgl. § 123.

118. Die Sicherheitsleistung ist durch Hinterlegung in baarem Gelde oder in Werthpapieren oder durch Pfandbestellung oder mittels Bürgschaft geeigneter Personen zu bewirken.

Die Höhe und die Art der zu leistenden Sicherheit wird von dem Richter[1] nach freiem Ermessen festgesetzt.

[1] §§ 124, 125.

119. Der Angeschuldigte, welcher seine Freilassung gegen Sicherheitsleistung beantragt, ist, wenn er nicht im Deutschen Reich wohnt, verpflichtet, eine im Bezirk des zuständigen Gerichts wohnhafte Person zur Empfangnahme von Zustellungen zu bevollmächtigen.[1]

[1] Die Zustellung an den Bevollmächtigten steht der Zustellung an den Angeschuldigten selbst gleich. Es gelten auch für ersteren die §§ 181—183 C.P.O. Vgl. dieselben in Anm. 1 zu § 37.

120. Der Sicherheitsleistung ungeachtet ist der Angeschuldigte zur Haft zu bringen, wenn er Anstalten zur Flucht trifft, wenn er auf ergangene Ladung ohne genügende Entschuldigung ausbleibt, oder wenn neu hervorgetretene Umstände seine Verhaftung erforderlich machen.[1]

[1] Und zwar durch den Richter unterer Instanz, wenn auch die Freilassung in höherer Instanz beschlossen war. M. 74.

121. Eine noch nicht verfallene[1] Sicherheit wird frei, wenn der Angeschuldigte zur Haft gebracht,[2] oder wenn der Haftbefehl aufgehoben worden ist, oder wenn der Antritt der erkannten Freiheitsstrafe erfolgt.

Diejenigen, welche für den Angeschuldigten Sicherheit geleistet haben, können ihre Befreiung dadurch herbeiführen, daß sie entweder binnen einer vom Gerichte zu bestimmenden Frist die Gestellung des Angeschuldigten bewirken,[3] oder von den Thatsachen, welche den Verdacht einer vom Angeschuldigten beabsichtigten Flucht begründen, rechtzeitig dergestalt Anzeige machen, daß die Verhaftung bewirkt werden kann.

[1] § 122. [2] d. h. in vorliegender Sache.

[3] In diesem Falle Einschränkung des § 122 Abs. 1. Vgl. M. 75.

122. Eine noch nicht frei gewordene Sicherheit verfällt der Staatskasse, wenn der Angeschuldigte sich der Untersuchung oder dem Antritt der erkannten Freiheitsstrafe entzieht.[1]

Vor der Entscheidung[2] sind der Angeschuldigte[3] sowie diejenigen, welche für den Angeschuldigten Sicherheit geleistet haben, zu einer Erklärung aufzufordern. Gegen die Entscheidung steht ihnen[4] nur die sofortige

Beschwerde[5] zu. Vor der Entscheidung über die Beschwerde ist den Betheiligten[6] und der Staatsanwaltschaft Gelegenheit zur mündlichen Begründung ihrer Anträge, sowie zur Erörterung über stattgehabte Ermittelungen zu geben.[7]

Die den Verfall aussprechende Entscheidung hat gegen diejenigen, welche für den Angeschuldigten Sicherheit geleistet haben,[8] die Wirkungen eines von dem Civilrichter erlassenen, für vorläufig vollstreckbar erklärten Endurtheils, und nach Ablauf der Beschwerdefrist die Wirkungen eines rechtskräftigen Civilendurtheils.[9]

[1] Anm. 3 zu § 121. Im Uebrigen wird selbst durch spätere Gestellung oder Freisprechung die einmal verfallene Sicherheit nicht wieder frei.

[2] Zuständigkeit: §§ 124, 125.

[3] Auch wenn die Sicherheit nicht von ihm bestellt ist; auch wenn er abwesend ist. Vgl. § 40.

[4] Auch der Staatsanwaltschaft. § 346. [5] § 353.

[6] § 329 dürfte auf die vorliegende Spezialbestimmung keine Anwendung leiden.

[7] Gebühren: § 78 Nr. 2c, § 45 G.K.G. Die angefochtene Entscheidung ergeht gebührenfrei.

[8] d. i. auch der Angeschuldigte selbst, wenn er die Sicherheit bestellt hat.

[9] §§ 704 ff. C.P.O.

6. Aufhebung des Haftbefehls.

128. Der Haftbefehl ist aufzuheben, wenn der in demselben angegebene Grund der Verhaftung weggefallen ist, oder wenn der Angeschuldigte freigesprochen oder außer Verfolgung gesetzt wird.[1]

Durch Einlegung eines Rechtsmittels darf die Freilassung des Angeschuldigten nicht verzögert werden.[2]

[1] oder nur wegen eines geringen Vergehens verurtheilt wird und damit die Voraussetzungen des Haftbefehls (§§ 112, 113) weggefallen sind. — Siehe auch § 126.

[2] Wohl aber kann die Berufungs-Instanz neuen Haftbefehl erlassen. Vgl. Anm. 1 zu § 124.

7. Zuständigkeit für die Entscheidungen.

124. Die auf die Untersuchungshaft, einschließlich der Sicherheitsleistung, bezüglichen Entscheidungen werden von dem zuständigen[1] Gericht[2] erlassen.[3]

In der Voruntersuchung ist der Untersuchungsrichter zur Erlassung des Haftbefehls und mit Zustimmung der Staatsanwaltschaft auch zur Aufhebung eines solchen sowie zur Freilassung des Angeschuldigten gegen Sicherheitsleistung befugt.[4] Versagt die Staatsanwaltschaft diese Zustimmung, so hat der Untersuchungsrichter, wenn er die beanstandete Maßregel anordnen will, unverzüglich, spätestens binnen vierundzwanzig Stunden, die Entscheidung des Gerichts nachzusuchen.

Die gleiche[5] Befugniß hat nach Eröffnung des Hauptverfahrens[6] in dringenden Fällen der Vorsitzende des erkennenden Gerichts.

[1] d. i. dem zur Zeit mit der Sache befaßten, auch dem Berufungs-, nicht aber (§ 392) dem Revisionsgericht. E. III. 421, R. III. 141. IX. 352. Vgl. §§ 197, 205 Abs. 2 und G.V.G. §§ 30, 82. — Vgl. aber auch § 21.

[2] d. h. von dem Kollegium, unbeschadet § 30 Abs. 2 G.V.G., und soweit nicht Abs. 2 und 3 und § 125 Ausnahmen zulassen.

[3] Anhörung der Staatsanwaltschaft: § 33. Anfechtung: §§ 346, 347, 352.

[4] Er kann aber auch die Strafkammer entscheiden lassen. M. 76.

[5] Wie der Untersuchungsrichter.

[6] § 201.

8. Haftbefehl vor Erhebung der öffentlichen Klage.

125. Auch vor Erhebung der öffentlichen Klage kann, wenn ein zur Erlassung eines Haftbefehls berechtigender Grund vorhanden ist,[1] vom Amtsrichter auf Antrag der Staatsanwaltschaft oder, bei Gefahr im Verzuge, von Amtswegen ein Haftbefehl erlassen werden.[2]

Zur Erlassung dieses Haftbefehls und der auf die Untersuchungshaft, einschließlich der Sicherheitsleistung, bezüglichen Entscheidungen ist jeder Amtsrichter befugt, in dessen Bezirk ein Gerichtsstand[3] für die Sache begründet ist oder der zu Verhaftende betroffen wird.

Die Bestimmungen der §§. 114—123 finden entsprechende Anwendung.

[1] §§ 112, 113. [2] Vgl. auch § 134. [3] §§ 7—13.

126. Der vor Erhebung der öffentlichen Klage erlassene Haftbefehl ist aufzuheben, wenn[1] die Staatsanwaltschaft es beantragt, oder wenn nicht binnen einer Woche[2] nach Vollstreckung[3] des Haftbefehls die öffentliche Klage erhoben und die Fortdauer der Haft von dem zuständigen Richter angeordnet, auch diese Anordnung zur Kenntniß des Amtsrichters gelangt ist.

Wenn zur Vorbereitung und Erhebung der öffentlichen Klage die Frist von einer Woche nicht genügt, so kann dieselbe auf Antrag der Staatsanwaltschaft vom Amtsrichter um eine Woche und, wenn es sich um ein Verbrechen oder Vergehen handelt, auf erneuten Antrag der Staatsanwaltschaft um fernere zwei Wochen verlängert werden.

[1] Außerdem auch gemäß § 123, und zwar selbst gegen den Antrag der Staatsanwaltschaft. § 126 Abs. 3. [2] § 43.

[9] d. i. der thatsächlichen Festnahme, im Fall vorausgegangener vorläufiger Festnahme dem Erlaß des Haftbefehls.

II. Vorläufige Festnahme.

1. Zulässigkeit.

127. Wird Jemand auf frischer That[1] betroffen oder verfolgt,[2] so ist, wenn er der Flucht verdächtig ist oder seine Persönlichkeit nicht sofort festgestellt werden kann, Jedermann befugt, ihn auch ohne richterlichen Befehl vorläufig festzunehmen.[3]

Die Staatsanwaltschaft und die Polizei- und Sicherheitsbeamten sind[4] auch dann zur vorläufigen Festnahme befugt, wenn die Voraussetzungen eines Haftbefehls[5] vorliegen und Gefahr im Verzug obwaltet.[6] [7]

Bei strafbaren Handlungen, deren Verfolgung nur auf Antrag eintritt, ist die vorläufige Festnahme von der Stellung eines solchen Antrags nicht abhängig.[8]

[1] d. h. nicht nur bei der Ausführung derselben, sondern auch bei unmittelbar sich anschließender Verfolgung. Prot. 174, 868, 869. Uebrigens kommt es auf die Beschaffenheit der That (§ 113) hier nicht an.

[2] Hinsichtlich des Begriffs des Verfolgens vgl. E. XXX. 386.

[3] auch ihm Sachen als Ueberführungsstücke rc. wegzunehmen. E. VIII. 288. R. V. 194.

[4] Nicht bloß sofern sie Hülfsbeamte der Staatsanwaltschaft sind.

[5] §§ 112, 113.

[6] Jede Festnahme zum Zweck der Strafverfolgung ist nur unter den Voraussetzungen des Abs. 1 oder 2 zulässig. E. XXXII. 269. Vgl. aber auch die Anm. zur Ueberschrift dieses Abschnitts.

[7] Nacheile: § 168 G.V.G. Steckbrief: § 131 Abs. 2.

[8] § 130 tritt erst bei Erlaß des Haftbefehls ein.

2. Verfahren.

128.[1] Der Festgenommene ist unverzüglich, sofern er nicht wieder in Freiheit gesetzt wird, dem Amtsrichter des Bezirks, in welchem die Festnahme erfolgt ist, vorzuführen.[2] Der Amtsrichter hat ihn spätestens am Tage nach der Vorführung[3] zu vernehmen.

Hält der Amtsrichter die Festnahme nicht für gerechtfertigt oder die Gründe derselben für beseitigt, so verordnet er die Freilassung. Anderenfalls erläßt er einen Haftbefehl, auf welchen die Bestimmungen des §. 126 Anwendung finden.

[1] Vgl. § 129.
[2] Vgl. dazu für Preußen M.B. v. 11. 7. 81 (J.M.Bl. 245).
[3] Anm. 1 zu § 115.

129. Ist gegen den Festgenommenen bereits die öffentliche Klage erhoben, so ist derselbe entweder sofort, oder auf Verfügung des Amtsrichters, welchem derselbe zunächst vorgeführt worden, dem zuständigen Gericht oder Untersuchungsrichter vorzuführen, und haben diese spätestens am Tage nach der Vorführung[1] über Freilassung oder Verhaftung des Festgenommenen zu entscheiden.

[1] Anm. 1 zu § 115.

130. Wird wegen Verdachts einer strafbaren Handlung, deren Verfolgung nur auf Antrag eintritt, ein Haftbefehl erlassen, bevor der Antrag gestellt ist, so ist der Antragsberechtigte, von mehreren wenigstens einer derselben, sofort von dem Erlaß des Haftbefehls in Kenntniß zu setzen. Auf den Haftbefehl finden die Bestimmungen des §. 126 gleichfalls Anwendung.

Steckbriefe.

131. Auf Grund eines Haftbefehls können von dem Richter sowie von der Staatsanwaltschaft[1] Steckbriefe erlassen werden, wenn der zu Verhaftende flüchtig ist oder sich verborgen hält.

Ohne vorgängigen Haftbefehl ist eine steckbriefliche Verfolgung nur dann statthaft, wenn ein Festgenommener aus dem Gefängnisse entweicht oder sonst sich der Bewachung entzieht. In diesem Falle sind auch die Polizeibehörden zur Erlassung des Steckbriefs befugt.

Der Steckbrief soll, soweit dies möglich, eine Beschreibung des zu Verhaftenden enthalten und die demselben zur Last gelegte strafbare Handlung[2] sowie das Gefängniß bezeichnen, in welches die Ablieferung zu erfolgen hat.[3]

[1] Je nachdem dem einen oder der andern die Vollstreckung des Haftbefehls obliegt. Vgl. § 36, auch § 489.

[2] Namentliche Bezeichnung derselben genügt. Verhaftungsgrund oder Verdachtsgründe sind nicht aufzunehmen.

[3] Vgl. auch betreffs der Benutzung der Strafregister zur Ermittlung steckbrieflich verfolgter Personen die V. des Bundesraths v. 16./6. 82 in der Fassung des Beschlusses v. 9./7. 96 (R.C.Bl. 426, J.M.Bl. 265) § 18a und dazu preuß. J.V. v. 7./9. 96 (J.M.Bl. 294), v. 13./4. 97 (J.M.Bl. 92), ferner über die Benutzung des Centralpolizeiblattes J.V. v. 30./11. 82 (J.M.Bl. 377), v. 12./4. 84 (J.M.Bl. 74), des Internationalen Kriminal-Polizeiblatts J.V. v. 10./2. 88 (J.M.Bl. 42), v. 16./6. 97 (J.M.Bl. 154) und des Deutschen Fahndungsblatts J.V. v. 21./3. 99 (J.M.Bl. 72).

Vorführung eines Ergriffenen.

132. Ist Jemand auf Grund eines Haftbefehls oder eines Steckbriefs ergriffen worden, und kann er nicht spätestens am Tage nach der Ergreifung[1] vor den zuständigen Richter gestellt werden, so ist er auf sein Verlangen sofort dem nächsten Amtsrichter vorzuführen.

Seine Vernehmung ist spätestens am Tage nach der Ergreifung[1] zu bewirken. Weist er bei der Vernehmung nach, daß er nicht die verfolgte Person, oder daß die Verfolgung durch die zuständige Behörde wieder aufgehoben sei, so hat der Amtsrichter seine Freilassung zu verfügen.

[1] Anm. 1 zu § 115.

Zehnter Abschnitt.

Vernehmung des Beschuldigten.

1. Ladung.

133. Der Beschuldigte[1] ist zur Vernehmung[2] schriftlich[3] zu laden.

Die Ladung kann unter der Androhung geschehen, daß im Falle des Ausbleibens seine Vorführung erfolgen werde.[4]

[1] § 155.

[2] Nothwendigkeit derselben in der Voruntersuchung § 190, nicht im Vorbereitungsverfahren, vgl. §§ 159, 160, 164.

[3] Nur erforderlich für den eventuellen Erlaß des Vorführungsbefehls, nicht für die Gültigkeit der Vernehmung.

[4] Entsprechende Vorschriften für die Hauptverhandlung: §§ 215, 229 Abs. 2, 231 Abs. 2.

2. Vorführung.

134. Die sofortige Vorführung des Beschuldigten kann verfügt werden, wenn Gründe vorliegen, welche die Erlassung eines Haftbefehls rechtfertigen würden.[1]

In dem Vorführungsbefehle ist der Beschuldigte genau zu bezeichnen und die ihm zur Last gelegte strafbare Handlung sowie der Grund der Vorführung anzugeben.

[1] §§ 112, 113. — Vgl. § 133 Abs. 2.

3. Vernehmung.

135. Der Vorgeführte ist sofort von dem Richter zu vernehmen. Ist dies nicht ausführbar, so kann er bis zu seiner Vernehmung, jedoch nicht über den nächstfolgenden Tag[1] hinaus, festgehalten werden.

[1] Anm. 1 zu § 115.

136. Bei Beginn der ersten Vernehmung[1] ist dem Beschuldigten zu eröffnen, welche strafbare Handlung ihm zur Last gelegt wird. Der Beschuldigte ist zu befragen, ob er etwas auf die Beschuldigung erwidern wolle.

Die Vernehmung soll dem Beschuldigten Gelegenheit zur Beseitigung der gegen ihn vorliegenden Verdachtsgründe und zur Geltendmachung der zu seinen Gunsten sprechenden Thatsachen geben.[2]

Bei der ersten Vernehmung des Beschuldigten ist zugleich auf die Ermittelung seiner persönlichen Verhältnisse[3] Bedacht zu nehmen.[4]

[1] Abwesenheit des Staatsanwalts und Vertheidigers: §§ 190 Abs. 2, 167. — Zuziehung des Gerichtsschreibers und Protokollirung: §§ 185, 186, 166.

[2] Sie soll also ein Mittel zur Vertheidigung, nicht zur Ueberführung sein. Vgl. aber § 253.

[3] Auch Militärverhältnisse. Für Preußen vgl. J.V. v. 28./7. 86 (J.M.Bl. 201). — Hinsichtlich der Ermittlung der Vorbestrafungen vgl. auch die § 275 Anm. 5 citirten V. u. J.V.

[4] Für den Fall der Weigerung vgl. § 112 Nr. 2.

Elfter Abschnitt.

Vertheidigung.

1. Zulässigkeit.

137. Der Beschuldigte[1] kann sich in jeder Lage[2] des Verfahrens des Beistandes[3] eines[4] Vertheidigers bedienen.[5]

Hat der Beschuldigte einen gesetzlichen Vertreter,[6] so kann auch dieser selbständig einen Vertheidiger wählen.[7]

[1] § 155 Anm. 1. [2] Einzige Ausnahme: § 190 Abs. 2, § 167.

[3] Der Vertheidiger ist Vertreter des Beschuldigten nur so weit, als das Gesetz dies ausdrücklich zuläßt. Daß für denselben in seiner Gegenwart ohne Widerspruch abgegebene Erklärungen für ihn gelten, versteht sich von selbst. Vgl. E. I. 198. R. I. 335. Der Vertheidiger ist aber auch nicht lediglich an den Willen des Beschuldigten gebunden; er kann z. B. selbst gegen seinen Widerspruch Beweisanträge stellen. E. XVII. 315. R. X. 368.

[4] Vgl. § 226, auch § 146. [5] Vgl. jedoch § 227 Abs. 2.

[6] Nach Civilrecht zu beurtheilen; vgl. B.G.B. §§ 1630, 1634, 1635, 1676—1680 (ehelicher Vater), 1684, 1685, 1696—1698 (eheliche Mutter), 1793, 1897 (Vormund), 1915 (Pfleger). Seine Zuziehung im Strafverfahren überhaupt nicht erforderlich. R. VII. 377. Uebrigens ist auch der gesetzliche Vertreter im Strafprozeß nicht Stellvertreter des Beschuldigten; er hat nur gewisse ihm ausdrücklich eingeräumte Befugnisse. Außer § 137 vgl. §§ 140, 149, 268, 340, 405.

[7] Vgl. auch § 328.

2. Befugniß zur Führung der Vertheidigung.

138. Zu Vertheidigern können die bei einem deutschen Gerichte zugelassenen Rechtsanwälte[1] sowie die Rechtslehrer an deutschen Hochschulen gewählt[2] werden.[3]

Andere Personen können nur mit Genehmigung des Gerichts und, wenn der Fall einer nothwendigen Vertheidigung[4] vorliegt und der Gewählte nicht zu den Personen gehört, welche zu Vertheidigern bestellt werden dürfen,[5] nur in Gemeinschaft mit einer solchen als Wahlvertheidiger[6] zugelassen werden.[7]

[1] Vgl. dazu § 26 R.A.O., aber auch § 100, ferner §§ 30, 31 das.

[2] Die freie Wahl erleidet eine Einschränkung, wenn der Gewählte als Zeuge vernommen werden muß. E. XXIV. 104, 296.

[3] Hinsichtlich der „bestellten" Vertheidiger vgl. § 144.

[4] § 140. [5] § 144.

[6] Anderweite Bevollmächtigte als die Vertheidiger erkennt die St.P.O. überhaupt nicht an. Auch für einzelne Akte, z. B. Einlegung von Rechtsmitteln, gelten daher dieselben Grundsätze. E. IX. 78.

[7] Eine besondere Form der Bevollmächtigung ist regelmäßig nicht vorgeschrieben, vgl. aber §§ 233, 390, 427, 451, 457. — Die Vollmacht gilt ohne Widerruf bis zur Beendigung des Verfahrens, vgl. § 339.

139. Der als Vertheidiger gewählte[1] Rechtsanwalt kann mit Zustimmung des Angeklagten[2] die Vertheidigung einem Rechtskundigen, welcher die erste Prüfung für den Justizdienst bestanden hat und in demselben seit mindestens zwei Jahren beschäftigt ist,[3] übertragen.[4]

[1] nicht auch der bestellte, § 144. Ersterer aber auch im Fall des § 140. — Vgl. auch § 427 Abs. 2.

[2] § 155.

[3] Im Uebrigen ist die Substitution an ausdrückliche Zustimmung des Angeklagten nicht gebunden. E. IX. 279. R. X. 591

[4] Genehmigung des Gerichts nicht erforderlich.

3. Nothwendige Vertheidigung.

140. Die Vertheidigung ist nothwendig[1] in den Sachen, welche vor dem Reichsgericht in erster Instanz[2] oder vor dem Schwurgerichte[3] zu verhandeln sind.[4]

In Sachen, welche vor dem Landgericht in erster Instanz[5] zu verhandeln sind, ist die Vertheidigung nothwendig:

1. wenn der Angeschuldigte taub oder stumm ist oder das sechzehnte Lebensjahr noch nicht vollendet hat;[6]
2. wenn ein Verbrechen[7] den Gegenstand der Untersuchung bildet und der Beschuldigte oder sein gesetzlicher Vertreter die Bestellung eines Vertheidigers beantragt.

Diese Bestimmung findet nicht Anwendung, wenn die strafbare Handlung nur deshalb als ein Verbrechen sich darstellt, weil sie im Rückfall[8] begangen ist.

In den Fällen des Abs. 1 und des Abs. 2 Nr. 1 ist dem Angeschuldigten, welcher einen Vertheidiger noch nicht gewählt hat, ein solcher von Amtswegen zu bestellen, sobald[9] die im §. 199[10] vorgeschriebene Aufforderung stattgefunden hat.[11] In dem Falle des Abs. 2 Nr. 2 ist der Antrag binnen einer Frist von drei Tagen nach der Aufforderung[12] zu stellen.[13]

[1] außer § 81. [2] § 136 Nr. 1 G.V.G. u. Anm. 6 das.

[3] § 80 G.V.G., § 6 E.G. z. G.V.G.

[4] Auch wenn die Sachen nur in Folge des Zusammenhangs (§§ 2—4) dorthin gelangen.

[5] §§ 73, 74 G.V.G., nicht im Fall der Ueberweisung gemäß § 75 G.V.G., wohl aber im Fall des § 369 Abs. 3. E. XXIX. 11.

[6] Entscheidend ist der Zeitpunkt des Abs. 3. R. VII. 467.

[7] § 1 Abs. 1 St.G.B., § 73 Nr. 2—7 G.V.G.

[8] §§ 244, 261, 264 St.G.B.

[9] Verspätung kein Revisionsgrund, falls sie nicht in der Hauptverhandlung gerügt und Aussetzung geweigert ist. E. VI. 441. R. V. 682. Eine erst bei Beginn der Hauptverhandlung erfolgte Bestellung, die eine vorherige Besprechung mit dem Angeklagten ausschließt, begründet die Revision. E. XX. 38.

[10] bezw. § 206 Abs. 2.

[11] Hinsichtlich des Endpunkts der Bestellung vgl. Anm. 1 zu § 143.

[12] Die Frist des § 199 muß daher in diesem Falle mindestens eine dreitägige sein. R. II. 406.

[13] Bei Versäumung der Frist gilt § 141.

141. In anderen als den im §. 140 bezeichneten Fällen kann das Gericht[1] und bei vorhandener Dringlichkeit der Vorsitzende desselben auf Antrag oder von Amtswegen einen Vertheidiger bestellen.

[1] Hinsichtlich der Auswahl siehe aber § 144.

142. Die Bestellung des Vertheidigers kann schon während des Vorverfahrens[1] erfolgen.

[1] Vorbereitendes Verfahren (vgl. § 144 Satz 2) und Voruntersuchung (vgl. § 141 und § 144 Satz 1).

143. Die Bestellung ist zurückzunehmen, wenn demnächst ein anderer Vertheidiger gewählt wird und dieser die Wahl annimmt.[1]

[1] Sonst gilt die Bestellung für das ganze fernere Verfahren einschließlich der Wiederaufnahme. §§ 399 ff. E. XXII. 97; vgl. aber auch E. XXIX. 278, wonach dies nur bis zu dem Beschluß der Wiederaufnahme (§§ 410 Abs. 2, 412) gelten soll.

144. Die Auswahl des zu bestellenden Vertheidigers erfolgt durch den Vorsitzenden des Gerichts[1] aus der Zahl der am Sitze dieses Gerichts wohnhaften Rechtsanwälte.[2] Für das vorbereitende Verfahren erfolgt die Bestellung durch den Amtsrichter.

Auch Justizbeamte, welche nicht als Richter angestellt sind, sowie solche Rechtskundige, welche die vorgeschriebene erste Prüfung für den Justizdienst bestanden haben, können als Vertheidiger bestellt werden.

[1] Für das Schwurgericht vgl. § 83 Abs. 3 G.V.G.

[2] modifizirt durch § 39 Abs. 2, 3 und § 100 Abs. 2 R.A.O.

4. Folgen des Ausbleibens des Vertheidigers.

145. Wenn in einem Falle, in welchem die Vertheidigung eine nothwendige[1] oder die Bestellung eines Vertheidigers in Gemäßheit des §. 141 erfolgt ist,[2] der Vertheidiger in der Hauptverhandlung ausbleibt, sich unzeitig[3] entfernt oder sich weigert, die Vertheidigung zu führen, so hat der Vorsitzende dem Angeklagten[4] sogleich einen anderen Vertheidiger zu bestellen. Das Gericht kann jedoch auch eine Aussetzung der Verhandlung beschließen.

Erklärt der neu bestellte[5] Vertheidiger, daß ihm die zur Vorbereitung der Vertheidigung erforderliche Zeit nicht verbleiben würde, so ist die Verhandlung zu unterbrechen oder auszusetzen.

Wird durch die Schuld des Vertheidigers eine Aussetzung erforderlich, so sind demselben, vorbehaltlich dienstlicher Ahndung, die hierdurch verursachten Kosten aufzuerlegen.[6]

[1] § 140. [2] Nur auf diese Fälle bezieht sich § 145. E. XXVIII. 413.

[3] Eine Entfernung während des im § 286, sowie des im § 314 Abs. 2 vorgesehenen Zeitpunkts ist eine unzeitige. E. II. 104. XVIII. 361. R. II. 64.

[4] Dessen Verzicht, abgesehen von den Fällen §§ 141, 140 Nr. 2, unwirksam. E. II. 104. R. II. 64. 764.

[5] Bei neuem Wahlvertheidiger gilt nur Abs. 1. E. XVI. 32. R. IX. 243.

[6] Beschwerde: §§ 346, 348. — Hinsichtlich der Kosten der Entscheidung vgl. § 78 Nr. 1 und § 47 Abs. 1 Nr. 5 und Abs. 2, 3 G.K.G.

146. Die Vertheidigung mehrerer Beschuldigter kann, insofern dies der Aufgabe der Vertheidigung nicht widerstreitet, durch einen gemeinschaftlichen Vertheidiger geführt werden.

5. Befugnisse des Vertheidigers.

147. Der Vertheidiger[1] ist nach dem Schlusse der Voruntersuchung[2] und, wenn eine solche nicht stattgefunden hat, nach Einreichung der Anklageschrift bei dem Gerichte[3] zur Einsicht der dem Gerichte vorliegenden Akten befugt.

Schon vor diesem Zeitpunkte ist ihm die Einsicht der gerichtlichen Untersuchungsakten insoweit zu gestatten, als dies ohne Gefährdung des Untersuchungszweckes geschehen kann.

Die Einsicht der Protokolle über die Vernehmung des Beschuldigten,[4] der Gutachten der Sachverständigen und der Protokolle über diejenigen gerichtlichen Handlungen, denen der Vertheidiger beizuwohnen befugt ist,[5] darf ihm keinenfalls verweigert werden.

Nach dem Ermessen des Vorsitzenden können die Akten, mit Ausnahme der Ueberführungsstücke, dem Vertheidiger in seine Wohnung verabfolgt werden.

[1] Nicht auch der Beschuldigte selbst, sein gesetzlicher Vertreter oder Beistand.

[2] § 195. [3] § 197. [4] §§ 136, 190.

[5] §§ 191, 167 Abs. 2.

148. Dem verhafteten Beschuldigten ist schriftlicher und mündlicher Verkehr mit dem Vertheidiger gestattet.

So lange das Hauptverfahren nicht eröffnet ist,[1] kann der Richter schriftliche Mittheilungen zurückweisen, falls deren Einsicht ihm nicht gestattet wird.[2]

Bis zu demselben Zeitpunkte kann der Richter, sofern die Verhaftung nicht lediglich wegen Verdachts der Flucht gerechtfertigt ist, anordnen, daß den Unterredungen mit dem Vertheidiger eine Gerichtsperson beiwohne.[3]

[1] § 201.

[2] Eine Beschlagnahme bezw. zwangsweise Einsicht ist danach nicht gestattet. Vgl. Anm. 2 zu § 97.

[8] Weitere Beschränkungen dürfen auch die Gefängnißordnungen nicht treffen. E. XXXI. 128. — Für Preußen vgl. Gefängnißordnung v. 21./12. 98 (Anl. z. J.M.Bl. Nr. 47) §§ 79, 80.

6. Beistandspersonen.

149. Der Ehemann einer Angeklagten ist in der Hauptverhandlung[1] als Beistand derselben zuzulassen und auf sein Verlangen zu hören.[2]

[3] Dasselbe gilt von dem gesetzlichen Vertreter[4] eines Angeklagten.

In dem Vorverfahren[5] unterliegt die Zulassung solcher Beistände dem richterlichen Ermessen.

[1] einschließlich §§ 222—224.

[2] sollte er auch zugleich Zeuge sein. E. XXII. 198.

[3] Fassung des E.G. zum B.G.B. v. 18./8. 96 (R.G.Bl. 604).

[4] Vgl. Anm. 6 zu § 137.

[5] Vorbereitendes Verfahren und Voruntersuchung. Vgl. auch § 400 Abs. 3.

7. Gebühren.

150. Dem zum Vertheidiger bestellten[1] Rechtsanwalte sind für die geführte Vertheidigung die Gebühren nach Maßgabe der Gebührenordnung[2] aus der Staatskasse zu bezahlen.[3]

Der Rückgriff an den in die Kosten verurtheilten Angeklagten bleibt vorbehalten.

[1] §§ 140 Abs. 3, 141.

[2] G.O. f. R.A. v. 7./7. 79 (R.G.Bl. 176), neue Fassung: R.G.Bl. 1898 S. 692) §§ 63 ff., 8, und dazu § 39 Abs. 2 R.A.O.

[3] Verwaltungssache; Beschwerden daher im Aufsichtswege zu erledigen.

Zweites Buch.
Verfahren in erster Instanz.

Erster Abschnitt.
Oeffentliche Klage.

151. Die Eröffnung einer gerichtlichen Untersuchung ist durch die Erhebung einer Klage[1] bedingt.

[1] Oeffentliche Klage § 152, Privatklage § 414. Erstere wird erhoben durch den Antrag auf Eröffnung der Voruntersuchung oder, falls diese nicht stattgefunden hat, durch Einreichung einer Anklageschrift zwecks Eröffnung des Hauptverfahrens (Erhebung der „Anklage") § 168.

152. Zur Erhebung der öffentlichen Klage ist die Staatsanwaltschaft berufen.

Dieselbe[1] ist, soweit nicht gesetzlich[2] ein Anderes bestimmt ist, verpflichtet, wegen aller gerichtlich strafbaren und verfolgbaren Handlungen einzuschreiten, sofern zureichende thatsächliche Anhaltspunkte vorliegen.

[1] d. h. die Staatsanwaltschaft als solche, gipfelnd in der obersten Aufsichtsbehörde. §§ 147, 148 G.V.G. Die letztere ist an Anweisungen an die unteren Organe nicht gehindert.

[2] Auch landesgesetzlich. Als derartige reichsgerichtliche Bestimmungen vgl. § 416, ferner St.G.B. § 4 Abs. 2, § 37, § 42, G. v. 27./5. 96 (R.G.Bl. 145) § 12.

153. Die Untersuchung und Entscheidung erstreckt sich nur auf die in der Klage bezeichnete That[1] und auf die durch die Klage beschuldigten Personen.[2]

Innerhalb dieser Grenzen sind die Gerichte zu einer selbständigen Thätigkeit berechtigt und verpflichtet;[3]

insbesondere sind sie bei Anwendung des Strafgesetzes an die gestellten Anträge nicht gebunden.

[1] Vgl. § 263, und namentlich Anm. 2 das.

[2] Konsequenz des § 151. Vgl. übrigens § 189 und § 265. — Die Bestimmung gilt trotz § 63 St.G.B. auch bei Antragsdelikten. E. XXIII. 202.

[3] Auch hinsichtlich der Benutzung oder Beschaffung des Beweismaterials (unbeschadet natürlich der §§ 36, 213) und zwar gleichmäßig zur Ent- als Belastung. E. VI. 135. XIII. 158.

154. Die öffentliche Klage kann nach Eröffnung der Untersuchung[1] nicht zurückgenommen werden.[2] [3]

[1] §§ 179, 201. — Die Zurücknahme ist also noch statthaft während des Verfahrens gemäß § 178 Abs. 2, §§ 199, 200.

[2] Ausnahme: § 451.

[3] Zurücknahme der Privat- und Nebenklage: §§ 431, 442, 444.

155. Im Sinne dieses Gesetzes ist:

Angeschuldigter der Beschuldigte[1], gegen welchen die öffentliche Klage erhoben ist,[2]

Angeklagter der Beschuldigte oder Angeschuldigte, gegen welchen die Eröffnung des Hauptverfahrens beschlossen ist.[3]

[1] „Beschuldigter“ kein technischer Begriff; im weitesten Sinne Jeder, gegen den ein strafrechtliches Einschreiten in Antrag gebracht ist.

[2] § 168.　　[3] § 201.

Zweiter Abschnitt.

Vorbereitung der öffentlichen Klage.

1. Anzeige strafbarer Handlungen. Strafantrag.

156. Anzeigen strafbarer Handlungen oder Anträge auf Strafverfolgung können bei der Staatsanwaltschaft, den Behörden und Beamten des Polizei- und Sicherheitsdienstes und den Amtsgerichten mündlich oder schriftlich angebracht werden. Die mündliche Anzeige ist zu beurkunden.

Bei strafbaren Handlungen, deren Verfolgung nur auf Antrag eintritt,[1] muß der Antrag bei einem[2] Gericht[3] oder der Staatsanwaltschaft[4] schriftlich[5] oder zu Protokoll, bei einer anderen Behörde schriftlich[5] angebracht werden.[6]

[1] Vgl. §§ 61 ff. St.G.B. — Für die Ermächtigungsdelikte gilt Abs. 2 nicht. E. XVIII. 382.

[2] Zuständigkeit nicht erforderlich, auch nicht hinsichtlich der Rechtzeitigkeit.

[3] Nicht bloß Amtsgericht, wie in Abs. 1.

[4] Nicht auch den Hülfsbeamten (§ 153 G.V.G.) derselben. E. III. 85. R. II. 556.

[5] Auch durch Telegramm. R. VI. 624.

[6] Bei Unterschrift unter einem Protokoll oder einer Registratur liegt auch Schriftform vor. E. II. 125, 253. R. II. 128, 133. — Schriftlicher Antrag ohne Unterschrift genügt nicht. E. III. 442. R. III. 172. Unterkreuzung genügt. R. III. 281. Eigenhändige Niederschrift der Schrift, auch der Unterschrift, jedoch nicht erforderlich. E. VI. 69. — Nur der Antrag selbst, nicht auch etwaige Bevollmächtigung zum Antrag, bedarf der Schriftform. E. III. 425. XIX. 7. R. II. 625.

157. Sind Anhaltspunkte dafür vorhanden, daß Jemand eines nicht natürlichen Todes gestorben ist, oder wird der Leichnam eines Unbekannten gefunden, so sind die Polizei- und Gemeindebehörden zur sofortigen Anzeige an die Staatsanwaltschaft oder an den Amtsrichter verpflichtet.[1]

Die Beerdigung darf nur auf Grund einer schriftlichen Genehmigung der Staatsanwaltschaft oder des Amtsrichters erfolgen.[2]

[1] Vgl. § 87. Die dort behandelte förmliche Leichenschau (noch

viel weniger natürlich die Leichenöffnung) ist jedoch nicht unter allen Umständen erforderlich. — Hinsichtlich der Zuständigkeit einer Militärbehörde vgl. M.St.G.O. § 155.

[2] Vgl. § 367 Nr. 1 St.G.B.

2. Vorbereitungsverfahren.

158. Sobald die Staatsanwaltschaft durch eine Anzeige oder auf anderem Wege von dem Verdacht einer strafbaren Handlung Kenntniß erhält, hat sie[1] behufs ihrer Entschließung darüber, ob die öffentliche Klage zu erheben sei, den Sachverhalt zu erforschen.

Die Staatsanwaltschaft hat nicht blos die zur Belastung, sondern auch die zur Entlastung dienenden Umstände zu ermitteln und für die Erhebung derjenigen Beweise Sorge zu tragen, deren Verlust zu besorgen steht.[2]

[1] Hinsichtlich der Zuständigkeit vgl. §§ 143, 144 G.V.G. in Verbindung mit §§ 27, 73, 74, 80, 136 das. u. §§ 7 ff. St.P.O. Bei Gefahr im Verzug: § 144 Abs. 2 G.V.G.

[2] Vgl. auch § 338 Abs. 2.

159. Zu dem im vorstehenden Paragraphen bezeichneten Zwecke[1] kann die Staatsanwaltschaft von allen öffentlichen Behörden Auskunft verlangen und Ermittelungen jeder Art, mit Ausschluß eidlicher Vernehmungen, entweder selbst vornehmen oder durch die Behörden und Beamten des Polizei- und Sicherheitsdienstes vornehmen lassen.[2] Die Behörden und Beamten des Polizei- und Sicherheitsdienstes sind verpflichtet, dem Ersuchen oder Auftrage[3] der Staatsanwaltschaft zu genügen.[4]

[1] Dagegen nicht, um das Ergebniß als Beweismittel benutzen zu lassen.

[2] Vgl. Anm. 2 zu § 161.

[3] Je nachdem sie zu den in § 153 G.V.G. Behandelten nicht gehören oder gehören.

[4] Befugnisse der Staatsanwaltschaft hinsichtlich Beschlagnahme: §§ 98, 100, Durchsuchungen: § 105, vorläufiger Festnahmen: § 127.

160. Erachtet die Staatsanwaltschaft[1] die Vornahme einer richterlichen Untersuchungshandlung für erforderlich, so stellt sie ihre Anträge bei dem Amtsrichter des Bezirks, in welchem diese Handlung vorzunehmen ist.[2]

Der Amtsrichter hat zu prüfen, ob die beantragte Handlung nach den Umständen des Falles gesetzlich zulässig ist.[3] [4]

[1] Einschließlich des Amtsanwalts. Vgl. jedoch § 143 Abs. 2 G.V.G. und für Preußen: Art. 33 Abs. 2 Geschäftsanw. f. Amtsanwälte v. 28./8. 79 (J.M.Bl. 260).

[2] Gleichwohl bleibt die Staatsanwaltschaft Trägerin und Leiterin des Verfahrens. Eine aus eigener Entschließung hervorgehende Thätigkeit des Amtsrichters siehe in den §§ 163, 164. Siehe aber auch § 165.

[3] Nicht auch, ob sie zweckmäßig oder nothwendig ist. Dies nur dann, wenn das Gesetz selbst die Maßregel nur unter diesen Voraussetzungen zuläßt. Vgl. §§ 57, 65, 98, 100, 105, 110, 125.

[4] Beschwerde: § 346.

161. Die Behörden und Beamten des Polizei- und Sicherheitsdienstes[1] haben strafbare Handlungen zu erforschen[2] und alle keinen Aufschub gestattenden Anordnungen zu treffen, um die Verdunkelung der Sache zu verhüten.[3]

Sie übersenden ihre Verhandlungen ohne Verzug der Staatsanwaltschaft. Erscheint die schleunige Vornahme richterlicher Untersuchungshandlungen erforderlich, so kann die Uebersendung unmittelbar an den Amtsrichter[4] erfolgen.

[1] Nicht beschränkt auf § 153 G.V.G.

[2] Eine Pflicht zur Vernehmlassung vor diesen Behörden ist damit nicht statuirt. E. IX. 433. R. V. 726. Für Preußen hat der Min. d. Innern im Einverständniß mit dem Just.-Min. den § 132 des G. v. 30./7. 83 (G.S. 195) für anwendbar erachtet. M.V. v. 21./5. 92 (M.Bl. für d. inn. Verw. 223).

[3] Daher nöthigenfalls auch Zeugen zwangsweise zu sistiren E. XIII. 426. R. VIII. 204. Spezialbefugnisse: §§ 98, 105, 127, 131, 162.

[4] Vgl. § 163.

162. Bei Amtshandlungen an Ort und Stelle ist der Beamte,[1] welcher dieselben leitet, befugt, Personen, welche seine amtliche Thätigkeit vorsätzlich stören oder sich den von ihm innerhalb seiner Zuständigkeit getroffenen Anordnungen widersetzen,[2] festnehmen und bis zur Beendigung seiner Amtsverrichtungen, jedoch nicht über den nächstfolgenden Tag hinaus, festhalten zu lassen.

[1] Nicht bloß der richterliche. Für diesen vgl. auch §§ 177—184, insbesondere § 182 G.V.G.

[2] Vgl. § 113 St.G.B.

163. Wenn Gefahr im Verzug obwaltet, hat der Amtsrichter die erforderlichen Untersuchungshandlungen von Amtswegen vorzunehmen.[1]

[1] Vgl. § 165.

164. Wird der Beschuldigte von dem Amtsrichter vernommen[1] und beantragt er bei dieser Vernehmung zu seiner Entlastung einzelne Beweiserhebungen, so hat der Amtsrichter dieselben, soweit er sie für erheblich erachtet, vorzunehmen, wenn der Verlust der Beweise zu besorgen steht oder die Beweiserhebung die Freilassung des Beschuldigten begründen kann.

Der Richter kann, wenn die Beweiserhebung in einem anderen Amtsbezirke vorzunehmen ist, den Amtsrichter des letzteren um Vornahme derselben ersuchen.[2]

[1] §§ 160, 136, aber auch §§ 125 Abs. 3, 128.

[2] §§ 157 ff. G.V.G.

165. In den Fällen der §§. 163, 164 gebührt der Staatsanwaltschaft die weitere Verfügung.

166. Die Beurkundung der von dem Amtsrichter vorzunehmenden Untersuchungshandlungen und die Zuziehung eines Gerichtsschreibers erfolgt nach den für die Voruntersuchung geltenden Vorschriften.[1]

[1] §§ 185, 186.

3. Parteiöffentlichkeit.

167. Für die Theilnahme der Staatsanwaltschaft an den richterlichen[1] Verhandlungen kommen die für die Voruntersuchung geltenden Vorschriften zur Anwendung.[2]

Das Gleiche gilt hinsichtlich des Beschuldigten, seines Vertheidigers und der von ihm benannten Sachverständigen, wenn der Beschuldigte als solcher vom Richter vernommen ist oder sich in Untersuchungshaft befindet.

[1] Bei den nicht richterlichen (polizeilichen) steht nur der Staatsanwaltschaft, nicht aber dem Beschuldigten oder dem Vertheidiger das Recht, zugegen zu sein, zu. Siehe aber § 106.

[2] §§ 191—193.

4. Ergebniß des Vorbereitungsverfahrens.

168. Bieten die angestellten Ermittelungen genügenden Anlaß zur Erhebung der öffentlichen Klage, so erhebt die Staatsanwaltschaft dieselbe entweder durch einen Antrag auf gerichtliche Voruntersuchung[1] oder durch Einreichung einer Anklageschrift[2] bei dem Gerichte.[3]

Anderenfalls verfügt die Staatsanwaltschaft die Einstellung des Verfahrens und setzt hiervon den Beschuldigten in Kenntniß, wenn er als solcher vom Richter vernommen oder ein Haftbefehl gegen ihn erlassen war.

[1] § 177. [2] § 197.

[3] Außerordentliche Arten der Erhebung der öffentlichen Klage: §§ 211, 265, 447, 477.

169. Giebt die Staatsanwaltschaft einem bei ihr angebrachten Antrage[1] auf Erhebung der öffentlichen Klage keine Folge, oder verfügt sie nach dem Abschlusse der Ermittelungen die Einstellung des Verfahrens, so hat sie den Antragsteller[2] unter Angabe der Gründe zu bescheiden.[3]

[1] Nicht bloß im Sinne des § 61 St.G.B.

[2] Auch wenn er nicht der Verletzte ist.

[3] Formelle Zustellung erforderlich wegen § 170.

5. Beschwerde und Antrag auf gerichtliche Entscheidung.

170. Ist der Antragsteller zugleich der Verletzte,[1] so steht ihm gegen diesen Bescheid binnen zwei Wochen[2] nach der Bekanntmachung die Beschwerde an den vorgesetzten Beamten der Staatsanwaltschaft[3] und gegen dessen ablehnenden Bescheid binnen einem Monate[2] nach der Bekanntmachung der Antrag auf gerichtliche Entscheidung[4] zu.

Der Antrag muß die Thatsachen, welche die Erhebung der öffentlichen Klage begründen sollen, und die Beweismittel angeben, auch von einem Rechtsanwalt unterzeichnet sein. Der Antrag ist bei dem für die Entscheidung zuständigen Gericht einzureichen.[5]

Zur Entscheidung ist in den vor das Reichsgericht gehörigen[6] Sachen das Reichsgericht, in anderen Sachen das Oberlandesgericht zuständig.

[1] Im weitesten Sinne: jeder, gegen dessen Rechtssphäre die Strafthat in irgend welcher Weise gerichtet ist. Vgl. Sten.-Ber. S. 851, 982. E. XXIII. 361. Auch der gesetzliche Vertreter des Verletzten. E. IX. 124. R. V. 596.

[2] § 43.

[3] In dieser Beziehung hat die Frist nur insofern Bedeutung, als nach Versäumung das Recht des Verletzten auf Prüfung und Bescheidung und ferner die Voraussetzung für den Antrag auf gerichtliche Entscheidung verloren geht. Die aus § 152 Abs. 2 folgende allgemeine Pflicht der Staatsanwaltschaft giebt ganz unabhängig von § 170 gegen jede Zurückweisung Seitens einer untern Instanz der Staatsanwaltschaft die Berufung an die höhere und höchste. § 148 G.V.G.

[4] Die Ausnahmen § 152 Anm. 2 gelten auch hier.

[5] Der Antrag kann zurückgenommen werden; vgl. § 174 Abs. 2.

[6] d. h. in erster Instanz, § 136 Nr. 1 G.V.G. und Anm. 5 das. — R. I. 41. — Die erste Beschwerde geht in diesem Fall an den Reichskanzler. § 148 Nr. 1 G.V.G.

171. Auf Verlangen des Gerichts hat demselben die Staatsanwaltschaft die bisher von ihr geführten Verhandlungen vorzulegen.

Das Gericht kann den Antrag unter Bestimmung einer Frist dem Beschuldigten zur Erklärung mittheilen.[1]

Das Gericht kann zur Vorbereitung seiner Entscheidung Ermittelungen anordnen und mit deren Vornahme eines seiner Mitglieder, den Untersuchungsrichter oder den Amtsrichter beauftragen.

[1] Anhörung der Staatsanwaltschaft: § 33.

172. Ergiebt sich kein genügender Anlaß zur Erhebung der öffentlichen Klage, so verwirft das Gericht den Antrag und setzt den Antragsteller, die Staatsanwaltschaft und den Beschuldigten von der Verwerfung in Kenntniß.[1]

Ist der Antrag verworfen,[2] so kann die öffentliche Klage nur auf Grund neuer[3] Thatsachen oder Beweismittel erhoben werden.

[1] Beschwerde unzulässig. § 346 Abs. 3.

[2] d. h. materiell, nicht bloß aus formellen Gründen, vgl. § 170 Abs. 2.

[3] d. h. dem Gericht unbekannt gewesener.

173. Erachtet dagegen das Gericht den Antrag für begründet, so beschließt es die Erhebung der öffentlichen Klage. Die Durchführung dieses Beschlusses[1] liegt der Staatsanwaltschaft ob.[2]

[1] Gemäß § 168 Abs. 1. Weiter ist die Staatsanwaltschaft an den Beschluß nicht gebunden.

[2] Vgl. auch § 435 Abs. 2.

174. Dem Antragsteller kann vor der Entscheidung über den Antrag die Leistung einer Sicherheit für die durch das Verfahren über den Antrag und durch die Untersuchung der Staatskasse und dem Beschuldigten[1] voraussichtlich erwachsenden Kosten durch Beschluß des Gerichts auferlegt werden. Die Sicherheitsleistung ist durch Hinterlegung in baarem Gelde oder in Werthpapieren zu bewirken. Die Höhe der zu leistenden Sicherheit wird von dem Gerichte nach freiem Ermessen festgesetzt. Dasselbe hat zugleich eine Frist zu bestimmen, binnen welcher die Sicherheit zu leisten ist.

Wird die Sicherheit binnen der bestimmten Frist nicht geleistet, so hat das Gericht den Antrag für zurückgenommen zu erklären.[2]

[1] Vgl. § 504.

[2] Eine Erneuerung des Antrages innerhalb der Frist des § 170 wird nicht unzulässig sein.

175. Die durch das Verfahren über den Antrag veranlaßten Kosten sind in dem Falle des §. 172 und des §. 174 Abs. 2 dem Antragsteller aufzuerlegen.[1]

[1] § 69 G.K.G. und Auslagen. Im Fall des § 173 vgl. § 504.

Dritter Abschnitt.

Gerichtliche Voruntersuchung.

1. Nothwendigkeit, Zulässigkeit, Unzulässigkeit.

176. Die Voruntersuchung findet in denjenigen Strafsachen statt, welche zur Zuständigkeit des Reichsgerichts[1] oder der Schwurgerichte[2] gehören.[3]

In denjenigen Strafsachen, welche zur Zuständigkeit der Landgerichte[4] gehören, findet die Voruntersuchung statt:

1. wenn die Staatsanwaltschaft dieselbe beantragt;[5]
2. wenn der Angeschuldigte dieselbe in Gemäßheit des §. 199 beantragt und erhebliche Gründe geltend macht, aus denen eine Voruntersuchung zur Vorbereitung seiner Vertheidigung erforderlich erscheint.[6] [7]

In den zur Zuständigkeit der Schöffengerichte[8] gehörigen Sachen ist, außer dem Falle der Verbindung in Folge eines Zusammenhanges (§. 5),[9] die Voruntersuchung unzulässig.

[1] § 136 Nr. 1 G.V.G. und Anm. 5 das.

[2] § 80 G.V.G. § 6. E.G. z. G.V.G.

[3] In diesen Fällen ist die V.U. nothwendig, d. h. es darf ohne Vorausgang derselben das Hauptverfahren nicht eröffnet werden. Andernfalls Beschwerde gemäß § 199 Abs. 3, nicht Revision gegen das Urtheil. R. III. 91. — Ausnahme: § 270. E. III. 311.

[4] §§ 73, 74 G.V.G.

[5] ohne daß dem Gericht eine Prüfung zusteht.

[6] Außerdem auch von Amtswegen: § 200.

[7] In den Fällen dieses Abs. 2 V.U. nicht nothwendig auch für Mitbeschuldigte. E. IV. 364.

[8] § 27 G.V.G., nicht aber § 29, § 76 das.

[9] Im Fall der Verbindung mit reichs- oder schwurgerichtlichen Sachen nothwendig. E. IV. 364.

2. Antrag auf Eröffnung.

177. Der Antrag der Staatsanwaltschaft auf Eröffnung[1] der Voruntersuchung muß den Beschuldigten und die ihm zur Last gelegte That bezeichnen.

[1] Gerichtet an den Untersuchungsrichter. § 182.

3. Ablehnung des Antrags.

178. Der Antrag[1] kann nur wegen Unzuständigkeit[2] des Gerichts oder wegen Unzulässigkeit der Strafverfolgung oder der Voruntersuchung (§. 176), oder weil die in dem Antrage bezeichnete[3] That unter kein Strafgesetz fällt, abgelehnt werden.[4] Hierzu bedarf es eines Beschlusses des Gerichts.[5]

Der Angeschuldigte kann vor der Beschlußfassung gehört werden.

[1] der Staatsanwaltschaft. Anders im Fall des § 199.

[2] Sachliche und örtliche.

[3] Es kommt lediglich auf die Behauptungen der Staatsanwalt-

schaft an; nur aus rechtlichen, nicht aus thatsächlichen Gründen kann der Antrag zurückgewiesen werden. M. 103.

[4] Vorläufige Ablehnung im Fall der Nichtbeobachtung des § 177.

[5] § 72 G.V.G.

4. Einwand gegen die Eröffnung.

179. Gegen die Verfügung, durch welche auf Antrag der Staatsanwaltschaft die Voruntersuchung eröffnet worden ist, kann der Angeschuldigte aus einem der im §. 178 Abs. 1 bezeichneten Gründe Einwand[1] erheben. Ueber den Einwand entscheidet das Gericht.

Diese Bestimmung findet nicht Anwendung, wenn die Voruntersuchung in Folge des Beschlusses des Gerichts eröffnet[2] und der Angeschuldigte vorher gehört[3] worden ist.

[1] Nicht Beschwerde: es entscheidet dasselbe Gericht, es ist gegen den darauf ergehenden Beschluß Beschwerde zulässig gemäß §§ 180, 181.

[2] § 178 Abs. 1 Satz 2 und § 200.

[3] § 178 Abs. 2.

5. Beschwerderecht.

180. Gegen den Beschluß des Gerichts, durch welchen der von dem Angeschuldigten in dem Falle des §. 178 Abs. 2 und in dem Falle des §. 179 Abs. 1 erhobene Einwand der Unzuständigkeit (§. 16) verworfen wird, steht dem Angeschuldigten die sofortige Beschwerde[1] zu.[2]

Im Uebrigen kann der Beschluß des Gerichts, durch welchen der Einwand des Angeschuldigten verworfen oder die Eröffnung der Voruntersuchung angeordnet ist, nicht angefochten werden.

[1] § 353. [2] mit Rücksicht auf § 17.

181. Gegen den Beschluß des Gerichts, durch welchen

der Antrag der Staatsanwaltschaft oder des Angeschuldigten[1] auf Eröffnung der Voruntersuchung abgelehnt worden ist, findet sofortige Beschwerde[2] statt.

[1] § 176 Nr. 2.

[2] § 353. Im Fall der Verwerfung ist ein neuer Antrag (entsprechend § 210) nur auf Grund neuer Thatsachen zulässig.

6. Untersuchungsrichter.

182. Die Voruntersuchung wird von dem Untersuchungsrichter eröffnet[1] und geführt.[2]

[1] Durch förmliche Verfügung. § 190.

[2] Der Untersuchungsrichter ist Träger und Leiter des ganzen Verfahrens, wie im vorbereitenden Verfahren die Staatsanwaltschaft. § 160 Anm. 2. — Befugnisse der Staatsanwaltschaft: § 194.

183. Durch Beschluß des Landgerichts[1] kann auf Antrag der Staatsanwaltschaft die Führung der Voruntersuchung einem Amtsrichter übertragen werden. Um die Vornahme einzelner Untersuchungshandlungen kann der Untersuchungsrichter die Amtsrichter[2] ersuchen. Auf Amtsrichter, welche mit dem Untersuchungsrichter denselben Amtssitz haben, finden diese Bestimmungen keine Anwendung.

[1] Strafkammer des § 72 G.V.G.

[2] Auch die Polizeibeamten: § 187.

184. Bei dem Reichsgerichte[1] wird der Untersuchungsrichter für jede Strafsache aus der Zahl der Mitglieder durch den Präsidenten bestellt.

Der Präsident kann auch jedes Mitglied eines anderen deutschen Gerichts und jeden Amtsrichter zum Untersuchungsrichter, oder für einen Theil der Geschäfte des Untersuchungsrichters zum Vertreter desselben bestellen.

Der Untersuchungsrichter und dessen Vertreter können um die Vornahme einzelner Untersuchungshandlungen die Amtsrichter ersuchen.

[1] § 136 Nr. 1 G.V.G. u. Anm. 5 das., vgl. auch § 158 Abs. 1 das.

185. Bei der Vernehmung des Angeschuldigten, der Zeugen und Sachverständigen sowie bei der Einnahme des Augenscheins hat der Untersuchungsrichter einen Gerichtsschreiber zuzuziehen. In dringenden Fällen kann der Untersuchungsrichter eine von ihm zu beeidigende[1] Person als Gerichtsschreiber zuziehen.

[1] Wegen der Eidesnorm vgl. für Preußen G., betr. die Dienstverhältnisse der Gerichtsschreiber, v. 3./3. 79 (G.S. 99) § 9 Abs. 3.

7. Beurkundung von Untersuchungshandlungen.

186. Ueber jede Untersuchungshandlung ist ein Protokoll aufzunehmen.[1] Dasselbe ist von dem Untersuchungsrichter und dem zugezogenen Gerichtsschreiber zu unterschreiben.

Das Protokoll muß Ort und Tag der Verhandlung sowie die Namen der mitwirkenden oder betheiligten Personen angeben und ersehen lassen, ob die wesentlichen Förmlichkeiten[2] des Verfahrens beobachtet sind.[3]

Das Protokoll ist den bei der Verhandlung betheiligten[4] Personen, soweit es dieselben betrifft, behufs der Genehmigung vorzulesen oder zur eigenen Durchlesung vorzulegen. Die erfolgte Genehmigung ist zu vermerken, und das Protokoll von den Betheiligten entweder zu unterschreiben, oder in demselben anzugeben, weshalb die Unterschrift unterblieben ist.[5]

[1] Ob durch Diktat oder selbständige Niederschrift des Gerichtsschreibers unter Kontrole des Untersuchungsrichters, ist nicht vorgeschrieben.

[2] Vgl. Abs. 3, außerdem z. B. § 61 Abs. 2, § 186 Abs. 1.

[3] Vgl. auch § 65 Abs. 4 § 86.

[4] Bei der Augenscheinseinnahme z. B. auch dem anwesenden Angeklagten, Vertheidiger und Sachverständigen. E. XXXI. 135.

[5] Verhandlung mit der deutschen Sprache Unkundigen u. s. w. §§ 187, 188 G.V.G. — Protokoll in der Hauptverhandlung: §§ 271—274.

8. Mitwirkung der Polizei- und Sicherheitsbeamten.

187. Die Behörden und Beamten des Polizei- und Sicherheitsdienstes sind verpflichtet, Ersuchen oder Aufträgen[1] des Untersuchungsrichters um Ausführung einzelner Maßregeln oder um Vornahme von Ermittelungen zu genügen.

[1] Anm. 3 zu § 159 gilt auch hier. Vgl. M. 104, 105.

9. Grenzen der Voruntersuchung.

188. Die Voruntersuchung ist nicht weiter auszudehnen[1], als erforderlich ist, um eine Entscheidung darüber zu begründen, ob das Hauptverfahren zu eröffnen oder der Angeschuldigte außer Verfolgung zu setzen sei.

Auch sind Beweise, deren Verlust für die Hauptverhandlung zu besorgen steht, oder deren Aufnahme zur Vorbereitung der Vertheidigung des Angeschuldigten erforderlich erscheint, in der Voruntersuchung zu erheben.[3]

[1] Der Grundsatz des § 263 gilt selbstverständlich auch für die Voruntersuchung. Vgl. jedoch § 189.

[2] Ausdrückliche Einzel-Beschränkungen: § 58 Abs. 2, § 65 Abs. 2.

[3] Wiederholung der Beweiserhebungen des vorbereitenden Verfahrens ist nicht erforderlich. Vgl. aber § 190.

189. Ergiebt sich im Laufe der Voruntersuchung Anlaß zur Ausdehnung derselben auf eine in dem Antrage der Staatsanwaltschaft nicht bezeichnete Person oder That,[1] so hat der Untersuchungsrichter in dringenden Fällen die in dieser Beziehung erforderlichen Untersuchungshandlungen von Amtswegen vorzunehmen.

Die weitere Verfügung gebührt auch in solchen Fällen der Staatsanwaltschaft.

[1] §§ 177, 153.

10. Vernehmung des Angeschuldigten.

190. Der Angeschuldigte ist in der Voruntersuchung zu vernehmen,[1] auch wenn er schon vor deren Eröffnung vernommen worden ist. Demselben ist hierbei[2] die Verfügung, durch welche die Voruntersuchung eröffnet worden, bekannt zu machen.

Die Vernehmung[3] erfolgt in Abwesenheit der Staatsanwaltschaft und des Vertheidigers.

[1] Vgl. § 136.

[2] also durch Verkündung; Abweichung von § 35 Abs. 1, 2. Dies gilt jedoch nicht für den zu Grunde liegenden Gerichtsbeschluß, was für den Beginn der Beschwerdefrist (§ 180 Abs. 1) von Bedeutung ist.

[3] Auch die zweite und fernere. Anwesenheit von Beiständen; § 149 Abs. 3.

11. Rechte der Staatsanwaltschaft u. des Angeschuldigten.

191. Findet die Einnahme eines Augenscheins[1] statt, so ist der Staatsanwaltschaft, dem Angeschuldigten und dem Vertheidiger die Anwesenheit bei der Verhandlung zu gestatten.

Dasselbe gilt, wenn ein Zeuge oder Sachverständiger vernommen werden soll, welcher voraussichtlich am Erscheinen in der Hauptverhandlung verhindert, oder dessen Erscheinen wegen großer Entfernung besonders erschwert[2] sein wird.[3]

Von den Terminen sind die zur Anwesenheit Berechtigten vorher zu benachrichtigen,[4] soweit dies ohne Aufenthalt für die Sache geschehen kann.

Einen Anspruch auf Anwesenheit hat der nicht auf freiem Fuße befindliche Angeschuldigte nur bei solchen Terminen, welche an der Gerichtsstelle des Orts abgehalten werden, wo er sich in Haft befindet.

Auf die Verlegung eines Termins wegen Verhinderung haben die zur Anwesenheit Berechtigten keinen Anspruch.

[1] Vgl. §§ 86, 87, 193. [2] Vgl. § 65 Abs. 2 u. § 250 Abs. 2.

[3] Aus den Spezialbestimmungen der Abs. 1 und 2 ergiebt sich, daß in der Regel der Staatsanwaltschaft, dem Vertheidiger und Angeschuldigten eine Anwesenheit bei den Beweiserhebungen der V.U. nicht zusteht. In Betreff der Beistände vgl. § 149 Abs. 3.

[4] Der Angeschuldigte auch, wenn er nach Abs. 4 keinen Anspruch auf Anwesenheit hat. E. XXIII. 142.

192. Der Richter kann einen Angeschuldigten[1] von der Anwesenheit bei der Verhandlung ausschließen, wenn zu befürchten ist, daß ein Zeuge[2] in seiner Gegenwart die Wahrheit nicht sagen werde.

[1] nicht auch den Vertheidiger.

[2] nicht auch ein Sachverständiger.

193. Findet die Einnahme eines Augenscheins unter Zuziehung von Sachverständigen statt, so kann der Angeschuldigte beantragen, daß die von ihm für die Hauptverhandlung in Vorschlag zu bringenden Sachverständigen zu dem Termine geladen werden und, wenn der Richter den Antrag ablehnt, sie selbst laden lassen.[1]

Den von dem Angeschuldigten benannten Sachverständigen ist die Theilnahme am Augenschein und an den erforderlichen Untersuchungen insoweit zu gestatten, als dadurch die Thätigkeit der vom Richter bestellten Sachverständigen nicht behindert wird.

[1] § 38. Vgl. § 219.

194. Die Staatsanwaltschaft kann stets, ohne daß jedoch das Verfahren dadurch aufgehalten werden darf, von dem Stande der Voruntersuchung durch Einsicht der Akten[1] Kenntniß nehmen und die ihr geeignet scheinenden Anträge stellen.[2]

[1] In Betreff des Vertheidigers vgl. § 147.

[2] Vgl. Anm. 2 zu § 182. Die Staatsanwaltschaft kann Bescheidung beanspruchen und hat die Beschwerde gemäß § 346. — Uebrigens kann auch der Untersuchungsrichter von Amtswegen die Akten zu etwaiger Antragstellung der Staatsanwaltschaft vorlegen.

12. Abschluß der Voruntersuchung.

195. Erachtet der Untersuchungsrichter den Zweck der Voruntersuchung[1] für erreicht, so übersendet er die Akten der Staatsanwaltschaft zur Stellung ihrer Anträge.

Beantragt die Staatsanwaltschaft eine Ergänzung der Voruntersuchung, so hat der Untersuchungsrichter, wenn er dem Antrage nicht stattgeben will, die Entscheidung des Gerichts[2] einzuholen.

Von dem Schlusse der Voruntersuchung ist der Angeschuldigte in Kenntniß zu setzen.[3]

[1] § 188. [2] § 72 G.V.G. Beschwerde dagegen: § 346.
[3] Unabhängig von den Vorschriften §§ 199, 202, 214. Vgl. § 147 Abs. 1.

Vierter Abschnitt.

Entscheidung über die Eröffnung des Hauptverfahrens.

1. Entscheidung über das Ergebniß der Voruntersuchung.

196. Hat eine Voruntersuchung stattgefunden, so entscheidet das Gericht,[1] ob das Hauptverfahren zu eröffnen[2] oder der Angeschuldigte außer Verfolgung zu setzen[3] oder das Verfahren vorläufig einzustellen[4] sei.[5]

Die Staatsanwaltschaft legt zu diesem Zwecke die Akten mit ihrem Antrage dem Gerichte vor.[6] Der Antrag auf Eröffnung des Hauptverfahrens erfolgt durch Einreichung einer Anklageschrift.[7]

[1] Die Entscheidung des Gerichts ist nothwendig: § 154.
[2] § 201. [3] § 202.
[4] § 203. Vgl. auch § 208. [5] Vgl. auch § 200.
[6] Vgl. auch § 75 G.V.G., Ueberweisung an die Schöffengerichte betreffend. [7] § 198.

2. Antrag auf Eröffnung des Hauptverfahrens.

197. Erhebt die Staatsanwaltschaft, ohne daß eine Voruntersuchung stattgefunden, die Anklage,[1] so ist die Anklageschrift mit den Akten, wenn die Sache zur Zuständigkeit des Schöffengerichts gehört, bei dem Amtsrichter, anderenfalls bei dem Landgerichte einzureichen.

[1] Eine Entscheidung im Sinne der §§ 202, 203 braucht die Staatsanwaltschaft in diesem Falle nicht zu extrahiren. § 168 Abs. 2

3. Anklageschrift.

198. Die Anklageschrift hat die dem Angeschuldigten

zur Last gelegte That[1] unter Hervorhebung ihrer gesetzlichen Merkmale[1] und des anzuwendenden Strafgesetzes zu bezeichnen, sowie die Beweismittel[2] und das Gericht, vor welchem die Hauptverhandlung stattfinden soll, anzugeben.

In den vor dem Reichsgerichte, den Schwurgerichten oder den Landgerichten zu verhandelnden[3] Strafsachen sind außerdem die wesentlichen Ergebnisse der stattgehabten Ermittelungen in die Anklageschrift aufzunehmen.[4]

[1] Nicht bloß die abstrakten gesetzlichen Thatbestandsmerkmale E. III. 406. R. V. 583.

[2] Vgl. § 221 Abs. 2, § 245.

[3] Daher auch für an sich schöffengerichtliche Sachen im Falle der §§ 2, 4; umgekehrt nicht im Falle des § 75 G.V.G. Wird aber in den Fällen des § 75 die Ueberweisung an das Schöffengericht abgelehnt, so ist dann die Anklageschrift zu vervollständigen. E. XXXI. 100

[4] Mängel der Anklageschrift machen diese nicht ungültig, berechtigen aber das Gericht, die Eröffnung des Hauptverfahrens vorläufig abzulehnen. E. XVII. 249. XXXI. 100. R. X. 181.

199. Der Vorsitzende des Gerichts hat die Anklageschrift dem Angeschuldigten mitzutheilen[1] und ihn zugleich aufzufordern, sich innerhalb einer zu bestimmenden Frist zu erklären, ob er eine Voruntersuchung[2] oder die Vornahme einzelner Beweiserhebungen vor der Hauptverhandlung beantragen, oder Einwendungen gegen die Eröffnung des Hauptverfahrens vorbringen wolle.

Hat eine Voruntersuchung stattgefunden, so ist die Aufforderung entsprechend zu beschränken.

Ueber die Anträge und Einwendungen beschließt[3] das Gericht. Eine Anfechtung des Beschlusses findet nur nach Maßgabe der Bestimmungen im §. 180 Abs. 1 und §. 181 statt.[4]

Auf die vor den Schöffengerichten zu verhandelnden[5] Sachen finden die Bestimmungen dieses Paragraphen keine Anwendung.[6]

[1] Durch Zustellung gemäß § 35. E. I. 345. R. I. 543. II. 407.

[2] Vgl. § 176 Nr. 2.

[3] Ausdrücklich, nicht bloß stillschweigend durch Eröffnung des Hauptverfahrens. E. I. 170. R. I. 256. Wird der Beschluß mit dem auf Eröffnung des Hauptverfahrens verbunden, so tritt § 209 Abs. 1 nach Maßgabe dieses Abs. außer Geltung.

[4] Anfechtung in der Revisionsinstanz daher ausgeschlossen. E. II. 19.

[5] Also auch im Falle des § 75 G.V.G. [6] Vgl. jedoch § 422

4. Gerichtlicher Beschluß.

a) auf weitere Ermittelungen.

200. Zur besseren Aufklärung der Sache kann das Gericht eine Ergänzung der Voruntersuchung oder, falls eine Voruntersuchung nicht stattgefunden hat, die Eröffnung einer solchen oder einzelne Beweiserhebungen anordnen.[1] Die Anordnung einzelner Beweiserhebungen steht auch dem Amtsrichter zu.

Eine Anfechtung des Beschlusses findet nicht statt.

[1] Im Gegensatz zu § 199 von Amtswegen.

b) auf Eröffnung des Hauptverfahrens.

201. Das Gericht beschließt die Eröffnung des Hauptverfahrens,[1] wenn nach den Ergebnissen der Voruntersuchung oder, falls eine solche nicht stattgefunden hat, nach den Ergebnissen des vorbereitenden Verfahrens der Angeschuldigte einer strafbaren Handlung hinreichend verdächtig erscheint.

[1] § 205. — Anfechtung Seitens des Angeklagten ausgeschlossen. § 209 Abs. 1 Siehe jedoch auch Anm. 1 das. Vgl. auch § 375 Anm. 2.

c) auf Nichteröffnung des Hauptverfahrens.

202. Beschließt das Gericht, das Hauptverfahren nicht zu eröffnen, so muß aus dem Beschlusse hervorgehen, ob derselbe auf thatsächlichen oder auf Rechtsgründen beruht.[1]

Hat eine Voruntersuchung stattgefunden, so ist auszusprechen, daß der Angeschuldigte außer Verfolgung zu setzen sei.[2]

Der Beschluß ist dem Angeschuldigten[3] bekannt zu machen.[4]

[1] Anfechtung: § 209 Abs. 2. Wirkung: § 210 Kosten: §§ 496, 499, 501, 502, 504 und G.K.G. § 69.

[2] und etwaiger Haftbefehl aufzuheben. § 123.

[3] Auch wenn er über die Anschuldigung noch nicht gehört sein sollte. § 155.

[4] § 35.

d) auf vorläufige Einstellung des Verfahrens.

203. Vorläufige Einstellung des Verfahrens kann beschlossen werden, wenn dem weiteren Verfahren Abwesenheit[1] des Angeschuldigten oder der Umstand entgegensteht, daß derselbe nach der That in Geisteskrankheit[2] verfallen ist.[3]

[1] § 318. Zulässigkeit eines weitern Verfahrens: §§ 319, 327, 470.

[2] Partielle Geisteskrankheit schließt eine Weiterverfolgung und Hauptverhandlung nicht unbedingt aus. E. I. 149. XXIX. 324. R. I. 242. Der Geistesstörung ist Taubstummheit, bei welcher Verständigung durch einen Dolmetscher nicht gelingt, gleichzustellen. E. III. 29. R. II. 487.

[3] Vgl. auch § 208. — Der Beschluß gemäß § 203 unterbricht die Verjährung. E. XXI. 308. XXVII. 81.

204. Das Gericht ist bei der Beschlußfassung an die Anträge der Staatsanwaltschaft nicht gebunden.[1]

[1] Vgl. § 153 Abs. 2.

5. Beschluß auf Eröffnung des Hauptverfahrens im Speziellen.

205. In dem Beschlusse, durch welchen das Hauptverfahren eröffnet wird, ist die dem Angeklagten zur Last gelegte That[1] unter Hervorhebung ihrer gesetzlichen Merkmale[1] und des anzuwendenden Strafgesetzes,[2] sowie das Gericht zu bezeichnen, vor welchem die Hauptverhandlung stattfinden soll.[3]

Das Gericht hat zugleich von Amtswegen über die Anordnung oder Fortdauer der Untersuchungshaft zu beschließen.[4]

[1] Die bloße Angabe der abstrakten gesetzlichen Thatbestandsmerkmale genügt nicht; es muß erkennbar gemacht sein, welche concreten Vorgänge zum Gegenstande der Verhandlung gemacht werden sollen. E. III. 406. XXI. 64. R. V. 583. Eine Heranziehung der Anklageschrift zur Ergänzung und Erläuterung des Beschlusses ist nicht ausgeschlossen — E. III. 406. XXI. 64. R. VIII. 377 — der Vorsitzende auch in der Hauptverhandlung für befugt zu erachten, vorhandene Mängel durch Belehrung zu ergänzen. E. XXIV. 64.

[2] in der Hauptsache; nicht auch jedes nebenher in Betracht kommenden Strafgesetzes. Vgl. E. IV. 40. V. 137.

[3] Gründe sind, soweit nicht § 199 Abs. 3 und § 209 Abs. 2 in Frage kommen, nicht erforderlich. Anders: § 202.

[4] §§ 112 ff. und §§ 125 f.

206. Wenn von der Staatsanwaltschaft beantragt ist, den Angeschuldigten außer Verfolgung zu setzen,[1] von dem Gerichte aber die Eröffnung des Hauptverfahrens beschlossen wird, so hat die Staatsanwaltschaft eine dem Beschlusse entsprechende Anklageschrift einzureichen.[2]

Die Bestimmungen des §. 199 finden hier gleichfalls Anwendung; es ist jedoch die Aufforderung auf die Erklärung zu beschränken[3], ob der Angeklagte die Vornahme einzelner Beweiserhebungen[4] vor der Hauptverhandlung beantragen wolle.[5]

[1] §§ 196, 202.

[2] Beschwerde findet nicht statt: § 209 Abs. 2.

[3] Da das Hauptverfahren bereits endgültig eröffnet ist.

[4] Anwesenheit der Parteien: § 223, nicht § 191, da das Hauptverfahren eröffnet ist.

[5] In den Fällen §§ 203, 208 ist § 199 in vollem Umfange anzuwenden.

207. Das Landgericht kann das Hauptverfahren vor den erkennenden Gerichten jeder Ordnung,[1] nicht aber vor dem Reichsgericht eröffnen. Erachtet das Landgericht die Zuständigkeit des Reichsgerichts für begründet, so legt es die Akten durch Vermittelung der Staatsanwaltschaft diesem Gerichte zur Entscheidung vor.[2]

Ebenso hat der Amtsrichter, wenn er findet, daß eine bei ihm eingereichte Sache die Zuständigkeit des Schöffengerichts übersteige, die Akten durch Vermittelung der Staatsanwaltschaft dem Landgerichte zur Entscheidung[2] vorzulegen.[3] [4]

[1] Außer vor Schwurgericht und Strafkammer auch vor dem Schöffengericht, wofür regelmäßig der Amtsrichter zuständig ist. Vgl. § 197 (aber auch § 196) und G.V.G. § 30 Abs. 2. — In der Hauptverhandlung: § 270.

[2] Eine eigene Unzuständigkeitserklärung erfolgt also nicht; vgl. dazu E. XXXII. 50.

[3] Auch wenn die Anwendung des § 75 G.V.G. zu erwarten steht.

[4] Demnächstige Aenderung der Anklageschrift: § 198 Abs. 2 und sodann § 199. R. IV. 767.

208. Betraf das Vorverfahren mehrere derselben Person zur Last gelegte strafbare Handlungen, und erscheint für die Strafzumessung die Feststellung des einen oder des anderen Straffalles unwesentlich, so kann das Gericht auf Antrag der Staatsanwaltschaft beschließen, daß in Ansehung eines solchen das Verfahren vorläufig einzustellen sei.

Die Aufhebung des Einstellungsbeschlusses kann binnen einer Frist von drei Monaten[1] nach Rechtskraft des Urtheils von der Staatsanwaltschaft beantragt werden, wenn nicht Verjährung[2] eingetreten ist.

[1] § 43. Im Falle der Versäumung der Frist ist die Strafklage erloschen.

[2] §§ 67—69 St.G.B. — Der Beschluß selbst unterbricht aber die Verjährung. E. XXI. 308.

6. Anfechtung von Eröffnungs- u. Einstellungsbeschlüssen.

209. Der Beschluß, durch welchen das Hauptverfahren eröffnet worden ist, kann von dem Angeklagten nicht angefochten werden.[1]

Gegen den Beschluß, durch welchen die Eröffnung des Hauptverfahrens abgelehnt oder abweichend von dem Antrage der Staatsanwaltschaft die Verweisung an ein Gericht niederer Ordnung ausgesprochen worden ist, steht der Staatsanwaltschaft[2] die sofortige Beschwerde[3] zu.[4]

[1] Unbeschadet der Bestimmung des § 199 Abs. 3 (vgl. Anm. 3 das.) und einer Anfechtung des Beschlusses aus § 205 Abs. 2.

[2] Nebenkläger: § 441 Abs. 1.

[3] § 353.

[4] Das Beschwerdegericht hat sodann eventuell selbst das Hauptverfahren zu eröffnen. § 351 Abs. 2.

210. Ist die Eröffnung des Hauptverfahrens durch einen nicht mehr anfechtbaren Beschluß[1] abgelehnt, so kann die Klage nur auf Grund neuer Thatsachen oder Beweismittel wieder aufgenommen werden.[2]

[1] §§ 202, 209 Abs. 2.

[2] Im Uebrigen in der gewöhnlichen Form der §§ 168 ff. E. XIII. 296. XXII. 187. Ist demnächst das Hauptverfahren eröffnet, so steht dem erkennenden Gericht eine Nachprüfung der Voraussetzungen des § 210 nicht zu. E. XXII. 187.

7. Besonderes Verfahren vor dem Schöffengerichte.

211. Vor dem Schöffengerichte[1] kann ohne schriftlich erhobene Anklage und ohne eine Entscheidung über die Eröffnung des Hauptverfahrens zur Hauptverhandlung geschritten werden,[2] wenn der Beschuldigte entweder sich freiwillig stellt oder in Folge einer vorläufigen Festnahme[3] dem Gerichte vorgeführt oder nur wegen Uebertretung[4] verfolgt wird. Der wesentliche Inhalt der Anklage ist in den Fällen der freiwilligen Stellung oder der Vorführung in das Sitzungsprotokoll, anderenfalls in die Ladung des Beschuldigten aufzunehmen.[5]

Auch kann der Amtsrichter in dem Falle der Vorführung des Beschuldigten mit Zustimmung der Staatsanwaltschaft ohne Zuziehung von Schöffen[6] zur Hauptverhandlung schreiten, wenn der Beschuldigte nur wegen Uebertretung verfolgt wird und die ihm zur Last gelegte That eingesteht. Gegen die im Laufe der Hauptverhandlung ergehenden Entscheidungen und Urtheile des Amtsrichters finden dieselben Rechtsmittel statt, wie gegen die Entscheidungen und Urtheile des Schöffengerichts.[7]

[1] Jedoch nicht in Privatklagesachen: §§ 421 ff.

[2] Vgl. auch §§ 447 ff., § 456, § 462, auch § 265.

[3] §§ 127, 128. [4] § 1 Abs. 3 St.G.B.

[5] Vgl. preuß. Geschäftsanw. f. Amtsanwälte v. 28./8. 79 (J.M.Bl. 260) Art. 54—56.

[6] Vgl. ferner für Forst- und Feldrügesachen: § 3 Abs. 3 E.G. und Anm. 6 das.

[7] Gebühren: G.K.G. § 64 Abs. 2.

Fünfter Abschnitt.

Vorbereitung der Hauptverhandlung.

1. Anberaumung des Termins.

212. Der Termin zur Hauptverhandlung wird von dem Vorsitzenden des Gerichts anberaumt.[1]

[1] eventuell auch verlegt.

213. Die zur Hauptverhandlung erforderlichen Ladungen[1] und die Herbeischaffung der als Beweismittel dienenden Gegenstände bewirkt die Staatsanwaltschaft.[2]

[1] Auch in den Fällen der §§ 218, 220.

[2] Vgl. § 36 und preuß. Geschäftsanw. f. Amtsanw. v. 28./8. 79 (J.M.Bl. 260) Art. 24. — Vgl. auch § 465 Abs. 2.

2. Ladungen.

214. Der Beschluß über die Eröffnung des Hauptverfahrens[1] ist dem Angeklagten spätestens mit der Ladung zuzustellen.[2]

[1] § 205. In schöffengerichtlichen Sachen (vgl. § 199 Abs 4 unter Anschluß der Anklageschrift, was § 221 Abs. 2 erfordert.

[2] Nichtbeachtung Revisionsgrund nur, wenn in der Hauptverhandlung gerügt und einem Vertagungsantrage nicht entsprochen. R. III. 482.

215. Die Ladung eines auf freiem Fuße befindlichen Angeklagten geschieht schriftlich unter der Warnung, daß im Falle seines unentschuldigten Ausbleibens seine Verhaftung oder Vorführung erfolgen werde. Die Warnung kann in den Fällen des §. 231 unterbleiben.

Die Ladung des nicht auf freiem Fuße befindlichen Angeklagten erfolgt durch Bekanntmachung des Termins zur Hauptverhandlung in Gemäßheit des §. 35. Dabei ist der Angeklagte zu befragen,[1] ob und welche Anträge er in Bezug auf seine Vertheidigung für die Hauptverhandlung zu stellen habe.[2]

[1] Vgl. dazu für Preußen J.V. über die von Amtswegen zu bewirkenden Zustellungen und Bekanntmachungen v. 10./12. 99 (J.M.Bl. 728) § 15.

[2] Ladung abwesender Angeklagter: §§ 320, 321, 473.

216. Zwischen der Zustellung der Ladung (§. 215) und dem Tage der Hauptverhandlung muß eine Frist von mindestens einer Woche[1] liegen.[2]

Ist diese Frist nicht eingehalten worden, so kann der Angeklagte die Aussetzung der Verhandlung verlangen,[3] so lange mit der Verlesung des Beschlusses über die Eröffnung des Hauptverfahrens[4] nicht begonnen ist.

[1] § 43.

[2] Bei Aussetzung der Verhandlung wiederholte Einhaltung der Frist nicht erforderlich. E. XV. 113. R. III. 113.

[3] § 227 Abs. 3. [4] § 242 Abs. 2.

217. Neben dem Angeklagten ist[1] der bestellte[2] Vertheidiger stets, der gewählte[3] Vertheidiger dann zu laden,[4] wenn die erfolgte Wahl dem Gerichte angezeigt[5] worden ist.

[1] Nichtbeachtung Revisionsgrund: E. I. 405. II. 238. XIX. 373, 436. XXI. 266. R. I. 696. [2] §§ 140 Abs. 3, 141—144.

[3] §§ 137, 138. [4] § 216 Abs. 1 hier nicht anwendbar.

[5] Falls nicht vom Angeklagten selbst, Vollmacht erforderlich. E. II. 375. R. III. 516. Seitens des Angeklagten genügt jede, auch stillschweigende, Willenserklärung. E. XXV. 152.

3. Unmittelbare Ladungen.

218. Verlangt der Angeklagte die Ladung von Zeugen oder Sachverständigen oder die Herbeischaffung anderer Beweismittel zur Hauptverhandlung, so hat er unter Angabe der Thatsachen, über welche der Beweis erhoben werden soll, seine Anträge bei dem Vorsitzenden des Gerichts[1] zu stellen. Die hierauf ergehende Verfügung ist ihm bekannt zu machen.[2]

Beweisanträge des Angeklagten sind, soweit ihnen stattgegeben ist, der Staatsanwaltschaft mitzutheilen.[3]

[1] Hinsichtlich schwurgerichtlicher Sachen vgl. § 83 Abs. 3 G.V.G.

[2] § 36. Beschwerde ist ausgeschlossen: § 347 und Anm. 1 das. Revision ebenfalls, wenn Anträge in der Hauptverhandlung nicht wiederholt. E. I. 106. R. I. 250.

[3] Vgl. §§ 221, 245 und 213 Anm. 1.

219. Lehnt der Vorsitzende den Antrag auf Ladung einer Person ab, so kann der Angeklagte die letztere unmittelbar laden lassen.[1] Hierzu ist er auch ohne vorgängigen Antrag befugt.

Eine unmittelbar geladene Person ist nur dann zum Erscheinen verpflichtet,[2] wenn ihr bei der Ladung die gesetzliche Entschädigung für Reisekosten und Versäumniß baar dargeboten oder deren Hinterlegung bei dem Gerichtsschreiber[3] nachgewiesen wird.

Ergiebt sich in der Hauptverhandlung, daß die Vernehmung einer unmittelbar geladenen Person zur Aufklärung der Sache dienlich war, so hat das Gericht auf Antrag[4] anzuordnen, daß derselben die gesetzliche Entschädigung aus der Staatskasse[5] zu gewähren sei.

[1] § 38. Uebrigens ist auch einfache Gestellung derselben zulässig; § 221. Vgl. jedoch § 244 u. Anm. 2.

[2] § 50, 77.

[3] Für Preußen vgl. J.V. v. 10./6. 91 (J.M.Bl. 161) u. Geschäftsanw. f. Gerichtsvollzieher v. 1./12. 99 (J.M.Bl. 629) § 39

[4] der betreffenden Person oder auch des Angeklagten.

[5] vorläufig; ohne Präjudiz für die definitive Kostentragung. E. XVI. 212. R. IX. 476.

220. Der Vorsitzende des Gerichts[1] kann auch von Amtswegen die Ladung von Zeugen und Sachverständigen sowie die Herbeischaffung anderer Beweismittel anordnen.[2]

[1] In der Hauptverhandlung dieses selbst: § 243 Abs. 3.

[2] Vgl. § 213 Anm. 1.

221. Der Angeklagte hat die von ihm unmittelbar geladenen oder zur Hauptverhandlung zu stellenden Zeugen und Sachverständigen rechtzeitig[1] der Staatsanwaltschaft namhaft zu machen und ihren Wohn- oder Aufenthaltsort anzugeben.

Dieselbe Verpflichtung hat die Staatsanwaltschaft gegenüber dem Angeklagten, wenn sie außer den in der Anklageschrift benannten oder auf Antrag des Angeklagten geladenen Zeugen oder Sachverständigen die Ladung noch anderer Personen, sei es auf Anordnung des Vorsitzenden (§. 220) oder aus eigener Entschließung, bewirkt.

[1] Vgl. § 245.

4. Kommissarische Vernehmung eines Zeugen oder Sachverständigen.

222. Wenn dem Erscheinen eines Zeugen oder Sachverständigen[1] in der Hauptverhandlung für eine längere oder ungewisse Zeit Krankheit oder Gebrechlichkeit oder andere nicht zu beseitigende Hindernisse[2] entgegenstehen, so kann das Gericht[3] die Vernehmung desselben durch einen beauftragten oder ersuchten Richter[4] anordnen.[5] Die Vernehmung erfolgt, soweit die Beeidigung zulässig ist,[6] eidlich.

Dasselbe gilt, wenn ein Zeuge oder Sachverständiger vernommen werden soll, dessen Erscheinen wegen großer Entfernung[7] besonders erschwert sein wird.[8]

[1] Nicht auch eines Mitbeschuldigten. E. XVI. 232.

[2] Vgl. z. B. § 49, jedoch auch Anm. 3 das.

[3] Nicht der Vorsitzende. E. I. 210. R. I. 362.

[4] Auch den Untersuchungsrichter; § 23 Abs. 2 trifft nicht zu. E. IV. 91. R. III. 159.

[5] Vgl. § 250 Abs. 2. Danach ist die kommissarische Vernehmung nur dann erforderlich, wenn nicht bereits im Vorverfahren eine Vernehmung unter Beobachtung der Vorschriften des § 191 erfolgt ist.

[6] Vgl. §§ 56, 57.

[7] Nach den konkreten Verhältnissen unter Berücksichtigung der vorhandenen Bahnverbindung, Persönlichkeit, Gebrechlichkeit des Zeugen rc. zu bemessen. Regelmäßig gilt eine Entfernung innerhalb des Landgerichtsbezirks für keine große. Vgl. E. IV. 173. XVIII. 261. XIX. 246. R. II. 204, 602. III. 301.

[8] Ein Fall kommissarischer Vernehmung des Angeklagten in § 232.

223. Von den zum Zwecke dieser Vernehmung anberaumten Terminen sind die Staatsanwaltschaft, der Angeklagte und der Vertheidiger vorher zu benachrichtigen, insoweit dies nicht wegen Gefahr im Verzug[1] unthunlich ist; ihrer Anwesenheit bei der Vernehmung bedarf es nicht.[2] Das aufgenommene Protokoll ist der Staatsanwaltschaft und dem Vertheidiger vorzulegen.[3]

Der nicht auf freiem Fuße befindliche Angeklagte hat einen Anspruch auf Anwesenheit nur bei solchen

Terminen, welche an der Gerichtsstelle des Orts abgehalten werden, wo er sich in Haft befindet.

[1] Bloßer Aufenthalt für die Sache genügt nicht. E. I. 210. R. I. 362.

[2] Im Falle ihrer Anwesenheit sind die §§ 239 Abs. 2, 246 anwendbar. [3] Wenn sie nicht anwesend waren. Prot. 343.

5. Kommissarische Augenscheinseinnahme.

224. Ist zur Vorbereitung der Hauptverhandlung[1] noch ein richterlicher Augenschein[2] einzunehmen, so finden die Bestimmungen des vorhergehenden Paragraphen[3] gleichfalls Anwendung.[4]

[1] Auch in derselben kann, wenn die Augenscheinseinnahme durch das gesammte Gericht nicht angezeigt erscheint, eine solche kommissarische Augenscheinseinnahme beschlossen werden. E. XX. 149.

[2] Vgl. §§ 86, 193.

[3] Uebrigens wird auch hier (vgl. § 222 Anm. 3) nur das Gericht zur Anordnung der kommissarischen Augenscheinseinnahme befugt sein.

[4] Bei Nichtbeachtung ist die Verlesung (§ 248) gegen den Willen der Betheiligten nicht statthaft. E. I. 256. R. IV. 659.

Sechster Abschnitt.

Hauptverhandlung.

225. Die Hauptverhandlung[1] erfolgt[2] in ununterbrochener Gegenwart der zur Urtheilsfindung berufenen Personen sowie der Staatsanwaltschaft[3] und eines[4] Gerichtsschreibers.[5]

[1] Oeffentlichkeit: §§ 170–176 G.V.G., Sitzungspolizei: §§ 177 bis 185 G.V.G., Ort: vgl. § 98 G.V.G. u. Anm. 1 das.

[2] § 377 Nr. 5. Vgl. auch Anm. 1 zu § 259. Anm. 1 zu § 306.

[3] nicht nothwendig desselben Staatsanwalts. § 226.

[4] Auch ein Wechsel der Person des Gerichtsschreibers ist nicht ausgeschlossen.

[5] Anwesenheit des Angeklagten: §§ 229—232, 246, 319, 470, des Vertheidigers: § 145 Abs. 1 und § 227 Abs. 2, des Privatklägers: §§ 418, 425, 427, 431, des Nebenklägers: §§ 438, 440.

226. Es können mehrere Beamte der Staatsanwaltschaft und mehrere Vertheidiger in der Hauptverhandlung mitwirken[1] und ihre Verrichtungen unter sich theilen.

[1] Gleichzeitig und nach einander. E. XVI. 180. R. IX. 407.

1. Aussetzung und Unterbrechung.

227. Ueber Anträge auf Aussetzung einer Hauptverhandlung entscheidet das Gericht. Kürzere Unterbrechungen ordnet der Vorsitzende an.

Eine Verhinderung des Vertheidigers giebt, unbeschadet der Bestimmung des §. 145, dem Angeklagten kein Recht, die Aussetzung der Verhandlung zu verlangen.[1]

Ist die Frist des §. 216 Abs. 1 nicht eingehalten worden, so soll[2] der Vorsitzende den Angeklagten mit der Befugniß, Aussetzung der Verhandlung zu verlangen, bekannt machen.

[1] Auch nicht, wenn die anberaumte Terminsstunde nicht innegehalten wird. E. I. 235. XI. 173. R. I. 411.

[2] Nichtbeachtung kein Revisionsgrund: R. I. 299. 376. 743. E. XV. 113.

228. Eine unterbrochene Hauptverhandlung muß spätestens am vierten Tage[1] nach der Unterbrechung fortgesetzt werden,[2] widrigenfalls mit dem Verfahren von neuem zu beginnen ist.[3]

[1] § 42. Dagegen ist § 43 Abs. 2 nicht anwendbar.

[2] Hinsichtlich der Urtheilsverkündigung vgl. § 267.

[3] Vgl. für das Schwurgericht auch § 287.

2. Ausbleiben des Angeklagten.

229. Gegen einen ausgebliebenen[1] Angeklagten findet eine Hauptverhandlung nicht statt.[2]

Ist das Ausbleiben des Angeklagten nicht genügend entschuldigt, so ist die Vorführung anzuordnen[3] oder ein Haftbefehl[4] zu erlassen.[5]

[1] Hinsichtlich eines abwesenden vgl. §§ 318 ff.

[2] Ausnahmen: §§ 231, 232. Vgl. auch § 230 Abs. 2. Außerdem allgemein in der Revisionsinstanz § 390. Für die Berufungsinstanz vgl. § 370.

[3] § 134.

[4] § 114. Die Voraussetzungen der §§ 112, 113 sind nicht erforderlich. — Nicht in Privatklagesachen: § 427 Abs. 3.

[5] Seitens des Gerichts, nicht des Vorsitzenden.

230. Der erschienene Angeklagte darf sich aus der Verhandlung nicht entfernen.[1] Der Vorsitzende kann die geeigneten Maßregeln treffen, um die Entfernung desselben zu verhindern; auch kann er ihn während einer Unterbrechung der Verhandlung in Gewahrsam halten lassen.

Entfernt der Angeklagte sich dennoch, oder bleibt er bei der Fortsetzung einer unterbrochenen Hauptverhandlung aus, so kann diese in seiner Abwesenheit zu Ende geführt werden, wenn seine Vernehmung über die Anklage schon erfolgt war[2] und das Gericht seine fernere Anwesenheit nicht für erforderlich erachtet.[3]

[1] Unfreiwillige Entfernung: § 246 u. G.V.G. § 178.

[2] § 242 Abs. 3.

[3] § 233 gilt auch hier. Prot. 345. — Die Anwendung des Abs. 2 setzt aber vorsätzliches Wegbleiben (nicht z. B. Krankheit) voraus. E. XXII. 247. XXIX. 294. XXXI. 398. — Im Falle des § 264 Fortsetzung ohne Anwesenheit nicht möglich. E. XXXII. 96.

231. Beim Ausbleiben[1] des Angeklagten kann

zur Hauptverhandlung geschritten werden, wenn die den Gegenstand der Untersuchung bildende That nur mit Geldstrafe, Haft oder Einziehung, allein oder in Verbindung mit einander, bedroht ist.[3]

In solchen Fällen muß der Angeklagte in der Ladung auf die Zulässigkeit dieses Verfahrens ausdrücklich hingewiesen werden.

[1] Im Falle der Abwesenheit: § 319, vgl. auch § 470.

[2] Vgl. § 235.

[3] Gefängniß für den Fall des Unvermögens schließt den § nicht aus, R. VII. 93; wohl aber etwaige andere Nebenstrafen, z. B. Ueberweisung an die Landespolizeibehörde.

232. Der Angeklagte kann auf seinen Antrag wegen großer Entfernung seines Aufenthaltsorts von der Verpflichtung zum Erscheinen in der Hauptverhandlung entbunden werden,[1] wenn nach dem Ermessen des Gerichts[2] voraussichtlich keine[3] andere Strafe als Freiheitsstrafe bis zu sechs Wochen oder Geldstrafe oder Einziehung, allein oder in Verbindung mit einander,[4] zu erwarten steht.[5]

In diesem Falle muß der Angeklagte, wenn seine richterliche Vernehmung nicht schon im Vorverfahren erfolgt ist,[6] durch einen beauftragten oder ersuchten Richter über die Anklage vernommen werden.

Von dem zum Zwecke der Vernehmung anberaumten Termine sind die Staatsanwaltschaft und der Vertheidiger vorher zu benachrichtigen; ihrer Anwesenheit bei der Vernehmung bedarf es nicht. Das Protokoll über die Vernehmung ist in der Hauptverhandlung zu verlesen.[7]

[1] Zustellung dieses Beschlusses erforderlich. E. XV. 202. XXIX.

69. R. IX. 96. Dazu muß gleichwohl auch die Ladung zum Termin bezw. die Mittheilung desselben erfolgen. R. IV. 280. E. XXI. 100.

[2] jedoch gebunden an die im Eröffnungsbeschlusse angenommene Qualifikation der That. E. XVII. 19.

[3] auch nicht Nebenstrafen. E. XXIX. 44.

[4] auch im Fall der Realkonkurrenz an diese Grenze gebunden. E. XXX. 277. XXXII. 61.

[5] Erachtet das erkennende Gericht eine höhere Strafe für angemessen, so ist das Erscheinen des Angeklagten nachträglich anzuordnen. M. 133. E. XV. 337. R. IX. 39.

[6] und Angeklagter nicht trotzdem nochmalige Vernehmung beantragt hat, E. XV. 202. R. IX. 96; sonst kann nach Ansicht des Reichsgerichts selbst seine frühere Vernehmung als Zeuge genügen E. XIX. 246. (?)

[7] An Stelle des § 242 Abs. 3. Im Falle des § 264 nochmalige Vernehmung erforderlich. E. XII. 45. R. VII. 135. Ebenso wenn neue, d. h. in der Anklageschrift nicht enthaltene Thatsachen oder Beweismittel berücksichtigt werden sollen. E. XXI. 100. Bei der Vernehmung gestellte Anträge gelten als in der Hauptverhandlung gestellt. Der darauf gefaßte Beschluß bedarf aber keiner Zustellung an den Angeklagten. E. XIX. 249.

233. Insoweit die Hauptverhandlung ohne Anwesenheit des Angeklagten stattfinden kann,[1] ist letzterer befugt, sich durch einen mit schriftlicher Vollmacht versehenen Vertheidiger[2] vertreten zu lassen.[3]

[1] §§ 230 Abs. 2, 231, 232, auch § 370, falls die Staatsanwaltschaft Berufung eingelegt hat, außerdem §§ 390, 427, 451, 457.

[2] § 138. [3] Vgl. § 235.

234. Hat die Hauptverhandlung ohne Anwesenheit des Angeklagten stattgefunden, so kann derselbe gegen das Urtheil binnen einer Woche[1] nach der Zustellung die Wiedereinsetzung in den vorigen Stand unter gleichen Voraussetzungen wie gegen die Versäumung einer Frist nachsuchen.[2]

War jedoch der Angeklagte auf seinen Antrag von der Verpflichtung zum Erscheinen in der Hauptverhandlung entbunden worden, oder hatte derselbe von der Befugniß, sich vertreten zu lassen, Gebrauch gemacht, so findet eine Wiedereinsetzung in den vorigen Stand nicht statt.

[1] § 43. [2] §§ 44 ff. Gebühren: § 66 Nr. 1 G.K.G.

235. Das Gericht ist stets befugt, das persönliche Erscheinen des Angeklagten anzuordnen und dasselbe durch einen Vorführungsbefehl[1] oder Haftbefehl[2] zu erzwingen.

[1] § 134. [2] § 114.

3. Gleichzeitige Verhandlung mehrerer Strafsachen.

236. Das Gericht kann im Falle eines Zusammenhangs zwischen mehreren bei ihm anhängigen Strafsachen[1] die Verbindung derselben zum Zwecke gleichzeitiger Verhandlung anordnen, auch wenn dieser Zusammenhang nicht der im §. 3 bezeichnete ist.

[1] selbst wenn sie sich in einem verschiedenen Prozeßstadium z. B. die eine in erster, die andere in der Berufungsinstanz befinden. E. XX. 161. Für die Revision ist alsdann, wenn auf eine Gesammtstrafe erkannt ist, das Reichsgericht zuständig. E. XXXI. 125.

4. Amtsverrichtungen des Vorsitzenden.

237. Die Leitung[1] der Verhandlung, die Vernehmung des Angeklagten[2] und die Aufnahme des Beweises erfolgt durch den Vorsitzenden.[3]

Wird eine auf die Sachleitung bezügliche Anordnung des Vorsitzenden von einer bei der Verhandlung betheiligten[4] Person als unzulässig[5] beanstandet, so entscheidet das Gericht.

[1] Darin liegt auch die Befugniß, jeden Sprechenden zu unterbrechen und ihm einstweilen das Wort zu entziehen. E. XXX. 216. R. IV. 161 VIII. 271.

[2] Vgl. dazu Anm. 1 zu § 239.

[3] Soweit nicht die folgenden §§ Spezialbestimmungen enthalten. Vgl. auch § 177 G.V.G. — Unzulässigkeit der Uebertragung einzelner dieser Funktionen an einen beisitzenden Richter: E. XX. 310.

R. V. 653, nicht aber im Falle der Verhinderung die Abgabe des ganzen Vorsitzes und Funktionirung als Beisitzer. R. VI. 287.

⁴ mit Einschluß der beisitzenden Richter.

⁵ gesetzlich unzulässig, nicht als bloß unangemessen.

5. Kreuzverhör.

238. Die Vernehmung der von der Staatsanwaltschaft und dem Angeklagten benannten Zeugen und Sachverständigen ist der Staatsanwaltschaft und dem Vertheidiger[1] auf deren übereinstimmenden Antrag von dem Vorsitzenden zu überlassen.[2] Bei den von der Staatsanwaltschaft benannten Zeugen und Sachverständigen hat diese, bei den von dem Angeklagten benannten der Vertheidiger in erster Reihe das Recht zur Vernehmung.

Der Vorsitzende hat auch nach dieser Vernehmung die ihm zur weiteren Aufklärung der Sache erforderlich scheinenden Fragen an die Zeugen und Sachverständigen zu richten.

[1] Nicht auch dem Angeklagten selbst.

[2] Vgl. § 240 Abs. 1 und 2.

6. Fragen der beisitzenden Richter u. s. w.

239. Der Vorsitzende hat den beisitzenden Richtern auf Verlangen zu gestatten, Fragen an die Zeugen und Sachverständigen[1] zu stellen.[2]

Dasselbe[3] hat der Vorsitzende der Staatsanwaltschaft, dem Angeklagten und dem Vertheidiger sowie den Geschworenen und den Schöffen zu gestatten.

[1] nicht auch an den Angeklagten. E. IX. 310. R. V. 653. Hier auch jede Einmischung des Vertheidigers unzulässig. E. XXXII. 276.

[2] selbst zu stellen. Sie haben nicht das Recht, Fragen durch den Vorsitzenden stellen zu lassen. E. XXIX. 147.

[3] Vgl. jedoch § 240 Abs. 2.

240. Demjenigen, welcher im Falle des §. 238 Abs. 1 die Befugniß der Vernehmung mißbraucht, kann dieselbe von dem Vorsitzenden entzogen werden.

In den Fällen des §. 238 Abs. 1 und des §. 239 Abs. 2[1] kann der Vorsitzende ungeeignete oder nicht zur Sache gehörige[2] Fragen zurückweisen.[3]

[1] Im Falle des Abs. 1 des § 239 ist event. nur § 241 maßgebend; vgl. für letzteren aber auch noch E. X. 378. R. VI. 350.

[2] nicht auch anscheinend unerhebliche. E. VIII. 161. XXI. 236. R. VI. 167.

[3] Ein allgemeines Recht des Vorsitzenden auf vorherige Mittheilung der Fragen besteht nicht; im Falle des Mißbrauchs des Fragerechts hat er aber auch hier die Befugniß des Abs. 1. E. XVIII. 365.

241. Zweifel über die Zulässigkeit einer Frage entscheidet in allen Fällen das Gericht.

7. Beginn der Hauptverhandlung.

242. Die Hauptverhandlung beginnt[1] mit dem Aufrufe der Zeugen und Sachverständigen.[2]

Hieran schließt sich die Vernehmung des Angeklagten über seine persönlichen Verhältnisse und die Verlesung des Beschlusses über die Eröffnung des Hauptverfahrens.

Sodann erfolgt die weitere Vernehmung des Angeklagten nach Maßgabe des §. 136.[4]

Die Verlesung des Beschlusses und die Vernehmung des Angeklagten geschieht in Abwesenheit[5] der zu vernehmenden Zeugen.[6]

[1] Abgesehen von dem natürlich zunächst nothwendigen Aufruf des Angeklagten selbst, bezw. seiner Vorführung. — Für das Schwurgericht vgl. auch § 278.

[2] Zum Zweck der Konstatirung ihrer Anwesenheit. Vgl. M. 136.

[3] § 205, eventuell § 270, der ihn völlig vertritt. Vgl. § 270

Abs. 2. E. X. 230. R. VII. 473. Der nach § 19 Abs. 3 und § 202 (bei theilweiser Eröffnung) mögliche Inhalt braucht nicht verlesen zu werden. — Anklageschrift wird nicht verlesen. Mündliche Erläuterung des Beschlusses durch den Vorsitzenden ist nicht ausgeschlossen. R. I. 269. VI. 223; vgl. aber auch E. XXXII. 318. — Verlesung des Eröffnungsbeschlusses auch in der nach den §§ 369 Abs. 2, 3, 394 Abs. 2, 410 Abs. 2 nöthigen neuen Hauptverhandlung. E. IV 426. XXI. 436. R. III. 521.

[4] Vgl. dazu § 232 und § 253, auch Anm. 2 zu § 251, Anm. 1 zu § 289

[5] Nichtbeachtung kein Revisionsgrund. E. I. 366. 409. R. I. 603. 740.

[6] Nicht auch Sachverständigen: § 80, selbst wenn diese zugleich als Zeugen geladen sein sollten. R. III. 496.

8. Beweisaufnahme.

243. Nach[1] der Vernehmung des Angeklagten folgt die Beweisaufnahme.[2]

Es bedarf eines Gerichtsbeschlusses, wenn ein Beweisantrag[3] abgelehnt werden soll,[4] oder wenn die Vornahme einer Beweishandlung eine Aussetzung der Hauptverhandlung erforderlich macht.[5]

Das Gericht kann auf Antrag und von Amtswegen die Ladung von Zeugen und Sachverständigen sowie die Herbeischaffung anderer Beweismittel anordnen.[6]

[1] Diese Reihenfolge der Akte ist nicht absolut zwingend. E. XXIV. 60. R. VI. 714. VIII. 651; vgl. aber auch E. XXIII. 310.

[2] Soweit sie sich nicht durch ein „glaubwürdiges" Geständniß des Angeklagten erübrigt. Vgl. jedoch § 244.

[3] d. h. ein in der Hauptverhandlung gestellter. Das ist auch ein bei der Vernehmung gemäß § 232 gestellter. E. X. 135. R. VI. 79. Beweisanträge in Gemäßheit der §§ 199, 218 berühren dagegen das erkennende Gericht nicht. E. I. 32. 106. R. I. 250. — Beweisanträge des Vertheidigers sind selbst beim Widerspruch des Angeklagten zu beachten. E. XVII. 315. R. X. 368. — Lediglich Wiederholungen bereits beschiedener Beweisanträge sind vom Vorsitzenden gemäß § 237 zurückzuweisen. E. XXXI. 62.

[4] Der Gerichtsbeschluß bedarf der Begründung (§ 34), und zwar einer so vollständigen, daß in höherer Instanz eine Nachprüfung der etwaigen Rechtsgründe möglich ist. „Als thatsächlich unerheblich“ oder „da die Sache bereits genügend aufgeklärt“, genügt z. B. nicht. E. I. 189. 417. R. I. 331. 612. — Der Gerichtsbeschluß muß mit Gründen verkündet werden, und zwar vor dem Schluß der Beweisaufnahme, damit ein etwaiger weiterer Beweisantritt nicht abgeschnitten wird. E. I. 32. 34. 170. 366. R. I. 156. 256. 424. — Nur wenn der Beweisantrag bloß eventuell gestellt ist, genügt seine Berücksichtigung im Urtheil. E. I. 394. III. 222. XX. 380. XXIX. 438. — Vgl. auch § 245 Abs. 1.

[5] Im Uebrigen ist, abgesehen von § 250, die Beweisaufnahme Sache des Vorsitzenden. Er kann daher selbständig auch neue Erhebungen veranlassen, wenn eine Aussetzung dadurch nicht erforderlich wird. E. II. 194. R. II. 156. 160.

[6] Auch wenn dadurch von der Staatsanwaltschaft zu bewerkstelligende weitere Vorermittelungen erforderlich werden. E. XIII. 158. Eine Zurückweisung in die Voruntersuchung ist nicht zulässig. E. II. 33.

244. Die Beweisaufnahme ist[1] auf die sämmtlichen vorgeladenen[2] Zeugen und Sachverständigen sowie auf die anderen herbeigeschafften[3] Beweismittel[4] zu erstrecken. Von der Erhebung einzelner Beweise kann jedoch abgesehen werden, wenn die Staatsanwaltschaft und[5] der Angeklagte[6] hiermit einverstanden[7] sind.

In den Verhandlungen vor den Schöffengerichten[8] und vor den Landgerichten in der Berufungsinstanz,[9] sofern die Verhandlung vor letzteren eine Uebertretung[10] betrifft oder auf erhobene Privatklage erfolgt,[11] bestimmt das Gericht den Umfang der Beweisaufnahme, ohne hierbei durch Anträge, Verzichte oder frühere Beschlüsse gebunden zu sein.

[1] Auch im Falle der Unerheblichkeit. E. I. 225. R. I. 571. 660.

[2] Dagegen nicht mit Nothwendigkeit auf die bloß gestellten. E. I. 198. 297. 383. R. I. 335. 356. — Auch nicht, wenn die Zeugen und Sachverständigen nicht erschienen sind. E. I. 175. 196. 315. R. I. 293. 333. 551. — Ladung ist zu behaupten und auf Erfordern nachzuweisen. E. XVII. 440. XXIII. 400.

[3] in formeller Weise, nicht erst in der Sitzung übergebene. Vgl. E. I. 383. R. II. 122, aber auch E. I. 241. R. I. 4.8.

[4] Auch Augenscheinsobjekte. E. XXI. 225. Bei Akten, Handelsbüchern ꝛc. nur die beweiserheblichen Stellen. Zur Herbeischaffung gehört daher auch die Bezeichnung der letzteren. E. III. 250. XXI. 108

[5] Es genügt also nicht das Einverständniß dessen, der sich auf das Beweismittel bezogen. Die Bestimmung gilt auch für die vom Gericht von Amtswegen herbeigeschafften Beweise.

[6] bei Nichtwiderspruch des Angeklagten der Vertheidiger; ausdrückliche Zustimmung des letzteren sonst nicht erforderlich. E. I. 198. XVI. 376. Bei mehreren Angeklagten genügt die Zustimmung der interessirten. E. X. 300. R. II. 71.

[7] Rein passives Verhalten genügt dazu nicht. E. IV. 398. R. III. 438

[8] § 27 u. § 29, § 75 G.V.G. [9] § 76 G.V.G.

[10] § 1 Abs. 3 St.G.B. [11] §§ 414 ff.

245. Eine Beweiserhebung darf nicht deshalb abgelehnt werden, weil das Beweismittel oder die zu beweisende Thatsache zu spät vorgebracht worden sei.[1]

Ist jedoch ein zu vernehmender Zeuge oder Sachverständiger dem Gegner des Antragstellers so spät namhaft gemacht oder eine zu beweisende Thatsache so spät vorgebracht worden, daß es dem Gegner an der zur Einziehung von Erkundigungen erforderlichen Zeit gefehlt hat, so kann derselbe bis zum Schlusse der Beweisaufnahme die Aussetzung der Hauptverhandlung zum Zwecke der Erkundigung beantragen.

Dieselbe Befugniß haben die Staatsanwaltschaft und der Angeklagte in Betreff der auf Anordnung des Vorsitzenden oder des Gerichts geladenen Zeugen oder Sachverständigen.

Ueber die Anträge entscheidet das Gericht nach freiem Ermessen.

[1] Anders, wenn ein Antrag nur zum Zweck der Verschleppung der Sache vorgebracht wird. E. XII. 353. XIII. 151. R. VII. 427. X. 148.

246. Das Gericht[1] kann den Angeklagten, wenn zu befürchten ist, daß ein Mitangeklagter oder ein Zeuge[2] bei seiner Vernehmung in Gegenwart des Angeklagten die Wahrheit nicht sagen werde, während dieser Vernehmung[3] aus dem Sitzungszimmer abtreten lassen.[4] Der Vorsitzende hat jedoch den Angeklagten, sobald dieser wieder vorgelassen worden,[5] von dem wesentlichen Inhalt[6] desjenigen zu unterrichten, was während seiner Abwesenheit ausgesagt oder sonst verhandelt worden ist.[7]

In gleicher Weise ist zu verfahren, wenn das Gericht wegen ordnungswidrigen Benehmens des Angeklagten zeitweise dessen Entfernung aus dem Sitzungszimmer angeordnet hat.[8]

[1] Nicht der Vorsitzende. Vgl. auch §§ 33–35. E. XX. 273.

[2] Nicht auch ein Sachverständiger.

[3] nicht bei anderen Verhandlungsakten, selbst wenn sie während der Vernehmung, z. B. Verlesung einer Urkunde, vorkommen. E. XXIX. 30.

[4] Eine nachträgliche Geltendmachung des Befragungsrechtes aus § 239 Abs. 2 wird dadurch nicht ausgeschlossen.

[5] Vgl. E. XX. 123. XXXII. 120.

[6] Dazu gehören auch etwaige Anträge der Staatsanwaltschaft nicht aber deren Begründung. E. XXXII. 88.

[7] Beurkundung durch das Protokoll: §§ 273, 274. — Nichtbeachtung Revisionsgrund. E. VIII. 49. [8] § 178 G.V.G.

247. Die vernommenen Zeugen und Sachverständigen dürfen sich nur mit Genehmigung oder auf Anweisung des Vorsitzenden von der Gerichtsstelle entfernen.[1] Die Staatsanwaltschaft und der Angeklagte sind vorher zu hören.

[1] Bei Vermeidung der Folgen der §§ 50, 77.

9. Verlesung von Schriftstücken.

248. Urkunden und andere als Beweismittel dienende Schriftstücke[1] werden in der Hauptverhandlung verlesen.[2] Dies gilt insbesondere von früher ergangenen Strafurtheilen, von Straflisten und von Auszügen aus Kirchenbüchern und Personenstandsregistern und findet auch[3] Anwendung auf Protokolle über die Einnahme des richterlichen Augenscheins.[4]

[1] solche, welche selbst das Beweismittel darstellen, nicht bloß andere Beweismittel bezeugen, also soweit nicht § 249 entgegensteht. — Urkunden in fremder Sprache: E. IX. 51. R. V. 478. Der Begriff der „Verlesung" wird durch die mündliche Uebersetzung des Dolmetschers ersetzt. E. XXXII. 239.

[2] Ohne Gerichtsbeschluß. Eines solchen bedarf es nur, unbeschadet natürlich § 237 Abs. 2, in den Fällen des § 250. E. II. 194. 408. R. II. 156. — Bloße Konstatirung des Inhalts durch den Vorsitzenden ist nicht unbedingt ausgeschlossen. Vgl. darüber E. II. 408. III. 141. 161. 282. R. II. 452. 595. 608. 746. XXV. 125. XXVI. 82. — Protokollirung: § 273.

[3] Andernfalls könnte hier § 249 für maßgebend erachtet werden.

[4] Dahin gehört auch das Protokoll über eine gerichtliche Leichenschau, nicht aber über das Ergebniß einer Leichenöffnung. E. II. 158. R. IV. 699. Uebrigens ist stets Erforderniß, daß das Protokoll sowie die Augenscheinseinnahme den gesetzlichen Vorschriften entspricht. E. I. 256. XVIII. 186. Vgl. insbesondere auch Anm. 1 zu § 86. Verlesen werden dürfen auch diejenigen Stellen, worin zugezogene Personen die in Frage stehende Oertlichkeit bezeichnen. E. XII. 309.

249. Beruht der Beweis einer Thatsache auf der Wahrnehmung einer Person,[1] so ist die letztere in der Hauptverhandlung zu vernehmen.[2] Die Vernehmung darf nicht[3] durch Verlesung des über eine frühere Vernehmung aufgenommenen Protokolls oder einer schriftlichen Erklärung ersetzt[4] werden.[5]

[1] Vgl. E. XVII. 15.

[2] Gilt nur für den Beweis der That (Schuld- und Straffrage), also z. B. nicht für den Strafantrag und dessen Rechtzeitigkeit, E. VI. 161, überhaupt nicht, soweit es sich nur um die prozessuale Zulässigkeit der Verfolgung handelt (z. B. ne bis in idem). E. X. 253.

[3] Auch nicht bei Zustimmung aller Betheiligten. E. IX. 49. R. VII. 401.

[4] Die bloße Benutzung — auch durch Verlesung — bei der Vernehmung ist also zulässig. E. XX. 105.

[5] Ausnahmen: §§ 71, 250 (vgl. dazu § 49) u. § 255. Vgl. auch § 248 nebst Anm. 3 das.

250. Ist ein Zeuge, Sachverständiger oder Mitbeschuldigter verstorben oder in Geisteskrankheit verfallen,[1] oder ist sein Aufenthalt nicht zu ermitteln gewesen,[2] so kann das Protokoll über seine frühere richterliche[3] Vernehmung[4] verlesen werden. Dasselbe gilt von dem bereits verurtheilten Mitschuldigen.

In den im §. 222 bezeichneten Fällen ist die Verlesung des Protokolls über die frühere Vernehmung statthaft, wenn letztere nach Eröffnung des Hauptverfahrens,[5] oder wenn sie in dem Vorverfahren unter Beobachtung der Vorschriften des §. 191 erfolgt ist.[6]

Die Verlesung kann nur durch Gerichtsbeschluß angeordnet,[7] auch muß der Grund derselben verkündet und bemerkt werden, ob die Beeidigung der vernommenen Personen stattgefunden hat.[8] An den Bestimmungen über die Nothwendigkeit der Beeidigung wird hierdurch für diejenigen Fälle, in denen die nochmalige Vernehmung ausführbar ist, nichts geändert.

[1] Völlige Vernehmungsunfähigkeit analog zu behandeln. E. XV. 409. R. IX. 213.

[2] Die bloße Nichtbestellbarkeit der Zustellung genügt nicht; es müssen Ermittelungen stattgefunden haben oder aussichtslos sein. E. I. 285. IX. 88. R. I 520. Verschollenheit dagegen nicht erforderlich. E. III. 367. R. III. 105. Auch nicht eine geradezu absolute Unmöglichkeit, den Aufenthalt zu ermitteln. E. IV. 416.

[3] auch uneidliche. Ein in dem richterlichen Protokoll in Bezug genommenes nicht richterliches Protokoll wird dadurch natürlich zu einem Theil des richterlichen — vgl. E. I. 391. R. I. 645 — und müssen die in Bezug genommenen Schriftstücke mitverlesen werden. E. XIV. 1. XXVI 289. — Richterliche Protokolle sind auch militärgerichtliche. E. XXIX. 433.

[4] nicht bloß in der vorliegenden Sache. E. VII. 156. X. 29. R. IV. 800. VI. 22. Vgl. aber auch E. III. 307. IV. 173.

[5] § 201. Dies sind die Fälle § 222 und § 206 Abs. 2. Ist die Beobachtung des § 223 wegen der Prozeßgesetze des Auslandes unausführbar gewesen, so wird dadurch die Verlesung nicht ausgeschlossen. E. XI. 391. R. VII. 11.

[6] In Abs. 2 ist danach ebenfalls richterliche Vernehmung vorausgesetzt, zugleich aber auch eidliche, falls Beeidigung der Aussage überhaupt zulässig. Vgl. Abs. 3.

[7] Dieser Beschluß wird durch einen in Gemäßheit des § 222 erfolgten früheren Beschluß nicht ersetzt und ist unbedingt erforderlich. E. I. 118. 236. 242. R. I. 139. 412. II 562.

[8] Beurkundung im Protokoll: §§ 273, 274. Unterlassung oder unrichtige Angabe Revisionsgrund. E II 237. R I. 230. II 223.

251. Die Aussage eines vor der Hauptverhandlung vernommenen Zeugen, welcher erst in der Hauptverhandlung von seinem Rechte, das Zeugniß zu verweigern,[1] Gebrauch macht, darf nicht verlesen[2] werden.[3]

[1] §§ 51—54.

[2] auch nicht im Wege der Vorhaltung an den Angeklagten (§ 242 Abs. 3) kundgemacht werden. E. XV. 100, und zwar selbst dann nicht, wenn von dem Zeugnißweigerungsrecht erst hinterher

Gebrauch gemacht wird, so daß solchenfalls das Gericht sich zunächst hierüber zu vergewissern hat. E. XXVII. 29. — Vernehmung anderer Personen über die frühere Aussage (falls diese ordnungsmäßig zu Stande gekommen. R. V. 266) des Zeugniß Weigernden ist nach Ansicht des Reichsgerichts nicht verboten. R. II. 644. E. V. 142. R III. 678. IX. 342. E XIV. 266. XVI 119 contra E. X. 374. R. VI. 387. Die Hingabe des früheren Protokolls zur Einsicht ist aber dabei nicht statthaft. E. VIII. 122. R. V. 87.

[3] Die Benutzung anderer schriftlicher Mittheilungen dieser Personen ist aber, soweit nicht andere Vorschriften (insbesondere § 97, vgl. Anm. 2 das.) entgegenstehen, nicht ausgeschlossen. E. XXII. 51.

252. Erklärt ein Zeuge oder Sachverständiger, daß er sich einer Thatsache nicht mehr erinnert, so kann der hierauf bezügliche Theil des Protokolls über seine frühere Vernehmung[1] zur Unterstützung seines[2] Gedächtnisses[3] verlesen werden.[4]

Dasselbe kann geschehen, wenn ein in der Vernehmung hervortretender Widerspruch mit der früheren Aussage nicht auf andere Weise ohne Unterbrechung der Hauptverhandlung festgestellt oder gehoben werden kann.[5]

[1] Nicht bloß richterliche, E. I. 409, nicht bloß in vorliegender Sache, E. X. 358. R. VI. 319, endlich auch, wenn er damals als Beschuldigter vernommen war. E. XII. 118.

[2] des früher Vernommenen, nicht auch einer andern Person, E. II. 235. R. II. 218; daher auch nur seiner eigenen Aussage. E. XVIII. 24. R. X. 374.

[3] Erinnert sich der Zeuge des früher Bekundeten gleichwohl nicht, so ist dennoch eine Berücksichtigung des Verlesenen gemäß § 260 statthaft. E. XX. 220.

[4] Gerichtsbeschluß nicht erforderlich. Vgl. Anm. 2 zu § 248.

[5] Auch bloße Vorhaltungen aus der früheren Aussage sind zulässig. R. IX. 123; vgl. auch E. XXIII. 58. Um aber eine Berücksichtigung der früheren Aussage (vgl. Anm. 3) zulässig zu machen, ist Verlesung erforderlich. E. XXVII. 163.

253. Erklärungen des Angeklagten,[1] welche in einem richterlichen[2] Protokolle[3] enthalten sind, können zum Zwecke der Beweisaufnahme über ein Geständniß[4] verlesen werden.[5]

Dasselbe[6] kann geschehen, wenn ein in der Vernehmung hervortretender Widerspruch mit der früheren Aussage nicht auf andere Weise ohne Unterbrechung der Hauptverhandlung festgestellt oder gehoben werden kann.[7]

[1] Wenn auch damals von ihm als Zeugen abgegeben. E. IX. 174. R. IV. 427. V. 410.

[2] Ob darin in Bezug genommene nichtrichterliche Protokolle mit verlesen werden dürfen, darüber vgl. E. XXIV. 94. XXV. 31. J.M. Bl. 1894 S. 285.

[3] Auch in einem gemäß § 273 aufgenommenen Protokolle, wenn auch der Fall des Abs. 3 das. nicht vorliegt. E. XX. 23; vgl. auch E. XXXI. 69.

[4] wenn auch zum weiteren Zweck der Ueberführung eines Mitangeklagten. E. IX. 88.

[5] Gerichtsbeschluß nicht erforderlich.

[6] Auch hier ist also ein richterliches Protokoll vorausgesetzt. Vgl. E. XIV. 258.

[7] Vgl. auch § 232, jedoch auch Anm. 3 das. — Vgl. die auch hier zutreffende Anm. 5 zu § 252.

254. In den Fällen der §§ 252, 253 ist die Verlesung[1] und der Grund derselben auf Antrag der Staatsanwaltschaft oder des Angeklagten im Protokolle zu erwähnen.

[1] Diese auch ohne Antrag. § 273 Abs. 1; a. M. E. XXXII. 315.

255. Die ein Zeugniß oder ein Gutachten enthaltenden Erklärungen[1] öffentlicher Behörden[2], mit Ausschluß von Leumundszeugnissen,[3] desgleichen ärztliche[4] Atteste[5] über Körperverletzungen, welche nicht zu den schweren[6] gehören,[7] können verlesen werden.[8]

Ist das Gutachten einer kollegialen Fachbehörde eingeholt worden, so kann das Gericht die Behörde ersuchen, eines ihrer Mitglieder mit der Vertretung des Gutachtens in der Hauptverhandlung zu beauftragen und dem Gerichte zu bezeichnen.

[1] auch wenn sie die persönliche (wenn nur amtliche) Wahrnehmung des die Behörde darstellenden Beamten enthalten. E. IX. 88; auch wenn sie nicht auf Erfordern des Gerichts abgegeben sind. E. XIX. 264.

[2] einschließlich der Sachverständigenvereine. E. XXII 258, nicht aber eines einzelnen eine Behörde nicht repräsentirenden Beamten. E. XXVI. 138. XXXII. 365.

[3] Gleichgültig, ob sie den Angeklagten oder einen Zeugen betreffen. E. XXX. 439.

[4] Arzt im Sinne des § 29 G.O. E. XIV. 55. R. XIII. 231.

[5] Gleichgültig, ob sie ohne oder auf Veranlassung des Gerichts ausgestellt sind, E. XIX. 364, nicht aber auch ärztliche Erklärungen in Protokollen. E. VI. 254. R. IV. 435.

[6] „Schwere" § 224 St.G.B. — Im Falle des § 228a St.G.B. also Verlesung statthaft. E. I 158. R. I 320.

[7] Eidliche Bestärkung nicht erforderlich.

[8] Gerichtsbeschluß nicht erforderlich. — Verlesung nur statthaft, wenn Körperverletzung Gegenstand des Verfahrens. E. XXVI. 38.

256. Nach der Vernehmung eines jeden Zeugen, Sachverständigen oder Mitangeklagten, sowie nach der Verlesung eines jeden Schriftstücks soll[1] der Angeklagte befragt werden, ob er etwas zu erklären habe.

[1] Nichtbeachtung kein Revisionsgrund. E. II. 202. R. I. 165, 230.

10. Schlußvorträge.

257. Nach dem Schlusse der Beweisaufnahme erhalten die Staatsanwaltschaft[1] und sodann der Angeklagte zu ihren Ausführungen und Anträgen das Wort.[2] Der Staatsanwaltschaft steht das Recht der Erwiderung zu;[3] dem Angeklagten gebührt das letzte Wort.

Der Angeklagte ist, auch wenn ein Vertheidiger für ihn gesprochen hat, zu befragen, ob er selbst noch etwas zu seiner Vertheidigung anzuführen habe.[4]

[1] Im Falle der Nebenklage nothwendig auch der Nebenkläger. E. XVI. 258.

[2] Ist die Verhandlung, wenn auch nur durch Stellung und Ablehnung eines Beweisantrags, wieder eröffnet, so ist nochmalige Wortertheilung nöthig. E. XXVI. 32.

[3] unbedingt nur einer einmaligen; für spätere Erwiderungen ist das Ermessen der gerichtl. Sachleitung maßgebend. E. XI. 135. R. VI. 599.

[4] Nichtbeachtung Revisionsgrund. E. IX. 69. Vgl. aber auch R. IV. 94. V. 749. E. XXIII. 319. Vgl. auch § 149.

11. Verdolmetschung der gestellten Anträge.

258. Einem der Gerichtssprache nicht mächtigen Angeklagten müssen aus den Schlußvorträgen[1] mindestens die Anträge der Staatsanwaltschaft und des Vertheidigers durch den Dolmetscher bekannt gemacht werden.

Dasselbe gilt von einem tauben Angeklagten, sofern nicht eine schriftliche Verständigung erfolgt.

[1] Im Uebrigen vgl. Anm. 4 zu § 187 G.V.G.

12. Urtheilsfindung.

259. Die Hauptverhandlung schließt[1] mit der Erlassung des Urtheils.[2] Das Urtheil kann nur[3] auf Freisprechung, Verurtheilung oder Einstellung des Verfahrens lauten.

Die Einstellung des Verfahrens ist auszusprechen, wenn bei einer nur auf Antrag zu verfolgenden strafbaren Handlung[4] sich ergiebt, daß der erforderliche

Antrag nicht vorliegt, oder wenn der Antrag rechtzeitig zurückgenommen ist.

[1] Die Erlassung des Urtheils ist sonach Theil der Hauptverhandlung, so daß auch auf sie § 225 Anwendung findet. E. III. 116. R. II. 631.

[2] Falls die Sache endgültig abgeschlossen ist. Andernfalls durch Beschluß; so z. B. in den Fällen § 227, § 243 Abs. 2, § 270, § 203. Vgl. E. III. 29. R. II. 487.

[3] Urtheil auf Unzulässigkeit der Strafverfolgung und dergl. damit nicht ausgeschlossen. E. VII. 355. IX. 14.

[4] Vgl. §§ 61 ff. St.G.B. Bei Nachbringung des Antrags vgl. E. VII. 358, aber auch E. IV. 211. R. III. 350, 479.

260. Ueber das Ergebniß der Beweisaufnahme entscheidet das Gericht nach seiner freien, aus dem Inbegriffe der Verhandlung[1] geschöpften Ueberzeugung[2]

[1] Privatwissenschaft (anders Notorietät, vgl darüber E. XVI. 327. XXVIII 171. XXXI. 185) und Akteninhalt sind damit ausgeschlossen. Vgl. E. II. 76. R. I. 840.

[2] Ausnahmen: §§ 274, 475 und gemäß § 5 E.G. Beweisregeln anderer Reichsgesetze; hinsichtlich der in Landesgesetzen etwa enthaltenen vgl. E.G. § 6 und § 3 Abs. 2 u. 3.

13. Civilrechtliche Vorfragen.

261. Hängt die Strafbarkeit einer Handlung von der Beurtheilung eines bürgerlichen Rechtsverhältnisses ab, so entscheidet das Strafgericht auch über dieses[1] nach den für das Verfahren und den Beweis in Strafsachen geltenden Vorschriften.[2]

Das Gericht ist jedoch befugt, die Untersuchung auszusetzen und einem der Betheiligten[3] zur Erhebung der Civilklage eine Frist zu bestimmen[4] oder das Urtheil des Civilgerichts abzuwarten.[5]

[1] Ohne die Einschränkung § 13 G.V.G. E. XVIII. 436; vgl. auch E. XXXII. 330.

[2] Damit in Verbindung mit § 6 des E.G. ist auch der das Stempelstrafverfahren betr. § 14 des preuß. G. v. 24./5. 61 (G.S. 241) beseitigt. E. VIII. 224. R. V. 277. Ebenso das preuß. G. v. 31./1. 45 (G.S. 95), die Civileinreden bei Wald-, Feld-, Jagdfrevelsachen betr. Vgl. G. v. 15./4. 78 (G.S. 222) § 38 und v. 1./4. 80 (G.S. 230) § 55. — Zulässigkeit landesgesetzlicher Ausnahmen § 3 Abs. 2 E.G. — Rechtsbegründende Akte einer Verwaltungsbehörde (z. B. Ertheilung eines Patents) werden durch § 261 überhaupt nicht betroffen. E. VII. 146. XVIII. 440. R. IV. 763.

[3] Nicht bloß den am Strafprozeß Betheiligten, sondern jedem bei dem bürgerlichen Rechtsverhältnisse Interessirten. Vgl. M. 149.

[4] Nur mit dem Präjudiz der Fortsetzung des Strafverfahrens. Die Nichterhebung der Klage wird jedoch häufig als Beweismoment zu verwerthen sein.

[5] Bindend ist auch im Falle dieses Abs. 2 das Civilurtheil nicht, wiewohl andererseits, wenn der Strafrichter es materiell für begründet erachtet, er es ohne Weiteres seiner Entscheidung zu Grunde legen kann. Vgl. § 399 Nr. 4.

14. Erforderniß der Zweidrittheil-Mehrheit.

262.[1] Zu einer jeden dem Angeklagten nachtheiligen Entscheidung, welche die Schuldfrage[2] betrifft, ist eine Mehrheit von zwei Drittheilen der Stimmen erforderlich.[3]

Die Schuldfrage begreift auch solche von dem Strafgesetze besonders vorgesehene Umstände, welche die Strafbarkeit ausschließen,[4] vermindern[5] oder erhöhen.[6]

Die Schuldfrage begreift nicht die Voraussetzungen des Rückfalles und der Verjährung.[7] [8]

[1] Vgl. §§ 194—200 G.V.G. Berathung und Abstimmung.

[2] d. h. die Frage, ob der Angeklagte einer bestimmten strafbaren Handlung überführt ist, einschließlich der gesetzlichen Charakterisirung dieser Strafthat.

[3] Angabe des Stimmverhältnisses im Urtheil, abgesehen von § 307, nicht erforderlich. R. I. 250. II. 70.

[4] z. B. §§ 51—55 St.G.B., aber auch z. B. §§ 163 Abs. 2, 199, 233, 310 daf. Vgl. E. XVII. 346. XXXI. 347. R. X. 361.

[5] z. B. §§ 157, 158 St.G.B., nicht aber die Frage nach mildernden Umständen im Allgemeinen, da hier „besonders“ vorgesehene Umstände in Frage stehen. M. 152. Vgl. § 297 Abs. 2.

[6] z. B. St.G.B. § 243, auch § 249 im Verhältniß zu § 242.

[7] Auch nicht des Strafantrages, E. II. 221. R. II. 188, überhaupt nicht der prozessualen Voraussetzungen der Strafverfolgung, z. B. Trennung der Ehe im Falle des § 172 St.G.B. (wohl zu unterscheiden von den objektiven Bedingungen der Strafbarkeit, z. B. Gegenseitigkeit in § 102 Abs. 1 St.G.B., Nichterweisbarkeit in § 186 St.G.B.) E. XV. 122. R. VIII. 791. Hier, wie überall, wo nicht Abs. 1 und 2 in Frage stehen, gilt die allgemeine Regel des § 198 Abs. 1 G.V.G. Hinsichtlich der Straffrage vgl. namentlich noch Abs. 3 des § 198 G.V.G.

[8] Die Feststellungen der Geschworenen hinsichtlich der That, insbesondere ihrer Zeit, bleiben aber auch hier maßgebend. E. XV. 107

15. Gegenstand der Urtheilsfindung.

263. Gegenstand der Urtheilsfindung ist in der Anklage[1] bezeichnete That, wie sich dieselbe nach dem Ergebnisse der Verhandlung darstellt.[2]

Das Gericht ist an diejenige Beurtheilung der That, welche dem Beschlusse über die Eröffnung des Hauptverfahrens zu Grunde liegt, nicht gebunden.

[1] Gemeint ist der Eröffnungsbeschluß. E. IV. 192. R. III. 325.

[2] Damit ist, wie in Abs. 2 in rechtlicher (vgl. E. IV. 34), so auch in thatsächlicher Beziehung eine Abweichung vom Eröffnungsbeschlusse statthaft. Nur die Identität der That, d. h. aber hiernach die Identität des zur Anklage gestellten Vorfalles, des historischen Vorkommnisses, muß gewahrt bleiben. Vgl. E. II. 347. III. 95. 132. VIII. 135. R. I. 549. 681. II. 341, auch E. XII. 409. XIV. 78. XXI. 78. Dieselbe Grenze für: ne bis in idem. E. XV. 9. 237. R. IX. 99. Vorbehalt einer neuen Anklage wirkungslos. E. XV. 133. Verschentliches Uebergehen eines Anklagepunktes consumirt aber nicht. E. XIX. 227. Auch nur eine materielle Entscheidung der Sache. E. XXVI. 150. XXVII. 216.

16. Veränderung der Anklage.

264. Eine Verurtheilung des Angeklagten auf Grund

eines anderen[1] als des in dem Beschlusse über die Eröffnung des Hauptverfahrens[2] angeführten[3] Strafgesetzes darf nicht erfolgen, ohne daß der Angeklagte zuvor auf die Veränderung des rechtlichen Gesichtspunktes[4] besonders hingewiesen[5] und ihm Gelegenheit zur Vertheidigung gegeben worden ist.[6]

In gleicher Weise ist zu verfahren, wenn erst in der Verhandlung solche vom Strafgesetze besonders vorgesehene Umstände behauptet werden, welche die Strafbarkeit erhöhen.[7]

Bestreitet der Angeklagte, unter der Behauptung auf die Vertheidigung nicht genügend vorbereitet zu sein, neu hervorgetretene Umstände, welche die Anwendung eines schwereren Strafgesetzes gegen den Angeklagten zulassen als des in dem Beschlusse über die Eröffnung des Hauptverfahrens angeführten, oder welche zu den im zweiten Absatze bezeichneten gehören, so ist[8] auf seinen Antrag die Hauptverhandlung auszusetzen.

Auch sonst hat das Gericht auf Antrag oder von Amtswegen die Hauptverhandlung auszusetzen, falls dies in Folge der veränderten Sachlage zur genügenden Vorbereitung der Anklage oder der Vertheidigung angemessen erscheint.

Auf die in §. 244 Abs. 2 bezeichneten Verhandlungen findet die Vorschrift des dritten Absatzes nicht Anwendung.

[1] Auch, falls ein in demselben § enthaltener anderer Thatbestand hervortritt, ist die Hinweisung nothwendig, nicht aber, wenn es sich um ein gleichwerthiges, im selben § enthaltenes Merkmal derselben Strafthat handelt. Vgl. E III 417. VIII. 149. XII 379. R. III. 87. 350. IV. 62. V. 212. XXI. 387. XXIV. 89 und besonders E. XIX. 401. — Auch, wenn es sich nur um eine andere

Form der Thäterschaft (Versuch, Theilnahme, Konkurrenz), als im Eröff.-Beschluß angenommen, handelt: E. IX 426. XVI. 437. XX. 226. XXII. 367. R. V. 23. 190. 536. VIII. 659. — Endlich darf schon nach dem Wortlaut die Hinweisung nicht unterbleiben, wenn auch der anzuwendende § sich lediglich als minus zum angeführten verhält und sein Thatbestand in letzterem voll enthalten ist. E. XVII. 293. R. X. 291.

[3] Der Beschluß des § 270 steht auch in dieser Beziehung dem des § 205 gleich. E. XV. 286. R. IX. 144.

[4] inhaltlich, wenn auch mit mangelnder Paragraphenzahl E. VI. 169. Daher namentlich auch Hinweisung auf §§, welche Nebenstrafen normiren oder nebenbei zu berücksichtigen sind (z. B. § 4 Nr. 3 St.G.B., § 20 Abs. 2 Preßg.) nicht erforderlich. E. V 137. X. 139. XXIX. 21. R. VIII. 600.

[5] Spezielle Bezeichnung nothwendig. E. II. 116. R. II. 99.

[6] Stellung eines Antrages auf Grund des anderen Gesetzes Seitens der Staatsanwaltschaft genügt nicht, selbst wenn sich der Vertheidiger darauf eingelassen hat. — E. I. 254. XX. 33. R. I. 440 — ob (beim Schwurgericht) eine dahin gehende Hülfs- oder Nebenfrage, hängt von den Umständen ab. Vgl. E. II. 55. 92. 153. R. II. 55. IV. 242; dem Angeklagten muß die Veränderung erkennbar gemacht sein.

[6] Nichtbeobachtung Revisionsgrund: § 377 Nr. 8. R. I. 789. E. XXI 272. XXV. 340. Im Falle des § 462 ist § 264 nicht anwendbar. E. IV. 116. Für den Fall des § 230 Abs. 2 vgl. Anm. 3 das. i. f.

[7] Auch dann, wenn sie in demselben §, welcher dem Eröff.-Beschlusse zu Grunde liegt, vorgesehen sind. E. XXI. 372.

[8] Unbedingt und ohne daß die Behauptung, auf die Vertheidigung nicht vorbereitet zu sein, einer Prüfung des Gerichts unterliegt, aber vorausgesetzt, daß der neu hervorgetretene Umstand für das Urtheil von Bedeutung ist.

265. Wird der Angeklagte im Laufe der Hauptverhandlung noch einer anderen That beschuldigt, als wegen welcher das Hauptverfahren wider ihn eröffnet worden, so kann dieselbe auf Antrag der Staatsanwaltschaft[1] und mit Zustimmung des Angeklagten zum Gegenstande derselben Aburtheilung gemacht werden.[2]

Diese Bestimmung findet nicht Anwendung, wenn die That als ein Verbrechen[3] sich darstellt oder die Aburtheilung derselben die Zuständigkeit des Gerichts überschreitet.

[1] Im Schwurgericht durch Beantragung einer entsprechenden Frage. E. IV. 76. R. III. 225.

[2] Der gerichtliche Beschluß muß die That einem Eröffnungsbeschluß entsprechend bezeichnen. E. I. 432. R. I. 757.

[3] § 1 Abs. 1 St.G.B.

17. Urtheilsgründe.

266. Wird der Angeklagte verurtheilt, so müssen die Urtheilsgründe[1] die für erwiesen erachteten Thatsachen angeben, in welchen die gesetzlichen Merkmale der strafbaren Handlung gefunden werden.[2] Insoweit der Beweis aus anderen Thatsachen gefolgert wird, sollen[3] auch diese Thatsachen[4] angegeben werden.

Waren in der Verhandlung solche vom Strafgesetze besonders vorgesehene Umstände behauptet worden, welche die Strafbarkeit ausschließen, vermindern oder erhöhen,[5] so müssen die Urtheilsgründe sich darüber aussprechen, ob diese Umstände für festgestellt oder für nicht festgestellt erachtet werden.

Die Gründe des Strafurtheils müssen ferner das zur Anwendung gebrachte Strafgesetz[6] bezeichnen und sollen[3] die Umstände anführen, welche für die Zumessung der Strafe bestimmend gewesen sind. Macht das Strafgesetz die Anwendung einer geringeren Strafe von dem Vorhandensein mildernder Umstände im Allgemeinen abhängig, so müssen die Urtheilsgründe die hierüber getroffene Entscheidung ergeben, sofern das Vorhandensein solcher Umstände angenommen, oder einem in der Verhandlung gestellten Antrage[7] entgegen verneint wird.

Wird der Angeklagte freigesprochen, so müssen die Urtheilsgründe ergeben, ob der Angeklagte für nicht überführt,[8] oder ob und aus welchen Gründen die für erwiesen angenommene That für nicht strafbar erachtet worden ist.[9] [10]

[1] Diese selbst; eine Ergänzung derselben durch Bezugnahme der Anklageschrift oder des Eröffnungsbeschlusses oder eines anderen Urtheils ist unzulässig. E. IV. 137. 382. R. II. 299. E. XXX. 143.

[2] d. h. die concreten Thatsachen, in welchen die einzelnen gesetzlichen Thatbestandsmerkmale gefunden werden. Eine bloße Feststellung nach dem Wortlaute des Strafgesetzes genügt nicht. Vgl. E. I. 162. 415. II. 419. R. I. 779. II. 112. 451. 543 und hinsichtlich der Grenzen der thatsächlichen Feststellung besonders E. III. 201.

[3] instruktionell.

[4] d. h. die einzelnen Indizien selbst, nicht aber der Inhalt der einzelnen Beweismittel und deren Würdigung; die Aufnahme letzterer ist nur unter Umständen angezeigt. Prot. 405 ff., 975 ff. E. III. 201. R. I. 532. 576.

[5] Vgl. Anm. 4—6 zu § 262. — Nicht dahin gehört eine behauptete andere Qualifikation der That (z. B. Beihülfe statt Mitthäterschaft). E. XX. 351.

[6] einschließlich z. B. §§ 47, 43 St.G.B. E. XIX. 213. XXV. 418. XXXII. 351.

[7] wenn auch nur durch Beantragung der entsprechenden milderen Strafe. E. XXIX. 418.

[8] Auch hier sind die Thatbestandsmomente, für welche der Beweis als nicht erbracht angesehen wird, speziell anzugeben. E. II.

90. R. I. 811. Es genügt jedoch die Feststellung, daß ein Thatbestandsmoment nicht vorliegt. E. V 225.

[9] Vgl. § 263 Abs. 2. Nichtberücksichtigung (d. h. der Mangel eines ausdrücklichen Ausspruchs in den Gründen) anderer möglicher Gesichtspunkte jedoch nur dann Revisionsgrund, wenn bezüglicher Antrag gestellt. E. II. 15. 30. R. I. 639. 720. Vgl aber auch E. IV. 34 VII. 229. R. VII. 164, wonach sachlich § 263 unbedingt zu berücksichtigen. — Erschöpfung des Eröffnungsbeschlusses hinsichtlich jeder erheblichen Thatsache und selbstredend jeder Strafthat unbedingtes Erforderniß. Vgl. E. II. 360. III. 147. R. II. 352.

[10] Für schwurgerichtliche Urtheile vgl. die Spezialbestimmungen des § 316. — Vgl. allgemein § 377 Nr. 7.

18. Verkündung des Urtheils.

267. Die Verkündung des Urtheils erfolgt durch Verlesung[1] der Urtheilsformel[2] und Eröffnung der Urtheilsgründe[3] am Schlusse der Verhandlung oder spätestens[5] mit Ablauf einer Woche nach dem Schlusse der Verhandlung[6] Die Eröffnung der Urtheilsgründe geschieht durch Verlesung oder durch mündliche Mittheilung ihres wesentlichen Inhalts.[7]

War die Verkündung des Urtheils ausgesetzt, so sind die Urtheilsgründe vor derselben schriftlich festzustellen.[8]

[1] Mündliche Eröffnung kein Revisionsgrund. E III. 131. R. IV. 398.

[2] Offensichtliche Schreibfehler dürfen noch später berichtigt — E. XIII. 267 — ein aus Versehen nicht mitverkündigter Theil des Urtheils nachträglich, mindestens bis zum Ablauf der Woche verkündet werden. E. XV. 271. R. IX. 132 — nachträgliche sachliche Berichtigung oder Vervollständigung ist aber unzulässig. E. XXVIII. 81. 247. — Vgl. auch E. V. 173. R. III. 723.

[3] Nichtübereinstimmung der mündlichen und späteren schriftlichen Gründe kein Revisionsgrund. E. IV. 382. R. IV. 210. Ebenso nicht der Mangel mündlicher Gründe überhaupt. E. II. 207. R. I. 249. 467 — aber Beginn der Rechtsmittelfristen erst von der Zustellung. E. I. 192. R. I. 328. — Vgl. auch § 274.

[4] Nicht im schwurgerichtlichen Verfahren. § 315.

[5] Verletzung Revisionsgrund. E. XXVII. 116.

[6] Unter Anwesenheit derselben Richter. §§ 225. 259 Anm. 1. Der Angeklagte ist zu dem Verkündungstermine zu laden, bzw. vorzuführen. E. XXXI. 398.

[7] Ist der Angeklagte nicht anwesend, so ist, auch wenn ein Vertreter vorhanden war, Zustellung erforderlich. Vgl. § 355 Abs. 2, § 381 Abs. 2.

[8] Verletzung Revisionsgrund. E. XXXI. 140.

268. Urtheile, durch welche die Unterbringung des Angeklagten in eine Erziehungs- oder Besserungsanstalt angeordnet wird,[1] sind auch dessen gesetzlichem Vertreter zuzustellen,[2] sofern nicht der letztere in der Hauptverhandlung als Beistand des Angeklagten aufgetreten und bei der Verkündung des Urtheils gegenwärtig gewesen ist.

[1] § 56 St.G.B.

[2] Vgl. § 340. In diesem Falle wird jedoch, vorausgesetzt, daß der gesetzliche Vertreter nicht bei der Verkündung anwesend gewesen ist, die Frist erst von der Zustellung laufen können.

19. Entscheidungen über die sachliche Zuständigkeit des Gerichts.

269. Das Gericht darf sich nicht für unzuständig erklären, weil die Sache vor ein Gericht niederer Ordnung gehöre.

270. Stellt sich nach dem Ergebnisse der Verhandlung die dem Angeklagten zur Last gelegte That als eine solche dar, welche die Zuständigkeit[1] des Gerichts überschreitet, so spricht es durch Beschluß seine Unzuständigkeit aus und verweist die Sache an das zuständige Gericht.[2]

Dieser Beschluß hat die Wirkung eines das Hauptverfahren eröffnenden Beschlusses[3] und muß den Erfordernissen eines solchen[4] entsprechen.

Die Anfechtbarkeit des Beschlusses bestimmt sich nach den Vorschriften des §. 209.

Ist der Beschluß von einem Schöffengerichte ergangen, so kann der Angeklagte innerhalb einer bei der Bekanntmachung[5] des Beschlusses zu bestimmenden Frist die Vornahme einzelner Beweiserhebungen vor der Hauptverhandlung beantragen. Ueber den Antrag entscheidet der Vorsitzende des Gerichts, an welches die Sache verwiesen ist.

[1] die sachliche. Hinsichtlich der örtlichen vgl. § 18.

[2] Freisprechung von dem in der Anklage charakterisirten Vergehen unzulässig. E. III. 4. 70. R. II. 301. 571.

[3] Dadurch wird § 176 (Nothwendigkeit einer Voruntersuchung) modifizirt. E. III. 311. R. III. 91.

[4] § 205. [5] § 35. E. IV. 373.

18. Verkündung des Urtheils.

271. Ueber die Hauptverhandlung ist ein[1] Protokoll aufzunehmen und von dem Vorsitzenden und dem Gerichtsschreiber zu unterschreiben.[2] [3]

Ist der Vorsitzende verhindert, so unterschreibt für ihn der älteste beisitzende Richter. Im Falle der Verhinderung des Amtsrichters genügt die Unterschrift des Gerichtsschreibers.

[1] Auch bei mehrtägiger Verhandlung genügt eins. E. XXX. 205.

[2] Marginalnotizen des Vorsitzenden ohne Unterschrift des Gerichtsschreibers gelten nicht als Theil des Protokolls. E. I. 242. XX. 425. XXII. 244. R. I. 418. Protokollanlagen sind in gleicher Weise zu vollziehen. E. II. 33.

[3] Eine Berichtigung oder Vervollständigung des Protokolls, selbst durch besondere Nachtragsschrift, nachdem es einmal formgültig zu den Akten gekommen, ist nicht unbedingt unzulässig (jetzt E. XIX. 367. XXI. 200, gegen früher E. VIII. 141. XVII. 346.

R. V. 170. X. 364), aber unstatthaft, wenn bereits auf Grund desselben ein Rechtsmittel eingelegt ist. — E. II. 76. R. I. 840. V. 451. — Dagegen auch nach eingelegter Revision noch statthaft, wenn die Berichtigung den gerügten Mangel bestätigt. E. XXI. 323. Vgl. Anm. 6 zu § 273.

272. Das Protokoll über die Hauptverhandlung enthält:

1. den Ort und den Tag der Verhandlung;
2. die Namen der Richter, Geschworenen und Schöffen, des Beamten der Staatsanwaltschaft, des Gerichtsschreibers und des zugezogenen Dolmetschers;
3. die Bezeichnung der strafbaren Handlung nach der Anklage;[1]
4. die Namen der Angeklagten, ihrer Vertheidiger, der Privatkläger, Nebenkläger, gesetzlichen Vertreter, Bevollmächtigten und Beistände;
5. die Angabe, daß öffentlich verhandelt oder die Oeffentlichkeit ausgeschlossen ist.[2]

[1] Gemeint ist der Eröffnungsbeschluß, vgl. § 263 Anm. 1.

[2] §§ 170, 173—175 G.V.G.

273. Das Protokoll muß den Gang und die Ergebnisse[1] der Hauptverhandlung im Wesentlichen wiedergeben und die Beobachtung aller wesentlichen Förmlichkeiten ersichtlich machen,[2] auch die Bezeichnung der verlesenen Schriftstücke,[3] sowie die im Laufe der Verhandlung gestellten Anträge,[4] die ergangenen Entscheidungen und die Urtheilsformel[5] enthalten.

Aus der Hauptverhandlung vor dem Schöffengerichte sind außerdem die wesentlichen Ergebnisse der Vernehmungen in das Protokoll aufzunehmen.

Kommt es auf die Feststellung eines Vorgangs in der Hauptverhandlung oder des Wortlauts einer Aussage oder einer Aeußerung an, so hat der Vorsitzende die vollständige Niederschreibung und Verlesung[6] anzuordnen. In dem Protokoll ist zu bemerken, daß die Verlesung geschehen und die Genehmigung erfolgt ist, oder welche Einwendungen erhoben sind.[7]

[1] Dazu gehört nicht der Inhalt der Zeugenaussagen, wie Abs 2 ergiebt. E I. 199. R. I. 327. — Vgl. jedoch preuß. J V v. 7/12. 82 (J.M.Bl 381), v 2./11. 85 (J.M.Bl. 359). Entscheidend sind aber jedenfalls die Feststellungen im Urtheil und nicht das Protokoll R. IX. 879.

[2] § 274 [3] Vgl. auch § 250 u. 254.

[4] Nicht auch deren Begründung. Auch die Prozeßbetheiligten können diese Protokollirung nicht verlangen. E. XXXII. 239.

[5] Verweisung hinsichtlich derselben auf das anliegende Urtheil genügt nicht. R V. 451.

[6] Im Uebrigen findet eine Verlesung des Protokolls nicht statt. Eine Unterschreibung findet niemals statt. Anders bei Protokollen außerhalb der Hauptverhandlung: §§ 186 Abs. 3, 166.

[7] Abgelehnte Anträge auf Berichtigung des Protokolls sind im Beschwerdewege zu verfolgen, soweit die Ablehnung etwa aus Rechtsgründen erfolgt sein sollte. Der materielle Inhalt die Bezeugung dessen, was die als Urkundspersonen Fungirenden wahrgenommen haben, ist naturgemäß einer Beschwerde entzogen. Vgl. E. III. 47. Vgl. Anm. 2 zu § 271.

274. Die Beobachtung der für die Hauptverhandlung vorgeschriebenen Förmlichkeiten[1] kann nur[2] durch das Protokoll bewiesen werden. Gegen den diese Förmlichkeiten betreffenden Inhalt desselben ist nur der Nachweis der Fälschung[3] zulässig.[4]

[1] d. h. alle Vorgänge, welche für die Rechtsbeständigkeit des

Verfahrens von Bedeutung sein können, also auch Stellung von Anträgen und dergl. Vgl. E. XX. 166.

[2] selbst in dem Falle, wenn ein ordnungsmäßiges Protokoll überhaupt nicht vorliegt.

[3] d. i. bewußt unrichtiger Anfertigung. E. V. 44. XX. 166 R. III. 587.

[4] Vgl. jedoch auch Anm. 2 zu § 271, auch Anm 6 zu § 273

21. Beurkundung des Urtheils.

275. Das Urtheil mit den Gründen ist binnen drei Tagen[1] nach der Verkündung zu den Akten zu bringen, falls es nicht bereits vollständig in das Protokoll aufgenommen worden ist.

Es ist von den Richtern, welche bei der Entscheidung mitgewirkt haben, zu unterschreiben.[2] [3] Ist ein Richter verhindert, seine Unterschrift beizufügen, so wird dies unter Angabe des Verhinderungsgrundes von dem Vorsitzenden und bei dessen Verhinderung von dem ältesten beisitzenden Richter unter dem Urtheile bemerkt. Der Unterschrift der Schöffen bedarf es nicht.

Die Bezeichnung des Tages der Sitzung, sowie die Namen der Richter, der Schöffen, des Beamten der Staatsanwaltschaft und des Gerichtsschreibers, welche an der Sitzung Theil genommen haben, sind in das Urtheil aufzunehmen.[4]

Die Ausfertigungen und Auszüge der Urtheile sind von dem Gerichtsschreiber zu unterschreiben und mit dem Gerichtssiegel zu versehen.[5]

[1] Nur instruktionell. E. II. 378. XXXI. 348. R. III. 378.

[2] Auch wenn es in das Protokoll aufgenommen ist. Frist nicht vorgeschrieben. R. IX. 480. Die Unterzeichnung bloß der unter das abgeschlossene Urtheil gesetzten Gründe ist ungehörig. E. XIX.

283. — Auch nachträgliche Aenderungen bedürfen zu ihrer Gültigkeit der besonderen Unterzeichnung durch sämmtliche Richter. E. XXIII 261. J.M.Bl. 1892 S. 359; vgl. E. XXIV. 118. XXVIII. 55.

[3] Für Beschlüsse ist eine gleiche Vorschrift nicht gegeben. E. I. 402. R. I. 697.

[4] In Preußen die Personalien des Angeklagten in die Urtheilsformel. J.V. v. 7./7. 81 (J.M.Bl. 152), v. 10./1. 88 (J.M.Bl. 10).

[5] Vgl. auch B. des Bundesraths v. 16./6. 82, abgeändert 9./7. 96, betr. die Einrichtung von Strafregistern und die wechselseitige Mittheilung der Strafurtheile (R.C.Bl. 1896 S. 426, preuß. J.M.Bl. 1896 S. 265) nebst der preuß. J.V. v. 7./9. 96 (J.M.Bl. 294), v. 13./4. 97 (J.M.Bl. 92) und Nachweisung der zur Registerführung bestimmten Behörden (R.C.Bl. 1882 S. 447, 1883 S. 244).

Siebenter Abschnitt.

Hauptverhandlung vor den Schwurgerichten.

276. Die Bestimmungen der beiden vorhergehenden Abschnitte finden auf das Verfahren vor den Schwurgerichten[1] insoweit Anwendung, als nicht in diesem Abschnitt ein Anderes bestimmt ist.

[1] Vgl. §§ 79—99 G.V.G.

277. Vor dem Tage, an welchem die Hauptverhandlung beginnen soll, muß die Spruchliste[1] der Geschworenen dem Angeklagten, wenn er sich nicht auf freiem Fuße befindet, zugestellt, für den auf freiem Fuße befindlichen Angeklagten auf der Gerichtsschreiberei zur Einsicht niedergelegt werden.

Die Namen später auf die Spruchliste gebrachter Geschworener[2] sind dem Angeklagten bis zum Beginne der Hauptverhandlung mitzutheilen.

[1] § 92 G.V.G. Vgl. Abs. 2 u. § 279 Abs. 2.

[3] § 94 Abs. 2 G.V.G. u. § 280 Abs. 3. — Nichtbeachtung, falls nicht ein darauf gestützter Aussetzungsantrag verworfen, kein Revisionsgrund. E. VIII. 233.

1. Bildung der Geschworenenbank.

278. Die Hauptverhandlung beginnt[1] mit der Bildung der Geschworenenbank[2] durch Ausloosung der Geschworenen.[3] [4]

[1] Abgesehen von dem natürlich zunächst nothwendigen Aufruf des Angeklagten bezw. seiner Vorführung. — Vgl. übrigens auch § 286; von diesem Falle abgesehen — vgl. E. XXIX. 337 — ist also die Bildung der Geschworenenbank Theil der Hauptverhandlung, so daß z. B. auch § 226 darauf Anwendung findet.

[2] §§ 279—285 u. dazu § 274.

[3] Vgl. jedoch Anm. 3 zu § 393.

[4] Hat bei Bildung der Geschworenenbank ein die Nichtigkeit nach sich ziehendes Versehen stattgefunden, so kann alsbald zur Bildung einer neuen Geschworenenbank geschritten werden. E. XXXII. 378. R. IX. 622.

279. Vor der Ausloosung sind, außer den zum Geschworenenamte Unfähigen,[1] solche Geschworene auszuscheiden, welche von der Ausübung des Amts in der zu verhandelnden Sache kraft Gesetzes ausgeschlossen sind.[2] Die erschienenen Geschworenen sind zur Anzeige etwaiger Ausschließungsgründe aufzufordern.

Die Entscheidung über das Ausscheiden eines Geschworenen erfolgt nach Anhörung desselben durch das Gericht. Beschwerde findet nicht statt.[3] Ein für unfähig Erklärter ist in der Spruchliste zu streichen.

[1] §§ 84, 32, 85 Abs. 2 G.V.G. — Vgl. § 377 Nr. 1.

[2] §§ 22, 32. — Vgl. § 377 Nr. 2.

[3] Wohl aber eine Anfechtung im Wege der Revision. E. XVII. 173. R. X. 196.

280. Zur Bildung der Geschworenenbank kann geschritten werden, wenn die Zahl der Geschworenen, welche erschienen und nicht in Gemäßheit des vorhergehenden Paragraphen ausgeschieden worden sind, mindestens vierundzwanzig beträgt. Anderenfalls ist die Zahl aus der Liste der Hülfsgeschworenen[1] auf dreißig zu ergänzen.

Die Ergänzung geschieht mittels Looszìehung durch den Vorsitzenden in öffentlicher Sitzung. Sie gilt für alle in der Sitzungsperiode noch zu verhandelnden Sachen.

Die ausgeloosten Hülfsgeschworenen werden unter Hinweis auf die gesetzlichen Folgen des Ausbleibens geladen.[2] Ihre Namen sind in die Spruchliste aufzunehmen.[3]

Es kann zur Bildung der Geschworenenbank schon dann geschritten werden, wenn in Folge des Erscheinens von Hülfsgeschworenen die Zahl von vierundzwanzig Geschworenen erfüllt ist.

Erscheinen zu einer späteren Hauptverhandlung mehr als dreißig Geschworene, so treten die überzähligen Hülfsgeschworenen in der umgekehrten Reihenfolge ihrer Auslosung zurück.[4]

[1] §§ 89 Abs. 2, 3, 90 G.V.G. [2] §§ 56, 96 G.V.G.
[3] § 277 Abs. 2.
[4] Für die ganze Periode; ihre Namen sind in der Spruchliste wieder zu streichen. E. VI. 170 entscheidet diese Frage nicht.

281. Die Bildung der Geschworenenbank erfolgt in öffentlicher Sitzung. Das Loos wird von dem Vorsitzenden gezogen.

282. Von den ausgeloosten Geschworenen können so viele abgelehnt werden,[1] als Namen über zwölf[2] in der Urne sich befinden.

Die eine Hälfte der Ablehnungen steht der Staatsanwaltschaft,[3] die andere dem Angeklagten[4] zu. Dem Angeklagten gebührt eine Ablehnung mehr, wenn die Gesammtzahl der Ablehnungen eine ungerade ist.

[1] § 24 ist hinsichtlich der Geschworenen unanwendbar.

[2] Vgl. jedoch § 285.

[3] Der Nebenkläger nimmt an der Ablehnung nicht Theil. § 437 Abs. 2.

[4] Vgl. § 284.

283. Sobald ein Name gezogen und aufgerufen ist, hat die Staatsanwaltschaft und sodann der Angeklagte durch die Worte „angenommen" oder „abgelehnt" die Annahme oder Ablehnung zu erklären. Die Angabe von Gründen ist unzulässig.

Wird eine Erklärung nicht abgegeben, so gilt dies als Annahme.

Die Erklärung kann nicht zurückgenommen werden, sobald ein fernerer Name gezogen, oder die gesammte Ziehung für beendet erklärt ist.

284. Sind bei einer Hauptverhandlung mehrere Angeklagte betheiligt, so haben sie das Ablehnungsrecht gemeinschaftlich auszuüben.

Insoweit eine Vereinigung nicht zu Stande kommt, werden die Ablehnungen gleichmäßig vertheilt; über die Ausübung derjenigen Ablehnungen, welche sich nicht gleichmäßig vertheilen lassen, sowie über die Reihenfolge der Erklärungen entscheidet das Loos.

285. Ist die Zuziehung von Ergänzungsgeschworenen[1] angeordnet worden, so vermindert sich die Zahl der zulässigen Ablehnungen um die Zahl der Ergänzungsgeschworenen.

Sind mehrere Ergänzungsgeschworene zugezogen worden, so treten sie in der Reihenfolge der Ausloosung ein.[2]

[1] § 194 G.V.G. Zurücknahme der Anordnung nur bis zum Beginn der Ausloosung statthaft. E. XIV. 206. XXVI. 1.

[2] Auf Anordnung des Gerichts, nicht bloß des Vorsitzenden E. XIII. 191. R. VII. 755.

286. Stehen an demselben Tage mehrere Verhandlungen an, so verbleibt die für eine derselben gebildete Geschworenenbank für die folgende Verhandlung oder für mehrere folgende Verhandlungen, wenn die dabei betheiligten Angeklagten[1] und die Staatsanwaltschaft sich damit vor der Beeidigung der Geschworenen einverstanden erklärt haben.[2]

[1] In Gegenwart ihrer Vertheidiger. E. XVIII. 361.

[2] Eine gleichzeitige Bildung der Geschworenenbank für mehrere Verhandlungen ist unzulässig.

287. Muß nach Unterbrechung einer Hauptverhandlung mit dem Verfahren von neuem begonnen werden,[1] so ist auch die Geschworenenbank von neuem zu bilden.

[1] Vgl. § 228.

288. Nach Bildung der Geschworenenbank werden die Geschworenen[1] in Gegenwart der Angeklagten, über welche sie richten sollen, beeidigt.

Die Beeidigung erfolgt in öffentlicher Sitzung.

Der Vorsitzende richtet an die zu Beeidigenden die Worte:

„Sie schwören bei Gott, dem Allmächtigen und Allwissenden, in der Anklagesache (den Anklagesachen)[2] wider N. N. die Pflichten eines Geschworenen getreulich zu erfüllen und Ihre Stimme nach bestem Wissen und Gewissen abzugeben."

Die Geschworenen leisten den Eid, indem jeder einzeln die Worte spricht:

„ich schwöre es, so wahr mir Gott helfe."

Der Schwörende soll bei der Eidesleistung die rechte Hand erheben.

Ist ein Geschworener Mitglied einer Religionsgesellschaft, welcher das Gesetz den Gebrauch gewisser Betheuerungsformeln an Stelle des Eides gestattet, so wird die Abgabe einer Erklärung unter der Betheuerungsformel dieser Religionsgesellschaft der Eidesleistung gleichgeachtet.[3]

[1] Einschließlich der Ergänzungsgeschworenen.

[2] § 286. [3] Vgl. Anm. 1 zu § 64.

289. Nach der Beeidigung der Geschworenen erfolgt die Verhandlung in der Sache selbst.[1]

[1] In Gemäßheit der §§ 242—256. Vgl. auch §§ 237—241.

2. Feststellung der Fragen.

290. Die den Geschworenen zur Beantwortung vorzulegenden Fragen[1] werden von dem Vorsitzenden[2] entworfen.[3]

Nach dem Schlusse der Beweisaufnahme werden die entworfenen Fragen verlesen.[4] Der Vorsitzende kann sie den Geschworenen, der Staatsanwaltschaft und dem Angeklagten in Abschrift mittheilen und soll einem hierauf gerichteten Antrage entsprechen.

Auf Verlangen der Staatsanwaltschaft oder des Angeklagten oder eines der Geschworenen ist behufs Prüfung der Fragen die Verhandlung auf kurze Zeit zu unterbrechen.

[1] § 81 G.V.G. und dazu § 262 Anm. 2, 7, 8 u. Abs. 2 u. 3; ferner §§ 293 ff., aber auch § 297.

[2] Vgl. jedoch § 291, namentlich Abs. 2.

[3] Auch im Falle des Geständnisses des Angeklagten; eine Mitwirkung der Geschworenen wird dadurch nicht ausgeschlossen.

[4] Auf die Verlesung kann nicht verzichtet werden. E. X. 436. R. VI. 440. — Hat nach der Verlesung noch eine Wiedereröffnung der Beweisaufnahme stattgefunden, so wird dadurch, wenn die Fragen unverändert bleiben, eine nochmalige Verlesung derselben nicht erforderlich. E. XXII. 138.

291. Die Staatsanwaltschaft und der Angeklagte, sowie jeder Geschworene ist befugt, auf Mängel in der Fragestellung aufmerksam zu machen, sowie auf Abänderung und Ergänzung[1] der Fragen anzutragen.

Das Gericht stellt, wenn Einwendungen erhoben oder Anträge angebracht werden, oder wenn einer der Richter es verlangt, die Fragen fest.[2] Die festgestellten Fragen sind zu verlesen.[3]

[1] Vgl. §§ 296 u. 297. Vgl. auch Anm. 2 zu § 306.

[2] Vgl §§ 34 u. 296. Soweit es sich aber bloß um die Fassung der Fragen handelt, Begründung nicht nöthig E. XXVII. 67. Protokollirung: § 273 Abs 1, spätere Abänderung: § 306 Abs. 2 u. § 311 Abs. 2.

[3] Bei jeder Aenderung derselben nochmals. E. XXVI. 336.

292. Die Fragen sind so zu stellen, daß sie mit Ja oder mit Nein sich beantworten lassen.[1]

Wenn eine nachfolgende Frage nur für den Fall zu beantworten ist, daß eine vorausgehende in einem gewissen Sinne erledigt werde, so ist dies bemerklich zu machen.

Bei einer Mehrzahl von Angeklagten oder von strafbaren Handlungen müssen die Fragen für jeden Angeklagten und für jede strafbare Handlung[2] besonders gestellt werden.[3]

[1] Alternative Fragen sind danach soweit zulässig, als eine alternative Feststellung zur Urtheilsfällung genügt; letzteres aber setzt voraus, daß es sich nur um Modalitäten einer und derselben

That, nicht aber um verschiedene selbstständige Thatbestände handelt. Vgl. E. V. 241. XII. 347. XXVIII. 98. XXXII. 85. R. III. 93. 814. — Vgl. auch § 305 Abs. 2.

[3] Auch im Fall völliger Gleichartigkeit derselben. Also nicht z. B.: „durch verschiedene selbständige Handlungen", „zu wiederholten Malen" u. dergl. Vgl. E. II. 227. XXIX. 327. R. II. 202. Nicht auch bei Idealkonkurrenz. E. IV. 287; vgl. auch E. XXI. 405.

[4] Eine Bezugnahme auf eine Vorfrage ist nicht ausgeschlossen, jedoch nur dann, wenn die zweite Frage mit der in Bezug genommenen in untrennbarer Verbindung steht. Vgl. E. II. 134. R. I. 497.

3. Arten der Fragen.

a) Hauptfragen.

298. Die Hauptfrage beginnt mit den Worten: „Ist der Angeklagte schuldig?"[1] Sie muß die dem Angeklagten zur Last gelegte[2] That nach ihren gesetzlichen Merkmalen und unter Hervorhebung der zu ihrer Unterscheidung erforderlichen Umstände[3] bezeichnen[4].

[1] d. h. im Sinne des Gesetzes schuldig. Damit ist einmal jede Unterscheidung zwischen That- (bezw. Beweis-) u. Rechtsfrage aufgegeben. Vgl. M. 173. Prot. 447 ff. Dann liegt aber auch darin ausgesprochen, daß ein die Schuld ausschließender Umstand (vgl. St.G.B. §§ 51—54, auch 59, auch 193. E. IX. 105. R. V. 550; hinsichtlich St.G.B. §§ 56 u. 58 vgl. jedoch § 298) nicht zum Gegenstand einer besonderen Frage gemacht werden darf, vielmehr darüber durch die Beantwortung der Hauptfrage mitentschieden wird. Prot. 460 ff., 997. E. I. 70. IV. 400. XI. 277. R. III. 437. IV. 773. Hinsichtlich der die Schuld wieder aufhebenden Umstände vgl. § 295 Abs. 2.

[2] § 205. Die §§ 263—265 finden analoge Anwendung (vgl. § 294). der Eröffnungsbeschluß ist aber in der Fragestellung stets zu erschöpfen, d. h. zum Inhalt einer Frage zu machen, wenn auch die Verhandlung die That anders charakterisirt hat. Vgl. § 294.

[3] Lediglich zum Zweck der Feststellung der Identität der That nicht zur Kontrole des Spruches hinsichtlich darin etwa enthaltener

Irrthümmer, so daß es der Aufnahme der konkreten Thatsachen, worin die gesetzlichen Merkmale zu finden, nicht bedarf. M. 174. E. I. 391. II. 136. 138. 279. III. 51. 250. R. I. 556. 645 u. a. Die Spezialisirung darf nicht soweit gehen, daß die Geschworenen dadurch in der Beurtheilung der Schuldfrage im Sinne des Gesetzes eingeengt werden. Vgl. E. VIII. 283.

b) **Hülfsfragen.**

⁴ Vgl. auch Anm. 1 zu § 290.

294. Hat die Verhandlung Umstände ergeben, nach welchen eine von dem Beschlusse über die Eröffnung des Hauptverfahrens abweichende Beurtheilung[1] der dem Angeklagten zur Last gelegten That in Betracht kommt,[2] so ist[3] eine hierauf gerichtete Frage zu stellen (Hülfsfrage).

Diese ist der dem Beschluß entsprechenden Frage voranzustellen, wenn die abweichende Beurtheilung eine erhöhte Strafbarkeit begründet.[4]

[1] Hinsichtlich neu hervortretender strafmindernder oder straferhöhender Umstände ist § 295 maßgebend, und zwar auch dann, wenn sie zur Normirung einer besonderen Strafthat benutzt sind, (z. B. § 249 im Verhältniß zu § 242; § 217 im Verhältniß zu § 211, § 212 St.G.B.). E. XX. 171; vgl. aber auch E. XIII. 344.

[2] Vgl. §§ 263 u. 264 nebst Anm.

[3] Soweit nicht die abweichende Beurtheilung durch theilweise Verneinung der Hauptfrage zum Ausdruck gebracht werden kann. In letzterem Falle entscheiden Zweckmäßigkeitsgründe, ob Hülfsfrage angebracht. E. XXXI. 253.

[4] Gilt nicht für den Fall der Idealkonkurrenz. E. XXIV. 280.

c) **Nebenfragen.**

295. Ueber solche vom Strafgesetze besonders vorgesehene Umstände, welche die Strafbarkeit vermindern[1] oder erhöhen,[2] [3] sind geeignetenfalls[4] den Geschworenen besondere Fragen vorzulegen (Nebenfragen).

Eine Nebenfrage kann auch auf solche vom Strafgesetze besonders vorgesehene Umstände gerichtet werden, durch welche die Strafbarkeit wieder aufgehoben wird.[5]

[1] z. B. §§ 157, 158 St.G.B.

[2] z. B. § 243 im Verhältniß zu § 242 St.G.B. — In solchen Fällen ist § 264 zu beachten.

[3] Nicht aber über Umstände, welche für die Zumessung der Strafe, wenn auch absolut, bestimmend sind. E. XII. 160. R. VII. 234.

[4] Eine Aufnahme derselben in die Hauptfrage ist demnach nicht unzulässig. E. I. 63. R. I 225. 759.

[5] z. B. § 163, § 204 St.G.B. — Hinsichtlich der die Schuld ausschließenden Umstände vgl. Anm. 1 zu § 293.

296. Wird die Vorlegung von Hülfs- oder Nebenfragen beantragt,[1] so kann sie nur aus Rechtsgründen[2] abgelehnt werden.

[1] Von der Staatsanwaltschaft und dem Angeklagten, aber auch von einem Geschworenen. Prot. 464. E. III. 67. R. II. 569. Hinsichtlich der Richter gilt nur § 291 Abs 2. Zulässig ist der Antrag bis zur Kundgebung des Spruchs der Geschworenen (§ 308). E. XXX. 403.

[2] und soweit dadurch nicht in die Beurtheilung der Schuldfrage eingegriffen wird. E. I. 423. R. I. 674. Die Rechtsgründe sind auch nur aus der Frage selbst, nicht aus der Begründung derselben durch den Antragsteller zu entnehmen. E. VIII. 222. R. V. 268. Vgl. auch R. IV. 484. Beispiele der Unzulässigkeit: E. I 70. V. 327. XII. 409. XVIII. 337. 400. XXIII. 327. R. IV. 524. IX. 226. X. 734.

297. Wenn das Gesetz beim Vorhandensein mildernder Umstände eine geringere Strafe androht, so ist eine darauf gerichtete Nebenfrage[1] zu stellen,[2] wenn es von der Staatsanwaltschaft oder dem Angeklagten[3] beantragt oder von Amtswegen für angemessen erachtet wird.

Zur Verneinung der Frage nach dem Vorhandensein mildernder Umstände bedarf es einer Mehrheit von mindestens sieben Stimmen.

[1] Im Falle der Idealkonkurrenz nur eine. E. XIV. 8. R. VIII. 239.

[2] Ausnahme von § 81 G.V.G., wonach die Geschworenen nur

über die Schuld-, nicht auch über die Straffrage entscheiden sollen.

[2] Nicht auch von einem Geschworenen.

298. Hatte ein Angeklagter zur Zeit der That noch nicht das achtzehnte Lebensjahr vollendet, so muß die Nebenfrage gestellt werden,[1] ob er bei Begehung der That die zur Erkenntniß ihrer Strafbarkeit erforderliche Einsicht besessen habe.

Dasselbe gilt, wenn ein Angeklagter taubstumm ist.[2]

[1] Abweichung von dem Anm. 1 zu § 293 Bemerkten mit Rücksicht auf § 56 Abs. 1 St.G.B. [2] Vgl. § 58 St.G.B.

4. **Plaidoyer.**

299. An die Fragestellung schließen sich die Ausführungen und Anträge der Staatsanwaltschaft und des Angeklagten zur Schuldfrage.[1]

[1] Vgl. § 257, insbesondere Abs. 2 u. 3, die auch hier gelten. E. XXXII. 321. Werden die Fragen nachträglich geändert, so ist eine nochmalige Worertheilung nothwendig. E. XXIV. 102. — Hinsichtlich der Straffrage: § 314 Abs. 2.

5. **Belehrung des Vorsitzenden.**

300. Der Vorsitzende belehrt, ohne in eine Würdigung der Beweise einzugehen, die Geschworenen über die rechtlichen Gesichtspunkte, welche sie bei Lösung der ihnen gestellten Aufgabe in Betracht zu ziehen haben.

Die Belehrung des Vorsitzenden darf von keiner Seite einer Erörterung unterzogen werden.[1]

[1] Danach ist auch ein Antrag auf Protokollirung einer Belehrung (behufs Begründung einer darauf zu stützenden Revision) unzuläſſig. E. I. 85. R. I. 284.

6. **Berathung der Geschworenen.**

301. Die Fragen werden vom Vorsitzenden unterzeichnet und den Geschworenen übergeben. Die Geschworenen[1] ziehen sich in das Berathungszimmer zurück. Der Angeklagte wird aus dem Sitzungszimmer entfernt.

¹ Nicht auch die Ergänzungsgeschworenen. E. III. 266. R. II 675.

302. Gegenstände, welche in der Verhandlung den Geschworenen zur Besichtigung vorgelegt wurden,¹ können ihnen in das Berathungszimmer verabfolgt werden.

¹ Andere Gegenstände, z. B. Aktenstücke, Revisionsgrund. E. X 115. XXII. 368. R. V. 773. — Während der Beweiserhebung können aber beglaubigte Abschriften verlesener Urkunden den Geschworenen eingehändigt werden. E. XX. 382.

303. Zwischen den im Berathungszimmer versammelten Geschworenen und anderen Personen darf keinerlei Verkehr stattfinden.¹

Der Vorsitzende sorgt dafür, daß ohne seine Erlaubniß kein Geschworener das Berathungszimmer verlasse und keine dritte Person in dasselbe eintrete.

¹ Nichtbeachtung Revisionsgrund nur dann, wenn die Selbständigkeit der Berathung der Geschworenen dadurch gefährdet erscheint. E. I. 207. III. 266. R. I. 347. II. 675.

304. Die Geschworenen wählen ihren Obmann mittels schriftlicher Abstimmung nach Mehrheit der Stimmen.¹ Bei Stimmengleichheit entscheidet das höhere Lebensalter.

Der Obmann leitet die Berathung und Abstimmung.²

¹ Verletzung kein Revisionsgrund. E. II. 257. R. II. 222.

² Vgl. §§ 197, 199 Abs. 2 G.V.G. — Die Thätigkeit der Geschworenen innerhalb des Berathungszimmers ist den Revisionsangriffen entzogen. R. III. 495.

305. Die Geschworenen haben die ihnen vorgelegten Fragen mit Ja oder mit Nein zu beantworten.¹

Sie sind berechtigt, eine Frage theilweise zu bejahen und theilweise zu verneinen.²

¹ Einfache Bejahung genügt auch dann, wenn besondere Straferhöhungsgründe in die Hauptfrage mit aufgenommen sind. E. I. 65. R. I. 225.

[3] Wird durch eine theilweise Verneinung ein Moment ausgeschieden, ohne welches eine strafbare Handlung überhaupt nicht vorliegt, so greift darum nicht § 309 platz, sondern es hat Freisprechung zu erfolgen. E. II. 95. R. III. 556. Vgl. aber auch E. II. 361. R. II. 332.

306. Glauben die Geschworenen vor Abgabe ihres Spruchs einer weiteren Belehrung zu bedürfen, so wird diese auf ihren Antrag durch den Vorsitzenden ertheilt, nachdem sie zu dem Zweck in das Sitzungszimmer zurückgekehrt sind.[1]

Ergiebt sich Anlaß zur Aenderung oder Ergänzung der Fragen,[2] so muß der Angeklagte zur Verhandlung zugezogen werden.

[1] § 300 gilt auch hier. E. XVII. 231. R. X. 260. Ebenso § 225, da eine Fortsetzung der Hauptverhandlung vorliegt. E. IX. 271. R. III. 535. V. 787.

[2] Vor Abgabe des Spruches; nachher nur noch im Falle des § 309 zulässig. E. II. 361. VII. 345. R. II. 332.

307. Der Spruch ist von dem Obmann neben den Fragen niederzuschreiben und von ihm zu unterzeichnen.[1]

Bei jeder dem Angeklagten nachtheiligen Entscheidung ist anzugeben,[2] daß dieselbe mit mehr als sieben Stimmen,[3] bei Verneinung der mildernden Umstände, daß dieselbe mit mehr als sechs Stimmen[4] gefaßt worden ist.[5] Im Uebrigen darf das Stimmenverhältniß nicht ausgedrückt werden.

[1] Einmalige Unterzeichnung am Schluß genügt. E. II. 201. R. II. 674. Zufügung des Wortes „Obmann" nicht erforderlich. E. XXVI. 214.

[2] Vgl. Anm. 1 zu § 311. [3] Konsequenz aus § 262 Abs. 1.

[4] Konsequenz aus § 297 Abs. 2.

[5] Verletzung Revisionsgrund. E. XXI. 70.

7. Verkündung des Spruchs.

308. Der Spruch ist im Sitzungszimmer von dem Obmann kund zu geben.[1] Der Obmann spricht die Worte:

„Auf Ehre und Gewissen bezeuge ich als den Spruch der Geschworenen"

und verliest die gestellten Fragen mit den darauf abgegebenen Antworten.[2]

Der verlesene Spruch ist von dem Vorsitzenden und dem Gerichtsschreiber zu unterzeichnen.

[1] In Abwesenheit des Angeklagten. §§ 301, 313.

[2] in einem ununterbrochnen Akte. E. XII. 373. R. VII. 529.

8. Berichtigungsverfahren.

309. Erachtet das Gericht,[1] daß der Spruch in der Form nicht vorschriftsmäßig oder in der Sache undeutlich, unvollständig oder sich widersprechend[2] sei, so werden die Geschworenen von dem Vorsitzenden aufgefordert, sich in das Berathungszimmer zurückzubegeben, um dem gerügten Mangel abzuhelfen.[3]

Diese Anordnung ist zulässig, so lange das Gericht noch nicht auf Grund des Spruchs das Urtheil verkündet hat.

[1] Nicht bloß der Vorsitzende. E. XII. 373. R. VII. 529.

[2] Sei es in der einzelnen Antwort oder durch Vergleichung der einzelnen Antworten zu einander. E. IV. 277. IX. 107. XI. 418. R. III. 379. VI. 438. Vgl. aber auch Anm. 2 zu § 305. Ebenso enthält die durch Beantwortung einer Hauptfrage überflüssig gewordene Beantwortung einer Nebenfrage noch keinen Widerspruch. E. II. 95. R. III. 556. Der Widerspruch darf auch nur aus dem Inhalt des Spruches selbst abgeleitet werden. E. VI. 317. R. IV. 401.

[3] Die Stellung neuer Fragen nach Abgabe eines korrekten Spruches ist absolut unzulässig. E. XI. 168. XVI. 126. R. VI. 537. IX. 340. Anm. 2 zu § 306. Zulässig aber, wenn auch der Spruch nur in Folge der mangelhaften ursprünglichen Fragen inkorrekt ist. E. XIII. 229. XXI. 405. VIII. 51.

310. Sind nur Mängel in der Form des Spruchs zu berichtigen, so darf eine sachliche Aenderung nicht vorgenommen werden.

311. Sind sachliche Mängel[1] des Spruchs zu berichtigen, so sind die Geschworenen bei ihrer erneuten Berathung an keinen Theil[2] ihres früheren Spruchs gebunden.

Ergiebt sich bei der Erörterung solcher Mängel Anlaß zur Aenderung oder Ergänzung der Fragen,[3] so muß der Angeklagte zur Verhandlung zugezogen werden.

[1] Dahin gehört auch die Richtangabe des Stimmenverhältnisses, sowie eine Nichtbeachtung des § 262 Abs. 1. E. IV. 122. 277. X. 315. XXIII. 402. R. III. 257. 379.

[2] Auch nicht den eine andere selbständige That betreffenden. R. IX. 287. E. XX. 188. [3] Vgl. § 291.

312. Der berichtigte Spruch ist in der Weise niederzuschreiben, daß der frühere erkennbar bleibt.[1]

[1] Behufs Prüfung in der Revisionsinstanz, ob eine Berichtigung erforderlich gewesen. R. 183.

313. Der Spruch der Geschworenen wird dem Angeklagten, nachdem er in das Sitzungszimmer wieder eingetreten ist, durch Verlesung verkündet.

9. Schluß der Verhandlung.

314. Ist der Angeklagte von den Geschworenen für nicht schuldig erklärt worden, so spricht das Gericht ihn frei.

Anderenfalls müssen, bevor das Urtheil erlassen wird, die Staatsanwaltschaft und der Angeklagte mit ihren Ausführungen und Anträgen gehört[1] werden.[2]

[1] über die Anwendung des Gesetzes auf den — selbst nicht mehr (abgesehen von §§ 309 ff.) angreifbaren — Spruch. E. XXI. 248.

[2] § 257 Abs. 2 u. 3 gilt auch hier. — Vgl. auch Anm. 2 zu § 145.

315. Die Verkündung des Urtheils erfolgt am Schlusse der Verhandlung.[1]

[1] Eine Aussetzung der Verkündung gemäß § 267 ist daher ausgeschlossen.

316. In den Gründen des Urtheils[1] ist auf den Spruch der Geschworenen Bezug zu nehmen. Die Urschrift des Spruchs ist dem niedergeschriebenen Urtheil anzufügen.[2]

[1] Vgl. § 266.

[2] Vgl. auch § 275. Die Namen der Geschworenen sind nicht mit aufzunehmen.

10. Verweisung an ein neues Schwurgericht.

317. Ist das Gericht einstimmig der Ansicht, daß die Geschworenen sich in der Hauptsache zum Nachtheile[1] des Angeklagten geirrt haben, so verweist es durch Beschluß ohne Begründung seiner Ansicht die Sache zur neuen Verhandlung vor das Schwurgericht der nächsten Sitzungsperiode. Die Verweisung ist nur von Amtswegen und bis zur Verkündung des Urtheils zulässig.

Betrifft das Verfahren mehrere selbständige strafbare Handlungen oder mehrere Angeklagte, so erfolgt die Verweisung nur in Ansehung derjenigen Handlung oder Person, in Bezug auf welche die Geschworenen sich nach Ansicht des Gerichts geirrt haben.

An der neuen Verhandlung darf kein Geschworener Theil nehmen, welcher bei dem früheren Spruche mitgewirkt hat.

Auf Grund des neuen Spruchs ist stets das Urtheil zu erlassen.

[1] also nicht, wenn das Gericht den Angeklagten zwar nicht der ihm zur Last gelegten, aber einer gleich schwer wiegenden Qualifikation der That für schuldig hält. E. XVII. 31. Anders, wenn zu Unrecht eine idealkonkurrirende Strafthat festgestellt ist, selbst wenn diese die Strafzumessung nicht beeinflußt. E. XXXI. 241.

Achter Abschnitt.

Verfahren gegen Abwesende.

1. Zulässigkeit der Hauptverhandlung.

318. Ein Beschuldigter gilt als abwesend[1], wenn sein Aufenthalt unbekannt ist oder, wenn er sich im Ausland[2] aufhält und seine Gestellung vor das zuständige Gericht nicht ausführbar[3] oder nicht angemessen erscheint.[4]

[1] Hinsichtlich des „ausgebliebenen" vgl. §§ 229 ff.

[2] § 8 St.G.B. und Anm. 1 zu § 9 ff.

[3] Auslieferungsverträge des Deutschen Reichs bestehen mit den Vereinigten Staaten von Amerika v. 16./6. 52 bezw. 22./2. 68 (B.G.Bl. 1868 S. 228, 231) — Italien v. 31./10. 71 (R.G.Bl. 446) und dazu mit der Schweiz v. 25./7. 73 (R.C.Bl. 271, Preuß. J.M.Bl. 1878 S. 18) — Großbritannien v. 14./5. 72 (R.G.Bl. 299, s. auch R.C.Bl. 1874 S. 101, 1875 S. 430) nebst Ergänzung v. 5./5. 94 (R.G.Bl. 535). — Schweiz v. 24./1. 74 (R.G.Bl. 113) — Belgien v. 24./12. 74 (R.G.Bl. 1875 S. 73, s. auch 1879 S. 2) — Luxemburg v. 9./3. 76 (R.G.Bl. 223) — Brasilien v. 17./9. 77 (R.G.Bl. 1878 S. 293) — Schweden u. Norwegen v. 19./1. 78 (R.G.Bl. 110) — Spanien v. 2./5. 78 (R.G.Bl. 213) — Uruguay v. 12./2. 80 (R.G.Bl. 1883 S. 287) — Serbien v. 6./1. 83 (R.G.Bl. 70) Art. XXV — Niederlanden v. 31./12. 96 (R.G.Bl. 1897 S. 731) — deren Kolonien v. 21./9. 97 (R.G.Bl. 747). Vergl. auch Vertrag mit der Südafrikanischen Republik v. 22./1. 85 (R.G.Bl. 1886 S. 209 Art. 31) — für Elsaß-Lothringen mit Frankreich v. 11./12. 71 (R.G.Bl. 1872 S. 7, Art. 18 Abs. 4). — Außerdem gelten auch noch die von den einzelnen deutschen Staaten abgeschlossenen Auslieferungsverträge, soweit nicht das Reich selbst mit dem betreffenden auswärtigen Staate einen Ausl.-Vertrag abgeschlossen hat.

[4] Verfahren bei Auslieferungen: preuß. J.M.Bl. 1889 S. 8 ff., S. 194, 1893 S. 124, 294, 1896 S. 8. In Betreff Italiens vgl. auch noch preuß. J.V. v. 25./9. 91 (J.M.Bl. 243), in Betreff der Vereinigten Staaten von Amerika preuß J.M.Bl. 1892 S. 46, in Betreff Rußlands preuß. J.M.Bl. 1896 S. 332, in Betreff der Niederlande preuß. J.M.Bl. 1899 S. 260, in Betreff Frankreichs preuß. J.M.Bl. 1899 S. 273.

319. Gegen einen Abwesenden kann eine Hauptverhandlung nur dann[1] stattfinden, wenn die den Gegenstand der Untersuchung bildende That nur mit Geldstrafe[2] oder Einziehung, allein oder in Verbindung mit einander, bedroht ist.

Für das Verfahren kommen die Vorschriften der §§. 320—326 zur Anwendung.[3]

[1] Außerdem § 470. — Im Uebrigen vgl. § 327.

[2] wenn auch für den Unvermögensfall Freiheitsstrafe angedroht ist. E. XX. 290.

[3] Soweit diese nichts bestimmen, gelten die allg. Vorschriften.

1. Ladung des Abwesenden.

320. Die Ladung des Angeklagten zur Hauptverhandlung ist im Falle, daß sein Aufenthalt unbekannt ist oder die Befolgung der für Zustellungen im Auslande[1] bestehenden Vorschriften unausführbar oder voraussichtlich erfolglos[2] erscheint, in einer beglaubigten Abschrift an die Gerichtstafel bis zum Tage der Hauptverhandlung anzuheften. Außerdem ist ein Auszug der Ladung in das für amtliche Bekanntmachungen des betreffenden Bezirks bestimmte Blatt und nach Ermessen des Gerichts[3] auch in ein anderes Blatt dreimal einzurücken. Zwischen dem Tage der letzten Bekanntmachung und dem Tage der Hauptverhandlung muß eine Frist von mindestens einem Monate liegen.

[1] §§ 199—202 C.P.O. in Anm. 1 zu § 67.

[2] unausführbar. E. XXXII. 306.

[1] Die Ausführung der Ladung erfolgt durch die Staatsanwaltschaft. § 123.

321. Die Ladung muß enthalten:

die Angabe des Namens und, soweit dies bekannt, des Vornamens, Alters, Standes, Gewerbes und Wohnorts oder Aufenthaltsorts des Angeklagten, die Bezeichnung der dem Angeklagten zur Last gelegten strafbaren Handlung, sowie die Angabe des Tages und der Stunde der Hauptverhandlung.

Zugleich ist die Warnung hinzuzufügen, daß bei unentschuldigtem Ausbleiben des Angeklagten zur Hauptverhandlung werde geschritten werden.

2. Vertheidigung des Abwesenden.

322. In der Hauptverhandlung kann für den Angeklagten ein Vertheidiger auftreten. Auch Angehörige[1] des ersteren sind, ohne daß sie einer Vollmacht bedürfen, als Vertreter zuzulassen.

[1] im weitesten Sinne; nicht bloß die St.G.B. § 52 Genannten.

3. Zustellung des Urtheils.

323. Die Zustellung des Urtheils erfolgt nach Maßgabe der Bestimmungen des §. 40 Abs. 2.[1]

[1] Stets: auch wenn anderweite Zustellung ausführbar wäre.

4. Rechtsmittel.

324. Die im §. 322 bezeichneten Personen[1] können von den dem Beschuldigten zustehenden Rechtsmitteln Gebrauch machen.[1]

[1] Soweit sie nicht zu den § 340 bezeichneten Personen gehören, nur auf Grund vermutheter Vollmacht, nicht selbständig.

5. Beschlagnahme des Vermögens.

325. Insoweit es nach dem Ermessen des Richters zur Deckung[1] der den Angeschuldigten[2] möglicherweise treffenden höchsten Geldstrafe und der Kosten des Verfahrens erforderlich ist, können einzelne, zum Vermögen des Angeschuldigten gehörige Gegenstände mit Beschlag belegt werden. Auf diese Beschlagnahme finden die Bestimmungen der Civilprozeßordnung über die Vollziehung und die Wirkungen des dinglichen Arrestes[3] entsprechende Anwendung. Die Beschlagnahme ist aufzuheben, wenn der Grund derselben weggefallen ist.

[1] Während die Beschlagnahme der §§ 325, 326 die Sicherung der Exekution im Falle der Verurtheilung bezweckt, soll die Beschlagnahme der §§ 332 ff. ein Zwangsmittel zur Gestellung des Angeschuldigten sein. Bericht der Reichstags-Justiz-Komm. S. 82. M. 191. — Vgl. auch § 480.

[2] § 156. Die öffentliche Klage muß also erhoben sein.

[3] §§ 928 - 932 in Verbindung mit §§ 803 ff. C.P.O.

326. Insoweit eine Deckung in Gemäßheit der vorstehenden Bestimmung nicht ausführbar erscheint, kann durch Beschluß des Gerichts das im Deutschen Reich befindliche Vermögen des Angeschuldigten mit Beschlag belegt werden. Der Beschluß ist durch den Deutschen Reichsanzeiger und nach Ermessen des Gerichts auch durch andere Blätter zu veröffentlichen.

Verfügungen, welche der Angeschuldigte über sein mit Beschlag belegtes Vermögen nach der ersten durch den Deutschen Reichsanzeiger bewirkten Veröffentlichung des Beschlusses vornimmt, sind der Staatskasse gegenüber nichtig.

Die Beschlagnahme des Vermögens ist aufzuheben, sobald der Grund derselben weggefallen oder die Deckung der Staatskasse durch eine Beschlagnahme in Gemäßheit des §. 325 bewirkt ist.

Die Aufhebung der Beschlagnahme ist durch dieselben Blätter bekannt zu machen, durch welche die Beschlagnahme veröffentlicht worden ist.

II. Zulässigkeit des Verfahrens zur Sicherung der Beweise.

327. In anderen als den im §. 319 bezeichneten Fällen findet gegen einen Abwesenden eine Hauptverhandlung nicht statt.[1] Das gegen den Abwesenden eingeleitete Verfahren hat die Aufgabe, für den Fall seiner künftigen Gestellung die Beweise zu sichern.

Für dieses Verfahren gelten die Bestimmungen der §§. 328—336.

[1] Vgl. jedoch Anm. 1 zu § 319.

1. Vertheidigung des Abwesenden.

328. Die Zulassung eines Vertheidigers[1] wird durch die Abwesenheit des Beschuldigten nicht ausgeschlossen. Zur Wahl eines Vertheidigers sind auch Angehörige[2] des Beschuldigten befugt.[3]

Zeugen und Sachverständige sind eidlich[4] zu vernehmen.

[1] Derselbe hat sich jedoch den allgemeinen Vorschriften entsprechend zu legitimiren. [2] Anm. 1 zu § 322.

[3] Darauf beschränkt sich im Gegensatz zu § 322 ihr Recht.

[4] Modifikation des § 65, nicht aber natürlich der §§ 56, 57.

2. Benachrichtigung.

329. Dem abwesenden Beschuldigten steht ein Anspruch auf Benachrichtigung über den Fortgang des Verfahrens[1] nicht zu.[2]

Der Richter ist jedoch befugt, einem Abwesenden, dessen Aufenthalt bekannt ist, Benachrichtigungen zugehen zu lassen.

[1] Vgl. z. B. §§ 167, 191, 195 Abs. 3.
[2] Wohl aber dem etwa bestellten Vertheidiger. § 328.

330. Der Abwesende, dessen Aufenthalt unbekannt ist, kann in öffentlichen Blättern zum Erscheinen vor Gericht oder zur Anzeige seines Aufenthaltsorts aufgefordert werden.

3. Beweisaufnahme.

331. Stellt sich erst nach Eröffnung des Hauptverfahrens die Abwesenheit des Angeklagten heraus, so erfolgen die noch erforderlichen Beweisaufnahmen durch einen beauftragten oder ersuchten Richter.[1]

[1] Nicht etwa in der bereits anberaumten Hauptverhandlung. Vgl. § 203, der auch nach Eröffnung des Hauptverfahrens anwendbar bleibt. Vgl. dazu § 336 Abs. 2.

III. Maßregeln behufs Gestellung des Abwesenden.

1. Beschlagnahme des Vermögens.

332.[1] Liegen gegen den Abwesenden, gegen welchen die öffentliche Klage erhoben ist, Verdachtsgründe vor, welche die Erlassung eines Haftbefehls rechtfertigen würden,[2] so kann sein im Deutschen Reich befindliches Vermögen durch Beschluß des Gerichts mit Beschlag belegt werden.

Die im vorstehenden Absatze bezeichnete Beschlagnahme findet in Sachen, welche zur Zuständigkeit der Schöffengerichte gehören,[3] nicht statt.

[1] Vgl. Anm. 1 zu § 325.
[2] §§ 112, 113. Daß der Haftbefehl erlassen, ist nicht erforderlich.
[3] § 27 u. (vgl. Prot. 1091 ff.) § 29 G.V.G.

333. Der die Beschlagnahme verhängende Beschluß ist durch den Deutschen Reichsanzeiger bekannt zu machen und kann nach dem Ermessen des Gerichts auch durch andere Blätter veröffentlicht werden.

334. Mit dem Zeitpunkte der ersten Bekanntmachung in dem Deutschen Reichsanzeiger verliert der Angeschuldigte das Recht, über das in Beschlag genommene Vermögen unter Lebenden zu verfügen.

Der die Beschlagnahme verhängende Beschluß ist derjenigen Behörde mitzutheilen, welche für die Einleitung einer Vormundschaft[1] über Abwesende zuständig ist.[2] Diese Behörde hat eine Güterpflege einzuleiten.

[1] jetzt Pflegschaft § 1911 B.G.B.

[2] §§ 35, 39 des G. über freiw. Gerichtsbarkeit v. 17./5. 98 (R.G.Bl. 189).

335. Die Beschlagnahme ist aufzuheben, wenn die Gründe[1] derselben weggefallen sind.

Die Aufhebung der Beschlagnahme ist durch dieselben Blätter bekannt zu machen, durch welche die Beschlagnahme selbst veröffentlicht worden war.

[1] §§ 318, 332.

336. Auf das nach Erhebung der öffentlichen Klage eintretende Verfahren finden im Uebrigen die Vorschriften über die Voruntersuchung entsprechende Anwendung.[1]

In dem nach Beendigung dieses Verfahrens ergehenden Beschlusse (§. 196) ist zugleich über die Fortdauer oder Aufhebung der Beschlagnahme zu entscheiden.[2]

[1] Im Fall einer Vermögensbeschlagnahme, die hier vorausgesetzt wird, ist also die Voruntersuchung über den im § 327 bezeichneten Zweck auszudehnen mit Rücksicht auf die mögliche Anwendbarkeit des § 202.

[2] Auch im Fall, daß § 203 Anwendung findet.

2. Sicheres Geleit.

337. Das Gericht[1] kann einem abwesenden Beschuldigten sicheres Geleit ertheilen; es kann diese Ertheilung an Bedingungen knüpfen.

Das sichere Geleit gewährt Befreiung von der Untersuchungshaft, jedoch nur in Ansehung derjenigen strafbaren Handlung, für welche dasselbe ertheilt ist.

Es erlischt, wenn ein auf Freiheitsstrafe lautendes Urtheil ergeht, wenn der Beschuldigte Anstalten zur Flucht trifft, oder wenn er die Bedingungen nicht erfüllt, unter welchen ihm das sichere Geleit ertheilt worden ist.

[1] Die Strafkammer, nicht der Untersuchungsrichter. Vgl. § 124.

Drittes Buch.

Rechtsmittel.

Erster Abschnitt.

Allgemeine Bestimmungen.

Befugniß zur Einlegung eines Rechtsmittels.

338. Die zulässigen Rechtsmittel [1] gegen gerichtliche Entscheidungen [2] stehen sowohl der Staatsanwaltschaft als dem Beschuldigten [3] zu.[4]

Die Staatsanwaltschaft [5] kann von denselben [6] auch zu Gunsten des Beschuldigten Gebrauch machen.[7]

[1] Nach dem Sprachgebrauch der St.P.O. nur: Beschwerde, Berufung und Revision.

[2] Für die Frage, welches das zulässige Rechtsmittel ist, ist die Form, nicht der Inhalt der Entscheidung maßgebend. E. XXIII. 156. XXXII. 92 R. IV. 322.

[3] soweit er nicht freigesprochen ist. E. IV. 355. XIII 324. R. III. 380.

[4] Außerdem: §§ 340, 346 Abs. 2, 430, 441, 466, 479. Vgl. auch §§ 324, 339. Ferner E. VII 410. XIII. 211.

[5] Auch der Privatkläger, der Nebenkläger und die Verwaltungsbehörde und zwar sowohl im Fall des § 464 als des § 467. E. XXII. 400.

[6] Nicht auch von dem Antrag auf Wiedereinsetzung i. d. v. St.; vgl. Anm. 1. E. XXII. 31.

[7] Innerhalb der für sie laufenden Frist. Vgl. auch R. IV. 889.

339. Für den Beschuldigten kann der Vertheidiger,[1] jedoch nicht gegen dessen ausdrücklichen Willen, Rechtsmittel einlegen.[2]

[1] Nicht auch ein anderer Rechtsanwalt (d. h. ohne Vollmacht). E. I. 71. R. I. 237. Vollmacht nach Ablauf der Rechtsmittelfrist genügt nicht, aber der Nachweis, die Vorlegung der Vollmacht

kann auch nach Ablauf der Frist erfolgen. E. XXI 126. Als Vertheidiger muß er früher aufgetreten oder jetzt legitimirt sein. Vgl. E. XVIII. 346. XXVIII. 430.

[3] Ohne Vollmacht. — Vgl. auch § 344 Abs. 2.

340. Der gesetzliche Vertreter[1] eines Beschuldigten, desgleichen der Ehemann einer beschuldigten Frau können binnen der für den Beschuldigten laufenden Frist[2] selbständig[3] von den zulässigen Rechtsmitteln Gebrauch machen.

Auf ein solches Rechtsmittel und auf das Verfahren finden die über die Rechtsmittel des Beschuldigten geltenden Vorschriften entsprechende Anwendung.

[1] Vgl. Anm. 6 zu § 137. [2] Vgl jedoch Anm. 2 zu § 268.

[3] Also auch gegen den Willen und nach Verzicht des Beschuldigten. E. V. 50. R. III. 607.

341. Der nicht auf freiem Fuße befindliche Beschuldigte kann die Erklärungen, welche sich auf Rechtsmittel beziehen, zu Protokoll des Gerichtsschreibers desjenigen Gerichts geben, in dessen Gefängniß er sich befindet, und falls das Gefängniß kein gerichtliches ist, desjenigen Amtsgerichts, in dessen Bezirke das Gefängniß liegt.

Zur Wahrung einer Frist genügt es, wenn innerhalb derselben das Protokoll aufgenommen wird.

342. Ein Irrthum in der Bezeichnung des zulässigen Rechtsmittels ist unschädlich.

343. Jedes von der Staatsanwaltschaft[1] eingelegte Rechtsmittel hat die Wirkung, daß die angefochtene Entscheidung auch zu Gunsten des Beschuldigten abgeändert oder aufgehoben werden kann.[2]

[1] Auch vom Privatkläger. § 430. Dasselbe muß vom Nebenkläger und der strafverfolgenden Verwaltungsbehörde (vgl. § 466) gelten.

[2] Unter Beachtung der §§ 368, 392. Ein nachträglicher Anschluß an die Revision der Staatsanwaltschaft ist nicht zulässig. E. I. 194.

Zurücknahme eines Rechtsmittels und Verzicht.

344. Die Zurücknahme eines Rechtsmittels[1] sowie der Verzicht[2] auf die Einlegung eines Rechtsmittels kann auch vor Ablauf[3] der Frist zur Einlegung desselben wirksam[4] erfolgen. Ein von der Staatsanwaltschaft zu Gunsten des Beschuldigten eingelegtes Rechtsmittel kann jedoch ohne dessen Zustimmung nicht zurückgenommen werden.

Der Vertheidiger bedarf zur Zurücknahme einer ausdrücklichen Ermächtigung.

[1] Bedingte Erklärungen über Rechtsmittel sind wirkungslos. R. III. 490.

[2] Zur Wirksamkeit derselben ist erforderlich, daß die Erklärungen dem Gerichte gegenüber erfolgt bezw. an dasselbe gelangt sind. E. I. 92. R. I 301. Vgl. auch R. VI. 63.

[3] Aber nicht vor Beginn der Frist, d. h. vor ordnungsmäßiger Publikation bezw. Zustellung des Urtheils. E. I. 192. II. 78. R. I. 323. II. 3.

[4] Widerruf ist daher auch innerhalb der Frist nicht statthaft. E. II 78. R. II. 3.

[5] Kosten der Zurücknahme: § 505 u. G.K.G. § 76.

345. Wenn die Entscheidung über das Rechtsmittel auf Grund mündlicher Verhandlung stattzufinden hat, so kann die Zurücknahme nach Beginn der Hauptverhandlung[1] nur mit Zustimmung des Gegners erfolgen.

[1] §§ 365, 391.

Zweiter Abschnitt.
Beschwerde.

1. Beschwerde.

Zulässigkeit.

346. Die Beschwerde ist gegen alle von den Gerichten in erster Instanz oder in der Berufungsinstanz[1] erlassenen Beschlüsse[2] und gegen die Verfügungen des Vorsitzenden, des Untersuchungsrichters, des Amtsrichters und eines beauftragten oder ersuchten Richters zulässig, soweit das Gesetz dieselben nicht ausdrücklich einer Anfechtung entzieht.[3]

Auch Zeugen, Sachverständige und andere Personen können gegen Beschlüsse und Verfügungen,[4] durch welche sie betroffen werden, Beschwerde erheben.

Gegen Beschlüsse und Verfügungen der Oberlandesgerichte[5] und des Reichsgerichts findet eine Beschwerde nicht statt.[6] [7]

[1] d. h. während eine Berufung schwebt, von dem Berufungsgericht.

[2] Formeller Beschluß nicht erforderlich; jede Maßnahme.

[3] G.V.G. §§ 41, 52 Abs. 4, 53 Abs. 2, 75 Abs. 2, 94 Abs. 1 — St.P.O. §§ 28 Abs. 1, 2, 46 Abs. 2, 180 Abs. 2, 199 Abs. 3 200 Abs. 2, 209 Abs. 1, 270 Abs. 3, 279 Abs. 2, 388 Abs. 2. — Preßg. § 25. – Vgl. auch Abs. 3 dieses § 346, § 347 u. § 352.

[4] Gegen Urtheile nur Berufung bezw. Revision.

[5] Ausnahme: § 160 G.V G.

[6] Auch wenn das Oberlandesgericht unzuständig gewesen sein sollte. E. XXXII. 89.

[7] Gebühren: §§ 66, 67, 68 G.K.G.

347. Entscheidungen der erkennenden Gerichte,[1] welche der Urtheilsfällung vorausgehen, unterliegen nicht der Beschwerde. Ausgenommen sind Entscheidungen über Verhaftungen,[2] Beschlagnahmen oder Straffestsetzungen, sowie alle Entscheidungen, durch welche dritte Personen betroffen werden.

[1] d. s. die nach Eröffnung des Hauptverfahrens (§ 201) erlassenen, einschließlich derjenigen, welche der Vorsitzende an Stelle des erkennenden Gerichts (§§ 218—220) erläßt. Vgl. R. 198.

[2] Nicht aber die Maßregel des § 81; vgl. Anm. 4 a. E. das.

Verfahren.

348. Die Beschwerde wird bei demjenigen Gerichte, von welchem oder von dessen Vorsitzenden die angefochtene Entscheidung erlassen ist, zu Protokoll des Gerichtsschreibers oder schriftlich[1] eingelegt.[2] Sie kann in dringenden Fällen auch bei dem Beschwerdegericht[3] eingelegt werden.[4]

Erachtet das Gericht oder der Vorsitzende, dessen Entscheidung angefochten wird, die Beschwerde für begründet, so haben sie derselben abzuhelfen; anderenfalls ist die Beschwerde sofort, spätestens vor Ablauf von drei Tagen[5], dem Beschwerdegerichte vorzulegen.[6]

Die vorstehenden Bestimmungen finden auch auf die Entscheidungen des Amtsrichters im Vorverfahren, des beauftragten oder ersuchten Richters und des Untersuchungsrichters Anwendung.

[1] d. i. auch durch Telegramm. E. IX. 38. R. V. 480. Vgl. auch E. VIII. 92. R. V. 161.

[2] Sie kann auf rechtliche, wie auf thatsächliche Gründe gestützt werden. Neues ist nicht ausgeschlossen.

[3] Strafkammer des Landgerichts: G.V.G. § 72 (vgl. § 77: drei Mitglieder), Strafsenat des Oberlandesgerichts: § 123 Nr 5, s. auch G.V.G. § 183 Abs. 3 u. preuß. Ausf.G. v. 24./4. 78 (G.S. 230) § 50 Kammergericht.

[4] Eine Frist gilt nur für § 353.

[5] Instruktionell.

[6] Auch im Fall der Unzulässigkeit der Beschwerde. Anm. 3 zu § 346.

349. Durch Einlegung der Beschwerde wird der Vollzug der angefochtenen Entscheidung nicht gehemmt.[1]

Jedoch kann das Gericht, der Vorsitzende oder der Richter, dessen Entscheidung angefochten wird, sowie auch das Beschwerdegericht anordnen, daß die Vollziehung der angefochtenen Entscheidung auszusetzen sei.[2]

[1] Ausnahmen: § 81 u. G.V.G. § 193 Abs. 2.

[2] S. jedoch § 123 Abs. 2.

350. Das Beschwerdegericht kann dem Gegner des Beschwerdeführers die Beschwerde zur schriftlichen Gegenerklärung mittheilen; es kann etwa erforderliche Ermittelungen anordnen oder selbst vornehmen.

351. Die Entscheidung über die Beschwerde erfolgt ohne vorgängige mündliche Verhandlung,[1] in geeigneten Fällen nach Anhörung der Staatsanwaltschaft.[2]

Wird die Beschwerde für begründet erachtet, so erläßt das Beschwerdegericht zugleich die in der Sache erforderliche Entscheidung.[3]

[1] S. jedoch § 122 Abs. 2. [2] des Beschwerdegerichts.

[3] Vgl. jedoch E. XIX. 333, insb. 337.

2. Weitere Beschwerde.

352. Beschlüsse, welche von dem Landgericht in der Beschwerdeinstanz[1] erlassen sind, können, insofern sie Verhaftungen[2] betreffen, durch weitere Beschwerde angefochten werden.

Im Uebrigen findet eine weitere Anfechtung der in der Beschwerdeinstanz ergangenen Entscheidungen nicht statt.

[1] § 72 G.V.G. [2] §§ 112—132.

3. Sofortige Beschwerde.

353. Für die Fälle der sofortigen Beschwerde[1] gelten die nachfolgenden besonderen Bestimmungen.[2]

Die Beschwerde ist binnen der Frist von einer Woche,[3] welche mit der Bekanntmachung (§. 35) der Entscheidung beginnt, einzulegen.[4] Die Einlegung bei dem Beschwerdegerichte genügt zur Wahrung der Frist, auch wenn der Fall für dringlich nicht erachtet wird.[5]

Das Gericht ist zu einer Abänderung seiner durch Beschwerde angefochtenen[6] Entscheidung nicht befugt.

[1] §§ 28, 46, 81, 122, 180, 181, 199, 209, 270, 363, 412, 455, 461, 463, 494, 501. Vgl. auch § 183 G.V.G.

[2] Im Uebrigen die sonstigen Bestimmungen dieses Abschnitts.

[3] § 43.

[4] Auch bei Nichteinhaltung der Frist ist die Beschwerde dem Beschwerdegericht vorzulegen. Vgl. Anm. 6 zu § 348.

[5] Vgl. auch § 341. [6] bezw. anfechtbaren. M. 200.

Dritter Abschnitt.

Berufung.

1. Zulässigkeit.

354. Die Berufung findet statt gegen die Urtheile der Schöffengerichte.[1]

[1] Auch gegen die Urtheile des Amtsrichters ohne Zuziehung von Schöffen: § 211 Abs. 2. Preuß. Forstdiebstahlsg. v. 15./4. 78 (G.S. 222) §§ 19, 20, 31.

2. Einlegung.

355. Die Berufung muß bei dem Gerichte erster Instanz[1] binnen einer Woche[2] nach Verkündung des Urtheils zu Protokoll des Gerichtsschreibers[3] oder schriftlich[4] eingelegt[5] werden.[6]

Hat die Verkündung des Urtheils nicht in Anwesenheit des Angeklagten stattgefunden,[7] so beginnt für diesen die Frist mit der Zustellung.[8]

[1] zu Händen des zur Präsentation zuständigen Beamten innerhalb der Frist. E. X. 74. XXII. 124. Vgl. auch Anm. 1 zu § 44.

[2] § 43.

[3] Begriff: E. XXXII. 277. Sieh' aber auch das. i. f. u. R. II. 563. — Eine in der Sitzung nach Verkündigung des Urtheils erklärte

Einlegung der Berufung braucht der Gerichtsschreiber nicht aufzunehmen. E. XXIV. 355.

[4] d. i. auch durch Telegramm. E. IX. 38. R. V. 480. Vgl. auch E. VIII. 92. R. V. 161. Dagegen früher R. I. 266. III 201, auch E. IV. 59.

[5] Falls die Einlegung durch Dritte, wenn auch durch einen Rechtsanwalt, erfolgt, Vollmacht erforderlich; Nachweis der Vollmacht auch nach Ablauf der Frist noch zulässig. E. XXI. 125. XXIX. 257.

[6] Vgl. § 341 hinsichtlich des verhafteten Angeklagten.

[7] Gleichgültig, ob ein Vertreter desselben anwesend war.

[8] Zustellung also in diesem Falle unumgänglich behufs Eintritts der Rechtskraft. Verzicht unzulässig. Zustellung an den Vertheidiger genügt nicht. E. XIX. 390.

356. Der Beginn der Frist zur Einlegung der Berufung wird dadurch nicht ausgeschlossen, daß gegen ein auf Ausbleiben des Angeklagten ergangenes Urtheil eine Wiedereinsetzung in den vorigen Stand nachgesucht werden kann.[1]

Stellt der Angeklagte ein Gesuch um Wiedereinsetzung in den vorigen Stand, so wird die Berufung dadurch gewahrt, daß sie sofort für den Fall der Verwerfung jenes Gesuchs rechtzeitig eingelegt wird. Die weitere Verfügung in Bezug auf die Berufung bleibt dann bis zur Erledigung des Gesuchs um Wiedereinsetzung in den vorigen Stand ausgesetzt.

Die Einlegung der Berufung ohne Verbindung mit dem Gesuch um Wiedereinsetzung in den vorigen Stand gilt als Verzicht auf die letztere.

[1] §§ 234, 44 ff.

357. Durch rechtzeitige Einlegung der Berufung wird die Rechtskraft des Urtheils, soweit dasselbe angefochten ist,[1] gehemmt.[2]

Dem Beschwerdeführer,[3] welchem das Urtheil mit den Gründen[4] noch nicht zugestellt war, ist dasselbe nach Einlegung der Berufung sofort zuzustellen.[5]

[1] §§ 359, 368. [2] Vgl. jedoch § 123 Abs. 2.

[3] d. i. der Angeklagte selbst, auch wenn der Vertheidiger die Berufung einlegt; nur auf ausdrücklichen, auch von letzterem selbst gestellten Antrag ist diesem zuzustellen. Gleichwohl bleibt auch die Zustellung an den Angeklagten selbst gültig. E. VI. 93. R. IV. 830. VI. 32.

[4] Daher auch im Fall des § 40 Schlußsatz noch erneute Zustellung erforderlich.

[5] Zustellung an die Staatsanwaltschaft: § 41.

3. Rechtfertigung.

358. Die Berufung kann[1] binnen einer weiteren Woche[2] nach Ablauf der Frist zur Einlegung des Rechtsmittels oder, wenn zu dieser Zeit das Urtheil noch nicht zugestellt war, nach dessen Zustellung bei dem Gericht erster Instanz zu Protokoll des Gerichtsschreibers oder in einer Beschwerdeschrift gerechtfertigt werden.

[1] Also nicht nothwendig, vgl. § 359.

[2] Die Nichtbeachtung der Frist hat eine Präklusion nicht zur Folge; es müssen auch verspätete Eingaben geprüft werden

359. Die Berufung kann auf bestimmte Beschwerdepunkte beschränkt werden.[1] Ist dies nicht geschehen oder eine Rechtfertigung überhaupt nicht erfolgt, so gilt der ganze Inhalt des Urtheils als angefochten.[2]

[1] Auch nachträglich. Vgl. § 344. [2] Vgl. § 368.

360. Ist die Berufung verspätet eingelegt, so hat das Gericht erster Instanz[1] das Rechtsmittel als unzulässig zu verwerfen.[2]

Der Beschwerdeführer kann binnen einer Woche nach Zustellung des Beschlusses auf die Entscheidung des Berufungsgerichts[3] antragen.[4] In diesem Falle sind die Akten an das Berufungsgericht einzusenden; die Vollstreckung des Urtheils wird jedoch hierdurch nicht gehemmt.

[1] Der Amtsrichter. § 30 Abs. 2 G.B.G.

[2] Gebühren: § 66 Nr. 2 G.K.G.

[3] Strafkammer des Landgerichts. § 76 G.B.G.

[4] Da dieser Antrag nicht als Beschwerde gilt, so ist Beschwerde gegen den darauf ergehenden Beschluß zulässig, und zwar sofortige vgl. § 363.

361. Ist die Berufung rechtzeitig eingelegt, so hat nach Ablauf der Frist zur Rechtfertigung der Gerichtsschreiber ohne Rücksicht darauf, ob eine Rechtfertigung stattgefunden hat oder nicht, die Akten der Staatsanwaltschaft vorzulegen. Diese[1] stellt, wenn die Berufung von ihr eingelegt ist, dem Angeklagten die Schriftstücke über Einlegung und Rechtfertigung der Berufung zu.

[1] Preuß. J.B. v. 11./2. 80 (J.M.Bl. 33): einschließlich der Amtsanwaltschaft.

362. Die Staatsanwaltschaft übersendet die Akten an die Staatsanwaltschaft bei dem Berufungsgerichte. Diese übergiebt[1] die Akten binnen einer Woche[2] dem Vorsitzenden des Gerichts.

[1] Falls nicht sie die Berufung zurücknimmt. Vgl. § 146 G.B.G.

[2] Instruktionell.

4. Verfahren vor dem Berufungsgericht.

363. Erachtet das Berufungsgericht die Bestimmungen über die Einlegung der Berufung nicht für beobachtet, so kann es das Rechtsmittel durch Beschluß[1] als unzulässig verwerfen.[2] Anderenfalls entscheidet es über dasselbe durch Urtheil.

Der Beschluß kann durch sofortige Beschwerde[3] angefochten werden.

[1] in berathender Sitzung; in der Hauptverhandlung nur durch Urtheil.

[2] Gebühren: § 66 Nr. 2 G.K.G. [3] § 353.

364. Auf die Vorbereitung der Hauptverhandlung finden die Vorschriften der §§. 213, 215—224 Anwendung.[1] In der Ladung ist der Angeklagte auf die Folgen des Ausbleibens[2] ausdrücklich hinzuweisen.

Die Ladung der in erster Instanz vernommenen Zeugen und Sachverständigen kann nur dann unterbleiben, wenn deren wiederholte Vernehmung[3] zur Aufklärung der Sache nicht erforderlich erscheint.

Neue Beweismittel[4] sind zulässig.

Bei der Auswahl der zu ladenden Zeugen und Sachverständigen ist auf die von dem Angeklagten zur Rechtfertigung der Berufung benannten Personen Rücksicht zu nehmen.

[1] Wie die §§ 364—373 ergeben, ist die Berufung grundsätzlich judicium novum. Der Berufungsrichter hat aus eigener Ueberzeugung selbstständig auch über die Schuldfrage zu entscheiden, nur eingeschränkt durch § 368.

[2] § 370, s. auch § 371. [3] Vgl. § 366.

[4] und Thatsachen. Vgl. Anm. 1.

365. Nachdem die Hauptverhandlung nach Vorschrift des §. 242 Abs. 1 begonnen hat, hält ein Berichterstatter in Abwesenheit der Zeugen einen Vortrag über die Ergebnisse des bisherigen Verfahrens.[1] Das Urtheil erster Instanz ist stets zu verlesen.

Sodann erfolgt die Vernehmung des Angeklagten[2] und die Beweisaufnahme.[3]

[1] nicht bloß der schöffengerichtlichen Hauptverhandlung.

[2] Nach Maßgabe des § 242 Abs 2, 3 (§ 373).

[3] Nach Maßgabe der §§ 243 ff., soweit nicht § 366 Abänderungen aufstellt (§ 373).

366. Bei der Berichterstattung und der Beweisaufnahme können Schriftstücke verlesen werden;[1] Protokolle über Aussagen der in der Hauptverhandlung erster Instanz vernommenen Zeugen und Sachverständigen dürfen, abgesehen von den Fällen der §§. 250, 252 ohne die Zustimmung der Staatsanwaltschaft und des Angeklagten nicht verlesen werden, wenn die wiederholte Vorladung der Zeugen oder Sachverständigen erfolgt ist oder von dem Angeklagten rechtzeitig[2] vor der Hauptverhandlung beantragt worden war.

[1] Nur innerhalb der Grenzen der §§ 248—255, soweit nicht die fernere Bestimmung dieses § eine Erweiterung statuirt.

[2] d. h. so, daß die Ladung noch ausführbar war.

367. Nach dem Schlusse der Beweisaufnahme werden die Staatsanwaltschaft sowie der Angeklagte und sein Vertheidiger mit ihren Ausführungen und Anträgen, und zwar der Beschwerdeführer zuerst, gehört. Dem Angeklagten gebührt das letzte Wort.

368. Der Prüfung des Gerichts unterliegt das Urtheil nur, soweit dasselbe angefochten ist.[1]

[1] §§ 357 Abs. 1, 359.

369. Insoweit die Berufung für begründet befunden wird,[1] hat das Berufungsgericht unter Aufhebung des Urtheils in der Sache selbst zu erkennen.

Leidet das Urtheil an einem Mangel, welcher die Revision wegen Verletzung einer Rechtsnorm über das

Verfahren[2] begründen würde, so kann das Berufungsgericht unter Aufhebung des Urtheils die Sache, wenn die Umstände des Falles es erfordern, zur Entscheidung an die erste Instanz zurückverweisen.

Hat das Gericht erster Instanz mit Unrecht seine Zuständigkeit angenommen, so hat das Berufungsgericht unter Aufhebung des Urtheils die Sache an das zuständige Gericht zu verweisen[3] oder, wenn es selbst in erster Instanz zuständig ist, zu erkennen.[4] [5]

[1] Vgl § 262. [2] § 377, aber auch § 376. Vgl. auch § 378.

[3] Durch Urtheil im Gegensatze zu § 270.

[4] sollten für diesen Fall auch zwei weitere Richter (vgl. § 77 G.V.G.) zugezogen werden müssen. E. VI. 309. Das Verfahren alsdann erster Instanz, so daß die besonderen Vorschriften der §§ 364 ff., auch des § 370 und § 380 unanwendbar, E. IX. 282. XX 390 R V. 731, auch für die Revision natürlich das Reichsgericht zuständig ist. Entsch. d. Kammergerichts III. 231. E. XX. 390. XXII 113.

[5] Gebühren für die Berufung: § 65 G.K.G.

370. Ist bei dem Beginne der Hauptverhandlung weder der Angeklagte, noch in den Fällen, wo solches zulässig,[1] ein Vertreter desselben erschienen und das Ausbleiben nicht genügend entschuldigt,[2] so ist, insoweit der Angeklagte die Berufung eingelegt hat, dieselbe sofort zu verwerfen[3], insoweit die Staatsanwaltschaft die Berufung eingelegt hat, über diese zu verhandeln oder die Vorführung oder Verhaftung des Angeklagten anzuordnen.

Der Angeklagte kann binnen einer Woche nach der Zustellung des Urtheils die Wiedereinsetzung in den vorigen Stand unter den in den §§. 44, 45 bezeichneten Voraussetzungen beanspruchen.

[1] § 233 und Anm. 1 u. 3 daselbst.

[2] Vgl. den auch hier anwendbaren (§ 373) § 232.

[3] Gebühren: § 65 Abs. 3 G.K.G.

371. Ist von einer der im §. 340 bezeichneten Personen die Berufung eingelegt worden, so hat das Gericht auch den Angeklagten zu der Hauptverhandlung vorzuladen und kann ihn bei seinem Ausbleiben zu derselben zwangsweise vorführen lassen.

5. Verbot der reformatio in pejus.

372. War das Urtheil nur von dem Angeklagten oder zu Gunsten desselben von der Staatsanwaltschaft oder von einer der im §. 340 bezeichneten Personen angefochten worden, so darf das Urtheil nicht zum Nachtheile des Angeklagten abgeändert werden [1].

[1] Nur in Beziehung auf die Strafe (Buße ist keine Strafe E. XV. 439. R. IX. 279), nicht auch auf die Qualifizirung der That, und auch in ersterer Beziehung nur insoweit, daß nicht als Schlußresultat eine höhere Strafe verhängt werden darf. Es kann daher bei einer auf Grund des § 74 St.G.B. verhängten Gesammtstrafe verbleiben, obwohl von einer Straftbat freigesprochen wird; allerdings dürfen auch die Einzelstrafen nicht erhöht werden. Vgl. E. II. 202. XXV. 244 XXVI. 167. R. II. 186. Vgl. auch E. II. 205. III. 319. IX 324. R. V. 696.

373. Im Uebrigen finden die im sechsten Abschnitte des zweiten Buchs über die Hauptverhandlung gegebenen Vorschriften Anwendung.

Vierter Abschnitt.

Revision.

1. Zulässigkeit.

374. Die Revision findet statt gegen die Urtheile der Landgerichte [1] und der Schwurgerichte. [2]

[1] In erster und zweiter Instanz. §§ 73, 74 u. 76 G.V.G.

[2] § 80 G.V.G.

375. Der Beurtheilung des Revisionsgerichts[1] unterliegen auch diejenigen Entscheidungen, welche dem Urtheile vorausgegangen sind,[2] sofern dasselbe auf ihnen beruht.[3]

[1] Vgl. Anm. 5 zu § 386.

[2] Selbst des Vorverfahrens. Vgl. Prot. 1018. Insbesondere der Eröffnungsbeschluß. E. X. 56. XXXII. 79.

[3] d. h. sofern sie auf das Urtheil haben von Einfluß sein können. Vgl. z. B. E. I. 32. 66. 210. R. I. 362. 412 und andererseits E. II. 19. 120. R. II. 104. Eröffnungsbeschluß: E. X. 56. R. VI. 64. 2. Begründung.

376. Die Revision kann nur[1] darauf gestützt werden, daß das Urtheil auf einer Verletzung des Gesetzes[2] beruhe.[3]

Das Gesetz ist verletzt, wenn eine Rechtsnorm nicht oder nicht richtig angewendet worden ist.

[1] Eine Beurtheilung des Rechtsfalls in thatsächlicher Beziehung ist damit ausgeschlossen. — Bei prozessualen Mängeln ist jedoch eine Prüfung der thatsächlichen Voraussetzungen nicht ausgeschlossen. Vgl. E. IV. 388. VI. 161. VII. 340. XI. 261. XII. 126. XXXI. 232. R. III. 481. VI. 331. VII. 198. 259.

[2] Vgl. § 7 E.G. u. Anm. 1 das. Ob das Gesetz materielles Recht oder Prozeßrecht enthält, ist gleichgültig; auch ob es ein inländisches oder ausländisches Gesetz ist. E. X. 385. R. VI. 142 Vgl. jedoch § 380.

[3] Die Gesetzesverletzung muß also mit der Entscheidung in (mindestens möglichem) Zusammenhang stehen. Vgl. z. B. E. I. 32 210. R. I. 362. V. 653.

377. Ein Urtheil ist stets[1] als auf einer Verletzung des Gesetzes beruhend anzusehen:

1. wenn das erkennende Gericht oder die Geschworenenbank nicht vorschriftsmäßig besetzt[2] war;
2. wenn bei dem Urtheile ein Richter, Geschworener oder Schöffe mitgewirkt hat, welcher von der Aus-

übung des Richteramts kraft des Gesetzes ausgeschlossen war;[3]

3. wenn bei dem Urtheile ein Richter oder Schöffe mitgewirkt hat, nachdem derselbe wegen Besorgniß der Befangenheit abgelehnt war, und das Ablehnungsgesuch entweder für begründet erklärt war oder mit Unrecht verworfen worden ist;[4]
4. wenn das Gericht seine Zuständigkeit[5] mit Unrecht angenommen hat;
5. wenn die Hauptverhandlung in Abwesenheit der Staatsanwaltschaft oder einer Person, deren Anwesenheit das Gesetz vorschreibt, stattgefunden hat;[6]
6. wenn das Urtheil auf Grund einer mündlichen Verhandlung ergangen ist, bei welcher die Vorschriften über die Oeffentlichkeit des Verfahrens verletzt sind;[7]
7. wenn das Urtheil keine Entscheidungsgründe enthält;[8]
8. wenn die Vertheidigung in einem für die Entscheidung wesentlichen Punkte durch einen Beschluß des Gerichts unzulässig beschränkt worden ist.[9]

[1] Vgl. jedoch §§ 378, 379, 380.

[2] Verletzung der §§ 77, 81, 82 G.V.G., wobei die zum Richter- oder Geschworenen-Amte absolut Unfähigen (vgl. §§ 2, 10, 84, 85, 32 G.V.G.) nicht mitzählen, ferner auch Verletzung der §§ 87—94 G.V.G., der §§ 280- 288 St.P.O. E. V. 21. R. III. 530. — Hinsichtlich der §§ 62—66 G.V.G. vgl. E. I. 238. II. 195. III. 8. 231. XVIII. 9. XIX. 230. XX. 385. R. I. 414. II. 173. 338. 508. X. 432. — Nicht hierher gehört bloße Unaufmerksamkeit, Schlafen oder dergleichen eines Geschworenen oder Richters. E. XXII. 106. XXX. 399.

[3] §§ 22, 23, 31, 32.

[4] §§ 24, 31, soweit nicht nach § 28 Abs. 1 sofortige Beschwerde gegeben ist. E. VII. 175. — Prüfung auch in thatsächlicher Beziehung durch das Revisionsgericht. E. VII. 340. XXII. 135. R. IV. 854.

[5] örtliche (vgl. jedoch §§ 16—18 nebst Anm.) und sachliche (vgl. jedoch § 269. E. XVI. 39).

[6] § 225 und Anm. 5 das.

[7] §§ 170, 173—175 G.V.G. nebst Anm. §§ 281, 288 St.P.O.

[8] §§ 266, 316, insbes. auch Anm. 1, 2, 6, 7, 8 zu § 266. E. III. 147. — Vgl. auch Anm. 3 zu § 34.

[9] Vgl. z. B. E. I. 51. 61. 106. R. I. 105. 164 u. a.

378. Die Verletzung von Rechtsnormen, welche lediglich[1] zu Gunsten des Angeklagten gegeben sind,[2] kann von der Staatsanwaltschaft nicht zu dem Zwecke geltend gemacht werden, um eine Aufhebung des Urtheils zum Nachtheile des Angeklagten herbeizuführen.

[1] § 377 Nr. 6 nicht lediglich zu Gunsten des Angeklagten. E. I. 90. R. I. 297. Hinsichtlich Nr. 5 vgl. E. XXIX. 44.

[2] Prozessualische Befugnisse des Angeklagten, nicht Grundsätze des materiellen Prozeßrechts. E. III. 384. R. III. 100.

379. Wenn der Angeklagte von den Geschworenen für nichtschuldig[1] erklärt worden ist,[2] so steht der Staatsanwaltschaft die Revision nur in den Fällen zu, in welchen dieselbe durch die Bestimmungen des §. 377 Nr. 1, 2, 3, 5 oder durch die Stellung oder Nichtstellung von Fragen[3] begründet wird.

[1] Bei theilweisem Nichtschuldig gilt der § für diesen Theil. E. X. 410. R. VI. 381.

[2] Durch gesetzmäßigen Spruch, welcher bei Nichtanwendung des § 309 bzw. bei unstatthafter Anwendung desselben nicht vorliegt. E. II. 95. R. II. 60.

[3] Einschließlich der Fehlerhaftigkeit einer Frage. Vgl. §§ 292—298.

380. Gegen die in der Berufungsinstanz erlassenen Urtheile der Landgerichte kann die Revision wegen Verletzung einer Rechtsnorm über das Verfahren nur auf Verletzung der Vorschrift des §. 398 gestützt werden.[1]

[1] also auch nicht auf Mängel des § 377.

3. Einlegung.

381. Die Revision muß bei dem Gerichte, dessen Urtheil angefochten wird, binnen einer Woche nach Verkündung des Urtheils zu Protokoll des Gerichtsschreibers oder schriftlich eingelegt werden.

Hat die Verkündung des Urtheils nicht in Anwesenheit des Angeklagten stattgefunden, so beginnt für diesen die Frist mit der Zustellung.[1]

[1] Vgl. die Anm. zu § 355.

382. Der Beginn der Frist zur Einlegung der Revision wird dadurch nicht ausgeschlossen, daß gegen ein auf Ausbleiben des Angeklagten ergangenes Urtheil eine Wiedereinsetzung in den vorigen Stand nachgesucht werden kann.[1]

Stellt der Angeklagte ein Gesuch um Wiedereinsetzung in den vorigen Stand, so wird die Revision dadurch gewahrt, daß sie sofort für den Fall der Verwerfung jenes Gesuchs rechtzeitig eingelegt und begründet wird. Die weitere Verfügung in Bezug auf die Revision bleibt dann bis zur Erledigung des Gesuchs um Wiedereinsetzung in den vorigen Stand ausgesetzt.

Die Einlegung der Revision ohne Verbindung mit dem Gesuch um Wiedereinsetzung in den vorigen Stand gilt als Verzicht auf die letztere.

[1] §§ 234, 44 ff.

383. Durch rechtzeitige Einlegung der Revision wird die Rechtskraft des Urtheils, soweit dasselbe angefochten ist,[1] gehemmt.

Dem Beschwerdeführer, welchem das Urtheil mit den Gründen noch nicht zugestellt war, ist dasselbe nach Einlegung der Revision zuzustellen.[2]

[1] §§ 384. 392. [2] Vgl. die Anm. 2—5 zu § 357.

4. Revisionsanträge.

384. Der Beschwerdeführer hat[1] die Erklärung abzugeben, inwieweit er das Urtheil anfechte und dessen Aufhebung beantrage (Revisionsanträge), und die Anträge zu begründen.

Aus der Begründung[2] muß[1] hervorgehen, ob das Urtheil wegen Verletzung einer Rechtsnorm über das Verfahren oder wegen Verletzung einer anderen Rechtsnorm angefochten wird.[3] Ersterenfalls müssen[1] die den Mangel enthaltenden Thatsachen angegeben werden.[4]

[1] Nothwendig: §§ 386, 389.

[2] dieser selbst; Bezugnahme anderer Schriftstücke genügt nicht — E. XVIII. 95. XXIX. 411. R. X. 512 — auch nicht, wenn sie abschriftlich beigefügt sind. E. XX. 42.

[3] Bezeichnung der Rechtsnorm nicht erforderlich, unrichtige Bezeichnung nicht schädlich. Vgl. § 392 Abs. 2. [4] Vgl. § 392 Abs. 1.

5. Verfahren bis zur Hauptverhandlung.

385. Die Revisionsanträge und deren Begründung sind spätestens[1] binnen einer weiteren Woche[2] nach Ablauf der Frist zur Einlegung des Rechtsmittels oder, wenn zu dieser Zeit das Urtheil noch nicht zugestellt war, nach dessen Zustellung bei dem Gerichte, dessen Urtheil angefochten wird, anzubringen.

Seitens des Angeklagten[3] kann dies nur in einer von dem[4] Vertheidiger oder einem Rechtsanwalt[5] unterzeichneten[6] Schrift[7] oder zu Protokoll[8] des Gerichtsschreibers[9] geschehen.

[1] Frühere, auch mit der Einlegung verbundene Rechtfertigung ist danach nicht ausgeschlossen

[2] § 43. Anm. 1 zu § 44. Vgl. auch § 341 hinsichtlich des verhafteten Angeklagten.

[3] Ebenso in den Fällen §§ 324, 340, 478 Abs. 2, 3 bzw. 479.

[4] ohne Vollmacht nur von dem der Vorinstanz. E. III. 222. XXVIII. 430

[5] Ausdrückliche Vollmacht nicht erforderlich. E. XV. 226. R. IV. 855. IX. 90. Contra: E. VI. 81. R. IV. 236.

[6] Bloße Legalisation genügt nicht, vgl. E. XIV. 348. XVIII. 103. XIX. 95. 115. XXI 159 R. X. 542.

[7] Auch durch Telegramm. E X. 166. VIII. 92 IX. 38. R V. 161. 480.

[8] materiell, nicht bloß formell, vgl. E. II. 358. 444. IV. 7. XXVII. 211. R. II. 215 auch nur persönlich, oder durch einen gemäß § 138 zulässigen Vertheidiger E. IX. 78.

[9] des Gerichts, dessen Urtheil angefochten. E. VII. 174. R. III. 51. Vgl. jedoch § 341.

386. Ist die Revision verspätet eingelegt, oder sind die Revisionsanträge nicht rechtzeitig oder nicht in der im §. 385 Abs. 2 vorgeschriebenen Form[1] angebracht worden, so hat das Gericht, dessen Urtheil angefochten wird,[2] das Rechtsmittel durch Beschluß[3] als unzulässig zu verwerfen.[4]

Der Beschwerdeführer kann binnen einer Woche nach Zustellung des Beschlusses auf die Entscheidung des Revisionsgerichts[3] antragen. In diesem Falle sind die Akten an das Revisionsgericht einzusenden; die Vollstreckung des Urtheils wird jedoch hierdurch nicht gehemmt.

[1] Die Prüfung der Beobachtung des § 384 und der Form des § 381, sowie etwaigen Verzichts oder Widerrufs (§ 344) ist lediglich Sache des Revisionsgerichts. Vgl. R. I. 266. VIII. 469.

[2] Für schwurgerichtliche Sachen vgl. § 83 G.V.G.

[3] Drei Mitglieder: § 77 G.V.G.

[4] Gebühren: § 66 Nr. 2 G.K.G.

[5] Reichsgericht gegen alle Urtheile der Schwurgerichte, gegen die Urtheile der Landgerichte in erster Instanz mit Ausnahme des § 123 Nr. 3 G.V.G. und gegen Urtheile der Landgerichte in zweiter Instanz in dem Spezialfalle § 136 Abs. 2 das. — Oberlandesgerichte gegen die Urtheile der Landgerichte in der Berufungsinstanz mit der Ausnahme des § 136 Abs. 2 und gegen die Urtheile der Landgerichte in erster Instanz in dem Ausnahmefalle des § 123 Nr 3. — An Stelle der Oberlandesgerichte tritt in Preußen in dem Falle des § 123 Nr. 3 stets und in dem Falle des § 123 Nr. 2, wenn eine nach Landesrecht strafbare Handlung in Frage steht, das Kammergericht. Preuß. Ausf.G. v. 24./4. 78 (G.S. 230) § 50.

387. Ist die Revision rechtzeitig eingelegt, und sind die Revisionsanträge rechtzeitig und in der vorgeschriebenen Form angebracht, so ist die Revisionsschrift dem Gegner des Beschwerdeführers zuzustellen.[1] Diesem steht frei, binnen einer Woche eine schriftliche Gegenerklärung[2] einzureichen. Der Angeklagte kann letztere auch zu Protokoll des Gerichtsschreibers abgeben.

Nach Eingang der Gegenerklärung oder nach Ablauf der Frist erfolgt durch die Staatsanwaltschaft[3] die Einsendung der Akten an das Revisionsgericht.

[1] Zustellung an die Staatsanwaltschaft: § 41.

[2] Form des § 385 Abs. 2 nicht erforderlich.

[3] Von Staatsanwaltschaft zu Staatsanwaltschaft.

388. Findet das Gericht, an welches die Einsendung der Akten erfolgt ist, daß die Verhandlung und Entscheidung über das Rechtsmittel zur Zuständigkeit eines anderen Gerichts[1] gehöre, so hat es durch Beschluß seine Unzuständigkeit auszusprechen.[2]

Dieser Beschluß, in welchem das zuständige Revisionsgericht zu bezeichnen ist, unterliegt einer Anfechtung nicht und ist für das in demselben bezeichnete Gericht bindend.

Die Abgabe der Akten erfolgt durch die Staatsanwaltschaft.

[1] Vgl. Anm. 6 zu § 386.

[2] Erachtet es sich irrig als zuständig, so erlangt das von ihm ausgesprochene Revisionsurtheil, weil an sich unanfechtbar, die Rechtskraft. E. XXII. 113.

6. Verfahren vor dem Revisionsgericht.

389. Erachtet das Revisionsgericht die Bestimmungen über die Einlegung der Revision[1] oder diejenigen über die Anbringung der Revisionsanträge[2] nicht für beobachtet, so kann es das Rechtsmittel durch Beschluß als unzulässig verwerfen.[3]

Anderenfalls entscheidet es über dasselbe durch Urtheil.[4]

[1] § 381.

[2] § 385, aber auch § 384 Abs. 1 u. 2. E. I. 257. R. I. 126.

[3] Gebühren: § 66 Nr. 2 G.K.G. [4] Gebühren: § 65 Abs. 1 G.K.G.

390. Der Angeklagte oder auf dessen Verlangen der Vertheidiger ist von dem Tage der Hauptverhandlung zu benachrichtigen. Der Angeklagte kann[1] in dieser erscheinen oder sich durch einen mit schriftlicher Vollmacht versehenen Vertheidiger vertreten lassen.

Der nicht auf freiem Fuße befindliche Angeklagte hat keinen Anspruch auf Anwesenheit.

[1] Anwesenheit also nicht erforderlich.

391. Die Hauptverhandlung beginnt mit dem Vortrage eines Berichterstatters.

Hierauf werden die Staatsanwaltschaft sowie der Angeklagte und sein Vertheidiger mit ihren Ausführungen und Anträgen, und zwar der Beschwerdeführer zuerst, gehört. Dem Angeklagten gebührt das letzte Wort.

392. Der Prüfung des Revisionsgerichts unterliegen nur die gestellten Revisionsanträge[1] und, insoweit die Revision auf Mängel des Verfahrens gestützt wird, nur diejenigen Thatsachen,[2] welche bei Anbringung der Revisionsanträge bezeichnet worden sind.

Eine weitere Begründung der Revisionsanträge, als die im §. 384 Abs. 2 vorgeschriebene, ist nicht erforderlich und, wenn sie unrichtig ist, unschädlich.

[1] § 384, ihre Rechtzeitigkeit (§ 385) vorausgesetzt.

[2] Freie Würdigung derselben Seitens des Revisionsrichters. Vgl. E. IV. 388. R. III. 481.

7. Entscheidung des Revisionsgerichts.

393. Insoweit die Revision für begründet erachtet wird, ist das angefochtene Urtheil aufzuheben.[1]

Gleichzeitig sind die dem Urtheile zu Grund liegenden Feststellungen[2] aufzuheben, sofern sie durch die Gesetzesverletzung betroffen werden, wegen deren die Aufhebung des Urtheils erfolgt.[3]

[1] Kosten: § 505.

[2] Von aufrecht erhaltenen Feststellungen sind Strafzumessungsgründe (einschließlich — soweit Strafkammersachen in Frage stehen — mildernder Umstände E. IX. 98) nicht mit betroffen. E. III. 319. R. III. 14. Hinsichtlich dieser gelten auch in der neuen Verhandlung für das Beweisverfahren die §§ 243, 244, 245. E. XX. 411. Ist bei mehreren Strafthaten nur bezüglich einer die Feststellung aufgehoben, so bleiben bezüglich der anderen auch die Einsatzstrafen, falls sie nicht ausdrücklich aufgehoben sind, bestehen. E. IV. 140. XXV. 297.

[3] Bleiben die Feststellungen aufrecht erhalten, so findet bei der erneuten Verhandlung im schwurgerichtlichen Verfahren eine Mitwirkung der Geschworenen nicht statt. E. XXI. 388.

394. Erfolgt die Aufhebung des Urtheils nur wegen Gesetzesverletzung bei Anwendung des Gesetzes auf die dem Urtheile zu Grund liegenden Feststellungen, so hat das Revisionsgericht in der Sache selbst zu entscheiden, sofern ohne weitere thatsächliche Erörterungen nur auf Freisprechung oder auf Einstellung oder auf eine absolut bestimmte Strafe zu erkennen ist, oder das Revisionsgericht in Uebereinstimmung mit dem Antrage der Staatsanwaltschaft die gesetzlich niedrigste Strafe[1] für angemessen erachtet.

In anderen Fällen ist die Sache zur anderweiten Verhandlung[2] und Entscheidung an das Gericht, dessen Urtheil aufgehoben ist, oder an ein, demselben Bundesstaate angehöriges, benachbartes Gericht gleicher Ordnung zurückzuverweisen.

Die Zurückverweisung kann an ein Gericht niederer Ordnung erfolgen, wenn die noch in Frage kommende strafbare Handlung zu dessen Zuständigkeit gehört.

[1] Ist diese von dem Vorhandensein mildernder Umstände abhängig, so kann das Revisionsgericht nur dann erkennen, wenn dieselben von dem Instanzgericht festgestellt sind. E. II. 354. R. II. 353.

[2] vollständigen, nicht bloß Verbesserung des vorgekommenen Mangels. Die frühere Verhandlung existirt nicht mehr, soweit sie die aufgehobene Feststellung betrifft. E. II. 289. R. I. 767. II. 137.

395. Wird ein Urtheil aufgehoben, weil das Gericht der vorigen Instanz sich mit Unrecht für zuständig erachtet hat,[1] so verweist das Revisionsgericht gleichzeitig die Sache an das zuständige Gericht.

[1] § 377 Nr. 4, aber auch § 380.

396. Die Verkündung des Urtheils erfolgt nach Maßgabe des §. 267.

397. Erfolgt zu Gunsten eines Angeklagten die Aufhebung des Urtheils wegen Gesetzesverletzung bei Anwendung des Strafgesetzes,[1] und erstreckt sich das Urtheil, soweit es aufgehoben wird,[2] noch auf andere Angeklagte, welche die Revision nicht eingelegt haben, so ist zu erkennen, als ob sie gleichfalls die Revision eingelegt hätten.[3]

[1] Also wegen Verletzung einer materiellen Rechtsnorm. Prot. 615. 616. Vgl. auch E. XVI. 417.

[2] Gleichgültig, ob eine Rückverweisung oder eine Endentscheidung ergeht. Prot. 1032. 1033. E. I. 152. R. V. 156.

[3] Vorausgesetzt, daß sie materiell verletzt erscheinen. E. III. 283.

8. **Bindende Kraft des Rev.-Urtheils. Verbot der reformatio in pejus.**

398. Das Gericht, an welches die Sache zur anderweiten Verhandlung und Entscheidung verwiesen ist,[1] hat die rechtliche Beurtheilung, welche der Aufhebung des Urtheils zu Grund gelegt ist, auch seiner Entscheidung zu Grund zu legen.[2]

War das Urtheil nur von dem Angeklagten oder zu Gunsten desselben von der Staatsanwaltschaft oder von einer der im §. 340 bezeichneten Personen angefochten worden, so darf das neue Urtheil eine härtere Strafe, als die in dem ersteren erkannte, nicht verhängen.[3]

[1] Auch das etwa demnächst noch erkennende Revisionsgericht. E. VI. 357. XXII. 156. R. IV. 506.

[2] Eine Verlesung des Revisionsurtheils in der Verhandlung nicht nöthig. E. XXI. 436.

[3] Vgl. Anm. 1 zu § 372.

Viertes Buch.

Wiederaufnahme eines durch rechtskräftiges Urtheil geschlossenen Verfahrens.

---

1. Wiederaufnahme zu Gunsten des Verurtheilten.

399. Die Wiederaufnahme eines durch rechtskräftiges Urtheil geschlossenen Verfahrens[1] zu Gunsten des Verurtheilten findet statt:[2]

1. wenn eine in der Hauptverhandlung zu seinen Ungunsten als echt vorgebrachte[3] Urkunde fälschlich angefertigt oder verfälscht war;[4]
2. wenn durch Beeidigung eines zu seinen Ungunsten abgelegten[3] Zeugnisses oder abgegebenen Gutachtens der Zeuge oder Sachverständige sich einer vorsätzlichen oder fahrlässigen Verletzung der Eidespflicht schuldig gemacht hat;[5]
3. wenn bei dem Urtheil ein Richter, Geschworener oder Schöffe mitgewirkt hat, welcher sich in Beziehung auf die Sache einer Verletzung seiner Amtspflichten schuldig gemacht hat, sofern diese Verletzung mit einer im Wege des gerichtlichen Strafverfahrens zu verhängenden öffentlichen Strafe bedroht und nicht vom Verurtheilten selbst veranlaßt ist;

4. wenn ein civilgerichtliches Urtheil, auf welches das Strafurtheil gegründet ist, durch ein anderes rechtskräftig gewordenes Urtheil aufgehoben ist;[6]

5. wenn neue Thatsachen oder Beweismittel beigebracht sind, welche allein oder in Verbindung mit den früher erhobenen Beweisen die Freisprechung[7] des Angeklagten oder in Anwendung eines milderen Strafgesetzes eine geringere Bestrafung zu begründen geeignet sind.[8] In den vor den Schöffengerichten verhandelten Sachen können nur solche Thatsachen oder Beweismittel beigebracht werden, welche der Verurtheilte in dem früheren Verfahren einschließlich der Berufungsinstanz nicht gekannt hatte oder ohne Verschulden nicht geltend machen konnte.

[1] Wegen mangelhafter Beweisunterlagen, nicht wegen rechtlicher Fehler; vgl. E. XIX. 321.
[2] Ohne Zeitgrenze. § 401. [3] Vgl. dazu § 410 Abs. 1.
[4] Der Thatbestand der §§ 267 ff. St.G.B. wird nicht erfordert.
[5] §§ 154, 163 St.G.B. [6] Vgl. § 261.
[7] Der Fall des § 55 St.G.B. steht gleich. Vgl. E. XX. 46.
[8] Vgl. § 403.

400. Durch den Antrag auf Wiederaufnahme des Verfahrens wird die Vollstreckung des Urtheils nicht gehemmt.

Das Gericht[1] kann jedoch einen Aufschub sowie eine Unterbrechung der Vollstreckung anordnen.[2]

[1] § 407.
[2] Gegen die Entscheidung sofortige Beschwerde: § 412.

401. Der Antrag auf Wiederaufnahme des Verfahrens wird weder durch die erfolgte Strafvollstreckung noch durch den Tod des Verurtheilten ausgeschlossen.

Im Falle des Todes[1] sind der Ehegatte, die Verwandten[2] auf- und absteigender Linie sowie die Geschwister des Verstorbenen zu dem Antrage befugt.

[1] Bei Lebzeiten gelten die §§ 338—340. Vgl. § 405.

[2] § 1589 B.G.B.

2. Wiederaufnahme zu Ungunsten des Angeklagten.

402. Die Wiederaufnahme eines durch rechtskräftiges Urtheil geschlossenen Verfahrens zu Ungunsten des Angeklagten findet statt:[1]

1. wenn eine in der Hauptverhandlung zu seinen Gunsten als echt vorgebrachte[2] Urkunde fälschlich angefertigt oder verfälscht war;[3]
2. wenn durch Beeidigung eines zu seinen Gunsten abgelegten[2] Zeugnisses oder abgegebenen Gutachtens der Zeuge oder Sachverständige sich einer vorsätzlichen oder fahrlässigen Verletzung der Eidespflicht schuldig gemacht hat;[4]
3. wenn bei dem Urtheil ein Richter, Geschworener oder Schöffe mitgewirkt hat, welcher sich in Beziehung auf die Sache einer Verletzung seiner Amtspflichten schuldig gemacht hat, sofern diese Verletzung mit einer im Wege des gerichtlichen Strafverfahrens zu verhängenden öffentlichen Strafe bedroht ist;
4. wenn von dem Freigesprochenen[5] vor Gericht oder außergerichtlich ein glaubwürdiges Geständniß der strafbaren Handlung abgelegt wird.[6]

[1] Die Zeitgrenze bildet die Verjährung. § 67 St.G.B.

[2] Vgl. dazu § 410 Abs. 1.

[3] Der Thatbestand der §§ 267 ff. St.G.B. wird nicht erfordert.

[4] §§ 154, 163 St.G.B. [5] Also nach erfolgter Freisprechung.

[6] Vgl. allgemein § 403. Auch wenn wegen einer minder schweren That Verurtheilung erfolgt ist, ist danach § 402 nicht ausgeschlossen. Ausnahme: Nr. 4 „Freigesprochen". E. III. 399. R. III. 118.

3. **Unzulässigkeit der Wiederaufnahme.**

403. Eine Wiederaufnahme des Verfahrens zum Zwecke der Aenderung der Strafe innerhalb des durch dasselbe Gesetz[1] bestimmten Strafmaßes findet nicht statt.[2]

[1] Bestimmungen, welche für erschwerende Umstände eine besondere Strafe normiren, selbst innerhalb desselben § (z. B. § 220 Abs. 2 St.G.B.), gelten als besonderes Gesetz im Sinne dieses §.

[2] Gilt für § 399 und § 402.

404. Ein Antrag auf Wiederaufnahme des Verfahrens, welcher auf die Behauptung einer strafbaren Handlung gegründet werden soll,[1] ist nur dann zulässig, wenn wegen dieser Handlung eine rechtskräftige Verurtheilung ergangen ist, oder wenn die Einleitung oder Durchführung eines Strafverfahrens aus anderen Gründen als wegen Mangels an Beweis[2] nicht erfolgen kann.

[1] § 399 Nr. 1—3, § 402 Nr. 1—3. Vgl. jedoch Anm. 4 zu § 399, Anm. 3 zu § 402.

[2] Z. B. Tod, Abwesenheit, Verjährung. Mot. 218.

405. Die allgemeinen Bestimmungen über Rechtsmittel[1] finden auch bei dem Antrag auf Wiederaufnahme des Verfahrens Anwendung.

[1] §§ 338—345.

4. **Begründung.**

406. In dem Antrage müssen der gesetzliche Grund der Wiederaufnahme des Verfahrens sowie die Beweismittel angegeben werden.

Von dem Angeklagten und den im §. 401 Abs. 2 bezeichneten Personen kann der Antrag nur mittels einer von dem Vertheidiger oder einem Rechtsanwalt unterzeichneten Schrift oder zu Protokoll des Gerichtsschreibers angebracht werden.[1]

[1] Vgl. § 385 Abs. 2 nebst Anm.

5. Zuständigkeit für den Antrag auf Wiederaufnahme.

407. Ueber die Zulassung des Antrags auf Wiederaufnahme des Verfahrens entscheidet das Gericht, dessen Urtheil mit dem Antrag angefochten wird.[1] Wird ein in der Revisionsinstanz erlassenes Urtheil aus anderen Gründen als auf Grund des §. 399 Nr. 3 oder des §. 402 Nr. 3 angefochten, so entscheidet das Gericht, gegen dessen Urtheil die Revision eingelegt war.

Die Entscheidung erfolgt ohne mündliche Verhandlung.[2]

[1] Besetzung des Gerichts: § 30 Abs. 2, § 77, § 82, § 124, § 140, (§ 139) G.V.G.

[2] Vgl. § 33.

6. Verfahren.

408. Ist der Antrag nicht in der vorgeschriebenen Form[1] angebracht, oder ist darin kein gesetzlicher Grund[2] der Wiederaufnahme geltend gemacht oder kein geeignetes Beweismittel angeführt, so ist der Antrag als unzulässig zu verwerfen.[3] [4]

Anderenfalls ist derselbe dem Gegner des Antragstellers unter Bestimmung einer Frist zur Erklärung zuzustellen.

[1] § 406 Abs. 2.

[2] §§ 399, 402. Vgl. auch § 404.

[3] Anfechtung: § 412 sofortige Beschwerde.

[4] Gebühren: § 66 Nr. 3 G.K.G.

409. Wird der Antrag an sich für zulässig befunden, so beauftragt das Gericht mit Aufnahme der angetretenen Beweise, soweit diese erforderlich ist, einen Richter.

Dem Ermessen des Gerichts bleibt es überlassen, ob die Zeugen und Sachverständigen eidlich vernommen werden sollen.[1]

Hinsichtlich der Berechtigung der Betheiligten zur Anwesenheit bei der Beweisaufnahme kommen die für die Voruntersuchung gegebenen Vorschriften zur Anwendung.[2]

Nach Schluß der Beweisaufnahme sind die Staatsanwaltschaft und der Angeklagte unter Bestimmung einer Frist zur ferneren Erklärung aufzufordern.

[1] In dem dem Vorverfahren entsprechenden Wiederaufnahmeverfahren; nicht in den Fällen § 411 Abs. 1, 2, § 413 E. XXIX. 64.

[2] §§ 191, 192.

410. Der Antrag auf Wiederaufnahme des Verfahrens wird ohne mündliche Verhandlung als unbegründet verworfen,[1] wenn die darin aufgestellten Behauptungen keine genügende Bestätigung gefunden haben, oder wenn in den Fällen des §. 399 Nr. 1, 2 oder des §. 402 Nr. 1, 2 nach Lage der Sache die Annahme ausgeschlossen ist, daß die in diesen Bestimmungen bezeichnete Handlung auf die Entscheidung Einfluß gehabt hat.[2]

Anderenfalls verordnet das Gericht die Wiederaufnahme des Verfahrens und die Erneuerung der Hauptverhandlung.[1] [3] [4]

[1] Sofortige Beschwerde: § 412. [2] Gebühren: § 67 G.K.G.

[3] nicht nothwendig vor einem Gericht derselben Ordnung. E. IX. 34. R. V. 482.

[4] Gebühren: § 77 G.K.G.

411. Ist der Verurtheilte bereits verstorben, so hat

ohne Erneuerung der Hauptverhandlung[1] das Gericht nach Aufnahme des etwa noch erforderlichen Beweises entweder die Freisprechung zu erkennen[2] oder den Antrag auf Wiederaufnahme abzulehnen.[3]

Auch in anderen Fällen kann das Gericht, bei öffentlichen Klagen jedoch nur mit Zustimmung der Staatsanwaltschaft, den Verurtheilten sofort freisprechen, wenn dazu genügende Beweise bereits vorliegen.[4]

Mit der Freisprechung ist die Aufhebung des früheren Urtheils zu verbinden.[5][6]

Die Aufhebung ist auf Verlangen des Antragstellers durch den Deutschen Reichsanzeiger bekannt zu machen, und kann nach dem Ermessen des Gerichts auch durch andere Blätter veröffentlicht werden.

[1] auch wenn für noch lebende Mitverurtheilte eine Erneuerung der H.V. stattfindet. E. X. 423.

[2] durch Urtheil. E. XXVIII. 146, preuß. J.M.Bl. 1897 S. 66

[3] Nur diese beiden Alternativen, dagegen nicht eine andere Qualifikation der That, sind zulässig. Prot. 625. — Gebühren der Ablehnung: § 67 G.K.G.

[4] Ohne erneute Hauptverhandlung und daher in der Anm. 1 zu § 407 citirten Besetzung des Gerichts.

[5] und in Gemäßheit des G., betr. die Entschädigung der im Wiederaufnahmeverfahren freigesproch. Vers., v. 20./5. 98 (R.G.Bl. 345, unten im Anhang) § 4 über die etwaige Entschädigungspflicht Beschluß zu fassen.

[6] Gegen die freisprechenden Urtheile dieses § finden die gewöhnlichen Rechtsmittel (nicht § 412) Anwendung. E. XXVIII. 146.

412. Alle Entscheidungen,[1] welche aus Anlaß eines Antrags auf Wiederaufnahme des Verfahrens von dem Gericht in[2] erster Instanz erlassen werden, können mit der sofortigen Beschwerde[3] angefochten werden.[4]

[1] Ausschließlich der Urtheile. Vgl. § 413, auch Anm. 4 zu § 411. Vgl. die cit. §§ in den Mot. S. 221. Auch ausschließlich des Anm. 5 zu § 411 u. Anm. 4 zu § 413 gedachten Beschlusses.

[2] d. h. von dem mit dem Wiederaufnahme-Verfahren in erster Instanz befaßten Gericht, also auch von dem früheren Berufungsgericht. Für die höheren Gerichte vgl. § 346 Abs. 3.

[3] § 353.

[4] Dagegen nicht mit anderen Rechtsbehelfen, insbesondere nicht (trotz § 375) mit der Revision in dem erneuten Verfahren. E. XX. 46. XXII. 97.

7. Erneute Hauptverhandlung.

Verbot der reformatio in pejus.

413. In der erneuten[1] Hauptverhandlung ist entweder das frühere Urtheil aufrecht zu erhalten oder unter Aufhebung desselben[2] anderweit in der Sache[3] zu erkennen.[4]

Ist die Wiederaufnahme des Verfahrens nur von dem Verurtheilten oder zu Gunsten desselben von der Staatsanwaltschaft oder von einer der im §. 340 bezeichneten Personen beantragt worden, so darf das neue Urtheil eine härtere Strafe als die in dem früheren erkannte nicht verhängen.[5]

[1] vollständig selbständigen und von der früheren Verhandlung unabhängigen. E. II. 323. XXX. 421. R. II. 315. Der frühere Eröffnungsbeschluß, nicht etwa bloß der Beschluß § 410 Abs. 2 ist zu verlesen. E. IV. 426. R. III. 521.

[2] Abs. 4 des § 411 gilt hier an sich nicht. E. XV. 188. R. IX. 62.

[3] Eine Nachprüfung der Zulässigkeit der Wiederaufnahme steht dem erkennenden Gerichte nicht zu. E. IV. 402. R. III. 447.

[4] und dabei über die etwaige Entschädigungspflicht des Staates in Gemäßheit des G. v. 20./5. 98 (unten im Anhang) § 4 Beschluß zu fassen.

[5] Vgl. Anm. 1 zu § 372.

Fünftes Buch.
Betheiligung des Verletzten bei dem Verfahren.

Erster Abschnitt.
Privatklage.

1. Zulässigkeit.

414. Beleidigungen und Körperverletzungen können, soweit die Verfolgung nur auf Antrag eintritt,[1] von dem Verletzten im Wege der Privatklage verfolgt werden, ohne daß es einer vorgängigen Anrufung der Staatsanwaltschaft bedarf.[2]

Die gleiche Befugniß steht denjenigen zu, welchen in den Strafgesetzen das Recht, selbständig[3] auf Bestrafung anzutragen, beigelegt ist.

Hat der Verletzte einen gesetzlichen Vertreter,[4] so wird die Befugniß zur Erhebung der Privatklage durch diesen[5] und, wenn Korporationen, Gesellschaften und andere Personenvereine, welche als solche in bürgerlichen Rechtsstreitigkeiten klagen können, die Verletzten sind, durch dieselben Personen wahrgenommen, durch welche sie in bürgerlichen Rechtsstreitigkeiten vertreten werden.

[1] §§ 185—187, 189 (vgl. § 194), §§ 223, 230 Abs. 1 (vgl. § 232) St.G.B. Dagegen nicht §§ 103, 104 (Prot. 1048) u. § 223a

St.G.B. R. I. 442. Hinzugekommen sind die auf Antrag verfolgbaren Zuwiderhandlungen gegen das G. zur Bekämpfung des unlauteren Wettbewerbs v. 27./5. 96 (R.G.Bl. 145). S. § 12 das.

[2] Vgl. noch § 420.

[3] d. h. unabhängig vom Verletzten. §§ 189, 195, 196, 232 Abs. 3 St.G.B.

[4] Anm. 6 zu § 187.

[5] Die Fähigkeit, Strafantrag zu stellen (§§ 65, 195 St.G.B.), genügt nicht zur Erhebung der Privatklage. M. 224. Es entscheiden hier die allgemeinen Grundsätze über Prozeßfähigkeit. Vgl. §§ 51 ff. C.P.O., auch R. I. 650.

415. Sind wegen derselben strafbaren Handlung mehrere Personen zur Privatklage berechtigt, so ist bei Ausübung dieses Rechts ein Jeder von dem Anderen unabhängig.

Hat jedoch einer der Berechtigten die Privatklage erhoben, so steht den übrigen[1] nur der Beitritt zu dem eingeleiteten Verfahren, und zwar in der Lage zu, in welcher sich dasselbe zur Zeit der Beitrittserklärung befindet.[2]

Jede in der Sache selbst ergangene Entscheidung äußert zu Gunsten des Beschuldigten ihre Wirkung auch gegenüber solchen Berechtigten,[3] welche die Privatklage nicht erhoben haben.

[1] Vorausgesetzt, daß die Frist ihrer Antragsberechtigung (§§ 61, 62 St.G.B.) noch nicht abgelaufen ist.

[2] Auch der Staatsanwaltschaft steht daneben eine selbständige Erhebung der Klage (vgl. § 417) nicht zu. E. III. 362. 385. R. III. 47. 100.

[3] Und zwar auch den selbst Verletzten, nicht bloß den gemäß §§ 189, 195, 196, 232 Abs. 3 St.G.B. Antragsberechtigten. E. III. 362. 385. R. III. 74. 100.

2. Stellung der Staatsanwaltschaft.[1]

416. Die öffentliche Klage wird wegen der im §. 414 bezeichneten strafbaren Handlungen von der

Staatsanwaltschaft nur dann erhoben,[1] wenn dies im öffentlichen Interesse liegt.[2]

[1] einmal erhoben, Zurücknahme unzulässig. E. VI. 310 i. f.

[2] § 170 ist also ausgeschlossen.

417. In dem Verfahren[1] auf erhobene Privatklage ist die Staatsanwaltschaft[2] zu einer Mitwirkung nicht verpflichtet;[3] es ist ihr jedoch der zur Hauptverhandlung bestimmte Termin bekannt zu machen.[4]

Auch kann die Staatsanwaltschaft in jeder Lage der Sache bis zum Eintritt der Rechtskraft des Urtheils[5] durch eine ausdrückliche Erklärung die Verfolgung übernehmen. In der Einlegung eines Rechtsmittels ist die Uebernahme der Verfolgung enthalten.

Uebernimmt die Staatsanwaltschaft die Verfolgung,[6] so richtet sich das weitere Verfahren[7] nach den Bestimmungen, welche im zweiten Abschnitte dieses Buchs für den Anschluß des Verletzten als Nebenkläger gegeben sind.[8]

[1] Zuständig für die Privatklage ist stets das Schöffengericht. § 27 Nr. 3 G.V.G.

[2] d. i., so lange die Sache bei dem Schöffengericht schwebt, der Amtsanwalt, § 143 Nr. 3, vgl. jedoch auch § 146 G.V.G. Für Preußen vgl. auch Geschäftsanw. v. 28./8. 79 (J.M.Bl. 261) Art. 90.

[3] Vgl. § 425 Abs. 2, aber auch § 430 Abs. 3.

[4] Vgl. außerdem § 422.

[5] oder sonstiger Beendigung der Privatklage (§§ 431, 433) E. XVI. 421.

[6] Alsdann kommt es auf die Beibringung des Sühneattestes (§ 420) nicht weiter an. E. III. 373.

[7] Das Schöffengericht ist alsdann nicht mehr zuständig (§ 27 Nr. 3 G.V.G.) und das Privatklageverfahren analog § 429 einzustellen. E. X. 237. R. VI. 200, auch wenn das Verfahren bereits in höherer Instanz schwebt. E. XXIX. 422.

[8] §§ 435 ff. Der Privatkläger gilt alsdann ohne Weiteres als Nebenkläger. E. VII. 437. R. V. 40.

3. Vertretung des Privatklägers.

418. Der Privatkläger kann im Beistand eines Rechtsanwalts[1] erscheinen oder sich durch einen mit schriftlicher Vollmacht versehenen Rechtsanwalt[1] vertreten lassen.[2] Im letzteren Falle können die Zustellungen an den Privatkläger mit rechtlicher Wirkung an den Anwalt erfolgen.[3]

[1] Die sonst noch als Vertheidiger zugelassenen Personen (§ 138) sind hier ausgeschlossen. S. aber § 427 Abs. 2.

[2] Vgl. jedoch § 427 Abs. 3 u. § 431 Abs. 2, 3.

[3] Eine entsprechende Bestimmung ist für den Vertreter des Angeklagten (§ 427 Abs. 1) nicht getroffen.

4. Sicherheitsleistung.

419. Der Privatkläger hat für die der Staatskasse und dem Beschuldigten voraussichtlich erwachsenden Kosten unter denselben Voraussetzungen Sicherheit zu leisten, unter welchen in bürgerlichen Rechtsstreitigkeiten der Kläger auf Verlangen des Beklagten Sicherheit wegen der Prozeßkosten zu leisten hat.[1]

Die Sicherheitsleistung ist durch Hinterlegung in baarem Gelde oder in Werthpapieren zu bewirken.

Für die Höhe der Sicherheit und die Frist zur Leistung derselben, sowie für die Bewilligung[2] des Armenrechts[3] gelten dieselben Bestimmungen wie in bürgerlichen Rechtsstreitigkeiten.[4] [5]

[1] §§ 110, 111 C.P.O. Dieselben lauten:

110. Ausländer, welche als Kläger auftreten, haben dem Beklagten auf dessen Verlangen wegen der Prozeßkosten Sicherheit zu leisten.

Diese Verpflichtung tritt nicht ein:

1. wenn nach den Gesetzen des Staates, welchem der Kläger angehört, ein Deutscher in gleichem Falle zur Sicherheitsleistung nicht verpflichtet ist;
2. im Urkunden- oder Wechselprozesse;

3. bei Widerklagen;
4. bei Klagen, welche in Folge einer öffentlichen Aufforderung angestellt werden;
5. bei Klagen aus Rechten, welche im Grundbuch eingetragen sind.

111. Der Beklagte kann auch dann Sicherheitsleistung verlangen, wenn im Laufe des Rechtsstreits der Kläger die Eigenschaft eines Deutschen verliert oder die Voraussetzung, unter welcher der Ausländer von der Sicherheitsleistung befreit war, wegfällt und nicht ein zur Deckung ausreichender Theil des erhobenen Anspruchs unbestritten ist.

[2] Im Uebrigen, z. B. hinsichtlich der Beschwerde, gelten auch hier die Bestimmungen der St.P.O. E. XXX. 143. Die citirten Bestimmungen gelten aber vollständig. E. XXXII. 252.

[3] An den Privatkläger. Für den Beschuldigten ist ein Armenrecht nicht vorgesehen.

[4] §§ 112, 113 u. 114—127 C.P.O. Dieselben lauten:

112. Die Höhe der zu leistenden Sicherheit wird von dem Gerichte nach freiem Ermessen festgesetzt.

Bei der Festsetzung ist derjenige Betrag der Prozeßkosten zu Grunde zu legen, welchen der Beklagte wahrscheinlich aufzuwenden haben wird. Die dem Beklagten durch eine Widerklage erwachsenden Kosten sind hierbei nicht zu berücksichtigen.

Ergiebt sich im Laufe des Rechtsstreits, daß die geleistete Sicherheit nicht hinreicht, so kann der Beklagte die Leistung einer weiteren Sicherheit verlangen, sofern nicht ein zur Deckung ausreichender Theil des erhobenen Anspruchs unbestritten ist.

113. Das Gericht hat dem Kläger bei Anordnung der Sicherheitsleistung eine Frist zu bestimmen, binnen welcher die Sicherheit zu leisten sei. Nach Ablauf der Frist ist auf Antrag des Beklagten, wenn die Sicherheit bis zur Entscheidung nicht geleistet ist, die Klage für zurückgenommen zu erklären oder, wenn über ein Rechtsmittel des Klägers zu verhandeln ist, dasselbe zu verwerfen.

114. Wer außer Stande ist, ohne Beeinträchtigung des für ihn und seine Familie nothwendigen Unterhalts die Kosten des Prozesses zu bestreiten, hat auf Bewilligung des Armenrechts An-

spruch, wenn die beabsichtigte Rechtsverfolgung oder Rechtsvertheidigung nicht muthwillig oder aussichtslos erscheint.

Ausländer haben auf das Armenrecht nur insoweit Anspruch, als die Gegenseitigkeit verbürgt ist.

115. Durch die Bewilligung des Armenrechts erlangt die Partei:

1. die einstweilige Befreiung von der Berichtigung der rückständigen und künftig erwachsenden Gerichtskosten, einschließlich der Gebühren der Beamten, der den Zeugen und den Sachverständigen zu gewährenden Vergütung und der sonstigen baaren Auslagen, sowie der Stempelsteuer;
2. die Befreiung von der Sicherheitsleistung für die Prozeßkosten;
3. das Recht, daß ihr zur vorläufig unentgeltlichen Bewirkung von Zustellungen und von Vollstreckungshandlungen ein Gerichtsvollzieher und, insoweit eine Vertretung durch Anwälte geboten ist, zur vorläufig unentgeltlichen Wahrnehmung ihrer Rechte ein Rechtsanwalt beigeordnet werde.

116. Inwieweit nicht eine Vertretung durch Anwälte geboten, oder ein Anwalt gemäß § 34 der Rechtsanwaltsordnung beigeordnet ist, kann einer armen Partei, welche nicht im Bezirke des Prozeßgerichts wohnt, zur unentgeltlichen Wahrnehmung ihrer Rechte in der mündlichen Verhandlung ein Justizbeamter, der nicht als Richter angestellt ist, oder ein Rechtskundiger, der die vorgeschriebene erste Prüfung für den Justizdienst bestanden hat, auf Antrag beigeordnet werden. Die in Folge dessen erwachsenden baaren Auslagen werden von der Staatskasse bestritten und als Gerichtskosten in Ansatz gebracht.

117. Die Bewilligung des Armenrechts hat auf die Verpflichtung zur Erstattung der dem Gegner erwachsenden Kosten keinen Einfluß.

118. Das Gesuch um Bewilligung des Armenrechts ist bei dem Prozeßgericht anzubringen; es kann vor dem Gerichtsschreiber zu Protokoll erklärt werden.

Dem Gesuch ist ein von der obrigkeitlichen Behörde der Partei ausgestelltes Zeugniß beizufügen, in welchem unter Angabe des Standes oder Gewerbes, der Vermögens- und Familienverhältnisse der Partei sowie des Betrags der von dieser zu entrichtenden direkten Staatssteuern das Unvermögen zur Bestreitung der Prozeßkosten ausdrücklich bezeugt wird. Für Personen, welche unter Vormundschaft oder Kuratel stehen, kann das Zeugniß auch von der vormundschaftlichen Behörde ausgestellt werden.

In dem Gesuche ist das Streitverhältniß unter Angabe der Beweismittel darzulegen.

119. Die Bewilligung des Armenrechts erfolgt für jede Instanz besonders, für die erste Instanz einschließlich der Zwangsvollstreckung.

In der höheren Instanz bedarf es des Nachweises des Unvermögens nicht, wenn das Armenrecht in der vorherigen Instanz bewilligt war. Hat der Gegner das Rechtsmittel eingelegt, so ist in der höheren Instanz nicht zu prüfen, ob die Rechtsverfolgung oder Rechtsvertheidigung der Partei muthwillig oder aussichtslos erscheint.

120. Die Bewilligung des Armenrechts für den Kläger, den Berufungskläger und den Revisionskläger hat zugleich für den Gegner die einstweilige Befreiung von den im § 115 Nr. 1 bezeichneten Kosten zur Folge.

121. Das Armenrecht kann zu jeder Zeit entzogen werden, wenn sich ergiebt, daß eine Voraussetzung der Bewilligung nicht vorhanden war oder nicht mehr vorhanden ist.

122. Das Armenrecht erlischt mit dem Tode der Person, welcher es bewilligt ist.

123. Die Gerichtskosten, von deren Berichtigung die arme Partei einstweilen befreit ist, können von dem in die Prozeßkosten verurtheilten Gegner nach Maßgabe der für die Beitreibung rückständiger Gerichtskosten geltenden Vorschriften eingezogen werden.

Die Gerichtskosten, von deren Berichtigung der Gegner der armen Partei einstweilen befreit ist, sind von demselben einzuziehen, soweit er in die Prozeßkosten verurtheilt oder der Rechtsstreit ohne Urtheil über die Kosten beendigt ist.

124. Die für die arme Partei bestellten Gerichtsvollzieher und Rechtsanwälte sind berechtigt, ihre Gebühren und Auslagen von dem in die Prozeßkosten verurtheilten Gegner beizutreiben.

Eine Einrede aus der Person der armen Partei ist nur insoweit zulässig, als die Aufrechnung von Kosten verlangt wird, welche nach der in demselben Rechtsstreite über die Kosten erlassenen Entscheidung von der armen Partei zu erstatten sind.

125. Die zum Armenrechte zugelassene Partei ist zur Nachzahlung der Beträge, von deren Berichtigung sie einstweilen befreit war, verpflichtet, sobald sie ohne Beeinträchtigung des für sie und ihre Familie nothwendigen Unterhalts dazu im Stande ist.

Dasselbe gilt in Betreff derjenigen Beträge, von deren Berichtigung der Gegner einstweilen befreit war, soweit die arme Partei in die Prozeßkosten verurtheilt ist.

126. Ueber das Gesuch um Bewilligung des Armenrechts, über die Entziehung desselben und über die Verpflichtung zur Nachzahlung der Beträge, von deren Berichtigung die zum Armenrechte zugelassene Partei oder der Gegner einstweilen befreit ist, kann ohne vorgängige mündliche Verhandlung entschieden werden.

127. Gegen den Beschluß, durch welchen das Armenrecht bewilligt wird, findet kein Rechtsmittel; gegen den Beschluß, durch welchen das Armenrecht verweigert oder entzogen oder die Nachzahlung von Kosten angeordnet wird, findet die Beschwerde statt.

[5] Hinsichtlich der allgemein vorgeschriebenen Vorschußpflicht des Privatklägers vgl. §§ 83, 84 G.K.G.

5. Sühnetermin.

420. Wegen Beleidigungen[1] ist, insofern nicht einer der im §. 196 des Strafgesetzbuchs bezeichneten Fälle vorliegt, die Erhebung der Klage erst zulässig, nachdem von einer durch die Landesjustizverwaltung zu bezeichnenden Vergleichsbehörde die Sühne erfolglos versucht worden ist. Der Kläger hat die Bescheinigung hierüber mit der Klage einzureichen.[2]

Diese Bestimmung findet keine Anwendung, wenn die Parteien nicht in demselben Gemeindebezirke wohnen.

[1] Nicht auch Körperverletzungen.

[2] Preußen: Schiedsmannsord. v. 29./3. 79 (G.S. 321) §§ 33—39.

6. Erhebung der Privatklage.

421. Die Erhebung der Klage geschieht zu Protokoll des Gerichtsschreibers oder durch Einreichung einer Anklageschrift. Die Klage muß den im §. 198 Abs. 1 bezeichneten Erfordernissen entsprechen.[1] Mit der Anklageschrift sind zwei Abschriften derselben einzureichen.[2]

[1] Formvorschriften sind nicht gegeben. — Antrag auf Buße §§ 444—446.

[2] Gebühren: §§ 70—78. Vorschuß: §§ 83—85 G.K.G.

7. Verfahren.

422. Ist die Klage vorschriftsmäßig[1] erhoben, so theilt das Gericht[2] dieselbe dem Beschuldigten unter Bestimmung einer Frist zur Erklärung und der Staatsanwaltschaft[3] zur Kenntnißnahme mit.

[1] §§ 420, 421. [2] der Amtsrichter. § 30 Abs. 2 G.V.G.

[3] des Landgerichts. Vgl. § 90 der preuß. Geschäftsanw. f. Amtsanwälte v. 28./8. 79 (J.M.Bl. 261).

423. Nach Eingang der Erklärung des Beschuldigten oder Ablauf der Frist entscheidet das Gericht[1] darüber, ob das Hauptverfahren zu eröffnen oder die Klage zurückzuweisen sei, nach Maßgabe der Bestimmungen, welche bei einer von der Staatsanwaltschaft unmittelbar erhobenen Anklage Anwendung finden.[2]

[1] der Amtsrichter. § 30 Abs. 2 G.V.G.

[2] §§ 200, 201, 202, 204, 205, 209, 210.

424. Das weitere Verfahren richtet sich nach den Bestimmungen, welche für das Verfahren auf erhobene öffentliche Klage gegeben sind.

Vor dem Schwurgerichte kann eine Privatklagesache nicht gleichzeitig mit einer auf öffentliche Klage anhängig gemachten Sache verhandelt werden.

425. Insoweit in dem Verfahren auf erhobene öffentliche Klage die Staatsanwaltschaft zuzuziehen und zu hören ist, wird in dem Verfahren auf erhobene Privatklage der Privatkläger zugezogen und gehört.[1] Desgleichen sind alle Entscheidungen, welche dort der Staatsanwaltschaft bekannt gemacht werden, hier dem Privatkläger bekannt zu machen.

Es werden jedoch die auf richterliche Anordnung ergehenden Ladungen nicht durch die Staatsanwaltschaft, sondern durch den Gerichtsschreiber bewirkt.

Zwischen der Zustellung der Ladung des Privatklägers zur Hauptverhandlung und dem Tage der letzteren muß eine Frist von mindestens einer Woche liegen.

Das Recht der Akteneinsicht kann der Privatkläger nur durch seinen Anwalt ausüben.

[1] Aber nicht als Zeuge. R. II. 174.

426. Der Vorsitzende des Gerichts bestimmt, welche Personen als Zeugen oder Sachverständige zur Hauptverhandlung geladen werden sollen.

Dem Privatkläger wie dem Angeklagten steht das Recht der unmittelbaren Ladung zu.[1]

[1] § 219.

8. Vertretung des Angeklagten.

427. In der Hauptverhandlung kann auch der Angeklagte im Beistand eines Rechtsanwalts erscheinen oder sich auf Grund einer schriftlichen Vollmacht durch solchen vertreten lassen.[1]

Die Bestimmung des §. 139 findet auf den Anwalt des Klägers wie auf den des Angeklagten Anwendung.

Das Gericht ist befugt, das persönliche Erscheinen des Klägers sowie des Angeklagten anzuordnen, auch den Angeklagten vorführen zu lassen.[2]

[1] Vgl. Anm. 3 zu § 418.

[2] Hinsichtlich des ausgebliebenen Klägers vgl. § 431 Abs. 2, 3.

9. Widerklage.

428. Bei wechselseitigen[1] Beleidigungen oder Körperverletzungen kann der Beschuldigte bis zur Beendigung der Schlußvorträge (§. 257) in erster Instanz mittels einer Widerklage[2] die Bestrafung des Klägers beantragen.[3]

Ueber Klage und Widerklage ist gleichzeitig zu erkennen.[4]

Die Zurücknahme der Klage ist auf das Verfahren über die Widerklage ohne Einfluß.

[1] Zeitlicher oder sachlicher Zusammenhang ist nicht erforderlich. Vgl. §§ 198, 232 Abs. 3 St.G.B. E. II. 87.

[2] § 420 findet keine Anwendung, § 421 nur dann, wenn die Widerklage außerhalb der Hauptverhandlung erhoben wird.

[3] Falls nicht die Staatsanwaltschaft die Verfolgung übernimmt. E. V. 134. R. III. 628.

[4] Kosten: §§ 500, 503. Gebühren: § 70 insb. Abs. 3 G.K.G.

10. Einstellung des Verfahrens.

429. Findet das Gericht nach verhandelter Sache, daß die für festgestellt zu erachtenden Thatsachen eine solche strafbare Handlung darstellen, auf welche das in diesem Abschnitte vorgeschriebene Verfahren keine Anwendung erleidet, so hat es durch Urtheil, welches diese Thatsachen hervorheben muß, die Einstellung des Verfahrens auszusprechen.[1]

Die Verhandlungen sind in diesem Falle der Staatsanwaltschaft mitzutheilen.[2]

¹ nicht etwa die Sache (analog § 270) an das zuständige Gericht zu verweisen. Würde dies geschehen, so hätte sich auch das dadurch mit der Sache befaßte Gericht auf den Ausspruch der Folgen des § 429 zu beschränken. E. XXIII. 416. — Wird aber zu Unrecht in der Sache rechtskräftig erkannt, so tritt auch Konsumtion der Strafklage ein. E. IX. 14. 324. R. V. 696.

² § 429 ist nicht auf die erste Instanz beschränkt; in der Berufungsinstanz greift daher, auch wenn die Staatsanwaltschaft die Verfolgung übernimmt, § 369 Abs. 3 nicht Platz. E. XXIX. 422.

II. Rechtsmittel.

430. Dem Privatkläger stehen diejenigen Rechtsmittel zu, welche in dem Verfahren auf erhobene öffentliche Klage der Staatsanwaltschaft zustehen. Dasselbe gilt von dem Antrage auf Wiederaufnahme des Verfahrens in den Fällen des §. 402. Die Bestimmung des §. 343[1] findet auf das Rechtsmittel des Privatklägers Anwendung.

Revisionsanträge[2] und Anträge auf Wiederaufnahme des durch ein rechtskräftiges Urtheil geschlossenen Verfahrens[3] kann der Privatkläger nur mittels einer von einem Rechtsanwalt unterzeichneten Schrift anbringen.[4]

Die in den §§. 361, 362, 387 angeordnete Vorlage und Einsendung der Akten erfolgt wie im Verfahren auf erhobene öffentliche Klage an und durch die Staatsanwaltschaft. Die Zustellung der Berufungs- und Revisionsschriften an den Gegner des Beschwerdeführers wird durch den Gerichtsschreiber bewirkt.

¹ Auch des § 338 Abs. 2. E. XXII. 400.

² § 384. ³ § 406.

⁴ Also nicht zu Protokoll des Gerichtsschreibers. Anders bei Angeklagte: § 385 Abs. 2. — Anm. 6 zu § 385 gilt auch hier. Vgl. E. XIX. 115.

12. Zurücknahme der Privatklage.

431. Die Privatklage kann bis zur Verkündung des Urtheils erster Instanz und, soweit zulässige Berufung eingelegt ist, bis zur Verkündung des Urtheils zweiter Instanz zurückgenommen werden.[1] [2]

Als Zurücknahme gilt es im Verfahren erster und, soweit der Angeklagte die Berufung eingelegt hat, im Verfahren zweiter Instanz, wenn der Privatkläger in der Hauptverhandlung weder erscheint noch durch einen Rechtsanwalt vertreten wird, oder in der Hauptverhandlung oder einem anderen Termine ausbleibt, obwohl das Gericht sein persönliches Erscheinen angeordnet hatte, oder eine Frist nicht einhält, welche ihm unter Androhung der Einstellung des Verfahrens gesetzt war.[3]

Soweit der Privatkläger die Berufung eingelegt hat, ist dieselbe im Falle der vorbezeichneten Versäumungen unbeschadet der Bestimmung des §. 343 sofort zu verwerfen.[4]

Der Privatkläger kann binnen einer Woche nach der Versäumung die Wiedereinsetzung in den vorigen Stand unter den in den §§. 44, 45 bezeichneten Voraussetzungen beanspruchen.

[1] Anders die Zurücknahme des Strafantrags: §§ 64, 194, 232 Abs. 2 St.G.B. Zurücknahme der Privatklage für den Strafantrag an sich bedeutungslos. Vgl. E. VIII. 207. R. V. 272.

[2] Gebühren: §§ 72, 70 G.K.G.

[3] Die Einstellung ist durch Beschluß auszusprechen, auch in zweiter Instanz; das Urtheil erster Instanz wird von selbst hinfällig, ohne daß es einer ausdrücklichen Aufhebung bedarf.

[4] Gebühren: § 70 Nr. 2 G.K.G.

432. Die zurückgenommene Privatklage kann nicht von neuem erhoben werden.[1]

[1] Vgl. jedoch § 415 Abs. 1. Auch die öffentliche Klage kann noch erhoben werden. E. XIX. 284.

13. **Unvererblichkeit der Privatklage (Ausnahme).**

433. Der Tod des Privatklägers hat die Einstellung des Verfahrens zur Folge.

War jedoch die Privatklage darauf gestützt, daß der Beschuldigte wider besseres Wissen in Beziehung auf den Anderen eine unwahre Thatsache behauptet oder verbreitet habe, welche denselben verächtlich zu machen oder in der öffentlichen Meinung herabzuwürdigen geeignet ist,[1] so kann die Klage nach dem Tode des Klägers von den Eltern, den Kindern oder dem Ehegatten des letzteren fortgesetzt werden.[2]

Die Fortsetzung ist von dem Berechtigten bei Verlust des Rechts binnen zwei Monaten, vom Tode des Privatklägers an gerechnet, bei Gericht zu erklären.

[1] § 187 St.G.B. mit Ausschluß der Kreditgefährdung.
[2] Vgl. § 189 St.G.B.

434. Die Zurücknahme der Privatklage und der Tod des Privatklägers, sowie die Fortsetzung der Privatklage sind dem Beschuldigten bekannt zu machen.

Zweiter Abschnitt.
Nebenklage.

1. **Zulässigkeit.**

435. Wer nach Maßgabe der Bestimmung des § 414 als Privatkläger aufzutreten berechtigt ist,[1] kann sich der erhobenen öffentlichen Klage[2] in jeder Lage des Verfahrens als Nebenkläger anschließen.[3] Der Anschluß kann behufs Einlegung von Rechtsmitteln auch nach ergangenem Urtheile geschehen.[4]

Die gleiche Befugniß[5] steht demjenigen zu, welcher durch einen Antrag auf gerichtliche Entscheidung (§. 170) die Erhebung der öffentlichen Klage herbeigeführt hat, wenn die strafbare Handlung gegen sein Leben, seine Gesundheit, seine Freiheit, seinen Personenstand oder seine Vermögensrechte gerichtet war.[6]

[1] Anm. 4 zu § 414 gilt auch hier; Prozeßfähigkeit erforderlich. E. IX. 125. R. V. 596.

[2] Sollte auch diese von einem anderen Gesichtspunkte (Idealkonkurrenz) erhoben sein. E. VII. 437. R. V. 40. IX. 524.

[3] Sollte er auch in demselben Verfahren Mitangeklagter sein. E. XXII. 421.

[4] Die Einlegung eines Rechtsmittels schließt die Anschlußerklärung in sich. E. V. 334. R. IV. 42.

[5] Vgl. eine fernere Befugniß in § 443 u. § 467.

[6] Der Anschluß ist, abgesehen von § 441 (vgl. § 74 G.K.G.), gebührenfrei.

436. Die Anschlußerklärung ist bei dem Gerichte schriftlich[1] einzureichen.

Das letztere[2] hat über die Berechtigung des Nebenklägers zum Anschlusse nach Anhörung der Staatsanwaltschaft zu entscheiden.[3]

Zu einer Sicherheitsleistung ist der Nebenkläger nicht verpflichtet.

[1] Nicht auch zu gerichtlichem Protokoll. E. I. 285. R. I. 520; ist das Protokoll jedoch vom Nebenkläger unterschrieben, genügt es. E. VI. 139. R. IV. 273. Auch durch Telegramm. E. XXIV. 283.

[2] Im Fall des Satzes 2 des § 435 das zur Entscheidung über das Rechtsmittel berufene Gericht. E. VI. 139. R. IV. 273.

[3] Ausdrücklich R. VIII. 532 und alsbald vor weiterer Veränderung der Prozeßlage. E. XXV. 184.

2. Rechte des Nebenklägers.

437. Der Nebenkläger hat nach erfolgtem Anschlusse die Rechte des Privatklägers.[1]

An den Erklärungen über Annahme oder Ablehnung der Geschworenen nimmt der Nebenkläger nicht Theil.[2]

[1] Vgl. insbesondere §§ 418, 425 (Ladung des Nebenklägers jedoch durch die Staatsanwaltschaft. E. VII. 220), 426 Abs. 2, aber auch § 430 Abs. 2, auch — vgl. E. VI. 237. R. IV. 338 — § 503 Abs. 1, 5. — Seine Vernehmung als Zeuge ist nicht ausgeschlossen. E. II. 384. R. II. 381. Alsdann gelten hinsichtlich seiner Beeidigung die allgemeinen Vorschriften; vgl. E. III. 47. Die Anwesenheit bei der ganzen Verhandlung darf ihm aber nicht versagt werden. E. XXV. 177. Seine Anwesenheit und Betheiligung ist aber nicht weiter erforderlich, als es sein Wille ist. E. XXXI. 37. — Eine Widerklage gegen ihn ist nicht zulässig. E. XXIX. 116.

[2] Es gilt aber § 24 Abs. 3 auch für ihn.

438. Der Fortgang des Verfahrens wird durch den Anschluß nicht aufgehalten.

Die bereits anberaumte Hauptverhandlung sowie andere Termine finden an den bestimmten Tagen statt, auch wenn der Nebenkläger wegen Kürze der Zeit nicht mehr geladen oder benachrichtigt werden konnte.

439. Entscheidungen, welche schon vor dem Anschluß ergangen und der Staatsanwaltschaft bekannt gemacht waren, bedürfen keiner Bekanntmachung an den Nebenkläger.[1]

Die Anfechtung solcher[2] Entscheidungen steht auch dem Nebenkläger nicht mehr zu, wenn für die Staatsanwaltschaft die Frist zur Anfechtung abgelaufen ist.

[1] Anders im Fall des § 468. Vgl. Anm. 2 das.

[2] anderer: § 441 Abs. 1 in Verbindung mit § 440.

440. Ist in der Hauptverhandlung weder der Nebenkläger noch ein Anwalt desselben erschienen,[1] so wird das Urtheil dem ersteren zugestellt.[2]

[1] Zur Zeit der Urtheilsverkündung. E. VI. 28. R. IV. 155.

[2] § 431 Abs. 2 findet nicht Anwendung; vgl. § 442. E. VII. 376. R. V. 11.

441. Der Rechtsmittel[1] kann sich der Nebenkläger unabhängig von der Staatsanwaltschaft bedienen.[2] [3]

Wird auf ein nur von dem Nebenkläger eingelegtes Rechtsmittel die angefochtene Entscheidung aufgehoben, so liegt der Betrieb der Sache wiederum der Staatsanwaltschaft ob.

[1] Beschwerde, Berufung, Revision. Bei der Berufung findet § 431 Abs. 3, bei der Revision § 430 Abs. 2, allgemein § 343 Anwendung.

[2] mit eigenen Fristen (abgesehen von § 439 Abs. 2). E. VI. 28. R. IV. 155. [3] Gebühren und Vorschuß: §§ 74, 83, 84 G.K.G.

442. Die Anschlußerklärung[1] verliert durch Widerruf sowie durch den Tod des Nebenklägers ihre Wirkung.[2]

[1] Erneuter Anschluß (abgesehen von § 444 Abs. 2) nicht ausgeschlossen. E. VIII. 384. R. V. 454.

[2] § 431 Abs. 2 u. § 334 Abs. 2 finden keine Anwendung.

3. Verfahren bei Anträgen auf Zuerkennung einer Buße.

443. Die Befugniß, sich einer öffentlichen Klage nach den Bestimmungen der §§. 435—442 als Nebenkläger anzuschließen, steht auch demjenigen zu, welcher berechtigt ist, die Zuerkennung einer Buße[1] zu verlangen.[2]

Wer die Zuerkennung einer Buße in einem auf erhobene öffentliche Klage anhängigen Verfahren beantragen will, muß sich zu diesem Zwecke der Klage[3] als Nebenkläger anschließen.[4]

[1] St.G.B. §§ 188, 231, G., betr. Urheberrecht, v. 11./6. 70 (B.G.Bl. 339) §§ 18, 43, 45, G., betr. Urheberrecht v. 9./1. 76 (R.G.Bl. 4), § 16, G. v. 10./1. 76 (R.G.Bl. 8) § 9, G. v. 11./1. 76 (R.G.Bl. 11) § 14 Patentg. v. 7./4. 91 (R.G.Bl. 79) § 37., G., betr. Gebrauchsmuster, v. 1./6. 91 (R.G.Bl. 290) § 11, G. zum Schutz der Waarenbezeichnungen v. 12./5. 94 (R.G.Bl. 441) § 18, G. zur Bekämpfung des unlauteren Wettbewerbs v. 27./5. 96 (R.G.Bl. 145) § 14.

[2] Auch wenn er sie nicht verlangt; für den bloßen Anschluß ist dann auch § 444 Abs. 1 unanwendbar. E. V. 384. R. IV. 42.

[3] Also nicht vor dem Zeitpunkt der §§ 177, 197. E. XXI. 156.

[4] Sein Erscheinen in der Hauptverhandlung nicht erforderlich. E. IX. 223. R. V. 734. Vgl. auch E. XIII. 186. XXI. 156. XXXII. 346 R. VII. 749.

444. Der Antrag auf Zuerkennung einer Buße kann bis zur Verkündung des Urtheils erster Instanz gestellt werden.[1]

Der Antrag kann bis zur Verkündung des Urtheils zurückgenommen, ein zurückgenommener Antrag[2] nicht erneuert werden.

Wird der Angeklagte freigesprochen oder das Verfahren eingestellt, oder die Sache ohne Urtheil erledigt, so gilt auch der Antrag ohne weitere Entscheidung für erledigt.[3]

Der Anspruch auf Buße kann von den Erben des Verletzten nicht erhoben oder fortgesetzt werden.[4]

[1] Es ist ihm jedoch nur stattzugeben, wenn bereits ausreichende Unterlagen dafür vorhanden; lediglich zur Beschaffung letzterer erscheint Aussetzung der Verhandlung nicht statthaft. Strikter Nachweis des Schadens jedoch keineswegs erforderlich. Vgl. E. VI. 398. R. IV. 228. 590

[2] Vorausgesetzt, daß der Anschluß an sich rechtsgültig, insbesondere formgerecht war. E. I. 285. R. I. 520. Der Antrag selbst ist formfrei. E. XIII. 186. R. VII. 749.

[3] Einlegung eines Rechtsmittels Seitens des Nebenklägers dadurch nicht ausgeschlossen. E. XI. 90. R. VI. 547.

[4] Die Erhebung einer Entschädigungsforderung im Wege des Civilprozesses ist damit nicht ausgeschlossen.

445. Der Nebenkläger hat den Betrag, welchen er als Buße verlangt, anzugeben.

Auf einen höheren Betrag der Buße als den beantragten darf nicht erkannt werden.

446. Die Bestimmungen der §§. 444, 445 finden auf den Fall entsprechende Anwendung, daß von dem die Buße Beanspruchenden die Privatklage erhoben wird.

Sechstes Buch.

Besondere Arten des Verfahrens.

Erster Abschnitt.

Verfahren bei amtsrichterlichen Strafbefehlen.

447. In den zur Zuständigkeit der Schöffengerichte gehörigen Sachen, mit Ausnahme der im §. 27 Nr. 3 bis 8 des Gerichtsverfassungsgesetzes bezeichneten Vergehen,[1] kann durch schriftlichen Strafbefehl des Amtsrichters ohne vorgängige Verhandlung eine Strafe festgesetzt werden, wenn die Staatsanwaltschaft schriftlich hierauf anträgt.

Durch einen Strafbefehl darf jedoch keine andere Strafe[2] als Geldstrafe von höchstens einhundertfünfzig Mark oder Freiheitsstrafe von höchstens sechs Wochen, sowie eine etwa verwirkte Einziehung festgesetzt werden.

Die Ueberweisung des Beschuldigten an die Landespolizeibehörde[3] darf in einem Strafbefehle nicht ausgesprochen werden.

[1] Nur § 27 Nr. 1, 2, nicht § 29 G.V.G.
[2] Auch nicht im Fall einer Gesammtstrafe. [3] § 362 St.G.B.

448. Der Antrag ist auf eine bestimmte Strafe zu richten.[1] Der Amtsrichter hat demselben zu entsprechen, wenn der Erlassung des Strafbefehls Bedenken nicht entgegenstehen.

Findet der Amtsrichter Bedenken, die Strafe ohne Hauptverhandlung festzusetzen, so ist die Sache zur

Hauptverhandlung zu bringen.[2] Dasselbe gilt, wenn der Amtsrichter eine andere als die beantragte Strafe festsetzen will und die Staatsanwaltschaft bei ihrem Antrage beharrt.

[1] Im Uebrigen hat er den Vorschriften § 198 Abs. 1 zu entsprechen und ist mit den bisherigen Verhandlungen einzureichen.

[2] §§ 201, 212. Vgl. jedoch auch § 211. Beschwerde ist ausgeschlossen. Erscheint die Klage selbst unbegründet, so findet § 202, alsdann aber auch § 209 Abs. 2 (sofortige Beschwerde) Anwendung.

449. Der Strafbefehl muß außer der Festsetzung der Strafe die strafbare Handlung,[1] das angewendete Strafgesetz und die Beweismittel bezeichnen, auch die Eröffnung enthalten, daß er vollstreckbar werde, wenn der Beschuldigte nicht binnen einer Woche[2] nach der Zustellung bei dem Amtsgerichte schriftlich oder zu Protokoll des Gerichtsschreibers Einspruch erhebe.[3]

Auf den Einspruch kann vor Ablauf der Frist verzichtet werden.

[1] Konkret zu bezeichnen. [2] § 43.

[3] Auch die Kostenpflicht: § 496 Abs. 1.

450. Ein Strafbefehl, gegen welchen nicht rechtzeitig[1] Einspruch erhoben worden ist, erlangt die Wirkung eines rechtskräftigen Urtheils.[2] [3]

[1] § 449 Abs. 1. Vgl. auch §§ 44 ff.

[2] Abgesehen von der Konsumtion der Strafklage (ne bis in idem gilt nicht). E. IV. 243. R. III. 367, vorausgesetzt natürlich, daß ein anderer rechtlicher Gesichtspunkt hervortritt. E. XIV. 358. R. VIII. 606. — Wiederaufnahme (Buch IV) ausgeschlossen. E. IV. 243. R. III. 367. i. f.

[3] Gebühren: § 63 Abs. 1 G.K.G.

451. Bei rechtzeitigem Einspruche wird zur Hauptverhandlung vor dem Schöffengerichte geschritten,[1] so=

fern nicht bis zum Beginn derselben die Staatsanwaltschaft die Klage fallen läßt[2] oder der Einspruch zurückgenommen wird.

Der Angeklagte kann sich in der Hauptverhandlung durch einen mit schriftlicher Vollmacht versehenen Vertheidiger vertreten lassen.[3]

Bei der Urtheilsfällung ist das Schöffengericht an den in dem Strafbefehle enthaltenen Ausspruch nicht gebunden.[4]

[1] Ohne Eröffnungsbeschluß. Ist der Einspruch unzulässig, so wird er durch Beschluß verworfen. Gebühren: § 66 Nr. 4 G.K.G.

[2] Abweichung von § 154.

[3] § 235 gilt aber auch hier. Ebenso § 232.

[4] Derselbe gilt für das Schöffengericht, soweit er nicht den Eröffnungsbeschluß vertritt, als nicht vorhanden.

452. Bleibt der Angeklagte ohne genügende Entschuldigung in der Hauptverhandlung aus, und wird er auch nicht durch einen Vertheidiger vertreten, so wird der Einspruch ohne Beweisaufnahme durch Urtheil verworfen.[1] [2]

Ein Angeklagter, welchem gegen den Ablauf der Einspruchsfrist Wiedereinsetzung in den vorigen Stand gewährt worden war, kann die letztere nicht mehr gegen das Urtheil beanspruchen.

[1] Anders im Fall des § 457. Vgl. Anm. 1 das.

[2] Gebühren: § 63 Abs. 2 G.K.G. Vgl. auch § 65 Abs. 3 das.

Zweiter Abschnitt.

Verfahren nach vorangegangener polizeilicher Strafverfügung.

453. Wo nach den Bestimmungen der Landesgesetze[1] die Polizeibehörden befugt sind, eine in den Strafgesetzen[2] angedrohte Strafe durch Verfügung festzusetzen, erstreckt sich diese Befugniß nur auf Uebertretungen.[3]

Auch kann die Polizeibehörde keine andere Strafe als Haft bis zu vierzehn Tagen oder Geldstrafe[4] und diejenige Haft, welche für den Fall, daß die Geldstrafe nicht beigetrieben werden kann, an die Stelle der letzteren tritt,[5] sowie eine etwa verwirkte Einziehung verhängen.

Die Strafverfügung muß außer der Festsetzung der Strafe die strafbare Handlung, das angewendete Strafgesetz und die Beweismittel bezeichnen, auch die Eröffnung enthalten, daß der Beschuldigte, sofern er nicht eine nach den Gesetzen zugelassene[6] Beschwerde an die höhere Polizeibehörde ergreife, gegen die Strafverfügung binnen einer Woche nach der Bekanntmachung bei der Polizeibehörde, welche diese Verfügung erlassen hat, oder bei dem zuständigen Amtsgericht auf gerichtliche Entscheidung antragen könne.

Die Strafverfügung wirkt in Betreff der Unterbrechung der Verjährung wie eine richterliche Handlung.[7] [8]

[1] Vgl. § 6 Nr. 3 E.G. — Preußen: G. v. 23./4. 83 (G.S. 65) und dazu J.V v. 2./7. 83 nebst Anweis. v. 8./6. 83 (J.M.Bl. 223) u. hinsichtlich der Rechtshülfe G. v. 9./6. 95 (R.G.Bl. 256).

[2] Polizeiliche Exekutivstrafen kommen daher hier nicht in Betracht.

[3] § 1 Abs. 3 St.G.B.

[4] In Preußen nur Geldstrafe bis 30 Mark oder Haft bis zu 3 Tagen. § 1 G. v. 23./4. 83.

[5] In Gemäßheit des § 29 St.G.B.

[6] In Preußen nicht zugelassen.

[7] Vgl. § 68 St.G.B.

[8] Konsumtion der Strafklage findet nicht statt. Vgl. Anm. 2 zu § 450. E. III. 211. R. II. 18.

454. Der Antrag auf gerichtliche Entscheidung kann bei der Polizeibehörde schriftlich[1] oder mündlich, bei dem Amtsgerichte schriftlich[1] oder zu Protokoll des Gerichtsschreibers angebracht werden.

Die Polizeibehörde übersendet, falls sie[2] nicht die Strafverfügung zurücknimmt, die Akten an die zuständige Staatsanwaltschaft, welche sie dem Amtsrichter vorlegt.

[1] telegraphisch steht gleich. E. VIII. 92. R. V. 161.

[2] Die Staatsanwaltschaft ist dazu nicht befugt.

455. Gegen die Versäumung der Antragsfrist ist unter den in den §§. 44, 45 bezeichneten Voraussetzungen Wiedereinsetzung in den vorigen Stand zulässig. Das Gesuch ist bei einer der im §. 454 Abs. 1 genannten Behörden anzubringen.

Ueber das Gesuch entscheidet der Amtsrichter.

Die Bestimmungen des §. 46 Abs. 2, 3 finden hier gleichfalls Anwendung.

456. Ist der Antrag rechtzeitig[1] angebracht, so wird zur Hauptverhandlung vor dem Schöffengerichte geschritten, ohne daß es der Einreichung einer Anklageschrift oder einer Entscheidung über die Eröffnung des Hauptverfahrens bedarf.

Bis zum Beginne der Hauptverhandlung kann der Antrag zurückgenommen werden.[2]

[1] §§ 453 Abs. 3, 43. — Vgl. auch § 455.

[2] Gebühren: §§ 76, 66 Nr. 4 G.K.G.

457. Das Verfahren vor dem Schöffengericht ist dasselbe wie im Falle einer von der Staatsanwaltschaft erhobenen und zur Hauptverhandlung verwiesenen Anklage.[1]

Der Angeklagte kann sich durch einen mit schriftlicher Vollmacht versehenen Vertheidiger vertreten lassen.[2]

Bei der Urtheilsfällung ist das Gericht an den Ausspruch der Polizeibehörde nicht gebunden.[3]

[1] Die Bestimmung § 452 Abs. 1 gilt hier nicht, vielmehr §§ 231 ff. [2] § 236 gilt auch hier.

[3] Eine härtere Strafe ist daher nicht ausgeschlossen.

458. Stellt sich nach dem Ergebnisse der Hauptverhandlung die That des Angeklagten als eine solche dar, bei welcher die Polizeibehörde zum Erlaß einer Strafverfügung nicht befugt war, so hat das Gericht die letztere durch Urtheil aufzuheben, ohne in der Sache selbst zu entscheiden.[1]

[1] Selbst wenn die Zuständigkeit des Schöffengerichts begründet sein sollte. Vgl. auch E. V. 243. R. V. 691. Auch in der Berufungsinstanz; § 369 Abs. 3 findet nicht statt. E. XIX. 166.

Dritter Abschnitt.

Verfahren bei Zuwiderhandlungen gegen die Vorschriften über die Erhebung öffentlicher Abgaben und Gefälle.

Administratives Verfahren.

459.[1] Strafbescheide der Verwaltungsbehörden wegen Zuwiderhandlungen gegen die Vorschriften über die Erhebung öffentlicher Abgaben und Gefälle dürfen nur Geldstrafen[2] sowie eine etwa verwirkte Einziehung festsetzen.

Der Strafbescheid muß außerdem die strafbare Handlung, das angewendete Strafgesetz und die Beweismittel bezeichnen, auch die Eröffnung enthalten, daß der Beschuldigte, sofern er nicht eine nach den Gesetzen zugelassene Beschwerde an die höhere Verwaltungsbehörde ergreife, gegen den Strafbescheid binnen einer Woche nach der Bekanntmachung bei der Verwaltungsbehörde, welche denselben erlassen, oder bei derjenigen, welche ihn bekannt gemacht hat,[3] auf gerichtliche Entscheidung[4] antragen könne.[5]

Der Strafbescheid wirkt in Betreff der Unterbrechung der Verjährung wie eine richterliche Handlung.[6]

[1] Vgl. §§ 5, 6 Nr. 3 E.G. Hinsichtlich der Rechtshülfe vgl. G. v. 9./6. 95 (R.G.Bl. 256). Für Preußen: G. betr. das Verwaltungsstrafverfahren 2c., v. 26./7. 97 (G.S. 237) nebst Ausf.-Vorschr. v. 29./9. 97 (J.M.Bl. 249) mit Abänd. (J.M.Bl. 1899 S. 123), ferner G., betr. Verkehrsabgaben v. 2./5. 00 (G.S. 123).

[2] Freiheitsstrafen auch nicht subsidiär. Vgl. § 463.

[3] Nicht bei Gericht.

[4] Hinsichtlich der ausgesprochenen Strafe. Der Ausspruch auf Nachzahlung der Abgaben unterliegt nicht der gerichtlichen Entscheidung. E. XXXII. 304.

[5] Formmängel des Bescheides berechtigen das Gericht nicht, ohne Entscheidung in der Sache selbst den Bescheid aufzuheben oder das Verfahren einzustellen. E. XVII. 249. R. X. 181.

[6] Vgl. § 68 St.G.B.

Gerichtliches Verfahren.

460. Wird auf gerichtliche Entscheidung angetragen, so übersendet die Verwaltungsbehörde, falls sie nicht den Strafbescheid zurücknimmt,[1] die Akten an die zuständige Staatsanwaltschaft, welche sie dem Gerichte vorlegt.

[1] Die Staatsanwaltschaft ist dazu nicht befugt.

461. In Betreff der Wiedereinsetzung in den vorigen Stand finden die Bestimmungen des §. 455 entsprechende Anwendung.

462. Ist der Antrag rechtzeitig[1] angebracht, so wird zur Hauptverhandlung[2] vor dem zuständigen[3] Gerichte geschritten, ohne daß es der Einreichung einer Anklageschrift oder einer Entscheidung über die Eröffnung des Hauptverfahrens bedarf.[4] [5]

Bis zum Beginn der Hauptverhandlung kann der Antrag zurückgenommen werden.[6]

[1] § 459 Abs. 2, 43. — Vgl. auch § 461.

[2] Die zuvorige Einleitung eines Vorverfahrens ist nicht ausgeschlossen. E. XVII. 249. R. X. 181.

[3] Vgl. §§ 27 Nr. 1, 2, 73 Nr. 1 G.V.G. — § 75 Nr. 14, 15 das. erscheint nicht anwendbar, da eine „Eröffnung des Hauptverfahrens" nicht stattfindet.

[4] Im Uebrigen gelten die allgemeinen Vorschriften. Anwesenheit des Beschuldigten: §§ 231—235.

[5] Das Gericht ist auch hier an die Strafhöhe des Bescheides nicht gebunden. Vgl. E. VII. 220.

[6] Gebühren: §§ 76, 66 Nr. 4 G.K.G.

463. Ist die in einem vollstreckbaren Strafbescheide festgesetzte Geldstrafe von dem Beschuldigten nicht beizutreiben und deshalb ihre Umwandlung in eine Freiheitsstrafe erforderlich, so ist diese Umwandlung[1] nach Anhörung der Staatsanwaltschaft und des Beschuldigten durch gerichtliche Entscheidung auszusprechen, ohne daß der Strafbescheid einer Prüfung des Gerichts unterliegt.

Die Entscheidung über die Umwandlung erfolgt, wenn für eine Urtheilsfällung das Schöffengericht zuständig gewesen wäre, durch Verfügung des Amtsrichters, in den übrigen Fällen durch Beschluß des Landgerichts.

Gegen die Entscheidung findet sofortige Beschwerde[2] statt.

[1] In Gemäßheit der §§ 28, 29 St.G.B., soweit nicht in den Spezialgesetzen besondere Vorschriften gegeben sind. [2] § 353.

Befugniß der Verwaltungsbehörde zur Anklage-Erhebung.

464. Hat die Verwaltungsbehörde einen Strafbescheid nicht erlassen[1] und lehnt die Staatsanwaltschaft den an sie gerichteten Antrag auf Verfolgung ab,[2] so ist die Verwaltungsbehörde befugt, selbst die Anklage zu erheben.[3]

In einem solchen Falle hat sie einen Beamten ihres Verwaltungszweiges oder einen Rechtsanwalt als ihren Vertreter zu bestellen und in der Anklage namhaft zu machen.

[1] Die Zulässigkeit eines Strafbescheides ist jedoch nicht Voraussetzung für die Befugnisse der §§ 464, 467. Es genügt vielmehr, daß nur eins der in diesem Abschnitt behandelten, in der Ueberschrift genannten Delikte in Frage steht. E. XIII. 30. R. VII. 618.

[2] § 152 Abs. 2 gilt übrigens auch hier.

[3] §§ 197, 198. Ein Antrag auf Voruntersuchung steht ihr nicht zu.

465. Die Staatsanwaltschaft ist zu einer Mitwirkung in jeder Lage des Verfahrens berechtigt.

Bei der Hauptverhandlung muß sie vertreten sein; auch hat sie die gerichtlich[1] angeordneten Ladungen zu derselben zu bewirken.

Alle im Laufe des Verfahrens ergehenden Entscheidungen sind ihr bekannt zu machen.

[1] Die von dem Gesetz ein für allemal vorgeschriebenen auch dann, wenn eine ausdrückliche Ladung nicht angeordnet sein sollte.

466. Im Uebrigen regelt sich das Verfahren auf die von der Verwaltungsbehörde erhobene Anklage nach den für die Privatklage gegebenen Bestimmungen.[1]

[1] Vgl. §§ 417 ff., hinsichtlich der Gebühren jedoch § 70 Abs. 4 G.K.G. Ladung des Klägers durch die Staatsanwaltschaft; förmliche Zustellung jedoch nicht erforderlich. E. VII. 220. Insbes. gilt § 430 Abs. 1, 3 auch hier. E. XXII. 214.

Anschließung der Verwaltungsbehörde an die Strafverfolgung.

467. Hat der Beschuldigte gegen einen Strafbescheid auf gerichtliche Untersuchung angetragen, oder hat die Staatsanwaltschaft die Anklage erhoben, so kann die Verwaltungsbehörde sich der Verfolgung anschließen, und sie hat alsdann gleichwie bei einer vom ihr erhobenen Anklage einen Vertreter zu bestellen.[1]

In diesem Falle kommen die für den Anschluß des Verletzten als Nebenkläger gegebenen Bestimmungen[2] zur Anwendung.

[1] § 464 Abs. 2. Vgl. auch Anm. 1 das.

[2] §§ 435 ff., soweit nicht die §§ 468, 469 Sondervorschriften enthalten. Vgl. preuß. J.M.Bl. 1892. S. 66.

Zustellung der Entscheidungen.

468. Wenn die Verwaltungsbehörde die Anklage erhoben oder sich der Verfolgung angeschlossen hat, so sind ihr[1] das Urtheil und alle sonstigen Entscheidungen zuzustellen, auch wenn sie bei deren Verkündung vertreten gewesen ist.[2]

[1] Nicht etwa gemäß § 418 ihrem Vertreter.

[2] Auch wenn sie erst nach Erlaß des Urtheils (jedoch vor Rechtskraft) sich angeschlossen hat. E. XVI. 150. R. IX. 349.

Fristen bei Rechtsmitteln.

469. Die Fristen zur Einlegung von Rechtsmitteln beginnen für die Verwaltungsbehörde erst mit der Zustellung.

Zur Anbringung von Revisionsanträgen[1] und zur Gegenerklärung auf solche[2] steht der Verwaltungsbehörde eine Frist von einem Monate[3] zu.

[1] § 384 (nicht auch § 388). [2] § 387. [3] § 43.

Vierter Abschnitt.

Verfefahren gegen Abwesende, welche sich der Wehrpflicht entzogen haben.

4470. Bei Untersuchungen gegen

Wehrpflichtige, welche in der Absicht, sich dem Eintritt in den Dienst des stehenden Heeres oder der Flotte zu entziehen, ohne Erlaubniß das Bundesgebiet verlassen haben oder nach erreichtem militärpflichtigen Alter sich außerhalb des Bundesgebietes aufhalten (§. 140 Abs. 1 Nr. 1 des Strafgesetzbuchs),

Offiziere und im Offizierrange stehende Aerzte des Beurlaubtenstandes, sowie beurlaubte Reservisten und Wehrmänner der Land- oder Seewehr, welche ohne Erlaubniß ausgewandert sind (§. 140 Abs. 1 Nr. 2 und §. 360 Nr. 3 des Strafgesetzbuchs), Ersatzreservisten erster Klasse, welche ausgewandert sind, ohne der Militärbehörde vorher Anzeige gemacht zu haben (§. 360 Nr. 3 des Strafgesetzbuchs),[1] und

Wehrpflichtige, welche nach öffentlicher Bekanntmachung einer vom Kaiser für die Zeit eines Krieges oder einer Kriegsgefahr erlassenen besonderen Anordnung im Widerspruch mit derselben ausgewandert sind (§. 140 Abs. 1 Nr. 3 des Strafgesetzbuchs)[2]

findebet in Abwesenheit[3] des Angeklagten eine Hauptverhrhandlung nach Maßgabe der folgenden Bestimmungen stattnt.[4]

[1] Die Fassung des zweiten Abs. entspricht seit dem G., betr. Aenderungen der Wehrpflicht, v. 11./2. 88 (R.G.Bl. 11) nicht mehr den geltenden Vorschriften des materiellen Strafrechts, indem nach § 19 das. die Eintheilung in Ersatzreserve erster und zweiter Klasse aufgehoben und die Ersatzreservisten allgemein den für die Reserve und Landwehr gültigen Bestimmungen unterworfen sind, andererseits die Land- und Seewehr in die Land- und Seewehr ersten und zweiten Aufgebots zerfällt (§§ 1, 20, 21 das.), und die Land- und Seewehr zweiten Aufgebots einer Erlaubniß zur Auswanderung nicht mehr bedarf, sondern nur von ihrer bevorstehenden Auswanderung der Militärbehörde Anzeige zu machen hat, und die Unterlassung dieser Anzeige mit der in § 360 St.G.B. angedrohten Strafe belegt ist (§§ 4, 21 das.). Da jedoch die §§ 470 ff. sämmtliche in den §§ 140, 360 Nr. 3 St.G.B. aufgeführten Strafthaten umfassen wollen, so finden sie auch jetzt noch auf die entsprechenden Vergehen bzw. Uebertretungen der Ersatzreservisten und Wehrmänner zweiten Aufgebots sinngemäße Anwendung. Vgl § 472 Anm. 4.

[2] Nur in diesen Fällen; nicht z. B. im Fall des § 33 Militär-G. v. 2./5. 74 (R.G.Bl. 45).

[3] § 318.

[4] Bezüglich der in § 140 St.G.B. vorgesehenen Beschlagnahme vgl. § 480.

471. Für das Verfahren ist dasjenige Gericht zuständig,[1] in dessen Bezirk der Angeklagte seinen letzten Wohnsitz oder gewöhnlichen Aufenthalt[2] im Deutschen Reich gehabt hat.

Das Verfahren kann gleichzeitig gegen mehrere Personen gerichtet werden und die Verhandlung und Entscheidung ungetrennt erfolgen.[3]

[1] § 18 gilt auch hier. E. IV. 232. R. III. 311.

[2] Falls kein anderer bekannt, gilt dafür der Geburtsort.

[3] Vgl. jedoch § 475 Abs. 2.

472. Die Erhebung der Anklage und die Eröffnung der

Untersuchung erfolgt auf Grund[1] einer Erklärung der mit der Kontrole der Wehrpflichtigen beauftragten Behörde.[2]

Diese Erklärung ist in den Fällen des §. 140 Abs. 1 Nr. 1 des Strafgesetzbuchs dahin auszustellen:

daß der Wehrpflichtige sich zu den angeordneten Revisionen nicht gestellt,

daß der Aufenthalt desselben im Deutschen Reich nicht ermittelt worden, und

daß der angestellten Erkundigungen ungeachtet sich keine Umstände ergeben haben, welche die Annahme ausschließen, daß der Wehrpflichtige, um sich dem Eintritt in den Dienst des stehenden Heeres oder der Flotte zu entziehen, ohne Erlaubniß entweder das Bundesgebiet verlassen habe oder nach erreichtem militärpflichtigen Alter im Auslande verblieben sei.

In den Fällen des §. 140 Abs. 1 Nr. 2 des Strafgesetzbuchs, sowie bei Untersuchungen gegen beurlaubte Reservisten und Wehrmänner[3] wegen Auswanderns ohne Erlaubniß (§. 360 Nr. 3 des Strafgesetzbuchs) ist die Erklärung dahin zu fassen:

daß der Aufenthalt des Offiziers, des Arztes, des Reservisten oder Wehrmannes im Deutschen Reich nicht ermittelt,

daß ihm eine Erlaubniß zur Auswanderung nicht ertheilt worden, und

daß der angestellten Erkundigungen ungeachtet sich keine Umstände ergeben haben, welche die Annahme ausschließen, daß er ausgewandert sei.

Bei Untersuchungen gegen Ersatzreservisten erster Klasse wegen Auswanderns ohne Anzeige bei der Militärbehörde (§. 360 Nr. 3 des Strafgesetzbuchs) ist die Erklärung dahin zu fassen:

daß der Aufenthalt des Ersatzreservisten im Deutschen Reich nicht ermittelt worden sei,

daß er von einer bevorstehenden Auswanderung der Militärbehörde eine Anzeige nicht gemacht habe, und

daß der angestellten Erkundigungen ungeachtet sich keine Umstände ergeben haben, welche die Annahme ausschließen, daß er ausgewandert sei.[4]

In den Fällen des §. 140 Abs. 1 Nr. 3 des Strafgesetzbuchs ist die Erklärung dahin zu fassen:

daß der Aufenthalt des Wehrpflichtigen im Deutschen Reich nicht ermittelt worden, und daß der angestellten Ermittelungen ungeachtet sich keine Umstände ergeben haben, welche die Annahme ausschließen, daß er nach öffentlicher Bekanntmachung der betreffenden Kaiserlichen Anordnung ausgewandert sei.

[1] Es ist also nur zu prüfen, ob die Erklärung den Vorschriften dieses § 472 entspricht.

[2] In Preußen in den Fällen des § 140 Nr. 1 u. 3 des Civilvorsitzenden der Ersatzkommission, in den Fällen des § 140 Nr. 3 und des § 360 Nr. 3 des Landwehr-Bezirks-Kommandos. J.B. v. 6./4. 80 (J.M.Bl. 72).

[3] ersten Aufgebots sowie der Ersatzreservisten. Vgl. Anm. 1 zu § 470.

[4] Die Bestimmung dieses Abs. 4 ist für die Ersatzreservisten gegenstandslos geworden, nachdem — vgl. Anm. 1 zu § 470 — die Ersatzreservisten jetzt den für die Reserve und Landwehr gegebenen

Bestimmungen unterliegen (Anm. 3). Dagegen gilt die Bestimmung jetzt entsprechend für die Wehrmänner der Land- und Seewehr zweiten Aufgebots.

473. Die Ladung des Angeklagten zur Hauptverhandlung erfolgt nach Vorschrift der §§. 320, 321 Abs. 1.

Die Ladung muß im Falle der öffentlichen Zustellung auch die Angabe des letzten deutschen Wohnorts oder Aufenthaltsorts des Angeklagten enthalten.

Der Ladung ist in jedem Falle die Warnung beizufügen, daß bei unentschuldigtem Ausbleiben der Angeklagte auf Grund der in §. 472 bezeichneten Erklärung werde verurtheilt werden.

474. Für die Hauptverhandlung findet die Bestimmung des §. 322 Anwendung.

475. Sind die vorgeschriebenen Förmlichkeiten beobachtet, so erfolgt die Verurtheilung des abwesenden Angeklagten auf Grund der im §. 472 bezeichneten Erklärung,[1] wenn sich nicht Umstände ergeben, welche dieser Erklärung entgegenstehen.

Bedarf es in Ansehung eines Angeklagten einer Beweisaufnahme, so ist die Sache von den übrigen zu trennen und gesondert zum Abschlusse zu bringen.

[1] Insoweit tritt der § 260 außer Geltung, der jedoch für die Prüfung der Umstände, welche der Erklärung entgegenstehen, bestehen bleibt. Diese Umstände müssen aber für bewiesen, nicht bloß als möglich, erachtet werden, um die gesetzliche Beweisregel auszuschließen. Vgl. M. 247. E. II. 351. X. 152. XX. 200. R. VI. 786. VII. 254.

476. Die Zustellung des Urtheils erfolgt nach Maßgabe der Bestimmungen des §. 40 Abs. 2.

Fünfter Abschnitt.

Verfahren bei Einziehungen und Vermögensbeschlagnahmen.

477. In den Fällen, in welchen nach §. 42 des Strafgesetzbuchs oder nach anderweiten gesetzlichen Bestimmungen auf Einziehung, Vernichtung oder Unbrauchbarmachung von Gegenständen selbständig erkannt[1] werden kann, ist der Antrag,[2] sofern die Entscheidung nicht in Verbindung mit einem Urtheile in der Hauptsache erfolgt, seitens der Staatsanwaltschaft oder des Privatklägers bei demjenigen Gerichte zu stellen, welches für den Fall der Verfolgung einer bestimmten Person zuständig sein würde.[3]

An die Stelle des Schwurgerichts tritt die an dessen Sitzungsorte bestehende Strafkammer.

[1] Das betr. Gesetz muß selbst eben das objektive Strafverfahren gestatten. E. XIX. 45. XXI. 431.

[2] Analog §§ 197, 198. — Ein Eröffnungsbeschluß findet nicht statt; es wird sofort (wie sich aus Abs. 2 und § 478 ergiebt) Termin zur Hauptverhandlung anberaumt. R. VI. 611.

[3] Vgl. für die Zuständigkeit E. XV. 235. R. IX. 96.

478. Die Verhandlung und Entscheidung erfolgt in einem Termine, auf welchen die Bestimmungen über die Hauptverhandlung entsprechende Anwendung finden.[1]

Personen, welche einen rechtlichen Anspruch auf den Gegenstand[2] der Einziehung, Vernichtung oder Unbrauchbarmachung haben,[3] sind, soweit dies ausführbar erscheint, zu dem Termine zu laden.[4]

Dieselben[5] können alle Befugnisse ausüben, welche

einem Angeklagten zustehen, sich auch durch einen mit schriftlicher Vollmacht versehenen Vertheidiger vertreten lassen. Durch ihr Nichterscheinen wird das Verfahren und die Urtheilsfällung nicht aufgehalten.[5] [6]

[1] Das Urtheil lautet entweder auf Einziehung der Gegenstände oder auf Zurückweisung des Antrags.

[2] Nicht auf die Einziehung; die, welche ein Interesse gegen, nicht an der Einziehung haben, sind zu laden. E. XVIII. 299.

[3] In der Geschäftsfähigkeit beschränkte Personen nur durch ihren gesetzlichen Vertreter. E. XXIX. 52.

[4] Auf Verlangen ist auch der Antrag der Staatsanwaltschaft mitzutheilen. E. XXIV. 197.

[5] Das Urtheil ist ihnen alsdann zuzustellen. Vgl. § 479, auch E. XI. 414. R. VII. 52.

[6] Gebühren: § 75 G.K.G.

479. Die Rechtsmittel gegen das Urtheil stehen der Staatsanwaltschaft, dem Privatkläger und den im §. 478 bezeichneten Personen[1] zu.[2]

[1] Sollten sie auch in erster Instanz nicht betheiligt gewesen sein. Die Rechtsmittelfrist beginnt alsdann mit der Verkündung des Urtheils. E. XI. 414. R. VII. 52. Die Kosten erster Instanz (für die höheren Instanzen vgl. § 505) können ihnen nicht auferlegt werden. E. XII. 198. R. VII. 297.

[2] Gebühren: § 75 G.K.G.

480. Auf die im §. 93 des Strafgesetzbuchs vorgesehene Beschlagnahme des Vermögens eines Angeschuldigten finden die Bestimmungen der §§. 333—335 und auf die im §. 140 des Strafgesetzbuchs vorgesehene Beschlagnahme die Bestimmungen der §§. 325, 326 entsprechende Anwendung.

Siebentes Buch.

Strafvollstreckung und Kosten des Verfahrens.

Erster Abschnitt.

Strafvollstreckung.

Vgl. Beschluß des Bundesraths v. 28./10. 97 (R.C.Bl. 308) u. dazu für Preußen J.V. v. 20./3. 99 (J.M.Bl. 72).

Voraussetzung der Strafvollstreckung.

481. Strafurtheile[1] sind nicht vollstreckbar, bevor sie rechtskräftig[2] geworden sind.[3]

[1] § 259 und was ihnen gleichgestellt ist; vgl. §§ 460, 463, 491, 492, 494; Entscheidungen, wodurch kriminelle Strafen im Geltungsgebiet der St.P.O. (§ 3 E.G.) verhängt werden.

[2] Die Rechtskraft tritt ein mit dem Erlaß (nicht Zustellung an den nicht anwesenden Angeklagten) einer durch Rechtsmittel nicht mehr anfechtbaren Entscheidung (vgl. jedoch § 360 Abs. 2, § 386 Abs. 2), mit dem Ablauf der Rechtsmittelfrist, Verzicht auf das Rechtsmittel und Zurücknahme desselben.

[3] Rechtskräftig nicht nur auf Seiten des Angeklagten, sondern auch der Staatsanwaltschaft, des Privat- und Nebenklägers. Vgl. aber § 482.

Anrechnung der Untersuchungshaft.

482. Auf die zu vollstreckende Freiheitsstrafe[1] ist unverkürzt diejenige Untersuchungshaft[2] anzurechnen, welche der Angeklagte erlitten hat, seit er auf Einlegung eines Rechtsmittels verzichtet oder das eingelegte Rechtsmittel zurückgenommen hat, oder seitdem die Einlegungsfrist abgelaufen ist, ohne daß er eine Erklärung abgegeben hat.[3] [4]

[1] Gleichgültig, ob Zuchthausstrafe, Gefängnißstrafe, Festungshaft oder Haft; ohne Anwendung des § 21 St.G.B.

[2] in derselben Sache. R. II. 256. Vgl. auch E. XXXI. 244.

[3] In diesem Falle nicht, wie früher in Preußen, vom Erlaß des Urtheils ab.

[4] Bezüglich der vor dem Urtheil erlittenen Untersuchungshaft vgl. § 60 St.G.B. und dazu E. XXIX. 75.

Strafvollstreckende Behörde.

483. Die Strafvollstreckung[1] erfolgt durch die Staatsanwaltschaft[2] auf Grund einer von dem Gerichtsschreiber zu ertheilenden, mit der Bescheinigung der Vollstreckbarkeit versehenen, beglaubigten Abschrift der Urtheilsformel.[3]

Den Amtsanwälten steht die Strafvollstreckung nicht zu.

Für die zur Zuständigkeit der Schöffengerichte gehörigen Sachen[4] kann durch Anordnung der Landesjustizverwaltung die Strafvollstreckung den Amtsrichtern übertragen werden.[5]

[1] einschließlich des Verweises. E. XXIII. 403 Schriftlicher Verweis: E. XXXI. 282. — Die ganze Strafvollstreckung, nicht bloß die Herbeiführung des Beginns; vgl. E. XXX. 135, aber auch V. 332.

[2] Im Falle des § 394 Abs. 2 durch die des ursprünglich zuständigen Gerichts. J.V. v. 26./5. 87 (J.M.Bl. 135).

[3] Strafvollstreckung gegen Militärpersonen: § 15 Militär-St.G.B., §§ 2, 454 M.St.G.O., § 15 E.G. zur M.St.G.O.

[4] d. h. in denen die Schöffengerichte erkannt haben, also einschließlich § 29 G.V.G.

[5] So in Preußen. Vgl. J.V. v. 14./8. 79 (J.M.Bl. 237). — Rechtshülfe: §§ 163—165 G.V.G. — Bei der Strafvollstreckung

nothwendige Entscheidungen: §§ 490—494. — Vgl. auch Anm. 2 zu § 157 G.V.G.

Begnadigungsrecht des Kaisers.

484. In Sachen, in denen das Reichsgericht in erster Instanz erkannt hat,[1] steht das Begnadigungsrecht dem Kaiser zu.[2]

[1] § 136 Nr. 1 G.V.G. u. Anm. 5 das.

[2] Außerdem in Elsaß-Lothringen: G. v. 9./6. 71 (R.G.Bl. 212) § 3, und in den Konsulargerichts- und Schutzgebieten: G. v. 7./4. 00 (R.G.Bl. 213) § 72, G. v. 17./4. 86 (R.G.Bl. 75, neuste Fassung: R.G.Bl. 1900 S. 813) § 2.

Vollstreckung der Todesurtheile.

485. Todesurtheile bedürfen zu ihrer Vollstreckung keiner Bestätigung. Die Vollstreckung ist jedoch erst zulässig, wenn die Entschließung des Staatsoberhauptes und in Sachen, in denen das Reichsgericht in erster Instanz erkannt hat, die Entschließung des Kaisers ergangen ist, von dem Begnadigungsrechte keinen Gebrauch machen zu wollen.

An schwangeren oder geisteskranken Personen darf ein Todesurtheil nicht vollstreckt werden.

486. Die Vollstreckung der Todesstrafe[1] erfolgt in einem umschlossenen Raume.

Bei der Vollstreckung müssen zwei Mitglieder des Gerichts erster Instanz,[2] ein Beamter der Staatsanwaltschaft, ein Gerichtsschreiber und ein Gefängnißbeamter zugegen sein. Der Gemeindevorstand des Orts, wo die Hinrichtung stattfindet, ist aufzufordern, zwölf Personen aus den Vertretern oder aus anderen achtbaren Mitgliedern der Gemeinde abzuordnen, um der Hinrichtung beizuwohnen.

Außerdem ist einem Geistlichen von dem Religionsbekenntnisse des Verurtheilten und dem Vertheidiger und nach dem Ermessen des die Vollstreckung leitenden Beamten auch anderen Personen der Zutritt zu gestatten.

Ueber den Hergang ist ein Protokoll aufzunehmen, welches von dem Beamten der Staatsanwaltschaft und dem Gerichtsschreiber zu unterzeichnen ist.

Der Leichnam des Hingerichteten ist den Angehörigen desselben auf ihr Verlangen zur einfachen, ohne Feierlichkeiten vorzunehmenden Beerdigung zu verabfolgen.

[1] § 13 St.G.B. [2] Des mit der Sache befaßt gewesenen.

Aufschub der Strafvollstreckung.

487.[1] Die Vollstreckung einer Freiheitsstrafe ist aufzuschieben,[2] wenn der Verurtheilte in Geisteskrankheit verfällt.

Dasselbe gilt bei anderen Krankheiten, wenn von der Vollstreckung eine nahe Lebensgefahr für den Verurtheilten zu besorgen steht.

Die Strafvollstreckung kann auch dann aufgeschoben werden, wenn sich der Verurtheilte in einem körperlichen Zustande befindet,[3] bei welchem eine sofortige Vollstreckung mit der Einrichtung der Strafanstalt unverträglich ist.

[1] Der § 487 behandelt im Gegensatz zu § 488 den Aufschub von Amtswegen und unter Zulassung gerichtlicher Entscheidung. Vgl. § 490 Abs. 2.

[2] Für die Unterbrechung einer Strafe sind (abgesehen von §§ 400 Abs. 2, 490 Abs. 3) reichsgesetzliche Vorschriften nicht gegeben. Es gelten daher die landesgesetzlichen bzw. reglementären Vorschriften.

Für Preußen vgl. die insoweit noch anwendbare K.O. v. 26./6. 34 mit den Instr. v. 30./6. 34 (Jahrb. Bd. 52 S. 233, J.M.Bl. 1889 S. 27), v. 14./8. 46 (J.M.Bl. 151), v. 23./11. 68 (J.M.Bl. 410), J.B. v. 14./8. 79 (J.M.Bl. 237) II, v. 25./10. 82 (J.M.Bl. 325.) — Ueber Aufschub im Fall der Einreichung eines Gnadengesuchs vgl. A.E. v. 16./3. 78 (J.M.Bl. 55) u. allgemein mit Rücksicht auf mögliche Begnadigung A.E. v. 23./10. 95 (J.M.Bl. 348).

[3] Schwangere in Preußen: Gefängnißordnung v. 21./12. 98 (J.M.Bl. 293) § 28 Abs. 2, § 85 Abs. 5, M.B. v. 18./5. 83 (J.M.Bl. 195).

488.[1] Auf Antrag des Verurtheilten kann die Vollstreckung aufgeschoben werden, sofern durch die sofortige Vollstreckung dem Verurtheilten oder der Familie desselben erhebliche, außerhalb des Strafzwecks liegende Nachtheile erwachsen.

Der Strafaufschub darf den Zeitraum von vier Monaten nicht übersteigen.

Die Bewilligung desselben kann an eine Sicherheitsleistung[2] oder andere Bedingungen geknüpft werden.

[1] Vgl. Anm. 1 zu § 487. In den Fällen dieses § 488 ist nur Beschwerde an die vorgesetzten Instanzen zulässig. In Preußen ist auch im Falle des § 483 Abs. 3 nur die Staatsanwaltschaft zuständig. J.B. v. 14./8. 79 (J.M.Bl. 237) II.

[2] Vgl. §§ 118 ff.

489. Die Staatsanwaltschaft ist befugt, behufs Vollstreckung einer Freiheitsstrafe einen Vorführungs-[1] oder Haftbefehl[2] zu erlassen, wenn der Verurtheilte auf die an ihn ergangene Ladung zum Antritt der Strafe sich nicht gestellt hat oder der Flucht verdächtig ist.

Auch kann von der Staatsanwaltschaft zu demselben Zwecke ein Steckbrief[3] erlassen werden, wenn der Verurtheilte flüchtig ist oder sich verborgen hält.

Diese Befugnisse stehen im Falle des §. 483 Abs. 3 auch dem Amtsrichter zu.

[1] § 134 Abs. 2. [2] § 114 Abs. 2.
[3] § 131 Abs. 3, vgl. auch Abs. 2.

Gerichtliche Entscheidungen in Bezug auf die Strafvollstreckung.

490. Wenn über die Auslegung eines Strafurtheils oder über die Berechnung der erkannten Strafe Zweifel entstehen, oder wenn Einwendungen gegen die Zulässigkeit der Strafvollstreckung erhoben werden, so ist die Entscheidung des Gerichts herbeizuführen.[1]

Dasselbe gilt, wenn nach Maßgabe des §. 487 Einwendungen gegen die Ablehnung eines Antrags auf Aufschub der Strafvollstreckung erhoben werden.

Der Fortgang der Vollstreckung wird hierdurch nicht gehemmt; das Gericht kann jedoch einen Aufschub oder eine Unterbrechung der Vollstreckung anordnen.

[1] § 494.

491. Kann eine verhängte Geldstrafe nicht beigetrieben werden und ist die Festsetzung der für diesen Fall eintretenden Freiheitsstrafe[1] unterlassen worden, so ist die Geldstrafe nachträglich von dem Gericht in die entsprechende Freiheitsstrafe umzuwandeln.[2]

[1] §§ 28, 29 St.G.B. [2] § 494.

492. Ist Jemand durch verschiedene rechtskräftige Urtheile zu Strafen verurtheilt worden, und sind dabei die Vorschriften über die Zuerkennung einer Gesammtstrafe (§. 79 des Strafgesetzbuchs) außer Betracht geblieben,[1] so sind[2] die erkannten Strafen durch eine nachträgliche gerichtliche Entscheidung[3] auf eine Gesammtstrafe zurückzuführen.[4]

[1] Unabsichtlich. Andernfalls sind nur die Rechtsmittel zulässig. M. 250, 251. E. VII. 62. R. V. 130. Auch die eventuelle Umwandlung der früheren Strafe soll schon in dem spätern Urtheil, und nicht erst gemäß § 492 erfolgen; Nichtbeachtung jedoch kein Revisionsgrund. E. II. 198.

[2] Von Amtswegen. E. V. 1. R. III. 468.

[3] § 494.

[4] Für die Vollstreckung, falls verschiedene Bundesstaaten betheiligt sind, vgl. Beschluß des Bundesraths v. 11./6. 85 (R.C.Bl. 270, preuß. J.M.Bl. 309).

493. Ist der Verurtheilte nach Beginn der Strafvollstreckung wegen Krankheit[1] in eine von der Strafanstalt getrennte Krankenanstalt gebracht worden,[2] so ist die Dauer des Aufenthalts in der Krankenanstalt in die Strafzeit einzurechnen, wenn nicht der Verurtheilte mit der Absicht,[3] die Strafvollstreckung zu unterbrechen, die Krankheit herbeigeführt hat.

Die Staatsanwaltschaft hat im letzteren Falle eine Entscheidung des Gerichts herbeizuführen.

[1] Auch Geisteskrankheit.

[2] Damit ist nicht ausgeschlossen, daß wegen Krankheit die Vollstreckung unterbrochen werden kann; vgl. Anm. 2 zu § 487.

[3] Bloße Verschuldung der Krankheit genügt nicht.

494. Die bei der Strafvollstreckung nothwendig werdenden gerichtlichen Entscheidungen (§§. 490—493) werden von dem Gericht erster Instanz[1] ohne mündliche Verhandlung erlassen.[2]

Vor der Entscheidung ist der Staatsanwaltschaft und dem Verurtheilten Gelegenheit zu geben, Anträge zu stellen und zu begründen.

Kommt es auf die Festsetzung einer Gesammtstrafe

an (§. 492), und waren die verschiedenen hierdurch abzuändernden Urtheile von verschiedenen Gerichten erlassen, so steht die Entscheidung demjenigen Gerichte zu, welches die schwerste Strafart oder bei Strafen gleicher Art die höchste Strafe erkannt hat, falls hiernach aber mehrere Gerichte zuständig sein würden, demjenigen, dessen Urtheil zuletzt ergangen ist. War das hiernach maßgebende Urtheil von einem Gerichte höherer Instanz erlassen, so setzt das Gericht erster Instanz, und war eines der Strafurtheile von dem Reichsgericht in erster Instanz erlassen, das Reichsgericht die Gesammtstrafe fest.[3]

Gegen diese Entscheidungen[4] findet, insofern sie nicht von dem Reichsgericht erlassen sind, sofortige Beschwerde[5] statt.[6]

[1] Amtsrichter ohne Schöffen: § 30 Abs. 2 G.V.G. — Strafkammern von 3 Mitgliedern, auch in schwurgerichtlichen Sachen: §§ 77, 82 G.V.G. — Zweiter und dritter Strafsenat des Reichsgerichts: § 138 Abs. 2 G.V.G. — Auch im Falle des § 483 Abs. 3 entscheidet der Amtsrichter.

[2] Gebührenfrei: Mot. zum G.K.G. 102.

[3] Gebührenfrei: § 60 Abs. 2 G.K.G.

[4] soweit sie eine materielle Erledigung der beantragten Festsetzung einer Gesammtstrafe enthalten. Wird wegen Unzuständigkeit die Entscheidung abgelehnt, einfache Beschwerde. E. XXXII. 234.

[5] § 353.

[6] Gebühren: § 68 G.K.G.

Vollstreckung der Vermögensstrafen und Bußen.

495. Die Vollstreckung der über eine Vermögensstrafe oder eine Buße ergangenen Entscheidung erfolgt nach den Vorschriften[1] über die Vollstreckung der Urtheile der Civilgerichte.[2]

[1] **Vgl. §§ 704 ff. C.P.O., soweit sie nicht naturgemäß für das Strafverfahren unanwendbar sind. Vgl. Entsch. d. R.G. in Civil-**

sachen. I. 283 und andererseits preuß. Geschäftsanw. f. Gerichtsvollzieher v. 1./12. 99 (J.M.Bl. 629) § 90 Abs. 1.

[3] Gebühren: § 78 Nr. 3b, § 35 G.K.G.

Zweiter Abschnitt.

Kosten des Verfahrens.

Dieser Abschnitt enthält im Wesentlichen nur die Vorschriften über die Pflicht zur Kostentragung. Die ergänzenden Bestimmungen, insbesondere über Höhe und Berechnung der Kosten enthalten die besonderen Kostengesetze. Vgl. Einleitung S. 52, 20.

496. Jedes Urtheil, jeder Strafbefehl und jede eine Untersuchung einstellende[1] Entscheidung muß darüber Bestimmung treffen,[2] von wem die Kosten des Verfahrens zu tragen sind.[3]

Wenn über die Höhe der Kosten oder über die Nothwendigkeit[4] der unter ihnen begriffenen Auslagen[5] Streit entsteht,[6] so erfolgt hierüber besondere Entscheidung.[7]

[1] Vgl. dazu §§ 501, 502, 503.

[2] Falls kein Anderer haftet, ist also die Staatskasse zu benennen (vgl. auch § 506). Auslagen des Angeschuldigten: § 499 Abs. 2.

[3] Die Entscheidung ist auch wegen der Kosten allein mit den in der Sache selbst zulässigen Rechtsmitteln anfechtbar. E. VI. 287. R. IV. 322, 388.

[4] Vgl. dazu E. VI. 429. R. IV. 635.

[5] Auslagen: §§ 79, 80 G.K.G.

[6] Die Festsetzung erfolgt für jede Instanz besonders von dem Gericht der Instanz.

[7] Gebührenfrei: § 4 Abs. 1 G.K.G., soweit nicht § 78 Nr. 3a, b zutrifft. — Beschwerde zulässig: § 4 Abs. 2 G.K.G.; § 346 Abs. 3 und § 352 Abs. 2 gelten auch hier. R. V. 527.

Pflicht zur Kostentragung.

497. Die Kosten[1] mit Einschluß der durch die Vorbereitung der öffentlichen Klage und die Strafvollstreckung entstandenen, hat der Angeklagte zu tragen, wenn er zu Strafe verurtheilt wird.[2]

Stirbt ein Verurtheilter vor eingetretener Rechtskraft des Urtheils, so haftet sein Nachlaß nicht für die Kosten.

[1] Die gesammten Kosten, auch die der Vorinstanz, in welcher Angeklagter freigesprochen, und der Rechtsmittelinstanz, soweit nicht § 505 ein Anderes bestimmt, sowie auch die durch Verschulden Dritter veranlaßten, soweit nicht hinsichtlich der Gebühren § 6 G.K.G. eine Ausnahme gestattet und soweit sie nicht einem Dritten zur Last gelegt sind (vgl. §§ 50, 69, 77, 145). E. I. 334. XVIII. 347. R. I. 507. VII. 710. Andererseits aber nur die Kosten der eigenen Untersuchung, nicht auch der der Mitangeklagten. E. XXX. 287. Vgl. § 498 Abs. 2.

[2] Also nicht, wenn er straffrei gelassen wird, sollte er auch für schuldig erklärt werden. Vgl. jedoch § 500, auch § 499 Abs. 1.

498. Wenn ein Angeklagter in einer Untersuchung, welche mehrere strafbare Handlungen[1] umfaßt, nur in Ansehung eines Theils derselben verurtheilt wird, durch die Verhandlung der übrigen Straffälle aber besondere Kosten entstanden sind, so ist er von deren[2] Tragung zu entbinden.

Mitangeklagte, welche in Bezug auf dieselbe That[3] zu Strafe verurtheilt sind, haften für die Auslagen[4] als Gesammtschuldner.[5] Dies gilt nicht von den durch die Strafvollstreckung oder die Untersuchungshaft entstandenen Kosten.

[1] Nur bei wirklicher realer Konkurrenz; vgl. E. XV. 105. XXIX. 106.

[2] Vgl. § 499 Abs. 1 und Anm. 1 das., sowie E. III. 343. Von dem erkennenden Gericht ist nur das Prinzip auszusprechen, ohne daß es einer Prüfung bedarf, ob besondere Kosten entstanden sind. E. XXIV. 384.

[3] wenn auch nur als Begünstiger oder Hehler. E. XII. 226. R. VII. 334. IX. 457, vgl. auch E. XXI. 164.

[4] Bezüglich der Gebühren vgl. § 61 G.K.G., auch R. IX. 457. E. XXI. 61.

[5] Bedarf keines ausdrücklichen Ausspruchs im Urtheil, da es sich nach dem Gesetz von selbst versteht. E. I. 93. R. I. 309.

499. Einem freigesprochenen[1] oder außer Verfolgung gesetzten[2] Angeschuldigten sind nur solche Kosten aufzuerlegen, welche er durch eine schuldbare Versäumniß[3] verursacht hat.

Die dem Angeschuldigten[4] erwachsenen nothwendigen[5] Auslagen können der Staatskasse auferlegt werden.[6]

[1] Einschließlich der Fälle der Einstellung des Verfahrens, der Unzulässigkeit der Strafverfolgung und dergl. E. XX. 118.

[2] Vgl. § 202.

[3] Nicht auch durch sonstiges Verschulden, z. B. frivole Beweisanträge u. dergl.

[4] und dem gemäß §§ 324, 340, 401 für ihn einzutreten berechtigten Personen: E. XXVIII. 146, nicht aber auch Einziehungs-Interessenten (§ 478 Abs. 2): E. XXII. 351.

[5] Vgl. § 496 Abs. 2 und Anm. 4 das.

[6] auch theilweise. E. X. 83. — Revision ausgeschlossen. E. XVI. 421. R. VI. 533. 760. — Ueber das Verfahren bei Feststellung dieser Auslagen vgl. für Preußen J.V. v. 15./3. 92 (J.M.Bl. 109).

500. Bei wechselseitigen Beleidigungen oder Körperverletzungen wird die Verurtheilung eines oder beider Theile in die Kosten dadurch nicht ausgeschlossen, daß einer derselben oder beide für straffrei[1] erklärt werden.[2]

[1] §§ 199, 233 St.G.B.

[2] Gilt auch, falls nur gegen einen die öffentliche Klage erhoben ist, aber alsdann natürlich nur für diesen. E. XIII. 421. R. VIII. 311. Vgl. R. 252. Für jeden die gewöhnlichen Rechtsmittel. E. XIII. 311. R. VIII. 11.

501. Ist ein, wenn auch nur außergerichtliches

Verfahren durch eine wider besseres Wissen gemachte oder auf grober Fahrlässigkeit beruhende Anzeige veranlaßt worden, so kann das Gericht dem Anzeigenden, nachdem derselbe gehört worden, die der Staatskasse und dem Beschuldigten erwachsenen Kosten auferlegen.[1] [2]

War noch kein Gericht mit der Sache befaßt, so erfolgt die Entscheidung auf den Antrag der Staatsanwaltschaft durch dasjenige Gericht, welches für die Eröffnung des Hauptverfahrens zuständig gewesen wäre.

Gegen die Entscheidung findet sofortige Beschwerde[3] statt.

[1] Durch besonderen Beschluß, auch wenn die Entscheidung gleichzeitig mit dem freisprechenden Urtheil ergeht. Vgl. Abs. 3, auch E. VII. 232.

[2] Gebühren: § 69 Abs. 1, 2 G.K.G. [3] § 353.

502. Erfolgt eine Einstellung[1] des Verfahrens wegen Zurücknahme desjenigen Antrags, durch welchen dasselbe bedingt war, so hat[2] der Antragsteller die Kosten zu tragen.[3] [4]

[1] Nicht bloß § 259; auch wenn ein gerichtliches Verfahren noch nicht stattgefunden hat.

[2] unbedingt. E. XXIII. 197.

[3] Die Bestimmungen des § 501 sind analog zur Anwendung zu bringen; es finden jedoch die gewöhnlichen Rechtsmittel statt. E. VII. 409. R. V. 623.

[4] Gebühren: § 69 Abs. 3 G.K.G.

503.[1] In einem Verfahren auf erhobene Privatklage[2] hat der Verurtheilte auch die dem Privatkläger erwachsenen nothwendigen Auslagen zu erstatten.[3]

Wird der Beschuldigte außer Verfolgung gesetzt oder freigesprochen, oder wird das Verfahren eingestellt,[4] so fallen dem Privatkläger die Kosten des Verfahrens sowie die dem Beschuldigten erwachsenen nothwendigen Auslagen zur Last.[4]

Ist den Anträgen des Privatklägers nur zum Theil entsprochen worden, so kann das Gericht die Kosten angemessen vertheilen.[5]

Mehrere Privatkläger und mehrere Angeklagte haften als Gesammtschuldner.[6]

Unter den nach den Bestimmungen dieses Paragraphen zu erstattenden Auslagen sind, wenn sich der Gegner der erstattungspflichtigen Partei eines Rechtsanwalts bedient, die Gebühren und Auslagen des Anwalts insoweit inbegriffen, als solche nach der Bestimmung des §. 87 der Civilprozeßordnung[7] die unterliegende Partei der obsiegenden zu erstatten hat.[8]

[1] Im Uebrigen gelten die allgemeinen Vorschriften §§ 496 ff., insbesondere auch § 497 Abs. 2 und § 500.

[2] Gebühren: §§ 70—73 G.K.G.

[3] ex lege. Daher ausdrücklicher Ausspruch dieser Verpflichtung nicht unbedingt erforderlich. E. X. 113. R. VI. 153.

[4] § 259 Abs. 2, aber auch in den Fällen §§ 429, 433 Abs. 1, vgl. aber auch Abs. 2.

[5] Widerklage: vgl. § 70 Abs. 3 G.K.G., auch § 500.

[6] Nicht Privatkläger und Angeklagter, falls sie beide zu Kosten verurtheilt sind.

[7] Jetzt — gemäß § 1 Abs. 2 G. v. 17./5. 98 (R.G.Bl. 342) — § 91 C.P.O. Derselbe lautet:

91. Die unterliegende Partei hat die Kosten des Rechtsstreits zu tragen, insbesondere die dem Gegner erwachsenen Kosten zu erstatten, soweit dieselben nach freiem Ermessen des Gerichts zur zweckentsprechenden Rechtsverfolgung oder Rechtsvertheidigung nothwendig waren. Die Kostenerstattung umfaßt auch die Entschädigung des Gegners für die durch nothwendige Reisen oder durch die nothwendige Wahrnehmung von Terminen entstandene Zeitversäumniß; die für die Entschädigung von Zeugen geltenden Vorschriften finden entsprechende Anwendung.

Die Gebühren und Auslagen des Rechtsanwalts der obsiegenden Partei sind in allen Prozessen zu erstatten, Reisekosten eines auswärtigen Rechtsanwalts jedoch nur insoweit, als die Zuziehung nach dem Ermessen des Gerichts zur zweckentsprechenden Rechtsverfolgung oder Rechtsvertheidigung nothwendig war. Die Kosten mehrerer Rechtsanwälte sind nur insoweit zu erstatten, als sie die Kosten eines Rechtsanwalts nicht übersteigen, oder als in der Person des Rechtsanwalts ein Wechsel eintreten mußte.

[8] Kosten der Nebenklage im Fall der Verurtheilung: §§ 437 Abs. 1, 503; im Falle der Freisprechung besonderer Ausspruch im Urtheil aber nicht erforderlich. E. XV. 190. R. IX. 87. Für Rechtsmittel gilt aber § 505 allgemein. Vgl. Anm. 2 das.

504. Wird in dem Falle des §. 173 der Angeschuldigte außer Verfolgung gesetzt oder freigesprochen, oder das Verfahren eingestellt, so finden auf den Antragsteller die Bestimmungen des §. 503 Abs. 2, 3, 4, 5 entsprechende Anwendung. Das Gericht kann jedoch nach Befinden der Umstände den Antragsteller von der Tragung der Kosten ganz oder theilweise entbinden.[1]

Vor der Entscheidung über den Kostenpunkt ist der Antragsteller zu hören, sofern er nicht als Nebenkläger aufzutreten berechtigt war.[2]

[1] Gebühren: § 69 G.K.G. [2] § 435 Abs. 2.

505. Die Kosten eines zurückgenommenen oder erfolglos eingelegten Rechtsmittels[1] treffen denjenigen, der dasselbe eingelegt hat.[2] War das Rechtsmittel von der Staatsanwaltschaft eingelegt, so können die dem Beschuldigten erwachsenen nothwendigen Auslagen[3] der

Staatskasse auferlegt werden.[4] Hatte das Rechtsmittel theilweisen Erfolg,[5] so kann das Gericht die Kosten angemessen vertheilen.[6]

Dasselbe gilt von den Kosten, welche durch einen Antrag auf Wiederaufnahme des durch ein rechtskräftiges Urtheil geschlossenen Verfahrens verursacht worden sind.[7]

Die Kosten der Wiedereinsetzung in den vorigen Stand[8] fallen dem Antragsteller zur Last, soweit sie nicht durch einen unbegründeten Widerspruch des Gegners entstanden sind.

[1] Gebühren: §§ 65 ff. G.K.G.

[2] Im Fall des § 340 also die dort erwähnten Personen; im Fall des § 441 Abs. 1 dem Nebenkläger, R. VI. 197, im Fall des § 338 Abs. 2 die Staatskasse. E. XXXI. 21.

[3] Andere Kosten können in diesem Falle den Angeklagten überhaupt nicht treffen. E. XXXI. 21.

[4] Ueber das Verfahren bei Feststellung dieser Auslagen vgl. für Preußen J.V. v. 15./3. 92 (J.M.Bl. 109).

[5] Im Fall der Aufhebung und Zurückverweisung nach der späteren Endentscheidung zu beurtheilen. E. XVIII. 347. XXX. 128.

[6] Bei mehreren Strafthaten gilt § 498 Abs. 1.

[7] Gebühren: §§ 66 Nr. 3, 67 G.K.G. Vgl. auch § 77 das. Zu entscheiden ist über die Kosten erst bei definitiver Erledigung der Wiederaufnahme. E. XX. 115.

[8] Gebühren: § 66 Nr. 1 G.K.G.

506. In den zur Zuständigkeit des Reichsgerichts in erster Instanz gehörigen Sachen[1] sind die von der Staatskasse zu tragenden Kosten der Reichskasse aufzuerlegen.

[1] § 136 Nr. 1 G.V.G. u. Anm. 5 das.

IV.

Anhang.

Gesetz, betreffend die Entschädigung der im Wiederaufnahmeverfahren freigesprochenen Personen.

Vom 20. Mai 1898.

(R.G.Bl. von 1898, Nr. 22, S. 345, 346).

1. Personen, welche im Wiederaufnahmeverfahren[1] freigesprochen[2] oder in Anwendung eines milderen Strafgesetzes mit einer geringeren Strafe belegt werden, können Entschädigung aus der Staatskasse verlangen, wenn die früher erkannte Strafe ganz oder theilweise gegen sie vollstreckt worden ist.[3] Das Wiederaufnahmeverfahren muß die Unschuld des Verurtheilten bezüglich der ihm zur Last gelegten That oder bezüglich eines die Anwendung eines schwereren Strafgesetzes begründenden Umstandes ergeben oder doch dargethan haben, daß ein begründeter Verdacht gegen den Angeklagten nicht mehr vorliegt.

Außer dem Verurtheilten haben diejenigen, denen gegenüber er kraft Gesetzes unterhaltspflichtig war,[4] Anspruch auf Entschädigung.

Der Anspruch auf Entschädigung ist ausgeschlossen, wenn der Verurtheilte die frühere Verurtheilung vorsätzlich herbeigeführt oder durch grobe Fahrlässigkeit[5] verschuldet hat.

Die Versäumung der Einlegung eines Rechtsmittels ist nicht als eine Fahrlässigkeit zu erachten.

[1] St.P.O. §§ 399—413, also nicht im Fall des § 397.

[2] wenn auch nur aus Rechtsgründen. Einstellung des Verfahrens u. dergl. (außer im Fall des § 55 St.G.B.) genügt aber nicht.

[3] Nicht auf Freiheitsstrafen beschränkt. Gezahlte Geldstrafen sind indes im Fall der Freisprechung stets (auch ohne den in § 4 vorgesehenen Beschluß) zu erstatten.

[4] Vgl. B.G.B. § 1360 (auch §§ 1351, 1578, 1583), §§ 1601 ff., 1705 (auch §§ 1736, 1739, 1766), § 1708, E.G. zum B.G.B. Art. 199, 209, 208.

[5] z. B. in der Regel, wenn die Verurtheilung im Kontumacialverfahren (St.P.O. §§ 230, 231) erfolgt ist. Mot.

2. Gegenstand des dem Verurtheilten zu leistenden Ersatzes ist der für ihn durch die Strafvollstreckung[1] entstandene Vermögensschaden.

Unterhaltsberechtigten[2] ist insoweit Ersatz zu leisten, als ihnen durch die Strafvollstreckung der Unterhalt entzogen worden ist.

[1] Nicht überhaupt durch die Strafverfolgung.

[2] Vgl. Anm. 4 zu § 1.

3. Die Entschädigung wird aus der Kasse des-

jenigen Bundesstaats gezahlt, bei dessen Gerichte das Strafverfahren in erster Instanz anhängig war.

Bis zum Betrage der geleisteten Entschädigung tritt die Kasse in die Rechte ein, welche dem Entschädigten gegen Dritte um deswillen zustehen, weil durch deren rechtswidrige Handlungen seine Verurtheilung herbeigeführt war.[1]

[1] Vgl. St.P.O. § 399 Nr. 1–3.

4. Ueber die Verpflichtung der Staatskasse zur Entschädigung wird durch besonderen Beschluß des im Wiederaufnahmeverfahren erkennenden Gerichts Bestimmung getroffen.[1]

Der Beschluß ist von dem Gerichte gleichzeitig mit dem Urtheile zu fassen,[2] aber nicht zu verkünden, sondern durch Zustellung bekannt zu machen.[3] Der Beschluß[4] unterliegt nicht der Anfechtung durch Rechtsmittel. Er tritt außer Kraft, wenn das Urtheil aufgehoben wird.

[1] Von Amtswegen, und zwar nothwendig in jedem Falle, in welchem auf Freisprechung oder auf eine geringere Strafe in Anwendung eines milderen Strafgesetzes erkannt und die Strafe vollstreckt ist. Damit aber ein die Entschädigung bewilligender Beschluß gefaßt werden kann, müssen die weiteren Voraussetzungen vorliegen, daß der Verdacht beseitigt ist und die Verurtheilung nicht vorsätzlich oder grobfahrlässig herbeigeführt war.

[2] einfache Majorität.

[3] Daher schriftlich zu fassen. Die Zustellung muß auch dann erfolgen, wenn durch den Beschluß eine Entschädigungspflicht verneint wird. Eine Begründung desselben ist nicht erforderlich; vgl. St.P.O. § 34. In das Protokoll ist der Beschluß nicht aufzunehmen.

[4] wohl aber die Unterlassung des Beschlusses. Komm. Ber. 8.

5. Wer auf Grund des die Verpflichtung der Staatskasse zur Entschädigung aussprechenden Beschlusses einen Anspruch geltend macht, hat diesen Anspruch bei Vermeidung des Verlustes binnen drei Monaten nach Zustellung des Beschlusses[1] durch Antrag bei der Staatsanwaltschaft zu verfolgen. Der Antrag ist bei der Staatsanwaltschaft desjenigen Landgerichts zu stellen, in dessen Bezirke das Urtheil ergangen ist.[2]

Ueber den Antrag entscheidet die oberste Behörde der Landesjustizverwaltung. Eine Ausfertigung der Entscheidung ist dem Antragsteller nach den Vorschriften der Civilprozeßordnung zuzustellen.

Gegen die Entscheidung ist die Berufung auf den Rechtsweg zulässig. Die Klage ist binnen einer Ausschlußfrist von drei Monaten nach Zustellung der Entscheidung zu erheben. Für die Ansprüche auf Entschädigung sind die Civilkammern der Landgerichte[3] ohne Rücksicht auf den Werth des Streitgegenstandes ausschließlich zuständig.

Bis zur endgültigen Entscheidung über den Antrag ist der Anspruch weder übertragbar, noch der Pfändung unterworfen.

[1] Sollte auch die Sache in höherer Instanz noch schweben und daher nach § 4 Schlußsatz der Beschluß noch außer Kraft treten können.

[2] Ueber das weitere Verfahren vgl. für Preußen J.V. v. 22./11. 98 (J.M.Bl. 280).

[3] Hinsichtlich der örtlichen Zuständigkeit vgl. §§ 18, 19 C.P.O.

6. In den zur Zuständigkeit des Reichsgerichts in

erster Instanz gehörigen Sachen[1] ist statt der Staatskasse die Reichskasse ersatzpflichtig.

In diesen Fällen tritt an die Stelle der Staatsanwaltschaft des Landgerichts die Staatsanwaltschaft bei dem Reichsgericht, an die Stelle der obersten Behörde der Landesjustizverwaltung der Reichskanzler.

[1] G.V.G. § 136 Nr. 1 u. Anm. 5 das.

Sach-Register.

Die mit G. bezeichneten Zahlen bezeichnen die Paragraphen des G.V.G., von dem nur die auf die St.P.O. sich beziehenden berücksichtigt sind, **die mit St.** bezeichneten die Paragraphen der St.P.O., die mit A. bezeichneten die des Anhangs.

A.

F.

J.

K.

M.

N.

O.

P.

R.

T.

Herrosé & Ziemsen, Wittenberg.

Verzeichniß
der
Guttentag'schen Sammlung
Deutscher Reichsgesetze
und
Preußischer Gesetze.

Text-Ausgaben mit Anmerkungen
und Sachregister.

Taschenformat.

Berlin.
J. Guttentag, Verlagsbuchhandlung,
G. m. b. H.

Guttentag'sche Sammlung

Deutscher Reichsgesetze.

Text-Ausgaben mit Anmerkungen. Taschenformat.

---

1. **Verfassung** des Deutschen Reichs. Gegeben Berlin, den 16. April 1871. Von Dr. **L. von Rönne.** Achte neubearbeitete Auflage von **Paul von Rönne,** Landrath. 1 M. 60 Pf.

2. **Strafgesetzbuch** für das Deutsche Reich. Nebst den gebräuchlichsten Reichs-Strafgesetzen: **Presse, Personenstand, Nahrungsmittel, Entziehung** elektrischer Arbeit, Kranken-, Unfall-, Invalidenversicherung, Gewerbeordnung, unlauterer Wettbewerb, Depot- und Börsengesetz u. s. w. Von Dr. **H. Rüdorff.** Zwanzigste Auflage von Dr. **H. Appelius,** Kammergerichtsrath. Gebunden in ganz Leinen 1 M. 20 Pf.

3. **Militärstrafgerichtsordnung** nebst Einführungsgesetz und Gesetz, betr. die Dienstvergehen der richterlichen Militärjustizbeamten und die unfreiwillige Versetzung derselben in eine andere Stelle oder in den Ruhestand. Von Dr. **P. Herz,** Geh. Admiralitätsrath. Zweite Auflage. Geb. in ganz Leinen 3 M.

4. **Handelsgesetzbuch vom 10. Mai 1897** unter Ausschluß des Seerechts. Mit den ergänzenden Vorschriften des Bürgerlichen Gesetzbuchs und Erläuterungen herausgegeben von **F. Litthauer,** Justizrath. Zwölfte Auflage. Geb. in ganz Leinen 2 M. 80 Pf.

5. Allgemeine Deutsche **Wechselordnung.** Siebente Auflage von Dr. **E. Ball,** Rechtsanwalt, und das Reichsgesetz über die **Wechselstempelsteuer.** Sechste Auflage von Reg.-Assessor **P. Loeck.** 1897. 2 M.
Neue Auflage in Vorbereitung.

6. **Gewerbeordnung** für das Deutsche Reich in der Fassung der Bekanntmachung vom 26. Juli 1900 nebst Ausführungsbestimmungen. Von **T. Ph. Berger,** fortgeführt von Dr. **Wilhelmi,** Geh. Ober-Regierungsrath. Sechszehnte vermehrte Auflage. Im Druck.

7. Die deutsche **Post- und Telegraphen-Gesetzgebung.** Nebst dem Weltpostvertrag und dem internationalen Telegraphenvertrag. Von Dr. **P. D. Fischer,** Unterstaatssekretär im Reichs-Postamt. Vierte Auflage. 1895. 2 M. 60 Pf.

8. Die Reichsgesetze über den **Unterstützungswohnsitz** in der Fassung der Novelle vom 12. März 1894 die **Freizügigkeit,** den **Erwerb** und **Verlust** der

Bundes- und Staatsangehörigkeit, nebst allen landesgesetzlichen Bestimmungen. Von Geheimrath Dr. **J. Krech,** Mitglied des Bundesamtes für das Heimathwesen. Vierte Auflage. 2 M. 25 Pf.

9a. Sammlung **kleinerer privatrechtlicher Reichsgesetze.** Von **F. Vierhaus,** Geh. Ober-Justizrath. Zweite Auflage in Vorbereitung.

9b. Sammlung **kleinerer strafrechtlicher Reichsgesetze.** Von **M. Werner,** Geh. Ober-Regierungsrath. Zweite Auflage im Druck.

10. **Das Reichsbeamtengesetz** vom 31. März 1873 und seine Ergänzungen. Erläutert von **J. Pieper,** Geh. Ober-Regierungsrath. 3 M. 30 Pf.

11. **Civilprozeßordnung mit Einführungsgesetzen,** Nebengesetzen und Ergänzungen. In der Fassung des Gesetzes vom 17. Mai 1898. Unter besonderer Berücksichtigung der Entscheidungen des Reichsgerichts herausgegeben mit Anmerkungen von **R. Sydow,** Direktor im Reichs-Postamt und **L. Busch, Kammergerichtsrath.** Achte Auflage. 8°. Geb. in ganz Leinen 4 M.

Dieser Band ist in größerem Format erschienen!

12. **Strafprozeßordnung und Gerichtsverfassungsgesetz** in der vom 1. Januar 1900 ab geltenden Fassung, nebst dem **Gesetz, betreffend die Entschädigung der im Wiederaufnahmeverfahren freigesprochenen Personen.** Von **A. Hellweg,** Reichsgerichtsrath. Elfte Auflage. Geb. in ganz Leinen 2 M.

13. **Konkursordnung und Anfechtungsgesetz** mit Einführungs- und Nebengesetzen. In der Fassung der Gesetze vom 17. Mai 1898. Unter besonderer Berücksichtigung der Entscheidungen des Reichsgerichts herausgegeben mit Anmerkungen von **R. Sydow,** Direktor im Reichs-Postamt und **L. Busch,** Kammergerichtsrath. Achte Auflage. Geb. in ganz Leinen 1 M. 80 Pf.

14. **Gerichtsverfassungsgesetz** mit Einführungsgesetz, Nebengesetzen und Ergänzungen. In der Fassung des Gesetzes vom 17. Mai 1898. Unter Berücksichtigung der Entscheidungen des Reichsgerichts herausgegeben von **R. Sydow,** Direktor im Reichs-Postamt und **L. Busch,** Kammergerichtsrath. Achte Auflage. 1 M. 20 Pf.

15. **Das deutsche Gerichtskostengesetz nebst den Gebührenordnungen für Gerichtsvollzieher, Zeugen und Sachverständige.** In der Fassung vom 20. Mai 1898. Unter besonderer Berücksichtigung der Entscheidungen

des Reichsgerichtes herausgegeben mit Anmerkungen und Kostentabellen von **R. Sydow,** Direktor im Reichspostamt und **L. Busch,** Kammergerichtsrath. Sechste vermehrte Auflage. Geb. in ganz Leinen 1 M. 50 Pf.

16. **Rechtsanwaltsordnung.** Von **R. Sydow,** Direktor im Reichspostamt. Vierte Auflage von Dr. **E. Mosler,** Gerichtsassessor. Geb. in ganz Leinen 1 M. 20 Pf.

17. Die **Deutsche Gebührenordnung für Rechtsanwälte und das Preußische Gebührengesetz** vom 27. September/6. Oktober 1899. Von **R. Sydow,** Direktor im Reichspostamt und **L. Busch,** Kammergerichtsrath. Sechste Auflage. Geb. in ganz Leinen 1 M. 50 Pf.

18. **Reichsstempelgesetz (Börsensteuergesetz)** v. 14. Juni 1900, mit den Ausführungsbestimmungen, einem Auszug aus den Gesetzes-Materialien und den Entscheidungen der Verwaltungsbehörden und des Reichsgerichts. Achte Auflage von **P. Loeck,** Regierungsrath. Geb. in ganz Leinen 3 M. 30 Pf.

19. Die **Seegesetzgebung** des Deutschen Reiches. Nebst den Entscheidungen des Reichsoberhandelsgerichts, des Reichsgerichts und der Seeämter. Von Dr. **W. E. Knitschky,** Landgerichtsrath. Zweite Auflage. 3 M. 80 Pf.

20. **Krankenversicherungsgesetz** vom 15. Juni 1883 in der Fassung der Novelle vom 10. April 1892. Von Dr. **E. von Woedtke**, Direktor im Reichsamt des Innern. Siebente Auflage. 2 M.

21. Die **Konsulargesetzgebung** des Deutschen Reiches. Von Professor Dr. **Ph. Zorn.** Zweite Auflage im Druck.

22a. **Patentgesetz. Gesetz, betreffend den Schutz von Gebrauchsmustern. Gesetz, betreffend das Urheberrecht an Mustern und Modellen.** Nebst Ausführungsbestimmungen unter eingehender Berücksichtigung der Rechtsprechung des Reichsgerichts und der Praxis des Patentamts. Erläutert von Dr. **R. Stephan,** Regierungsrath, Mitglied des Kaiserlichen Patentamts. Fünfte vermehrte Auflage. Geb. in ganz Leinen 2 M.

22b. Gesetz zum **Schutz der Waarenbezeichnungen.** Nebst Ausführungsbestimmungen. Von Dr. **R. Stephan,** Regierungsrath, Mitglied des Kaiserlichen Patentamts. Vierte vermehrte Auflage. 1 M.

23. **Gewerbe-Unfallversicherungsgesetz** und Gesetz, betr. die Abänderung der Unfallversicherungsgesetze vom 30. Juni 1900 in der Fassung der Bekanntmachung vom 5. Juli 1900 nebst Ausführungsverordnungen. Von Dr. **E. v. Woedtke,** Direktor im Reichsamt des Innern. Sechste umgearbeitete Auflage. Geb. in ganz Leinen 2 M. 50 Pf.

24. **Aktiengesellschaft und Kommanditgesellschaften auf Aktien.** (Handelsgesetzbuch, II. Buch, Abschnitt 3 und 4.) Mit erläuternden Anmerkungen von **H. Keyssner,** Kammergerichtsrath und Dr. **H. Veit Simon,** Rechtsanwalt. Fünfte Auflage. Bearbeitet von Dr. **Hugo Keyssner** u. **L. Keyssner.** Geb. in ganz Leinen 2 M. 25 Pf.

25. Reichsgesetz wegen **Erhebung der Brausteuer** vom 31. Mai 1872 mit Ausführungsvorschriften. Von **E. Bertho,** Regierungsrath. 1885. 1 M. 60 Pf.

26. Die Reichsgesetzgebung über **Münz- und Notenbankwesen,** Papiergeld, **Prämienpapiere und Reichsschulden.** Von Dr. jur. **R. Koch,** Präsident des Reichsbankdirektoriums. Vierte Auflage. Geb. in ganz Leinen 3 M.

27. Die Gesetzgebung, betr. das **Gesundheitswesen** im Deutschen Reich für **Behörden,** Aerzte 2c. Von Dr. jur. **C. Goesch** und Dr. med. **J. Karsten.** 1888. 1 M. 60 Pf.

28. **Bau-Unfallversicherungsgesetz.** Vom 30. Juni 1900 in der Fassung der Bekanntmachung vom 5. Juli 1900. Von **R. Chrzescinski,** Kaiserl. Regierungsrath a. D., ehemaligem ständigen Mitglied des Reichs-Versicherungsamts. Dritte Auflage. Geb. in ganz Leinen 2 M.

29. Reichsgesetz, betr. die **Erwerbs- und Wirthschaftsgenossenschaften.** In der vom 1. Januar 1900 ab geltenden Fassung. Von **L. Parisius** und Dr. **H. Crüger.** Achte Auflage. Geb. in ganz Leinen. 1 M. 50 Pf.

30. **Invalidenversicherungsgesetz** vom 13. Juli 1899, in der Fassung der Bekanntmachung vom 19. Juli 1899. Von Dr. **E. v. Woedtke,** Director im Reichsamt des Innern. Siebente erweiterte Auflage. Geb. in ganz Leinen 2 M. 50 Pf.

31. Reichsgesetz, betr. die **Gewerbegerichte.** Von **L. Mugdan.** Vierte Auflage. Bearbeitet von **Cuno,** Stadtrath und stellvertretender Vorsitzender des Gewerbegerichts zu Königsberg i. Pr. 1 M. 80 Pf.

32. Reichsgesetz, betr. die **Gesellschaften mit beschränkter Haftung.** In der vom 1. Januar 1900 ab geltenden Fassung. Von **L. Parisius** und Dr. **H. Crüger.** Vierte vermehrte und verbesserte Auflage. 1 M.

33. Das **Vereins- und Versammlungsrecht** in Deutschland. Von Dr. **E. Ball,** Rechtsanwalt. 2 M. 25 Pf.

34. Reichsgesetz, betreffend die **Abzahlungsgeschäfte.** Vom 16. Mai 1894. Von **J. Hoffmann,** Geheimer Regierungsrath. 95 Pf.

35. **Die Reichs-Eisenbahngesetzgebung.** Von **W. Coermann,** Kaiserl. Amtsrichter. 1895. 2 M. 25 Pf.

36. Gesetze, betr. die **privatrechtlichen Verhältnisse der Binnenschiffahrt und der Flößerei.** Nach den Materialien erläutert von **H. Makower.** Unter Berücksichtigung der am 1. Januar 1900 in Kraft tretenden Reichsgesetze bearbeitet von **E. Löwe,** Landgerichtsrath. Zweite veränderte Auflage. 2 M.

37. Gesetz zur **Bekämpfung des unlauteren Wettbewerbes.** Vom 27. Mai 1896. Von Dr. **R. Stephan,** Regierungsrath. Zweite Auflage. 80 Pf.

38/39. **Bürgerliches Gesetzbuch nebst Einführungsgesetz.** In Verbindung mit Professor Dr. **André,** Geh. Justizrath **Greiff,** Amtsrichter **Ritgen,** I. Staatsanwalt Dr. **Unzner,** f. Z. Schriftführer bei der Kommission für die zweite Lesung des Entwurfs eines Bürgerlichen Gesetzbuchs, herausgegeben von Reichsgerichtsrath Dr. **A. Achilles,** f. Z. Kommissar des Reichs-Justizamts bei derselben Kommission. Dritte vermehrte und verbesserte Auflage. 8°. Geb. in ganz Leinen 6 M.

Dieser Band ist in größerem Format erschienen!

40. Gesetz, betr. die **Pflichten der Kaufleute bei Aufbewahrung fremder Werthpapiere (Depotgesetz).**

Vom 5. Juli 1896. Mit Erläuterungen, Einleitung und Sachregister. Von **F. Lusensky**, Geh. Regierungsrath. 90 Pf.

41. **Börsengesetz.** Vom 22. Juni 1896. Nebst den dazu erlassenen Ausführungsbestimmungen. Unter Mitwirkung des Geh. Ober-Regierungsrathes **A. Wermuth** bearbeitet von **H. Brendel,** Gerichts-Assessor, Hülfsarbeiter im Reichsamt des Innern. 1 M. 50 Pf.

42. **Grundbuchordnung** für das Deutsche Reich nebst den preußischen Ausführungsbestimmungen. Mit Einleitung von Professor Dr. **O. Fischer.** Zweite Auflage. Geb. in ganz Leinen 1 M. 80 Pf.

43. Die Gesetzgebung, betr. die **Zwangsvollstreckung in das unbewegliche Vermögen** im Reiche und in Preußen. Text-Ausgabe mit Einleitung, Anmerkungen, Kosten- und Gebührentabellen und Sachregister. Von Dr. **J. Krech,** Kaiserl. Geh. Regierungsrath und Professor Dr. **O. Fischer.** Dritte Auflage. Geb. in ganz Leinen 2 M.

44. Das Reichsgesetz über das **Auswanderungswesen** vom 9. Juni 1897 nebst Ausführungsverordnungen und Anlagen. Nach den Materialien und unter Benutzung amtlicher Quellen erläutert von Professor Dr. **Felix Stoerk.** 2 M. 25 Pf.

45. **Das Entmündigungsrecht** unter Berücksichtigung der für Preußen geltenden Vorschriften nebst der preußischen Justiz-Ministerial-Verfügung vom 28. November 1899. Text der civil- und prozeßrechtlichen Bestimmungen mit Erläuterungen von Landgerichtsrath Dr. **P. Koll** in Cöln. Geb. in ganz Leinen 1 M. 50 Pf.

46. Die Gesetze des Reiches und Preußens über die **freiwillige Gerichtsbarkeit.** Mit Einleitung von **Herm. Jastrow,** Amtsgerichtsrath. Zweite, erweiterte Auflage. Geb. in ganz Leinen 2 M. 80 Pf.

47. Das **deutsche Vormundschaftsrecht** und das preuß. Gesetz, betr. die Unterbringung verwahrloster Kinder, vom 13. März 1878 nebst den dazu gehörigen preußischen Nebengesetzen und allgemeinen Verfügungen. Mit Einleitung und Erläuterungen von **Max Schultzenstein,** Oberverwaltungsgerichtsrath und Amtsgerichtsrath Dr. **Paul Köhne.** 2 M. 80 Pf.

48. Gesetze und Verordnungen, betreffend den **Drogen-, Gift- und Farbenhandel** außerhalb der Apotheken, unter besonderer Berücksichtigung des Königreichs Preußen. Von Dr. **Broh,** Rechtsanwalt. 1 M. 25 Pf.

49. Die **Kolonialgesetzgebung.** Von Prof. Dr. **Philipp Zorn.** Geb. in ganz Leinen ca. 6 M.

50. Der **Viehkauf** (Viehgewährschaft) nach dem Bürgerlichen Gesetzbuche. Mit Erläuterungen und Sachregister von Dr. **Hans Stölzle,** Rechtsanwalt in Kempten. Nebst einem Anhang: Verordnung, betreffend die Hauptmängel und Gewährsfristen beim Viehhandel. Vom 27. März 1899. Erläutert von **Heinrich Weiskopf,** Königl. Kreisthierarzt in Augsburg. Zweite Auflage. Geb. in ganz Leinen 2 M.

51. **Hypothekenbankgesetz** vom 13. Juli 1899. Von Dr. **H. Göppert,** Gerichts-Assessor. Geb. in ganz Leinen 1 M. 80 Pf.

52. Gesetz, betreffend die gemeinsamen **Rechte der Besitzer von Schuldverschreibungen.** Vom 4. Dezember 1899. Von Dr. **Heinrich Göppert,** Gerichts-Assessor. Geb. in ganz Leinen 2 M.

53. **Reichspreßgesetz** vom 7. Mai 1874 nebst den einschlägigen Bestimmungen des Strafgesetzbuchs, der Gewerbeordnung ꝛc. Kommentar von **A. Born,** Polizeiassessor. Geb. in ganz Leinen 1 M. 50 Pf.

54. Die Reichsgesetzgebung über den Verkehr mit **Nahrungsmitteln, Genußmitteln** und **Gebrauchsgegenständen.** Von Dr. **Lebbin,** Nahrungsmittelchemiker. Geb. in ganz Leinen 2 M. 25 Pf.

55. Das Recht der **Beschlagnahme von Lohn- und Gehaltsforderungen.** Auf Grundlage der Reichsgesetze vom 21. Juni 1869 u. 29. März 1897 und der Civil-

prozeßordnung. Von Rechtsanwalt **Georg Meyer.** Geb. in ganz Leinen 1 M. 50 Pf.

56. Gesetz, betr. die **Bekämpfung gemeingefährlicher Krankheiten.** Vom 30. Juni 1900. Nebst Ausführungsbestimmungen. Von Geh. Regierungsrath Dr. **Burkhardt.** Geb. in ganz Leinen 1 M. 40 Pf.

57. **See-Unfallversicherungsgesetz** vom 30. Juni 1900 in der Bekanntmachung des Reichskanzlers vom 5. Juli 1900. Vom Oberlandesgerichtsrath **Dr. Mittelstein** in Hamburg. Geb. in ganz Leinen. 2 M.

58. **Das Recht der unehelichen Kinder.** Text-Ausgabe aller einschlägigen Bestimmungen des Bürgerlichen Gesetzbuches von **Hermann Jastrow,** Amtsgerichtsrath zu Berlin. Geb. in ganz Leinen 1 M. 80 Pf.

Guttentag'sche Sammlung

Preußischer Gesetze.

Text-Ausgaben mit Anmerkungen. Taschenformat.

1. Die **Verfassungs-Urkunde** für den Preußischen Staat. Mit Einleitung, vollständigem Kommentar und Anlagen von Prof. Dr. **Adolf Arndt.** Vierte, gänzlich umgearbeitete und verbesserte Auflage. Geb. in ganz Leinen 2 M. 50 Pf.

2. Preußische **Beamten-Gesetzgebung.** Enthaltend die wichtigsten Beamtengesetze in Preußen. Von **C. Pfafferoth.** Dritte Auflage. 1 M. 50 Pf.

3. Die Preuß. Gesetzgebung, betr. die **Zwangsvollstreckung in das unbewegliche Vermögen.** Von Dr. **J. Krech,** Kais. Geh. Regierungs-Rath und Prof. Dr. **O. Fischer.** Dritte Auflage. Vergriffen.
Siehe: Reichsgesetze Nr. 43.

4. **Gebührenordnung** für **Notare** vom 25. Juni 1895 in der Fassung der Bekanntmachung vom 6. Oktober 1899 nebst den einschlägigen Vorschriften des Preußischen Gerichtskostengesetzes. Von **R. Sydow,** Direktor im Reichspostamt. Zweite Auflage bearbeitet von Dr. **E. Mosler,** Gerichtsassessor. Geb. in ganz Leinen. 1 M. 50 Pf.

5. **Gesetz vom 24. April 1854 (betr. die außereheliche Schwängerung)** und die daneben geltenden Bestimmungen des Allgemeinen Landrechts nebst nebst dazu ergangenen Präjudikaten. Von Dr. **Schulze.** 75 Pf. Siehe Reichsgesetze: Nr. 58.

6. Die Preußischen **Ausführungsgesetze und Verordnungen zu den Reichs-Justizgesetzen.** Von **R. Sydow.** Dritte vermehrte Auflage. 2 M. 40 Pf.

7. **Allg. Gerichtsordnung** vom 6. Juli 1793 und Preuß. **Konkursordnung** vom 8. Mai 1885. Von **F. Vierhaus,** Geh. Ober-Justizrath. **Vergriffen.**

8. **Vormundschaftsordnung** vom 5. Juli 1875, nebst allen Nebengesetzen und den dazu erlassenen Allgemeinen Verfügungen. Von Oberverwaltungsgerichtsrath **Schultzenstein.** Dritte Auflage. 1 M. 50 Pf. Siehe: Reichsgesetze Nr. 47.

9. Die Preußische **Grundbuchgesetzgebung.** Mit Einleitung, Formularen, Kosten- und Stempeltabellen. Von Prof. Dr. **Fischer.** Dritte Auflage. Vergriffen. Siehe: Reichsgesetze Nr. 42.

10. **Einkommensteuergesetz.** Vom 24. Juni 1891. **Von** Geheimrath **Meitzen.** Vierte vermehrte Auflage von **A. Fernow,** Ober-Regierungsrath. 1 M. 50 Pf.

11. **Gewerbesteuergesetz.** Vom 24. Juni 1891. **Von A. Fernow,** Ober-Regierungsrath. Dritte vermehrte Auflage. 1 M. 25 Pf.

12. **Allgemeines Berggesetz** für die preußischen Staaten. Vom 24. Juni 1865, und die auf dasselbe bezüglichen Gesetze und Verordnungen. Von **E. Engels,** Ober-Bergrath. Zweite Auflage. 1 M. 60 Pf.

13. **Ergänzungssteuergesetz** (Vermögenssteuergesetz). Vom 14. Juli 1893. Von **A. Fernow,** Ober-Regierungsrath. Zweite vermehrte Auflage. 1 M.

14. **Kommunalabgabengesetz.** Vom 14. Juli 1893 und Gesetz wegen Aufhebung direkter Staatssteuern. Vom 14. Juli 1893. Von **F. Adickes,** Oberbürgermeister. Zweite Auflage. 1 M. 25 Pf.

15. Die **Kreisordnungen** für den Preußischen Staat. Von **O. Kolisch,** Landgerichtsrath. 1894. 4 M.

16. Preuß. Ausführungs-Anweisung zu §§. 16 u. ff. der Reichs-Gewerbe-Ordnung, betr. **Genehmigung gewerblicher Anlagen.** Von Dr. **von Rüdiger,** Regierungs- und Gewerberath. 1895. 1 M. 50 Pf.

17. Preußisches **Gerichtskostengesetz.** Vom 25. Juni 1895. In der Fassung der Bekanntmachung vom 6. Oktober 1899. Mit Kostentabellen. Von Dr. **P. Siméon,** Landrichter. Dritte Auflage. Geb. in ganz Leinen 1 M. 80 Pf.

18. Preußisches **Stempelsteuergesetz.** Vom 31. Juli 1895. Nebst den Entscheidungen des Reichsgerichts und Erlassen der Verwaltungsbehörden und ausführlichen Tabellen. Von **B. Gaupp,** Geh Regierungsrath und Regierungsassessor **P. Loeck.** Vierte Auflage. 3 M. 30 Pf.

19. **Das Jagdscheingesetz** vom 31. Juli 1895. Mit ausführlichen Erläuterungen nebst der Ausführungsverfügung vom 2. August 1898 und den Gesetzgebungsmaterialien. Von **F. Kunze,** Wirklichem Geh. Ober-Regierungsrath. Zweite Auflage. Geb. in ganz Leinen 2 M.

20. Gesetz, betr. die **Erbschaftssteuer.** Vom 19./24. Mai 1891 unter Berücksichtigung der Novelle vom 31. Juli 1895. Mit ausführlichen Erläuterungen von **P. Loeck,** Regierungsassessor. 1 M. 80 Pf.

21. Gesetz über die **Handelskammern.** Vom 19. August 1897. Mit Erläuterungen, geschichtlicher Einleitung sowie einer Uebersicht des Bestandes der kaufmännischen Vertretungen. Von **F. Lusensky,** Geh. Regierungsrath und vortragender Rath im Ministerium für Handel und Gewerbe 3 M.

22. Gesetz, betr. **Anstellung und Versorgung der Kommunalbeamten.** Vom 30. Juli 1899. Mit einem Anhang, enthaltend die preußische Ausführungsanweisung. Von Dr. **W. Ledermann,** Magistratsassessor zu Berlin. 1 M. 25 Pf.

23. **Ausführungsgesetz zum Bürgerlichen Gesetzbuche** vom 20. September 1899. Von Landrichter Dr. **P. Siméon.** Geb. in ganz Leinen 1 M. 60 Pf.

24. Die **Hinterlegungsordnung** vom 14. März 1879 in der Fassung des Preußischen Ausführungsgesetzes zum Bürgerlichen Gesetzbuche vom 20. September 1899 nebst Ausführungsbestimmungen. Unter Benutzung der amtlichen Erlasse und Entscheidungen des Finanzministers. Von Regierungsassessor Dr. **Georg Bartels.** Geb. in ganz Leinen 1 M. 50 Pf.

25. **Preußisches Kommunalbeamtenrecht,** enthaltend die wichtigsten Bestimmungen über die Rechtsverhältnisse der Beamten der preußischen Landgemeinden, Landbürgermeistereien, Aemter, Amtsbezirke, Städte, Kreise, Bezirksverbände, Provinzen sowie der Gemeindeforstbeamten mit Ausschluß der Kommunalbeamten der Hohenzollernschen Lande. Text-Ausgabe mit kurzen Anmerkungen, einem chronologischen Verzeichniß der abgedruckten Gesetze, Verordnungen und sonstigen Bestimmungen. Von Magistratsassessor Dr. jur. **Krempski.** Im Druck.

26. Die **Preußischen Gesetze** über das **Diensteinkommen der Lehrer und Lehrerinnen, ihren Ruhegehalt und die Fürsorge für ihre Hinterbliebenen** nebst den zugehörigen Ausführungsbestimmungen, sonstigen Ministerialerlassen und den wichtigsten einschlägigen Gesetzen sowie einer Tabelle zur Berechnung der Ruhegehalts-, Wittwen- und Waisenbezüge. Text-Ausgabe mit Einleitung, Anmerkungen und Sachregister von Dr. **Ed. Cremer,** Beigeordneter. Geb. in ganz Leinen 2 M. 40 Pf.

27. Gesetz, betreffend die **Waarenhaussteuer.** Vom 18. Juli 1900. Von Geh. Ober-Finanzrath Dr. **G. Strutz.** Geb. in ganz Leinen 1 M. 20 Pf.

28. Gesetz über die **Fürsorgeerziehung Minderjähriger.** Vom 2. Juli 1900. Nebst Ausführungsanweisung. Von Landgerichtsrath Dr. **Aschrott.** Geb. in ganz Leinen. Im Druck.

Guttentag'sche Sammlung von
Text-Ausgaben mit Sachregister ohne Anmerkungen.

Taschenformat, elegant in Leinen gebunden.

Reichs-Justizgesetze:

Gerichtsverfassungsgesetz.
Civilprozeßordnung. Konkursordnung.
Strafprozeßordnung.

Zweite Auflage.

In einem Bande gebunden 3 M. 80 Pf.

Civilprozeßordnung mit **Gerichtsverfassungsgesetz** und **Einführungsgesetzen.** In der Fassung der auf Grund des Gesetzes vom 17. Mai 1898 erfolgten Bekanntmachung vom 20. Mai 1898. 2 M.

Konkursordnung mit **Einführungsgesetz.** In der Fassung der Bekanntmachung v. 20. Mai 1898. 80 Pf.

Strafprozeßordnung für das Deutsche Reich nebst **Einführungsgesetz.** 1 M. 20 Pf.

Bürgerliches Gesetzbuch nebst **Einführungsgesetz.** Vom 18. August 1896. Nebst ausführlichem Wort- und Sachregister bearbeitet von Oberamtsrichter **Jatzow.** 2 M. 50 Pf.

Guttentag'sche Sammlung von Text-Ausgaben mit Sachregister ohne Anmerkungen.

Handelsgesetzbuch nebst **Einführungsgesetz.** Vom 10. Mai 1897. 1 M. 80 Pf.

Gesetz, betr. die **Abänderung der Gewerbeordnung** (Neues Handwerkergesetz). Vom 26. Juli 1897. 90 Pf.

Gewerbeordnung für das Deutsche Reich. In der Fassung der Bekanntmachung vom 26. Juli 1900. (Reichs-Gesetzblatt Nr. 47, ausgegeben am 15. Oktober 1900.) 1 M. 20 Pf.

Militärstrafgerichtsordnung für das Deutsche Reich, nebst **Einführungsgesetz** und Gesetz, betr. die Dienstvergehen der richterlichen Militärjustizbeamten und die unfreiwillige Versetzung derselben in eine andere Stelle oder in den Ruhestand. Vom 1. Dezember 1898. 1 M. 50 Pf.

Die Preußischen Ausführungsgesetze zum Bürgerlichen Gesetzbuche, zum Gesetz, betr. Aenderung der Civilprozeßordnung vom 17. Mai 1898, zum Gesetz über die Zwangsversteigerung und die Zwangsverwaltung, zur Grundbuchordnung und zum Handelsgesetzbuch. Preuß. Gesetz über die freiwillige Gerichtsbarkeit und Gesetz, enthaltend die landesgesetzlichen Vorschriften über die Gebühren der Rechtsanwälte und der Gerichtsvollzieher. Fünfte Auflage. 1 M. 80 Pf.

Reichsstempelgesetz (Börsensteuergesetz) in der Fassung der Bekanntmachung vom 14. Juni 1900. Mit Ausführungsbestimmungen, einem Anhang, enthaltend Tabellen zur Berechnung der Reichsstempelabgaben und Sachregister. 1 M. 50 Pf.

Bürgerliches Gesetzbuch

nebst

Einführungsgesetz.

Für Preußen zusammengestellt unter Einfügung der sämmtlichen preußischen Ausführungsbestimmungen.

Text-Ausgabe mit ausführlichem Sachregister

bearbeitet von

Dr. Paul Winter,

Landrichter.

8°. Geb. in ganz Leinen Preis 5 M.

Die Preußischen Ausführungsgesetze

zum

Bürgerlichen Gesetzbuche

und den anderen Reichs-Justizgesetzen

nebst den zugehörigen

Verordnungen, Ministerialerlassen und Geschäftsordnungen.

Text-Ausgabe mit ausführlichem Sachregister

nach Materien geordnet unter Anleitung von

L. Busch,

Kammergerichtsrath.

8°. Geb. in ganz Leinen Preis 7 M. 50 Pf.

Adickes, F., Oberbürgermeister in Frankfurt a. M. Das Kommunalabgabengesetz vom 14. Juli 1893. Für den praktischen Gebrauch mit einer geschichtlichen Einleitung und Erläuterungen versehen, sowie mit einem die Ausführungsanweisung berücksichtigenden Nachtrag. 8°. Kartonnirt 6 M.

Arndt, Dr. Adolf, Oberbergrath und Prof. Verfassung des Deutschen Reichs. Mit Einleitung und Kommentar. 8°. Kartonnirt 3 M.

Friedrichs, R., Oberverwaltungsgerichtsrath. Das Gesetz betreffend die Anlegung und Veränderung von Straßen und Plätzen in Städten und ländlichen Ortschaften vom 2. Juli 1875. Nach dem Tode des Verfassers in vierter Auflage bearbeitet von Dr. jur. **Hugo v. Strauß und Torney,** Oberverwaltungsgerichtsrath. 8°. Geb. 4 M. 50 Pf.

Hauß, C., Geh. Ober-Reg.-Rath. Das Gesetz zur Bekämpfung des unlauteren Wettbewerbes. Vom 27. Mai 1896. Für die gerichtliche und gewerbliche Praxis erläutert. 8°. Geb. in Leinen 3 M.

Holtgreven, Dr. A., Geh. Ober-Justizrath und vortragender Rath im Justizministerium. Das Wildschadengesetz vom 11. Juli 1891. Kommentar. Dritte Auflage. 8°. Kartonnirt 3 M.

Jerusalem, Herm., Landgerichtsrath, Mitglied des Hauses der Abgeordneten. Das Gesetz über Kleinbahnen und Privatanschlußbahnen vom 28. Juli 1892 nebst der Ausführungsanweisung zu diesem Gesetze vom 22. August 1892. gr. 8°. 2 M.

Kamptz, W. v., Verwaltungsgerichtsdirektor. Das Gesetz, betreffend die Vertheilung der öffentlichen Lasten bei Grundstückstheilungen und die Gründung neuer Ansiedelungen in den Provinzen Preußen, Brandenburg, Pommern, Posen, Schlesien, Sachsen und Westfalen vom 25. August 1876. 8°. Kartonnirt 2 M. 50 Pf.

Koch, Georg, Hauptmann a. D. Gesetz, betreffend die Prüfung der Läufe und Verschlüsse der Handfeuerwaffen vom 19. Mai 1891 nebst den Ausführungsbestimmungen des Bundesrathes vom 22. Juni 1892. 8°. Kartonnirt 1 M. 50 Pf.

Könige, H., Landgerichtsrath, Vorsitzender der Kammer I für Handelssachen am Landgericht Mannheim. Handelsgesetzbuch vom 10. Mai 1897 nebst Abdruck des Gesetzes über die Angelegenheiten der freiwilligen Gerichtsbarkeit und Gerichtsverfassungsgesetz (Titel 7, Kammern für Handelssachen). Verglichen mit dem Allgemeinen Deutschen Handelsgesetzbuch, dem Bürgerlichen Gesetzbuch und der Rechtsprechung des Reichsgerichts und Reichs-Oberhandelsgerichts. Zu praktischem Gebrauch dargestellt. 8°. Geb. in ganz Leinen 4 M. 50 Pf.

Laß, Dr. L., Kaiserl. Regierungsrath, Strafrecht der Berufsgenossenschaften nach den Unfallversicherungsgesetzen vom 30. Juni 1900. Unter Benutzung amtlichen Materials zum praktischen Gebrauche dargestellt. Geb. in Leinen 3 M.

Laurisch, G., Königl. Gewerbeinspektor, Gewerberecht und Arbeiterschutz. Führer für Arbeitgeber und Arbeiter durch die Gewerbe- und Arbeiterschutz-Gesetze. Kartonnirt ca. 2 M.

Nußbaum, Dr. A., Die freiwillige Gerichtsbarkeit im Reiche und in Preußen. Ein Leitfaden. 8°. Geb. in ganz Leinen 4 M.

Dieses Buch enthält eine gedrängte systematische Darstellung der freiwilligen Gerichtsbarkeit einschließlich des Notariats nebst einer Zahl erläuternder Formulare für öffentliche Register, Protokolle u. dergl. Reichsrecht und Landesrecht, von letzterem vorzugsweise das preußische, sind gleichmäßig berücksichtigt worden. Eine solche systematische Darstellung fehlte bisher, ist aber bei der hier besonders weit gehenden Zersplitterung des Rechtsstoffes eine Notwendigkeit sowohl für den Lernenden, für dessen Bedürfnisse auch durch Darlegung der allgemeinen Gesichtspunkte und der historischen Entwickelung Sorge getragen ist, als auch für den Praktiker, namentlich den angehenden, da dieser in der ersten Beschäftigungszeit vorwiegend mit Angelegenheiten der freiwilligen Gerichtsbarkeit befaßt ist.

Ottermann, Carl, Stadtrath in Dortmund. Das Fluchtliniengesetz vom 2. Juli 1875. Erläuternde Abhandlung. 8°. 1 M. 25 Pf.

Stephan, Dr. R., Geh. Regierungsrath u. Mitglied des Kais. Patentamts. Gesetz, betreffend die Patentanwälte. Vom 21. Mai 1900. Nebst Ausführungsverordnungen. 8°. Geb. in ganz Leinen 1 M. 50 Pf.

Telegraphenwege-Gesetz vom 18. Dezember 1899 nebst den vom Reichskanzler erlassenen Ausführungsbestimmungen vom 26. Januar 1900 und den Erläuterungen und Ausführungsanweisungen des Reichs-Postamts. Amtliche Ausgabe. 8°. Geb. in ganz Leinen 1 M.

Wittenberg, Dr. M., Dozent an der Humboldt-Akademie. Wegweiser durch das Aktienrecht, nach dem Wortlaut der seit dem 1. Januar 1900 gültigen Reichsgesetze. Taschenformat. Geb. in ganz Leinen 1 M.

Schlagwort-Register.

R. = Nummer der Sammlung Deutscher **Reichs**gesetze.
P. = Nummer der Sammlung **Preußischer** Gesetze.
S. = Seite.